Vahlens Handbücher
der Wirtschafts- und Sozialwissenschaften

Kosten- und Erlösrechnung

von

Prof. Dr. Eduard Gabele †

und

Dipl.-Kfm. Philip Fischer, MBA
Universität Bamberg

Verlag Franz Vahlen München

Die Deutsche Bibliothek – CIP-Einheitsaufnahme

Gabele, Eduard:
Kosten- und Erlösrechnung / von Eduard Gabele und Philip Fischer. – München : Vahlen, 1992
 (Vahlens Handbücher der Wirtschafts- und Sozialwissenschaften)
 ISBN 3-8006-1499-5
NE: Fischer, Philip:

ISBN 3 8006 1499 5

© 1992 Verlag Franz Vahlen GmbH, München
Satz und Druck: Appl, Wemding
Gedruckt auf alterungsbeständigem (säurefreiem) Papier
gemäß der ANSI-Norm für Bibliotheken

Zum Gedenken an Eduard Gabele

Am Abend des 26. Januar 1992 verunglückte Prof. Dr. Dr. habil. *Eduard Gabele,* der Ende Februar 51 Jahre alt geworden wäre, auf einer Dienstreise bei Gera tödlich. Er war auf dem Weg nach Dresden, wo er seit April 1991 auf Bitte des Sächsischen Staatsministers für Wissenschaft und Kunst das Amt des Gründungsdekans der in Aufbau befindlichen Fakultät für Wirtschaftswissenschaften an der Technischen Universität Dresden übernommen hatte. Von der Otto-Friedrich-Universität Bamberg, wo *Eduard Gabele* den Lehrstuhl für Betriebswirtschaftslehre, insbesondere Unternehmensplanung und Managementinformatik innehatte, war er für diese Aufgabe für zwei Jahre beurlaubt. Das schwierige Amt des Gründungsdekans füllte er mit hohem Engagement und großer Einsatzbereitschaft aus. Unter seiner Leitung wurden sehr zügig die Studien- und Diplomprüfungsordnungen für fünf neue Studiengänge erarbeitet, nach denen bereits seit dem Wintersemester 1991/92 gelehrt wird. Da darüber hinaus von ihm viele Vorentscheidungen vorangetrieben wurden, wird der Aufbau der Fakultät in seinem Sinne weitergeführt werden können. Kenner erwarten, daß dank der Arbeit *Eduard Gabeles* die Technische Universität Dresden im Bereich der Wirtschaftswissenschaften auf absehbare Zeit in den neuen Bundesländern eine herausragende Rolle spielen wird.

Schon vor seiner Berufung zum Gründungsdekan hatte sich Gabele frühzeitig für die Erneuerung der Hochschulen in den neuen Bundesländern als Mitglied der Bayerisch-Sächsisch-Thüringischen Studienplankommission tatkräftig eingesetzt. Den Empfehlungen dieser Kommission folgend hat er im Frühjahr 1991 an der Technischen Universität Dresden für Studierende des damals gerade abgeschlossenen Studienganges ein Aufbaustudium für marktwirtschaftlich orientierte Betriebswirtschaftslehre initiiert und zusammen mit Kollegen der Universität Bamberg verwirklicht. In seinem Nachruf stellt der Rektor der Technischen Universität Dresden fest: „Professor Dr. Eduard Gabele hat in Dresden Universitätsgeschichte mitgeschrieben. Wir verneigen uns in Trauer und Dankbarkeit vor ihm".

Eduard Gabele wurde am 27. Februar 1941 in Meßkirch/Baden geboren. Nach dem Besuch der kaufmännischen Berufsschule gelangte er über das Abendgymnasium auf dem zweiten Bildungsweg zum Studium der Betriebswirtschaftslehre an der Universität Mannheim. Als Diplom-Kaufmann promovierte er an dieser Hochschule mit dem Prädikat „summa cum laude" zum Dr. rer. pol. 1979 habilitierte er an der Ludwig-Maximilians-Universität München, wo er ein Habilitationsstipendium der Deutschen Forschungsgemeinschaft wahrnahm. Zum 1. September 1980 wurde *Eduard Gabel*e als ordentlicher Professor auf den Lehrstuhl für Betriebswirtschaftslehre, insbesondere Unternehmensplanung, später erweitert um das Gebiet der Managementinformatik, an der Universität Bamberg berufen. Einen im Jahre 1988 an ihn ergangenen Ruf an die Gesamthochschule-Universität Essen lehnte er ab. *Eduard Gabele* hinterläßt seine Frau und drei Kinder.

Das beträchtliche Werk *Gabeles* ist durch den unverkennbaren Willen geprägt, auf seriöse und entsprechend harte Forschungsarbeit zu setzen. Diese seine Einstellung zeigt sich sowohl in seinen vielfältigen, das Repertoire statistischer Methoden in anspruchsvoller und kreativer Weise nutzenden empirischen Arbeiten wie auch in seinen Bemühungen um die Entwicklung betriebswirtschaftlicher Anwendungssoftware. Gabeles wissenschaftliche Arbeitsweise bedingte, daß man sich mit seinen Vorgehensweisen und Ergebnissen nicht oberflächlich auseinandersetzen kann. Dabei können in den Forschungsbemühungen Gabeles wohl drei Entwicklungsphasen unterschieden werden.

In der ersten Phase stehen Fragen des geplanten Wandels von Organisationen im Vordergrund. Im Rahmen eines sehr umfangreichen empirischen Forschungsprogramms, das der Autor dieses Beitrags initiierte und zu verantworten hat, dessen eigentliche treibende Kraft aber *Eduard Gabele* war, wurde ein breitgefächertes Spektrum von Perspektiven des organisatorischen Wandels bearbeitet, das von der Institutionalisierung einer Langfristplanung über tiefgreifende Reorganisationen bis zur Einführung von Operations Research-Methoden und von Standard-Anwendungssoftware reicht. Sein eigenes Habilitationsprojekt konzentrierte *Gabele* vor diesem Hintergrund auf die empirische Analyse der „Einführung von Geschäftsbereichsorganisationen" (1981). Die von Professor *Hiroyuki Takahashi* besorgte japanische Übersetzung dieser Arbeit wird in Kürze erscheinen. *Welge,* der unter Mitwirkung von *Kubicek* die Arbeit *Gabeles* im zweiten Band der „Unternehmensführung" (1987) sehr ausführlich würdigt, kommt zu dem Schluß: „Für denjenigen, der den einzig fruchtbaren wissenschaftlichen Zugang zur sozialen Realität in der statistischen Analyse empirischer Daten sieht, muß die Studie von Gabele ... als die anspruchsvollste Arbeit in der deutschsprachigen empirischen Organisationsforschung gelten" (S. 274).

Die zweite Forschungsphase *Gabeles* ist – zum Teil in Fortsetzung der Auseinandersetzung mit dem geplanten Wandel in Organisationen – Fragen der strategischen Planung gewidmet. Hier sticht seine empirische Untersuchung des Inhalts von Unternehmensgrundsätzen, deren Entstehung und deren Bedeutung für strategische Entscheidungen hervor (*Gabele* und *Kretschmer,* Unternehmensgrundsätze, Zürich 1986).

Darüber hinaus übernahm *Eduard Gabele* die deutsche Beteiligung am europäischen Forschungsprojekt STRATOS und untersuchte im Rahmen einer empirischen Studie bei 1135 Führungskräften aus acht europäischen Ländern den Zusammenhang von Wettbewerbsfaktoren und funktionalen Strategien sowie die Rolle der Werthaltungen von Führungskräften mittelständischer Unternehmen bei der Erringung von Wettbewerbsvorteilen.

Schließlich wandte sich *Gabele* der Managementinformatik zu und konzentrierte sich auf die Entwicklung von computergestützten Planungsinstrumenten. Ergebnis dieser Bemühungen sind betriebswirtschaftlich fundierte und endnutzerorientierte Anwendungsprogramme zur Liquiditäts-, Finanz- und Bilanzplanung, zur mittelfristigen Betriebsergebnisplanung, Investitionsplanung sowie zu Finanzierungsvergleichsrechnungen im Bereich des Immobilien- und Mobilienleasing.

Besondere Aufmerksamkeit richtete der bei seinen Studenten außerordentlich beliebte Hochschullehrer stets auch auf die Lehre, vor allem in den propädeutischen Fächern „Buchführung und Jahresabschluß" sowie „Kosten- und Erlösrechnung". Sein in die manuelle und PC-gestützte Buchhaltung und Jahresabschlußerstellung einführendes, durch einen Übungsband ergänztes Lehrbuch liegt mittlerweile in der 4. Auflage vor (*Gabele*, Buchführung, 4. Auflage, München/Wien 1992 und *Gabele*, Buchführung-Übungsbuch, München/Wien 1991). Das vorliegende Lehrbuch zur Kosten- und Erlösrechnung stellt die konsequente Fortführung dieser Bemühungen dar.

Seit 1988 beschäftige sich *Gabele* im Rahmen eines in Kooperation mit der Siemens-Nixdorf Informationssysteme AG durchgeführten Forschungsprojektes zum Thema „Computer Based Training" mit den Möglichkeiten und Grenzen des Einsatzes moderner Lerntechnologien für die Vermittlung betriebswirtschaftlichen Grundlagenwissens. Das in diesem Zusammenhang entstandene Interaktive Lernprogramm „Buchführung für Anfänger" wurde 1990 mit dem Deutschen Hochschulsoftwarepreis der Akademischen Software Kooperation ausgezeichnet. Ein weiteres Interaktives Lernprogramm zu den Grundlagen der Kosten- und Erlösrechnung erscheint in Kürze.

Eduard Gabele war eine Persönlichkeit mit großer Energie und Durchsetzungskraft. Er hatte auch die Gabe, auf die Menschen zuzugehen und sie als Freunde zu gewinnen. Es sind viele, die sich in Dankbarkeit an ihn erinnern und um ihn, der allzufrüh sterben mußte, trauern.

München, im Mai 1992   Prof. Dr. *Werner Kirsch*

Vorwort

Die Grundlagen der Kosten und Erlösrechnung sind elementarer Bestandteil der wirtschaftswissenschaftlichen Aus- und Weiterbildung an Universitäten, Fachhochschulen sowie an Berufs-, Wirtschafts- und Verwaltungsakademien. Dabei handelt es sich um ein umfangreiches und komplexes Fachgebiet, dessen Anfänge in das vorige Jahrhundert zurückreichen, das seitdem ständig theoretisch weiterentwickelt und an die sich wandelnden Anforderungen der Praxis angepaßt wurde. Während in der Vergangenheit der Schwerpunkt auf der stark buchhaltungsorientierten Betriebsabrechnung lag, verstehen sich moderne Kosten- und Erlösrechnungssysteme als entscheidungsorientierte Führungsinstrumente.

Das vorliegende Lehrbuch vermittelt dem Leser einen umfassenden und strukturierten Gesamtüberblick über die grundlegenden Ziele, Aufgaben, Konzepte und Techniken der Kosten- und Erlösrechnung. Es richtet sich an Studenten der Wirtschaftswissenschaften im Grund- und Hauptstudium sowie auch an Praktiker, die sich aus beruflichem Interesse für das interne Rechnungswesen auf diesem Gebiet weiterbilden möchten. Durch die gewählte Art der Stoffdarbietung wird einerseits Studienanfängern eine nach didaktischen Gesichtspunkten aufbereitete, betriebswirtschaftlich fundierte Einführung in die Kosten- und Erlösrechnung geboten und andererseits Studenten im Hauptstudium sowie Praktikern ein Nachschlagewerk zur Verfügung gestellt, das ihnen die Möglichkeit eröffnet, sich gezielt über einzelne Themenkreise zu informieren.

Zahlreiche praxisbezogene Beispiele und 95 Abbildungen tragen zur Veranschaulichung der dargestellten Sachverhalte bei, die vielfach angeführten Verweise auf weiterführende Literaturstellen unterstützen den um eine Vertiefung des Stoffes bemühten Leser. Für die gezielte Prüfungsvorbereitung sowie zur Kontrolle des aktuellen Wissensstandes stehen drei zweistündige, den gesamten Lernstoff abdeckende Übungsklausuren zur Verfügung. Anhand der ebenfalls abgedruckten Musterlösungen lassen sich unmittelbar im Anschluß an die Klausurbearbeitung die eigenen Ergebnisse überprüfen sowie die bei den einzelnen Teilaufgaben jeweils erzielten Punkte bestimmen.

Am Anfang des Buches steht die Einordnung der Kosten- und Erlösrechnung in das betriebliche Rechnungswesen und die Erläuterung der Rechnungsziele und Aufgabengebiete. Anschließend sind die Begriffe „Kosten" und „Erlöse" zu definieren, von verwandten Termini des Rechnungswesens abzugrenzen und wesentliche Kategorien von Kosten und Erlösen aufzuzeigen. Anhand der Break-even Analyse läßt sich dann der Zusammenhang zwischen den Erlösen, den Kosten und dem Betriebsergebnis verdeutlichen und die Entscheidungsorientierung der Kosten- und Erlösrechnung hervorheben, bevor im Detail auf die einzelnen Teilgebiete und die unterschiedlichen Verfahren eingegangen wird. Die Ausführungen beschränken sich dabei nicht allein auf die Kostenarten-, Kostenstellen- und Kostenträgerrechnung, sondern enthalten auch Aspekte der Erlösrechnung und eine ausführliche Darstellung der Betriebsergebnisrechnung.

Dabei ermöglichen die durchgängigen Zahlenbeispiele dem Leser, den Datenfluß zwischen den Teilgebieten der Kosten- und Erlösrechnung nachzuvollziehen und die unterschiedlichen Verfahren hinsichtlich ihrer Vorzüge, Einsatzbedingungen und Grenzen zu vergleichen. Das Buch beschäftigt sich mit den Techniken zur Erfassung der Kosten und Erlöse, den Methoden zur innerbetrieblichen Leistungsverrechnung, den Ansätzen zur Ermittlung von Kalkulationssätzen, der Vorgehensweise bei der Kostenkontrolle, den Kalkulationsarten und -verfahren sowie der Aufstellung von Betriebsergebnisrechnungen. Breiter Raum wird der Kritik an der Vollkostenrechnung und der Erläuterung der Deckungsbeitragsrechnung eingeräumt. Am Ende eines jeden Kapitels kann durch die Bearbeitung von Übungsaufgaben der Lernerfolg überprüft werden.

Das Lehrbuch profitierte von den im Zuge der Entwicklung eines Interaktiven Lernprogramms zu den Grundlagen der Kosten- und Erlösrechnung gewonnenen Erkenntnisse bezüglich der Stoffdarbietung. Für ihre Anregungen sei den Mitarbeitern am Forschungsprojekt BWL INTERAKTIV II, namentlich Frau Dipl.-Kffr. *Brigitte Zürn* sowie die Herren cand. rer. oec. *Thomas Beck, Christian Blei, Klaus Franz, Karsten Hahn, Michael Herzog, Hans-Peter Kübler, Andreas Kümmelmann, Wolfgang Röckelein, Ulrich Schielein, Klaus Schmitz* und *Burkhard Wittke*, gedankt. Besonderer Dank gebührt auch Frau cand. rer. oec. *Christiane Gann*, Herrn cand. rer. oec. *Klaus Birner* und Herrn Dipl.-Kfm. *Jürgen Mayer* für Ihre Unterstützung bei der Erarbeitung der Übungsaufgaben, Frau cand. rer. oec. *Claudia Ziehe* für die umsichtige Korrekturarbeit sowie wertvolle Hinweise, Frau *Brigitta Gareis* für das Schreiben der verschiedenen Versionen des Manuskripts und dem Verlag Franz Vahlen, vor allem Herrn Dipl.-Volksw. *Dieter Sobotka*, für die gute Zusammenarbeit.

Bamberg, Anfang 1992

Eduard Gabele
Philip Fischer

Inhaltsverzeichnis

Zum Gedenken an Eduard Gabele V
Vorwort VII
Abbildungsverzeichnis XV

1 Die Kosten- und Erlösrechnung in der Unternehmung 1
  1.1 Stellung der Kosten- und Erlösrechnung im betrieblichen Rechnungswesen ... 1
  1.2 Ziele und Aufgaben der Kosten- und Erlösrechnung 3
    1.2.1 Erstellung von Kalkulationsunterlagen 4
    1.2.2 Planung und Kontrolle der Kosten und Erlöse 4
    1.2.3 Differenzierte Erfolgsermittlung und -beurteilung 5
    1.2.4 Bereitstellung von Kosten- und Erlösinformationen für spezielle unternehmerische Entscheidungen 6
  1.3 Organisatorische Verankerung der Kosten- und Erlösrechnung 7
    1.3.1 Organisation des Rechnungs- und Finanzwesens 7
    1.3.2 Kosten- und Erlösrechnung als zentrales Aufgabengebiet des Controlling 11

2 Terminologie der Kosten- und Erlösrechnung 13
  2.1 Definitionen und begriffliche Abgrenzungen 13
    2.1.1 Definition der Kernbegriffe „Kosten" und „Erlöse" 13
    2.1.2 Abgrenzung von anderen Begriffen des Rechnungswesens 21
      2.1.2.1 Abgrenzung von Auszahlungen, Ausgaben, Aufwendungen und Kosten 24
      2.1.2.2 Abgrenzung von Einzahlungen, Einnahmen, Erträgen und Erlösen 29
  2.2 Kosten- und Erlöskategorien 33
    2.2.1 Zurechenbarkeit von Kosten und Erlösen auf die betrieblichen Erzeugnisse und Leistungen 33
    2.2.2 Abhängigkeit der Kosten und Erlöse vom Leistungsvolumen 36
  2.3 Break-even Analyse 42
    2.3.1 Durchführung der Break-even Analyse 43
    2.3.2 Übungsaufgabe zur Break-even Analyse 51
  2.4 Ausgestaltung der Kosten- und Erlösrechnung 56
    2.4.1 Systeme der Kosten- und Erlösrechnung 56
    2.4.2 Aufbau der Kosten- und Erlösrechnung 58

3 Kostenartenrechnung 61
  3.1 Ziele und Aufgaben der Kostenartenrechnung 61
  3.2 Kostenartengliederung und Kostenartenplan 63
  3.3 Erfassung der zentralen Kostenarten 66
    3.3.1 Materialkosten 67
      3.3.1.1 Erfassung des mengenmäßigen Materialverbrauchs 68
      3.3.1.2 Bewertung des mengenmäßigen Materialverbrauchs 71
    3.3.2 Personalkosten 79
      3.3.2.1 Löhne und Gehälter 80
      3.3.2.2 Personalnebenkosten 83

Inhaltsverzeichnis

3.3.3 Kalkulatorische Kosten 85
    3.3.3.1 Kalkulatorische Zinsen 85
    3.3.3.2 Kalkulatorische Abschreibungen 89
    3.3.3.3 Kalkulatorische Wagnisse 92
    3.3.3.4 Sonstige kalkulatorische Kosten 93

4 **Kostenstellenrechnung** 95
4.1 Ziele und Aufgaben der Kostenstellenrechnung 95
4.2 Kostenstelleneinteilung und Kostenstellenplan 97
4.3 Durchführung der Kostenstellenrechnung 101
    4.3.1 Verrechnung der primären Gemeinkosten auf die Kostenstellen ... 104
    4.3.2 Innerbetrieblichen Leistungsverrechnung 105
        4.3.2.1 Kategorien von innerbetrieblichen Leistungen 106
        4.3.2.2 Durchführung der innerbetrieblichen Leistungsverrechnung . 108
            4.3.2.2.1 Anbauverfahren 110
            4.3.2.2.2 Stufenleiterverfahren 112
            4.3.2.2.3 Gleichungsverfahren 114
            4.3.2.2.4 Iterationsverfahren 117
    4.3.3 Ermittlung von Kalkulationssätzen 119
        4.3.3.1 Kalkulationssätze für die Materialkostenstellen 120
        4.3.3.2 Kalkulationssätze für die Fertigungskostenstellen 121
        4.3.3.3 Kalkulationssätze für die Verwaltungs- und Vertriebskostenstellen 124
        4.3.3.4 Berechnung der Gemeinkostenzuschlagssätze 126
    4.3.4 Kostenkontrolle 126
        4.3.4.1 Planung und Kontrolle der Materialeinzelkosten 127
        4.3.4.2 Kostenstellenweise Kostenplanung und -kontrolle 130
4.4 Übungsaufgaben zur Kostenstellenrechnung 137

5 **Kostenträgerrechnung** 149
5.1 Ziele und Aufgaben der Kostenträgerstückrechnung 150
5.2 Kalkulationsarten 156
5.3 Kalkulationsverfahren 160
    5.3.1 Divisionskalkulation 162
        5.3.1.1 Einstufige Divisionskalkulation 163
        5.3.1.2 Zweistufige Divisionskalkulation 164
        5.3.1.3 Mehrstufige Divisionskalkulation 166
    5.3.2 Äquivalenzzifferkalkulation 169
        5.3.2.1 Einfache Äquivalenzziffernkalkulation 170
        5.3.2.2 Kombinierte Äquivalenzziffernkalkulation 173
    5.3.3 Zuschlagskalkulation 174
        5.3.3.1 Summarische Zuschlagskalkulation 175
        5.3.3.2 Summarisch-elektive Zuschlagskalkulation 177
        5.3.3.3 Differenzierende Zuschlagskalkulation 180
    5.3.4 Maschinenstundensatzkalkulation 183
    5.3.5 Verfahren zur Kalkulation von Kuppelprodukten 186
        5.3.5.1 Restwertrechnung 186
        5.3.5.2 Verteilungsrechnung 188
5.4 Übungsaufgabe zur Kostenträgerstückrechnung 189

6 **Betriebsergebnisrechnung** 193
6.1 Ziele und Aufgaben der Betriebsergebnisrechnung 193
6.2 Verfahren der Betriebsergebnisrechnung 195

6.2.1 Gesamtkostenverfahren 195
6.2.2 Umsatzkostenverfahren 197
6.3 Erlösrechnung 198
   6.3.1 Bedeutung und Ausgestaltung der Erlösrechnung 199
   6.3.2 Vorgehensweise bei der Erfassung und Verrechnung der Erlöse . . . 200
6.4 Durchführung der Betriebsergebnisrechnung 202
   6.4.1 Mangelnde Aussagefähigkeit der Vollkostenrechnung 202
   6.4.2 Deckungsbeitragsrechnung 205
      6.4.2.1 Einstufige Deckungsbeitragsrechnung 206
         6.4.2.1.1 Ausweis von Kennzahlen 209
         6.4.2.1.2 Ergänzende Break-even Analyse 210
         6.4.2.1.3 Zusatzauswertungen 216
      6.4.2.2 Mehrstufige Deckungsbeitragsrechnung 219
6.5 Übungsaufgaben zur Betriebsergebnisrechnung 223

7 Übungsklausuren 229
7.1 1. Übungsklausur 229
7.2 2. Übungsklausur 235
7.3 3. Übungsklausur 241

8 Lösungen zu den Übungsklausuren 249
8.1 Musterlösung zur 1. Übungsklausur 249
8.2 Musterlösung zur 2. Übungsklausur 255
8.3 Musterlösung zur 3. Übungsklausur 262

Sachverzeichnis 275

Abbildungsverzeichnis

Abbildung 1-1:	Unterschiede zwischen externem und internem Rechnungswesen	2
Abbildung 1-2:	Stufen der Planung und Kontrolle der Kosten und Erlöse	5
Abbildung 1-3:	Differenzierte Ermittlung des Betriebsergebnisses	6
Abbildung 1-4:	Organisationsstruktur eines Unternehmens	8
Abbildung 1-5:	Abgrenzung von Controlling (Controllership) und Finanzwirtschaft (Treasurership)	9
Abbildung 1-6:	Organisation des Controlling (mit besonderer Berücksichtigung des internen Rechnungswesens)	10
Abbildung 2-1:	Vier begriffliche Ebenen des betrieblichen Rechnungswesens	23
Abbildung 2-2:	Abgrenzung von Auszahlungen und Ausgaben	24
Abbildung 2-3:	Abgrenzung von Ausgaben und Aufwendungen	25
Abbildung 2-4:	Abgrenzung von Aufwendungen und Kosten	26
Abbildung 2-5:	Zusammensetzung der neutralen Aufwendungen	27
Abbildung 2-6:	Abgrenzung von Einzahlungen und Einnahmen	29
Abbildung 2-7:	Abgrenzung von Einnahmen und Erträgen	30
Abbildung 2-8:	Abgrenzung von Erträgen und Erlösen	31
Abbildung 2-9:	Zusammensetzung der neutralen Erträge	31
Abbildung 2-10:	Systematisierung der variablen Kosten	38
Abbildung 2-11:	Kurvenverlauf der proportionalen Kosten	38
Abbildung 2-12:	Kurvenverlauf der progressiven Kosten	39
Abbildung 2-13:	Kurvenverlauf der degressiven Kosten	39
Abbildung 2-14:	Kurvenverlauf der regressiven Kosten	40
Abbildung 2-15:	Systematisierung der fixen Kosten	40
Abbildung 2-16:	Kurvenverlauf der absolut fixen Kosten	41
Abbildung 2-17:	Kurvenverlauf der intervallfixen Kosten	41
Abbildung 2-18:	Break-even Diagramm für den Eisverkäufer (Ausgangssituation)	45
Abbildung 2-19:	Typischer Verlauf der Erlöskurve	46
Abbildung 2-20:	S-förmiger Kurvenverlauf der variablen Kosten	47
Abbildung 2-21:	Sprunghafter Verlauf der Fixkostenkurve	48
Abbildung 2-22:	Break-even Diagramm für den Eisverkäufer (Verkaufspreiserhöhung)	50
Abbildung 2-23:	Break-even Diagramm für den Eisverkäufer (Erhöhung der variablen Stückkosten)	50
Abbildung 2-24:	Break-even Diagramm für den Eisverkäufer (Fixkostensenkung)	51
Abbildung 2-25:	Break-even Diagramm für den Souvenirladen (Ausgangssituation)	53
Abbildung 2-26:	Break-even Diagramm (Zusatzprovision für den Geschäftsführer)	53
Abbildung 2-27:	Break-even Diagramm (Höhere Gehälter statt Verkaufsprovisionen)	54
Abbildung 2-28:	Teilgebiete der Kosten- und Erlösrechnung	58
Abbildung 3-1:	Einordnung der Kostenartenrechnung	62
Abbildung 3-2:	Kostenartenplan (Klasse 4 des Gemeinschaftskontenrahmens der Industrie)	65
Abbildung 3-3:	Zusammensetzung der Materialkosten	67

Abbildungsverzeichnis

Abbildung 3-4:	Methoden zur Erfassung des mengenmäßigen Materialverbrauchs	68
Abbildung 3-5:	Beispiel eines Materialentnahmescheins	70
Abbildung 3-6:	Ansätze zur Bewertung des mengenmäßigen Materialverbrauchs	72
Abbildung 3-7:	Bewertung des mengenmäßigen Materialverbrauchs zu Anschaffungspreisen	73
Abbildung 3-8:	Zusammensetzung der Personalkosten	80
Abbildung 3-9:	Untergliederung der Bruttolöhne	81
Abbildung 3-10:	Ermittlung der Verrechnungssätze für die Personalnebenkosten	84
Abbildung 3-11:	Restwert und Durchschnittswert des in einem Anlagegegenstand gebundenen Kapitals über die Nutzungsdauer hinweg betrachtet	87
Abbildung 4-1:	Die Kostenstellenrechnung als Teilgebiet der Kostenrechnung	95
Abbildung 4-2:	Kostenstellenplan für einen Industriebetrieb	100
Abbildung 4-3:	Betriebsabrechnungsbogen einer Istkostenrechnung auf Vollkostenbasis	102
Abbildung 4-4:	Datenfluß innerhalb der Kostenstellenrechnung	103
Abbildung 4-5:	Häufig verwendete Verteilungsschlüssel für sekundäre Gemeinkosten	108
Abbildung 4-6:	Tatsächlich bestehende Leistungsbeziehungen zwischen den Kostenstellen	109
Abbildung 4-7:	Grafische Darstellung der Leistungsbeziehungen zwischen den Kostenstellen	109
Abbildung 4-8:	Durch das Anbauverfahren berücksichtigte Leistungsbeziehungen	110
Abbildung 4-9:	Innerbetriebliche Leistungsverrechnung nach dem Anbauverfahren	111
Abbildung 4-10:	Schematische Darstellung des Stufenleiterverfahrens	112
Abbildung 4-11:	Durch das Stufenleiterverfahren berücksichtigte Leistungsbeziehungen	113
Abbildung 4-12:	Innerbetriebliche Leistungsverrechnung nach dem Stufenleiterverfahren	113
Abbildung 4-13:	Innerbetriebliche Leistungsverrechnung nach dem Gleichungsverfahren	116
Abbildung 4-14:	Gegenüberstellung der Ergebnisse von Anbau-, Stufenleiter- und Gleichungsverfahren	117
Abbildung 4-15:	Innerbetriebliche Leistungsverrechnung nach dem Iterationsverfahren	118
Abbildung 4-16:	Grafische Abweichungsanalyse für die Materialeinzelkosten am Beispiel der Kosten für Rohstoff D	129
Abbildung 4-17:	Abweichungsermittlung für die Materialeinzelkosten am Beispiel der Kosten für den Rohstoff D	129
Abbildung 4-18:	Kostenplanung am Beispiel der Fertigungskostenstelle	131
Abbildung 4-19:	Soll-Ist-Vergleich am Beispiel der Fertigungskostenstelle	133
Abbildung 4-20:	Abweichungsermittlung für die Fertigungslöhne der betrachteten Fertigungskostenstelle	135
Abbildung 4-21:	Grafische Abweichungsanalyse für Gemeinkosten am Beispiel der Kosten für Hilfs- und Betriebsstoffe	136
Abbildung 4-22:	Primäre Gemeinkosten und beanspruchte innerbetriebliche Leistungen der einzelnen Kostenstellen	137
Abbildung 4-23:	Durch das Anbauverfahren berücksichtigte Leistungsbeziehungen	137
Abbildung 4-24:	Innerbetriebliche Leistungsverrechnung nach dem Anbauverfahren	138

Abbildungsverzeichnis   XVII

Abbildung 4-25: Durch das Stufenleiterverfahren berücksichtigte Leistungsbeziehungen 138
Abbildung 4-26: Innerbetriebliche Leistungsverrechnung nach dem Stufenleiterverfahren 139
Abbildung 4-27: Innerbetriebliche Leistungsverrechnung nach dem Gleichungsverfahren 140
Abbildung 4-28: Innerbetriebliche Leistungsverrechnung nach dem Iterationsverfahren 141
Abbildung 4-29: Primäre Gemeinkosten und beanspruchte innerbetriebliche Leistungen der einzelnen Kostenstellen 142
Abbildung 4-30: Durch das Stufenleiterverfahren berücksichtigte Leistungsbeziehungen zwischen den einzelnen Kostenstellen 142
Abbildung 4-31: Innerbetriebliche Leistungsverrechnung nach dem Stufenleiterverfahren 143
Abbildung 4-32: Primäre Gemeinkosten und beanspruchte innerbetriebliche Leistungen der einzelnen Kostenstellen 144
Abbildung 4-33: Innerbetriebliche Leistungsverrechnung nach dem Gleichungsverfahren 145
Abbildung 4-34: Innerbetriebliche Leistungsverrechnung nach dem Iterationsverfahren 146
Abbildung 5-1: Einteilung der Kostenträger 149
Abbildung 5-2: Grundschema der Kalkulation 150
Abbildung 5-3: Ableitung der handels- und steuerrechtlichen Herstellungskosten aus dem Grundschema der Kalkulation 156
Abbildung 5-4: Kalkulationsarten 156
Abbildung 5-5: Plankosten und Plankalkulationssätze der Fertigungskostenstelle aus Kapitel 4.3.4 159
Abbildung 5-6: Plankalkulation für das Produkt DELTA 160
Abbildung 5-7: Zusammenhang zwischen der Erzeugnisvielfalt, den Fertigungstypen und den Kalkulationsverfahren 161
Abbildung 6-1: Aufbau der Betriebsergebnisrechnung nach dem Gesamtkostenverfahren 196
Abbildung 6-2: Aufbau der Betriebsergebnisrechnung nach dem Umsatzkostenverfahren 197
Abbildung 6-3: Schematische Darstellung der Zusammenhänge in Teilkostenrechnungssystemen 207
Abbildung 6-4: Break-even Diagramm mit Erlös- und Kostengeraden 212
Abbildung 6-5: Break-even Diagramm mit der Deckungsbeitragsgeraden 213
Abbildung 6-6: Break-even Diagramm mit der Betriebsergebnisgeraden 213
Abbildung 6-7: Break-even Diagramm mit optimistischem und pessimistischem Pfad 215
Abbildung 6-8: Kurzfristige Planung des optimalen Produktionsprogramms bei einem Engpaß 220
Abbildung 6-9: Ausbau der einstufigen zur mehrstufigen Deckungsbeitragsrechnung 221

1 Die Kosten- und Erlösrechnung in der Unternehmung

Die Kosten- und Erlösrechnung bildet, wie dieses Lehrbuch zeigen soll, ein zentrales Teilgebiet eines modernen und aussagefähigen Rechnungswesens. Dieses erste, einführende Kapitel beschäftigt sich mit der Stellung der Kosten- und Erlösrechnung im betrieblichen Rechnungswesen, ihren Zielen und Aufgaben sowie ihrer organisatorischen Verankerung im Unternehmen.

1.1 Stellung der Kosten- und Erlösrechnung im betrieblichen Rechnungswesen

Das betriebliche Rechnungswesen ist das wichtigste Informationsinstrument jedes Unternehmens. Es beschäftigt sich mit der mengen- und wertmäßigen Abbildung von Beziehungen zwischen dem Unternehmen und den Beschaffungs-, Absatz- und Finanzmärkten sowie von Tatbeständen und Vorgängen in Einkauf, Produktion und Vertrieb.[1] Über die zahlenmäßige Dokumentation der betrieblichen Realität hinaus führt das betriebliche Rechnungswesen auch Analysen und Auswertungen des erfaßten Datenmaterials durch. Die bereitgestellten Informationen richten sich an Adressaten innerhalb und außerhalb des Unternehmens und dienen der Entscheidungsunterstützung. Daher untergliedert sich das betriebliche Rechnungswesen in einen externen und einen internen Zweig.

Zum externen betrieblichen Rechnungswesen gehören Buchführung,[2] auch Finanzbuchhaltung genannt, und Jahresabschluß; zum internen Rechnungswesen zählen Kosten- und Erlösrechnung, Planungsrechnung und Betriebsstatistik. Das externe Rechnungswesen richtet sich an externe Adressaten. Es ermöglicht Anteilseignern, Fremdkapitalgebern, dem Staat und anderen Interessenten (zum Beispiel Kunden, Lieferanten, Gewerkschaften), sich einen Überblick über die wirtschaftliche Lage eines Unternehmens zu verschaffen. Dazu bedient es sich der Buchführung (Finanzbuchhaltung) und des Jahresabschlusses.

Die Finanzbuchhaltung eines Unternehmens erfaßt und dokumentiert alle innerhalb eines Jahres auftretenden Geschäftsvorfälle. Nach Abschluß eines Ge-

---

[1] Vgl. Weber, H. K. (1988), S. 1–3.
[2] Vgl. zu den Techniken der Buchführung Gabele, E. (1991 a) und Gabele, E. (1991 b).

schäftsjahres muß ein Jahresabschluß aufgestellt werden. Dort erfolgt der Ausweis des Zahlenmaterials aus der Buchhaltung in verdichteter Form in der gesetzlich vorgeschriebenen Bilanz und Gewinn- und Verlustrechnung. Das externe Rechnungswesen erlaubt damit eine vergangenheitsbezogene Betrachtung der Vermögens-, Finanz- und Ertragslage des Unternehmens. Gesetzlich

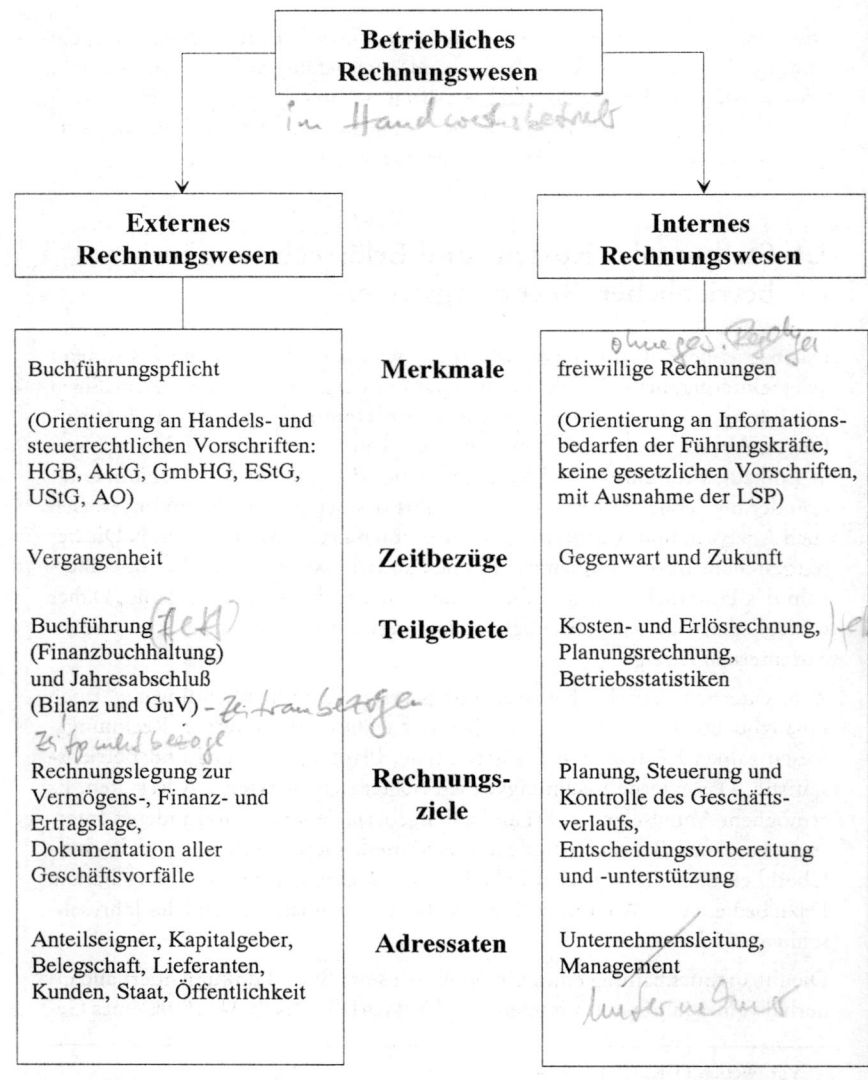

Abbildung 1-1: Unterschiede zwischen externem und internem Rechnungswesen

geregelt ist die Buchführung und die Aufstellung des Jahresabschlusses im Handelsgesetzbuch und anderen Gesetzbüchern.

Das interne Rechnungswesen richtet sich an interne Adressaten. Unternehmensleitung bzw. Führungskräfte beziehen aus dem internen Rechnungswesen Informationen zur Planung, Steuerung und Kontrolle des Geschäftsverlaufs und zur Entscheidungsvorbereitung. Es ermöglicht eine gegenwartsbezogene und sogar zukunftsorientierte Betrachtungsweise der wirtschaftlichen Vorgänge innerhalb der Unternehmung. Die durchzuführenden Rechnungen sind freiwillig und beruhen auf keiner gesetzlichen Regelung. Das interne Rechnungswesen gliedert sich in folgende Teilbereiche:

1. Kosten- und Erlösrechnung

Die Kosten- und Erlösrechnung beschäftigt sich mit der systematischen Erfassung und Auswertung der innerhalb einer Abrechnungsperiode erzielten Erlöse und entstandenen Kosten.

2. Planungsrechnung

In der Planungsrechnung werden auf der Grundlage des Datenmaterials der Finanzbuchhaltung und der Kosten- und Erlösrechnung mögliche zukünftige Entwicklungen des Unternehmens ermittelt und aufgezeigt. Als Beispiele lassen sich Plan-Bilanzen, Plan-Gewinn- und Verlustrechnungen sowie Plan-Erfolgsrechnungen anführen.

3. Betriebsstatistik

Im Rahmen der Betriebsstatistik erfolgt die Zusammenstellung der Daten aus dem betrieblichen Rechnungswesen nach bestimmten Kriterien (zum Beispiel Umsatz- und Kundenstatistik) sowie die Ermittlung von Kennziffern (u. a. Lagerumschlagshäufigkeit).[3] Diese dienen der Steuerung und Kontrolle des Unternehmens.

Abbildung 1-1 faßt die wichtigsten Unterschiede des externen im Vergleich zum internen Rechnungswesen zusammen.[4]

1.2 Ziele und Aufgaben der Kosten- und Erlösrechnung

Die Kosten- und Erlösrechnung gilt als ein wesentlicher Bestandteil des Informationssystems eines Unternehmens. Sie verfolgt das Ziel, die Unternehmensführung und die für Teilbereiche verantwortlichen Führungskräfte bei der

---

[3] Vgl. Haberstock, L. (1987), S. 23.
[4] LSP steht für Leitsätze für die Preisermittlung auf Grund von Selbstkosten.

1 Die Kosten- und Erlösrechnung in der Unternehmung

Planung, Steuerung und Kontrolle des Geschäftsverlaufs zu unterstützen. Zu diesem Zweck erfüllt die Kosten- und Erlösrechnung folgende Aufgaben:
- Erstellung von Kalkulationsunterlagen für die Preisfindung und Bestandsbewertung,
- Planung und Kontrolle der Kosten und Erlöse,
- differenzierte Erfolgsermittlung und -beurteilung,
- Bereitstellung von Kosten- und Erlösinformationen für spezielle unternehmerische Entscheidungen.

1.2.1 Erstellung von Kalkulationsunterlagen

Die Kalkulation ist von jeher eine zentrale Aufgabe der Kosten- und Erlösrechnung. Sie stellt Informationen für die Unterstützung der Preispolitik eines Unternehmens bereit. Kalkulationsunterlagen werden für folgende Zwecke erstellt:

1. Ermittlung von Verkaufspreisen für betriebliche Erzeugnisse (Preisuntergrenze)

In erster Linie dient die Kalkulation der Verkaufspreisfindung. Durch die Ermittlung sämtlicher bei Herstellung und Absatz einer Produkteinheit anfallenden Kosten wird der Preis ermittelt, der am Markt realisiert werden muß, um die entstehenden Kosten zu decken (Preisuntergrenze).

2. Ermittlung von Einkaufspreisen für anzuschaffende Rohstoffe und Bauteile (Preisobergrenze)

Auch im Einkaufsbereich wird auf Kalkulationsunterlagen zurückgegriffen. Wenn für ein Produkt die Verkaufspreise sowie die Kosten der Produktion und des Absatzes feststehen, lassen sich die Beschaffungspreise, die höchstens für die in das Produkt eingehenden Rohstoffe und Bauteile gezahlt werden können, errechnen (Preisobergrenze).

3. Ermittlung von Wertansätzen für die Bewertung der Lagerbestände an fertigen und unfertigen Erzeugnissen

Schließlich werden die Kalkulationsunterlagen auch für die Bewertung der Lagerbestände an fertigen und unfertigen Erzeugnissen im Rahmen der Aufstellung des Jahresabschlusses herangezogen.

1.2.2 Planung und Kontrolle der Kosten und Erlöse

Um eine wirkungsvolle Kontrolle der Kosten und Erlöse gewährleisten zu können, ist den während einer Abrechnungsperiode in einem abgegrenzten Verantwortungsbereich angefallenen Kosten bzw. den realisierten Erlösen eine geeignete Vergleichsgröße gegenüberzustellen (Stufe 1). Als objektiver Ver-

1.2 Ziele und Aufgaben der Kosten- und Erlösrechnung

gleichsmaßstab sollten die geplanten Kosten und Erlöse verwendet werden (Stufe 2). Durch Gegenüberstellung der Ist-Zahlen und der Plandaten läßt sich die Kontrolle der Kosten und Erlöse durchführen (Stufe 3). Eventuelle Abweichungen zwischen Plan und Ist sind auf ihre Ursachen hin zu untersuchen (Stufe 4), um gegebenenfalls Gegensteuerungsmaßnahmen einleiten zu können (Stufe 5). In Abbildung 1-2 sind die einzelnen Stufen grafisch dargestellt.

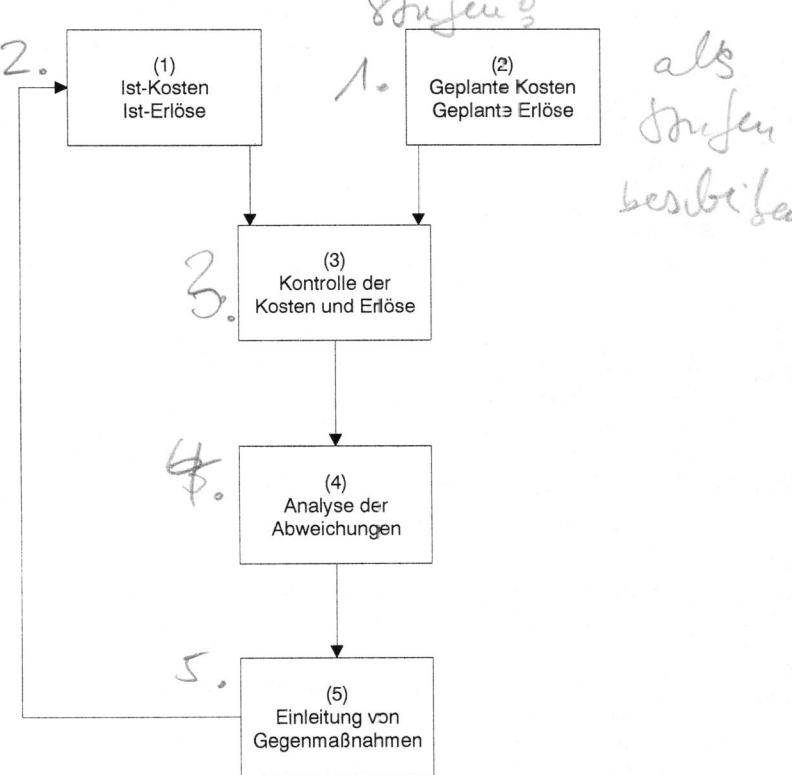

Abbildung 1-2: Stufen der Planung und Kontrolle der Kosten und Erlöse

1.2.3 Differenzierte Erfolgsermittlung und -beurteilung

Die Kosten- und Erlösrechnung ermittelt den Unternehmenserfolg, den man als Betriebsergebnis bezeichnet, durch Bildung der Differenz zwischen den Erlösen und Kosten einer Abrechnungsperiode:

$$\text{Erlöse} - \text{Kosten} = \text{Betriebsergebnis}$$

Dabei begnügt man sich nicht mit einer globalen Erfolgsgröße für das Gesamtunternehmen, sondern ermittelt auch die Beiträge, die einzelne Geschäftsbereiche, Produktgruppen oder Produktarten zum Betriebsergebnis leisten.

Am Beispiel eines Fahrradherstellers sind in Abbildung 1-3 für den Monat Februar die bei einzelnen Fahrradmodellen entstandenen Kosten den jeweils erzielten Erlösen des gleichen Monats gegenübergestellt.

	Gesamt-unternehmen	Tourenrad	Produktarten Rennrad	Mountain-Bike
Erlöse	912.300	360.000	135.800	416.500
Kosten	868.000	356.376	149.941	361.683
Betriebs-/Produktergebnis	44.300	3.624	-14.141	54.817

Abbildung 1-3: *Differenzierte Ermittlung des Betriebsergebnisses*

Der positive Differenzbetrag von DM 54.817, der sich im Beispiel bei den Mountain-Bikes (= „Gewinnträger") ergibt, spiegelt lediglich einen Teilerfolg des Gesamtunternehmens wider, da die Rennräder ein negatives Betriebsergebnis (= „Kostgänger") ausweisen. Diese differenzierte Erfolgsermittlung erlaubt der Geschäftsführung, frühzeitig Fehlentwicklungen zu erkennen und geeignete Gegensteuerungsmaßnahmen einzuleiten.

1.2.4 Bereitstellung von Kosten- und Erlösinformationen für spezielle unternehmerische Entscheidungen

Zusätzlich zu den Auswertungen für die routinemäßige Planung, Steuerung und Kontrolle des Geschäftsverlaufs liefert die Kosten- und Erlösrechnung auch Informationen, die Unternehmensführung und Management bei der Lösung spezieller, nicht regelmäßig anfallender Entscheidungsprobleme unterstützen. Im Rahmen der Bereitstellung von Kosten- und Erlösinformationen für spezielle unternehmerische Entscheidungen ist es erforderlich, die in der betrachteten Entscheidungssituation relevanten Kosten und Erlöse zu identifizieren. Nur die jeweils unmittelbar durch eine mögliche Handlungsalternative, zum Beispiel Eigenfertigung oder Fremdbezug, ausgelösten Kosten und Erlöse sind bei der Entscheidungsvorbereitung zu berücksichtigen.[5]

Typische Beispiele zur Unterstützungsleistung des Managements durch die Kosten- und Erlösrechnung sind:

---

[5] Vgl. Hummel, S.(1981), Sp. 970.

- Entscheidung über Eigenfertigung oder Fremdbezug eines Bauteils.
- Ermittlung der optimalen Bestellmenge, welche die kostengünstigste Kombination zwischen den Lagerkosten und den durch eine Bestellung ausgelösten Kosten darstellt.
- Auswahl zwischen arbeits- und kapitalintensiven Produktionsverfahren.

1.3 Organisatorische Verankerung der Kosten- und Erlösrechnung

Kosten- und Erlösrechnung im Unternehmen wirksam zu betreiben, setzt Personen, Abteilungen, Einheiten voraus, die sich den vorgesehenen Aufgaben widmen und dafür die offizielle Zuständigkeit (Kompetenz) besitzen. Man spricht dann von der „Organisation" der Kosten- und Erlösrechnung, des Rechnungswesens ganz allgemein.

1.3.1 Organisation des Rechnungs- und Finanzwesens

Die personelle Zuständigkeit für Ziele und Aufgaben des betrieblichen Rechnungswesens ist aus der Organisationsstruktur eines Unternehmens ersichtlich. Wie eine solche beschaffen sein kann, zeigt Abbildung 1-4.

Abbildung 1-4 gibt eine funktionale Organisationsstruktur wieder: Die Unternehmensleitung wird durch Abteilungen unterstützt, deren Aufgaben nach typischen Funktionen eingeteilt sind: Beschaffung, Produktion, Finanzen, Absatz, Forschung und Entwicklung. Da es sich hierbei um umfassende Tätigkeitsbereiche handelt, müssen geeignete „Unteraufgaben" gefunden werden, die am Beispiel der Funktion „Finanzen": Controlling und Finanzwirtschaft heißen können.

Controlling und Finanzwirtschaft als zwei getrennte Aufgabenfelder zu begreifen, knüpft an amerikanische Vorstellungen aus den 30iger Jahren an.[6] „Controlling" oder gleichbedeutend „Controllership" kümmert sich vor allem um Planungs-, Lenkungs-, Steuerungs-, Kontroll- und Informationsversorgungsaufgaben; „Finanzwirtschaft" oder gleichbedeutend „Treasurership" widmet sich kurz-, mittel- und langfristigen Fragen der Liquiditäts- und Kapitalversorgung. In Abbildung 1-5 sind die wichtigsten Unterschiede zwischen „Controlling" und „Finanzwirtschaft" festgehalten.

In neuerer Zeit wurden vor allem zum Begriffsinhalt des Controlling umfangreiche Recherchen angestellt, die gemäß Weber[7] wenigstens drei notwendige Bestandteile umfassen:

---

[6] Vgl. hierzu vor allem die Darstellung bei Agthe, K. (1960), S. 43–54.
[7] Vgl. Weber, J. (1991), S. 33.

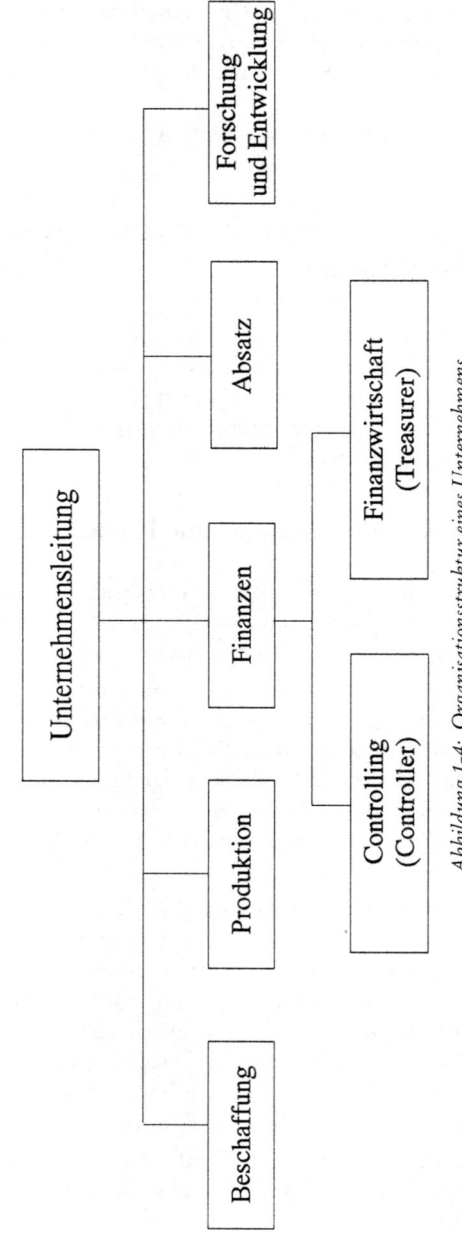

Abbildung 1-4: Organisationsstruktur eines Unternehmens

1.3 Organisatorische Verankerung der Kosten- und Erlösrechnung

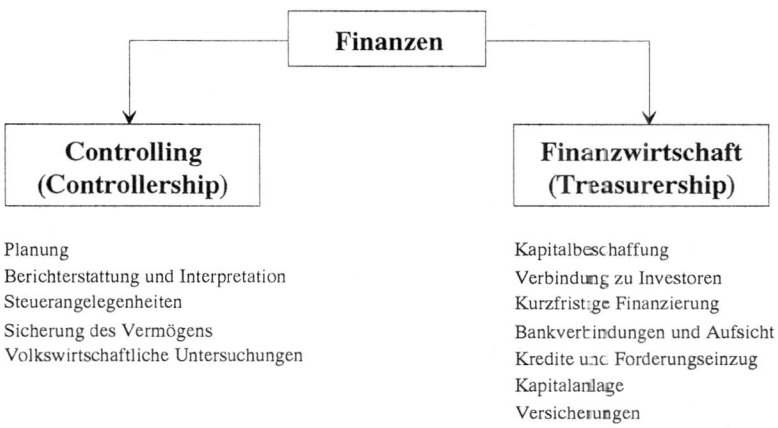

Abbildung 1-5: Abgrenzung von Controlling (Controllership) und Finanzwirtschaft (Treasurership)

1. Controlling-Funktionen

Hiernach übernimmt bzw. unterstützt das Controlling die bereits in Abbildung 1-5 erwähnten Planungs-, Lenkungs-, Steuerungs-, Kontroll- und Informationsversorgungsaufgaben einschließlich der Koordination.[8]

2. Institutionelle Realisation

Controlling verlangt vor allem bei größeren Unternehmen die Einrichtung eigener Controller-Stellen; in kleineren Betrieben kann gegebenenfalls darauf verzichtet werden.

3. Grad der Bestimmtheit des Systemumfeldes

Im operativen Bereich akzeptiert das Controlling vorgegebene Größen zum Umfeld, zu Zielen, Budgets usw., im strategischen Bereich soll es demgegenüber Änderungen innerhalb und außerhalb des Unternehmens aufzeigen, anregen und umsetzen.

Alle drei Bestandteile angemessen wahrzunehmen und zu berücksichtigen, verlangt in größeren Unternehmen eine entsprechende Eingliederung des Controllers in die Unternehmenshierarchie. Die Vorstellungen hierüber sind vielgestaltig: Im ersten Extremfall existiert gar keine eigene Controller-Stelle; Controlling-Aufgaben werden als weniger bedeutsam eingeschätzt, deshalb bestehenden Einrichtungen übertragen.

Im zweiten Extremfall nimmt ein Mitglied des Vorstandes oder die Geschäftsleitung selbst ein Ressort mit der Bezeichnung „Controlling" ein. Damit wäre „Controlling" als Aufgabe der Linie verankert.

---

[8] Vgl. Lehmann, F.-O. (1992), S. 45–61.

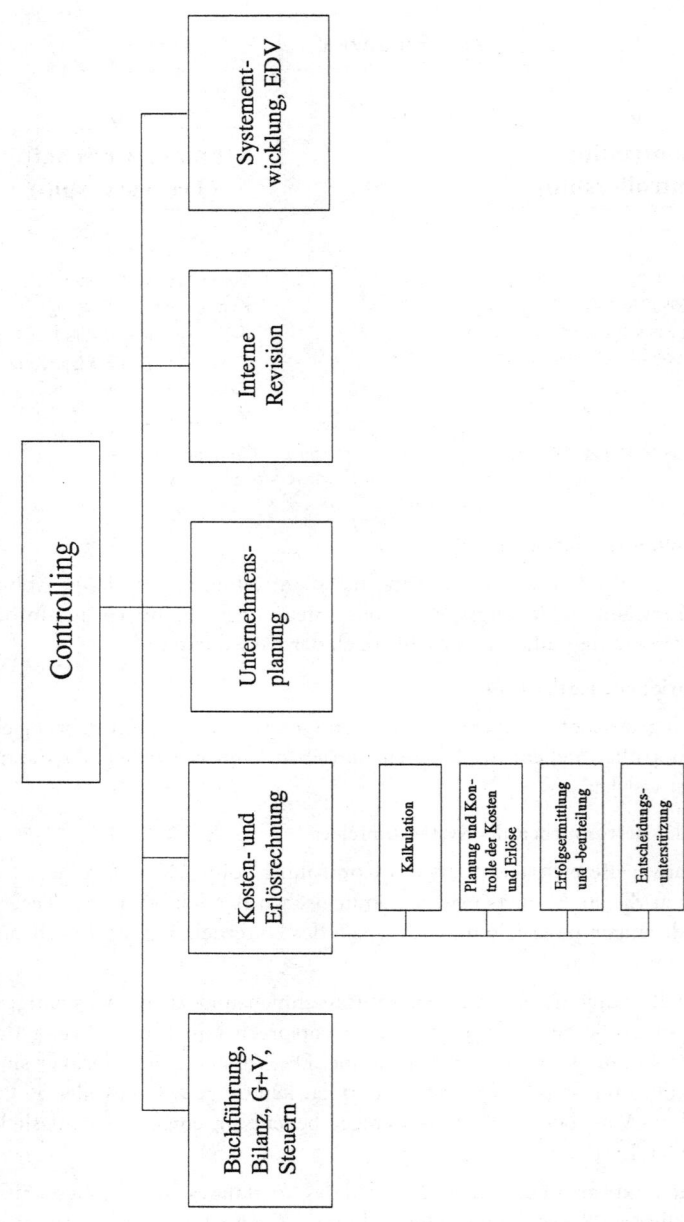

Abbildung 1-6: Organisation des Controlling (mit besonderer Berücksichtigung des internen Rechnungswesens)

1.3 Organisatorische Verankerung der Kosten- und Erlösrechnung

Dazwischen sind organisatorische Varianten denkbar, in denen wirkungsvoll Controlling betrieben werden kann, etwa als Stabsfunktion einer zentralen Organisationseinheit oder dezentral angesiedelt; möglicherweise handelt es sich auch nur um einen oder wenige Mitarbeiter, die neben ihrem Haupttätigkeitsgebiet zusätzlich Controlling betreiben. Die in Abbildung 1-4 vorgestellte organisationelle Lösung ist insoweit eine idealisierte, beispielhafte Vorstellung, an der aus didaktischen Gründen festgehalten werden soll.

1.3.2 Kosten- und Erlösrechnung als zentrales Aufgabengebiet des Controlling

Kosten- und Erlösrechnung ist eine typische Aufgabe des Controlling. Diese könnte – entsprechend der bekannten Einteilung – organisatorisch verschiedenen Personen übertragen werden, wie Abbildung 1-6 verdeutlicht.

Die Abbildung 1-6 geht von vier typischen Aufgabengebieten des Controlling aus:

1. Ein großes Aufgabengebiet des Controlling umfaßt das externe Rechnungswesen. Hierzu zählen die Buchführung ebenso wie die Aufstellung von Bilanz und Gewinn- und Verlustrechnung (Jahresabschluß) sowie jegliche Angelegenheiten der Unternehmensbesteuerung.
2. Ein nächstes Aufgabengebiet des Controlling betrifft die Unternehmensplanung. Diese befaßt sich mit den Zwecken eines Betriebes ebenso wie mit seinen Zielen, Potentialen und Verhaltensweisen.[9] Sie werden in Teilplänen (z. B. Investitions-, Marketing-, Personalplänen) berücksichtigt und zu einer Gesamtplanung vereinigt.
3. Die Interne Revision beschäftigt sich in erster Linie mit den im externen Rechnungswesen erarbeiteten Dokumenten und deren Richtigkeit anhand eines internen Kontrollsystems.
4. Ein viertes Aufgabengebiet des Controlling widmet sich der Systementwicklung und EDV. Dabei gilt die Aufmerksamkeit einzelnen Techniken und Methoden sowie dem Computereinsatz im Unternehmen.
5. Das zentrale Aufgabengebiet des Controlling ist die in diesem Buch besonders interessierende Kosten- und Erlösrechnung. Die Erreichung ihrer wichtigsten Ziele und Aufgaben legt eine institutionelle Realisierung nahe, die sich an den Ziele- und Aufgabengruppen gemäß Abschnitt 1.2 ausrichtet. Danach könnten in Unternehmen – je nach deren Größe, Komplexität, Politik, Kultur usw. – wenigstens folgende, voneinander abgegrenzten Aufgaben einzelnen Personen oder ganzen Institutionen zugeordnet werden: Kalkulationsaufgaben, Aufgaben der Planung und Kontrolle der Kosten und Erlöse, Aufgaben der Erfolgsermittlung und -beurteilung, Aufgaben der Entscheidungsunterstützung.

---

[9] Vgl. Gabele, E. (1987), S. 328–329.

2 Terminologie der Kosten- und Erlösrechnung

Für das Verständnis des von der Betriebswirtschaftslehre vorgeschlagenen und in der Praxis eingesetzten Instrumentariums, dessen sich die Kosten- und Erlösrechnung zur Erfüllung der gesetzten Ziele und zur Bewältigung der gestellten Aufgaben bedient, ist es zunächst erforderlich, die begrifflichen Grundlagen zu legen und in die Terminologie des Rechnungswesens einzuführen. Am Anfang dieses Kapitels stehen daher die Definitionen der Kernbegriffe „Kosten" und „Erlöse". Anschließend erfolgt die Abgrenzung der Kosten und Erlöse von den anderen Grundbegriffen des betrieblichen Rechnungswesens, und darüber hinaus werden zwei bedeutsame Kosten- und Erlöskategorien aufgezeigt. Vor der abschließenden Behandlung der konkreten Ausgestaltung der Kosten- und Erlösrechnung vermittelt die Break-even Analyse auf anschauliche Weise einen ersten Gesamtüberblick.

2.1 Definitionen und begriffliche Abgrenzungen

Wie alle betriebswirtschaftlichen Teildisziplinen, so bedient sich auch das betriebliche Rechnungswesen eines eigenen Begriffsapparates. Die Beherrschung dieser Terminologie ist unabdingbare Voraussetzung für jeden, der sich – theoretisch oder praktisch – mit Kosten- und Erlösrechnung beschäftigt. Aus diesem Grunde erfolgt in diesem Abschnitt eine Einführung in die Sprache des Rechnungswesens, auf die in den weiteren Kapiteln des vorliegenden Buches aufgebaut wird. Vorrangig soll gezeigt werden, was genau unter Kosten und Erlösen zu verstehen ist, und wie sich diese Termini von anderen Grundbegriffen des betrieblichen Rechnungswesens abgrenzen lassen.

2.1.1 Definition der Kernbegriffe „Kosten" und „Erlöse"

Am Anfang der Ausführungen über die Grundbegriffe des Rechnungswesens stehen die Definitionen von Kosten und Erlösen. Dabei wird die derzeit in den Wirtschaftswissenschaften herrschende Meinung unter Berücksichtigung neuerer Erkenntnisse und Entwicklungen dargestellt.

2 Terminologie der Kosten- und Erlösrechnung

Definition von Kosten

In der Betriebswirtschaftslehre existiert keine allgemein anerkannte Definition von Kosten.[1] Vielmehr hat die andauernde terminologische Auseinandersetzung zahlreiche, sich mehr oder weniger stark voneinander unterscheidende Begriffsauffassungen hervorgebracht. Zwei Konzepte sind jedoch vorrangig zu nennen: der wertmäßige und der pagatorische Kostenbegriff.[2] Beide Definitionsansätze beinhalten folgende drei Begriffsmerkmale:[3]

Mengenmäßiger Verbrauch von Gütern und Dienstleistungen

Zentrales Kriterium ist der mengenmäßige Güterverbrauch, d. h. Kosten entstehen nur, wenn Güter und/oder Dienstleistungen verbraucht werden. Demnach haben Kosten eine Mengenkomponente, die sich beispielsweise in Form von Materialverbrauchsmengen und geleisteten Arbeits- und Maschinenstunden quantifizieren läßt.[4] Der Güterverbrauch umfaßt sowohl den physischen Verzehr von Roh-, Hilfs- und Betriebsstoffen als auch den Gebrauch von Anlagegegenständen, z. B. Gebäuden, Maschinen und Fahrzeugen. Materialien gehen als sogenannte Repetiergüter direkt in den betrieblichen Leistungserstellungsprozeß ein und lassen sich nur einmalig einsetzen. Die als Potentialgüter bezeichneten Sachanlagen können hingegen über einen längeren Zeitraum genutzt werden und unterliegen dem Verschleiß.

Weiterhin zählen auch die von den Mitarbeitern in einem Unternehmen erbrachten Arbeitsleistungen, die in Anspruch genommenen Dienstleistungen (z. B. Fremdreparaturen), die genutzten Rechte (z. B. Patente und Lizenzen), die an den Staat abgeführten Steuern, Gebühren und Beiträge sowie das eingesetzte Kapital, für das Zinskosten anfallen, zum mengenmäßigen Verbrauch an Gütern und Dienstleistungen.[5] Die Quantifizierung des Verbrauchs bereitet jedoch an einigen Stellen Probleme, so daß auf die gezahlten bzw. zu zahlenden Beträge zurückgegriffen werden muß.

Sachzielbezogenheit des Verbrauchs an Gütern und Dienstleistungen

Als zweites Begriffsmerkmal dient das Kriterium der Sachzielbezogenheit dazu, den kostenwirksamen vom nicht kostenwirksamen Güterverbrauch abzugrenzen. Sachzielbezogenheit, manche Autoren sprechen auch von Leistungs-

---

[1] Vgl. dazu Adam, D. (1970), S. 18 und Heinen, E. (1983), S. 43 und 44; zur historischen Entwicklung des Kostenbegriffs vgl. Menrad, S. (1965), S. 99 ff.
[2] Neben dem pagatorischen und dem wertmäßigen Kostenbegriff, die man auch als spezifisch ausgerichtete, sogenannte spezielle Kostenbegriffe, wie z. B. der auf Riebel zurückgehende entscheidungsorientierte Kostenbegriff, diskutiert. Vgl. dazu Schweitzer, M./Küpper, H.-U. (1986), S. 37 und 38 und Hummel, S./Männel, W. (1986), S. 75 und 76 sowie die dort angegebene Literatur.
[3] Vgl. Kosiol, E. (1964), S. 20 und 21 sowie Schweitzer, M./Küpper, H.-U. (1986), S. 28–37.
[4] Vgl. Kilger, W. (1987), S. 23.
[5] Vgl. Hummel, S./Männel, W. (1986), S. 73.

bezogenheit oder Betriebsbedingtheit,⁶ ist immer dann gegeben, wenn Produktionsfaktoren eingesetzt werden, damit absatzbestimmte Produkte und Dienstleistungen erstellt werden. Demnach läßt sich das Sachziel eines Unternehmens als Art und Menge der innerhalb einer Periode hervorzubringenden Absatzleistungen definieren.⁷ Das Sachziel eines Fahrradherstellers besteht zum Beispiel darin, in einem bestimmten Monat 200 Rennräder, 300 Tourenräder und 150 Montain Bikes zu produzieren und zu vermarkten. Sämtliche Faktorverbräuche, die zur Erreichung des Sachziels beitragen, haben Kostencharakter. Spenden an karitative Organisationen und Aufwendungen, die im Zusammenhang mit sachzielfremden kurzfristigen Wertpapierspekulationen stehen, sind hingegen nicht kostenwirksam. Kosten entstehen somit nur, wenn Güter und Dienstleistungen „für die Herstellung und den Absatz der betrieblichen Erzeugnisse und die Aufrechterhaltung der hierfür erforderlichen Kapazitäten"⁸, d. h. im Rahmen des betrieblichen Leistungserstellungsprozesses, verbraucht werden.

Bewertung des sachzielbezogenen Verbrauchs von Gütern und Dienstleistungen

Das dritte Begriffsmerkmal der Kostendefinition beschäftigt sich mit der Bewertung des sachzielbezogenen Güterverbrauchs. Die Mengenkomponente der Kosten, z. B. die verbrauchten Materialmengen oder die geleisteten Arbeitsstunden, ist zu einem Preis, beispielsweise dem Materialpreis bzw. dem Lohnsatz, zu bewerten. Somit ergeben sich Kosten als Produkt aus Menge (sachzielbezogener Verbrauch von Gütern und Dienstleistungen) und Preis (Geldbetrag pro Mengeneinheit) und werden in Geldeinheiten ausgewiesen. Erst durch die Bewertung lassen sich die verschiedenartigen Maßeinheiten der mengenmäßigen Güterverbräuche, beispielsweise die Stückzahl oder das Gewicht von Materialien, die Arbeitsstunden etc. auf eine einheitliche und vergleichbare Basis bringen, auf die die Verrechnungs- und Auswertungstechniken der Kostenrechnung aufbauen können.

Bis zu diesem Punkt besteht in der betriebswirtschaftlichen Literatur weitgehend Einigkeit über die Definition von Kosten. Umstritten ist jedoch, welcher Preis bei der Bewertung des sachzielbezogenen Verbrauchs von Gütern und Dienstleistungen anzusetzen ist. In Hinsicht auf die Wertkomponente unterscheiden sich auch der wertmäßige und der pagatorische Kostenbegriff.⁹

---

⁶ Vgl. Eisele, W. (1990), S.512, Haberstock, L. (1987), S.73, Hummel, S./Männel, W. (1986), S.74 und Weber H. K. (1991), S.35.
⁷ Vgl. Schweitzer, M./Küpper, H.-U. (1986), S.34.
⁸ Kilger, W. (1987), S.23.
⁹ Eine umfassende Darstellung der Diskussion über den wertmäßigen und pagatorischen Kostenbegriff findet sich bei Adam, D. (1970), S.25–53 und der dort angegebenen Literatur.

Pagatorische Kosten orientieren sich, wie schon aus der Bezeichnung hervorgeht („pagare" ist das italienische Wort für „zahlen"), an den Zahlungen, die durch den Verbrauch von Produktionsfaktoren ausgelöst werden. Daher schreibt der pagatorische Kostenbegriff eindeutig vor, die Bewertung des sachzielbezogenen Verbrauchs von Gütern und Dienstleistungen zu dem am Beschaffungszeitpunkt gültigen Marktpreis vorzunehmen. Zum Beispiel werden die tatsächlich gezahlten Anschaffungspreise für Roh-, Hilfs- und Betriebsstoffe und die effektiven Lohnsätze bzw., wenn der Faktoreinsatz für die Zukunft geplant ist, erwartete Materialpreise und Lohnsätze angesetzt. In letzter Konsequenz besagt der pagatorische Kostenbegriff, daß durch den Verbrauch von den einem Unternehmen unentgeltlich zur Verfügung gestellten Produktionsfaktoren, wie beispielsweise geschenkten Gütern oder der Arbeitsleistung des Unternehmers in einer Personengesellschaft, keine Kosten verursacht werden. Es liegt zwar ein sachzielbezogener Güterverbrauch vor, der somit auch kostenwirksam ist, aber dadurch, daß kein effektiv gezahlter oder zu zahlender Preis vorliegt, entstehen keine pagatorischen Kosten. Dieses Problem hat Koch, der wohl bekannteste Vertreter des pagatorischen Kostenbegriffs, zu lösen versucht, indem er in solchen Ausnahmefällen annimmt, daß der geltende Marktpreis für die geschenkten Güter bzw. ein vergleichbares Geschäftsführergehalt an den Eigentümerunternehmer gezahlt worden wäre.[10]

Im Unterschied zum Wertansatz des pagatorischen Kostenbegriffs ist die Wertkomponente des wertmäßigen Kostenbegriffs nicht eindeutig auf die am Markt gezahlten Anschaffungspreise festgelegt, sondern von der jeweiligen Entscheidungssituation und dem Rechnungsziel abhängig. Die Bewertung kann also zu Anschaffungspreisen, Wiederbeschaffungspreisen oder zu sogenannten innerbetrieblichen Verrechnungspreisen (Festpreise, Durchschnittspreise, Schätzpreise, Lenkungspreise) erfolgen. Von besonderer Bedeutung ist die Berücksichtigung von Opportunitätskosten bei Ressourcenknappheit. Unter Opportunitätskosten wird „die Gewinneinbuße verstanden, die daraus resultiert, daß man eine Einheit eines Produktionsfaktors einer bestimmten Verwendung zuführt und sie dadurch einer anderen Verwendungsmöglichkeit entzieht".[11]

Der Ansatz von Opportunitätskosten soll demnach bewirken, daß die nur im begrenzten Umfang zur Verfügung stehenden Ressourcen, wie beispielsweise Fertigungskapazitäten, Rohstoffe und finanzielle Mittel, innerhalb des betrieblichen Leistungserstellungsprozesses optimal eingesetzt werden.[12] An-

---

[10] Vgl. Koch, H. (1958), S. 371 und S. 388.
[11] Kilger, W. (1987), S. 24.
[12] Schmalenbach, der den wertmäßigen Kostenbegriff maßgeblich geprägt hat, ließ der Wertkomponente der Kosten eine Lenkungsfunktion zukommen. Der sachzielbezogene Verbrauch von Gütern und Dienstleistungen ist demzufolge zu dem Preis zu bewerten, der die optimale Verwendung dieser Produktionsfaktoren bewirkt. Vgl. Schmalenbach, E. (1963), S. 5 und 6 sowie S. 176 und 177.

hand der nachstehend dargestellten einfachen Entscheidungssituation soll die Bestimmung der Opportunitätskosten beispielhaft erläutert werden:[13] Ein Fahrradhersteller produziert Rennräder, Tourenräder und Hollandräder. Aufgrund eines Streiks bei den Zulieferern sind die Fahrradsättel, die sowohl in die Tourenräder als auch in die Hollandräder eingehen, knapp. Alle anderen Materialien stehen in ausreichender Menge zur Verfügung und die Fertigungskapazitäten sind nicht voll ausgelastet. Folglich sind nur für die Verwendung von Fahrradsätteln Opportunitätskosten anzusetzen. Da sowohl Tourenräder als auch Hollandräder stark nachgefragt werden, stellt sich die Frage, ob die knappen Fahrradsattel an Tourenräder oder Hollandräder montiert werden sollen. Jeder Sattel, der in ein Tourenrad eingeht, verhindert den Absatz eines Hollandrads und umgekehrt. In den Kostensatz, mit dem der Verbrauch eines Fahrradsattels für ein Tourenrad bewertet wird, ist daher der Gewinn, der entstanden wäre, wenn das Unternehmen den Fahrradsattel für die Herstellung eines Hollandrades verwendet hätte, als Opportunitätskosten einzubeziehen. Entsprechend lassen sich die Opportunitätskosten für den in ein Hollandrad eingehenden Sattel bestimmen. Die Sättel werden dann letzendlich auf den Fahrradtyp montiert, der unter Berücksichtigung der Opportunitätskosten den höheren Beitrag zum Betriebsergebnis leistet.

Allgemein läßt sich feststellen, daß der hinsichtlich der Wertkomponente offen konzipierte wertmäßige Kostenbegriff dem streng auf die effektiven Auszahlungen ausgerichteten pagatorischen Kostenbegriff immer dann überlegen ist, wenn es um die Bereitstellung von spezifischen Kosteninformationen für die unternehmerische Entscheidungsfindung geht.[14] Diese Erkenntnis hat auch das oben dargestellte Beispiel bestätigt. Allerdings muß an dieser Stelle darauf hingewiesen werden, daß die theoretische Diskussion über den pagatorischen und den wertmäßigen Kostenbegriff für den praktischen Einsatz der Kostenrechnung nur am Rande bedeutsam ist. In den meisten Fällen wird von beiden Kostenbegriffen ein gleichhoher Preis für die Bewertung des sachzielbezogenen Verbrauchs von Gütern und Dienstleistungen angesetzt.[15]

Zusammenfassung

Trotz der Vielfalt existierender Definitionsansätze läßt sich ein auf drei Merkmalen basierender allgemeiner Kostenbegriff identifizieren. Danach sind Kosten als bewerteter sachzielbezogener Verbrauch von Gütern und Dienstleistungen zu definieren. Rechnerisch ergeben Kosten sich als Produkt aus einer Mengen- und einer Preiskomponente. Das Mengengerüst umfaßt den Einsatz

---

[13] Bei der Formulierung von linearen Programmen zur Lösung von Entscheidungsproblemen muß keine explizite Angabe der Opportunitätskosten erfolgen, da sie zusammen mit der optimalen Lösung berechnet werden. Vgl. dazu Kilger, W. (1988), S. 190 und die dort angegebene Literatur.
[14] Vgl. Adam, D. (1970), S. 46.
[15] Vgl. Kilger, W. (1987), S. 24.

von Produktionsfaktoren, der zur Erreichung des unternehmerischen Sachziels, d.h. zur Herstellung und zum Absatz der betrieblichen Erzeugnisse, beiträgt. In Bezug auf die Bewertung des sachzielbezogenen mengenmäßigen Güterverbrauchs unterscheidet man pagatorische und wertmäßige Kosten. Während der Wertansatz des pagatorischen Kostenbegriffs genau den effektiv gezahlten bzw. zu zahlenden Preisen entspricht, werden bei Ressourcenknappheit in die Wertkomponente des wertmäßigen Kostenbegriffs Opportunitätskosten einbezogen.

Definition von Erlösen

In der betriebswirtschaftlichen Literatur besteht keine Einigkeit darüber, welcher Begriff den Kosten gegenüberzustellen ist. Traditionell bezeichnet man das Pendant zur Kostenrechnung als Leistungsrechnung und dementsprechend wird analog von Leistungen als Gegenbegriff zu Kosten gesprochen.[16] In letzter Zeit verwenden Wissenschaft und Praxis jedoch immer häufiger die Bezeichnung Erlösrechnung anstelle von Leistungsrechnung. Das erscheint auch sinnvoll, da der Leistungsbegriff innerhalb der Wirtschaftswissenschaften völlig unterschiedlich ausgelegt wird.[17]

Der Leistungsbegriff

Zum einen existiert die aus der Produktionstheorie abgeleitete Auffassung, die Leistungen mit dem physischen Output des unternehmerischen Wertschöpfungsprozesses, d.h. mit Art und Menge innerhalb einer Periode insgesamt hervorgebrachten Gütern und Dienstleistungen, gleichzusetzen. Man differenziert hier noch zwischen absatzbestimmten Leistungen, die auch die auf Lager produzierten fertigen und unfertigen Erzeugnisse einschließen, und Wiedereinsatzleistungen, beispielsweise selbststellten Maschinen und Patenten, die zukünftig im betrieblichen Leistungserstellungsprozeß eingesetzt werden können. Auf der anderen Seite betrachtet das Rechnungswesen Leistungen nicht als mengenmäßige, sondern als monetäre Größe, die sich aus Umsatzerlösen, bewerteten Lagerbestandsveränderungen und aktivierten Eigenleistungen zusammensetzt.[18]

Darüberhinaus beschäftigt sich das interne Rechnungswesen auch mit sogenannten innerbetrieblichen Leistungen. Darunter versteht man Wiedereinsatzleistungen, die bestimmte Abteilungen für andere Unternehmensbereiche erbringen, z.B. die Reparatur einer Fertigungsmaschine durch die betriebsei-

---

[16] Die Mehrzahl der Lehrbücher zum internen Rechnungswesen ist daher mit „Kosten- und Leistungsrechnung" betitelt. Einige Autoren führen den Begriff Betriebsertrag als Synonym für Leistung ein. Vgl. Kilger, W. (1987), S. 32.
[17] Vgl. Hummel, S./Männel, W. (1986), S. 83 und 84 sowie Weber, H.K. (1991), S. 38.
[18] Die Summe der drei genannten Positionen wird in § 157 des Aktiengesetzes von 1965 als „Gesamtleistung" bezeichnet. Der Begriff Gesamtleistung ist in der neuen Gliederungsvorschrift für die Gewinn- und Verlustrechnung, dem § 275 HGB, jedoch nicht mehr enthalten.

gene Werkstatt. Für diese innerbetrieblichen Leistungen, im Fall der Werkstatt handelt es sich um die erbrachten Reparaturstunden, fallen Kosten an, die innerhalb der Kostenrechnung verursachungsgerecht auf die diese Leistungen in Anspruch nehmenden Abteilungen zu verteilen sind.[19]

Der Erlösbegriff

Aufgrund der Unschärfe des Leistungsbegriffs wird neuerdings vorgeschlagen, die Leistungsrechnung als reine Mengenrechnung, die ausschließlich auf den mengenmäßigen Output des betrieblichen Leistungserstellungsprozesses abstellt, zu interpretieren, und das Gegenstück zur Kostenrechnung als Erlösrechnung zu bezeichnen.[20] Zu beachten ist jedoch, daß auch der Erlösbegriff in der Literatur nicht einheitlich verwendet wird.[21] Analog zur terminologischen Diskussion über Kosten lassen sich auch auf der Erlösseite ein pagatorischer und ein wertmäßiger Erlösbegriff identifizieren. Die eigentliche Erlösdefinition stützt sich wiederum auf die folgenden Begriffsmerkmale:[22]

Mengenmäßige Erstellung von Gütern und Dienstleistungen

Erlöse werden grundsätzlich durch die Erstellung von Gütern und Dienstleistungen erwirtschaftet, z. B. durch Produktion und Absatz einer bestimmten Stückzahl eines Erzeugnisses. Die Mengenkomponente steht, wie schon bei den Kosten, auch in der Erlösdefinition im Vordergrund. Dabei ist völlig unerheblich, ob die erstellten Güter bzw. die erbrachten Dienstleistungen für den Absatz oder den Wiedereinsatz im betrieblichen Leistungsprozeß bestimmt sind. Weiterhin werden Erlöse beispielsweise auch durch die nicht beabsichtigte Herstellung von Neben- bzw. Abfallprodukten in einem Kuppelproduktionsprozeß, durch die erhaltenen Subventionen und, im Fall von Kreditinstituten, durch die Bereitstellung von Kapital realisiert.

Sachzielbezogenheit der Erstellung von Gütern und Dienstleistungen

Nicht jede Erstellung von Gütern und Dienstleistungen führt automatisch auch zu Erlösen. In Übereinstimmung mit der Kostendefinition spricht man von Erlösen nur, wenn die Sachzielbezogenheit der Gütererstellung gegeben ist. Beispielsweise haben Erträge aus der Vermietung von Büroräumen im betriebseigenen Gebäude eines Fahrradherstellers keinen Erlöscharakter, da dieses Mietgeschäft nicht dem Sachziel des Unternehmens, nämlich der Herstellung und des Absatzes von Fahrrädern, dient.

---

[19] Die innerbetriebliche Leistungsverrechnung ist ein Teilgebiet der Kostenstellenrechnung und wird im Kapitel 4 ausführlich erläutert.
[20] Zur Forderung nach einem Nebeneinander von Leistungs- und Erlösrechnung vgl. Hummel, S./Männel, W. (1986), S. 85 und 86.
[21] Vgl. zum Beispiel die Abgrenzung von Einzahlungen, Erlösen, Erträgen und Leistungen bei Kilger, W. (1987), S. 28–32.
[22] Vgl. Schweitzer, M./Küpper, H.-U. (1986), S. 46–51.

Bewertung der sachzielbezogenen Erstellung von Gütern und Dienstleistungen

Die Erlösdefinition umfaßt schließlich auch die Bewertung der sachzielbezogenen Erstellung von Gütern und Dienstleistungen. Dazu ist die Mengenkomponente der Erlöse, beispielsweise die Zahl der abgesetzten oder auf das Fertigwarenlager genommenen Erzeugnisse, mit einem Preis zu multiplizieren. Analog zur Situation auf der Kostenseite besteht auch über die Wertkomponente der Erlöse keine Einigkeit. Wiederum lassen sich ein pagatorischer und ein wertmäßiger Erlösbegriff unterscheiden. Unter pagatorischen Erlösen versteht man die Geldzuflüsse, die aus dem Absatz der betrieblichen Erzeugnisse resultieren. Teilweise werden die gesamten Geldzuflüsse, die z.B. auch sachzielfremde Einnahmen enthalten, als pagatorische Erlöse bezeichnet. Allerdings können so verstandene Erlöse nicht mehr als Gegenbegriff zu den Kosten verwendet werden.[23] Der Wertansatz des pagatorischen Erlösbegriffs ist eindeutig auf die erzielten bzw. auf die zukünftigen Absatzpreise ausgerichtet. Bei Barverkäufen wird der vom Kunden tatsächlich gezahlte, bei Zielverkäufen der mit dem Kunden vereinbarte und beim in der Zukunft liegenden Absatz der voraussichtliche Verkaufspreis angesetzt.[24]

Demgegenüber bleibt der wertmäßige Erlösbegriff hinsichtlich seiner Wertkomponente unbestimmt. In Abhängigkeit von der jeweiligen Entscheidungssituation und vom Rechnungszweck sind unterschiedliche Wertansätze möglich. Insbesondere für die Lagerbestandszugänge bei fertigen und unfertigen Erzeugnissen sowie für die selbsterstellten Wiedereinsatzleistungen kann ein absatzpreisorientierter oder ein kostenorientierter Wertansatz gewählt werden. Beispielsweise lassen sich die Lagerbestandserhöhungen bei Fertigungserzeugnissen entweder zu dem Preis, der voraussichtlich am Absatzmarkt realisiert werden wird, oder zu dem Kostensatz, in den sämtliche für die Herstellung einer Erzeugniseinheit angefallenen Kosten eingehen, bewerten. Darüberhinaus können auch Opportunitätserlöse, d. h. die durch die Auswahl einer bestimmten Entscheidungsalternative eingesparten Kosten, berücksichtigt werden.[25] Wenn ein Unternehmen in einem Monat eine größere Menge eines Produktes herstellt als es verkauft, weil durch die Produktion der höheren Stückzahl Kostenvorteile im Fertigungsbereich realisiert werden, dann sind bei der Bewertung der Lagerbestandserhöhungen die eingesparten Fertigungskosten als Opportunitätserlöse anzusetzen.

Zusammenfassung

Als Gegenbegriff zu den Kosten wird in letzter Zeit häufig von Erlösen und nicht mehr von Leistungen gesprochen. Dabei versteht man unter Erlösen die

---

[23] Vgl. Männel, W. (1983), S.121.
[24] Vgl. Schweitzer, M./Küpper, H.-U. (1986), S.51.
[25] Vgl. Hummel, S./Männel, W. (1986), S.86–88.

2.1 Definitionen und begriffliche Abgrenzungen

bewertete sachzielbezogene Erstellung von Gütern und Dienstleistungen. Analog zur Definition von Kosten ergeben sich auch die Erlöse als Produkt aus Menge und Preis. In Hinsicht auf die Wertkomponente werden wiederum zwei Konzeptionen diskutiert, der pagatorische und der wertmäßige Erlösbegriff. Der pagatorische Erlösbegriff schreibt vor, die Wertansätze an den Absatzmarktpreisen zu orientieren, während der wertmäßige Erlösbegriff z. B. auch kostenorientierte Bewertungen und den Ansatz von Opportunitätserlösen zuläßt.

2.1.2 Abgrenzung von anderen Begriffen des Rechnungswesens

Das betriebliche Rechnungswesen befaßt sich nicht ausschließlich mit Kosten und Erlösen. Vielmehr gehen in die vielfältigen Auswertungen des Rechnungswesens unterschiedliche Größen ein, für die sich jeweils eigene Begriffe herausgebildet haben. Zwischen diesen Begriffen gibt es teilweise Überschneidungen aber auch Unterschiede. Die Umgangssprache ist an dieser Stelle meist unpräzise und differenziert beispielsweise nicht zwischen Auszahlungen und Ausgaben bzw. Aufwendungen und Kosten.[26] Die betriebswirtschaftliche Terminologie hingegen berücksichtigt die zwischen den genannten Stromgrößen bestehenden sachlichen Unterschiede und die zeitlichen Abgrenzungen. Entsprechend lassen sich innerhalb des betrieblichen Rechnungswesens vier periodenbezogene Auswertungskategorien, die jeweils unterschiedliche Informationen bereitstellen, identifizieren.[27]

Die erste Auswertungskategorie umfaßt die Einzahlungs- und Auszahlungsrechnungen, die allein auf die zwischen einem Unternehmen und seiner Umwelt stattfindenden Zahlungsströme abstellen. In Ein- und Auszahlungsrechnungen wird die Entwicklung des Bestandes an liquiden Mitteln (Zahlungsmitteln) über einen Zeitraum betrachtet, d. h. es wird abgebildet, wie die innerhalb einer Periode zu- und abfließenden Zahlungsmittel die Bilanzpositionen „Kasse" sowie „Bank/Postscheck" verändern. Man spricht daher auch von Liquiditätsrechnungen, wobei die Liquidität als die Fähigkeit eines Unternehmens, jederzeit seinen Zahlungsverpflichtungen termingerecht nachkommen zu können, definiert ist.[28] Rechnerisch ergibt sich die Liquidität als Differenz von Einzahlungen und Auszahlungen. Liquiditätsrechnungen werden im Rahmen der Finanzplanung und Finanzdisposition eingesetzt. Weiterhin bilden Informationen über zukünftig zu erwartende Einzahlungen und Auszahlungen die Grundlage für die Beurteilung der Finanzkraft eines Unternehmens, z. B. im Rahmen einer Kreditwürdigkeitsprüfung, und für Investitionsentscheidungen.

---

[26] Vgl. Haberstock, L. (1985), S. 27 und Hummel, S./Männel, W. (1986), S. 63.
[27] Vgl. Weber, H.K. (1991), S. 4 und 5 sowie S. 21.
[28] Vgl. Perridon, L./Steiner, M. (1988), S. 15.

In der zweiten Auswertungskategorie, den Einnahmen- und Ausgabenrechnungen,[29] werden zusätzlich zu den Veränderungen des Bestandes an liquiden Mitteln auch Veränderungen des Forderungsbestandes und des Bestandes an Verbindlichkeiten berücksichtigt. Neben den sofort zahlungswirksamen Geschäftsvorfällen werden auch die kreditorischen Vorgänge, z. B. Wareneinkauf auf Ziel, einbezogen. Die Einnahmen- und Ausgabenrechnungen werden im Finanzierungsbereich eingesetzt.

Die dritte Auswertungskategorie enthält die Aufwands- und Ertragsrechnungen. Im Rahmen der Aufstellung des Jahresabschlusses wird in der Gewinn- und Verlustrechnung der Jahresüberschuß bzw. -fehlbetrag als Differenz von Erträgen und Aufwendungen eines Geschäftsjahres ermittelt. In die Gewinn- und Verlustrechnung, die sich primär an außerhalb des Unternehmens stehende Personenkreise, insbesondere Anteilseigner, Gläubiger, Gewerkschaften, Lieferanten, Kunden und den Staat, richtet, gehen nur die für das betreffende Geschäftsjahr erfolgswirksamen Geschäftsvorfälle ein. Rein finanzwirtschaftliche Vorgänge, wie z. B. die Ausschüttung von Dividenden an die Aktionäre oder die Aufnahme und Tilgung von Darlehen, finden keine Berücksichtigung in Aufwands- und Ertragsrechnungen.

Als vierte Auswertungsart stellt das betriebliche Rechnungswesen Kosten- und Erlösrechnungen bereit. Dabei handelt es sich um kalkulatorische Rechnungen, d. h. Kosten- und Erlösrechnungen orientieren sich nicht primär an den zwischen einer Unternehmung und ihrer Umwelt stattfindenden Zahlungsvorgängen, wie bei den drei zuvor aufgeführten pagatorischen Auswertungen, sondern bilden vorrangig die innerhalb eines Unternehmens stattfindenden Güterverbräuche und Leistungserstellungen ab. In die Kosten- und Erlösrechnungen gehen sowohl Mengen- als auch Wertgrößen, die nach entsprechender Aufbereitung der Unternehmensführung und dem Management auf den verschiedenen Hierarchieebenen zur Planung, Steuerung und Kontrolle des Geschäftsverlaufs sowie zur Entscheidungsunterstützung dienen, ein. Aus der Gegenüberstellung von Erlösen und Kosten ergibt sich der Erfolg der eigentlichen betrieblichen Leistungserstellung, der als Betriebsergebnis bezeichnet wird. Im Gegensatz zur jährlichen Gewinn- und Verlustrechnung stellt die zumeist monatlich erstellte Betriebsergebnisrechnung allein auf die betriebsbedingten bzw. sachzielbezogenen Erfolgskomponenten ab.

In Abbildung 2-1 sind die vier begrifflichen Ebenen des betrieblichen Rechnungswesens und die jeweils darin eingehenden Größen in einer Übersicht dargestellt. Die Verschiebung der Kästchen deutet die zwischen den einzelnen Rechengrößen bestehenden Unterschiede an, die, wie folgt, näher zu erläutern sind. Dabei werden zunächst die Begriffe Auszahlungen, Ausgaben, Aufwen-

---

[29] Teilweise wird anstelle von Einnahmen und Ausgaben von Erlösen und Beschaffungswerten gesprochen. Vgl. Kilger, W. (1987), S. 20–23 und S. 28–30.

2.1 Definitionen und begriffliche Abgrenzungen

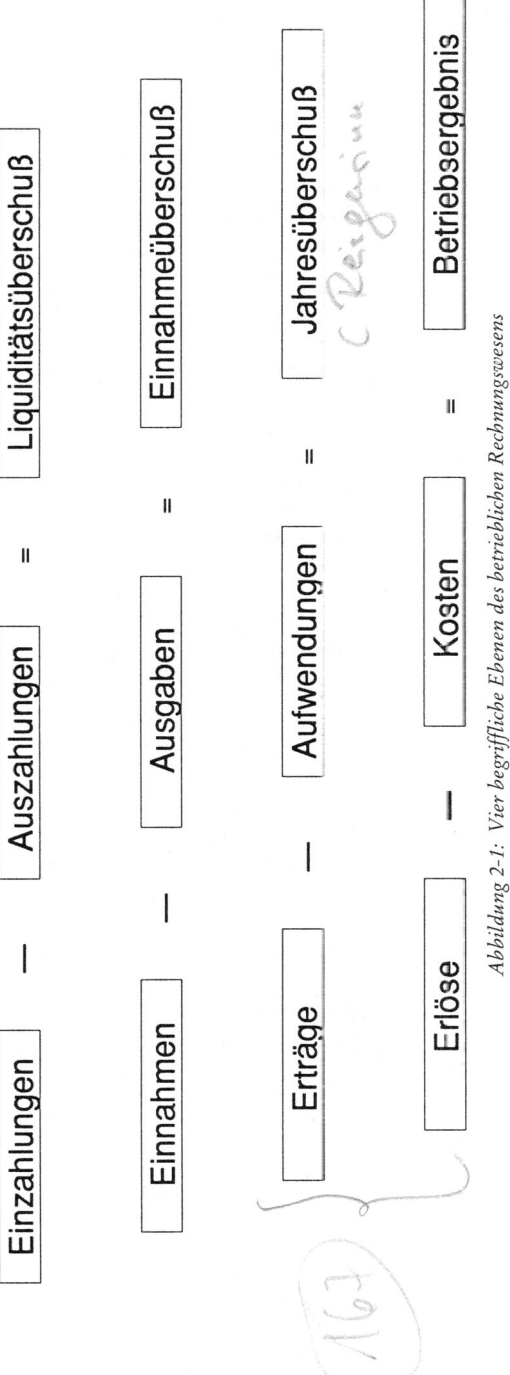

Abbildung 2-1: Vier begriffliche Ebenen des betrieblichen Rechnungswesens

dungen und Kosten und danach die Begriffe Einzahlungen, Einnahmen, Erträge und Erlöse voneinander abgegrenzt.[30]

2.1.2.1 Abgrenzung von Auszahlungen, Ausgaben, Aufwendungen und Kosten

Die von einem Unternehmen an Lieferanten, Arbeitnehmer, Anteilseigner, Gläubiger und an den Staat abfließenden Gelder bezeichnet man als Auszahlungen. Sie führen zu einer unmittelbaren Verminderung des Bargeldbestandes bzw. der Salden auf den Bank- und Postscheckkonten des Unternehmens und haben dadurch einen negativen Einfluß auf die Liquidität. Demgegenüber wird der Ausgabenbegriff weiter gefaßt. Er schließt kreditorische Vorgänge, d. h. Transaktionen, die zu einer Abnahme der Forderungen bzw. einer Zunahme der Verbindlichkeiten (z. B. Wareneinkauf auf Ziel) führen, mit ein.[31]

AUSZAHLUNGEN			
Rein finanzwirtschaftliche Auszahlungen	Ausgabenwirksame Auszahlungen		
Geleistete Anzahlungen, Darlehenstilgungen	Investitionen	Löhne u. Gehälter, Spenden	Materialeinkauf auf Ziel
	Erfolgsneutrale Ausgaben	Erfolgswirksame Ausgaben	
	AUSGABEN		

Abbildung 2-2: Abgrenzung von Auszahlungen und Ausgaben

Nicht alle Auszahlungen sind jedoch zugleich auch Ausgaben, wie die Abbildung 2-2 zeigt. Beispielsweise entsteht durch die einem Lieferanten geleistete Anzahlung eine Forderung gegenüber dem Lieferanten in Höhe der geleisteten Anzahlung bzw. Vorauszahlung. Der sich aus dem Bestand an liquiden Mitteln zuzüglich des Forderungsbestands und abzüglich der Summe der Verbindlichkeiten ergebende Saldo bleibt unverändert und somit liegt auch keine Ausgabe vor. Ähnlich verhält es sich mit der Rückzahlung von Darlehen, den Tilgungszahlungen. Hier wird der Zahlungsmittelabfluß durch den Abbau

---

[30] Vgl. dazu Männel, W. (1975), S. 215–221. In der Vergangenheit wurden die Begriffe Auszahlungen und Ausgaben bzw. Einzahlungen und Einnahmen meist synonym verwendet, jedoch hat sich eine differenzierte Betrachtung in der betriebswirtschaftlichen Theorie und in der Unternehmenspraxis durchgesetzt, wie Weber, H. K. (1988), S. 40 ausführt.
[31] Vgl. Weber, H. K. (1988), S. 40–42 und Kloock, S./Sieben, G./Schildbach, Th. (1987), S. 23–25.

von Verbindlichkeiten kompensiert und somit sind Darlehenstilgungen nicht ausgabenwirksam.

Hingegen stellen Bareinkäufe von Waren, Roh-, Hilfs- und Betriebsstoffen, sowie von Anlagegegenständen, Lohn- und Gehaltszahlungen per Banküberweisung, Spenden und Gewinnausschüttungen sowohl Auszahlungen als auch Ausgaben dar. Werden aber beispielsweise Waren, Materialien bzw. Anlagen auf Ziel gekauft, so liegt eine Ausgabe, jedoch keine Auszahlung vor, da lediglich Verbindlichkeiten entstehen und noch kein Zahlungsmittelabfluß stattgefunden hat.

AUSGABEN			
Erfolgsneutrale Ausgaben	Erfolgswirksame Ausgaben		
Investitions- ausgaben	Spenden	Löhne u. Gehälter	Bilanzielle Abschreibungen
	Neutrale Aufwendungen	Zweckaufwendungen	
	AUFWENDUNGEN		

Abbildung 2-3: Abgrenzung von Ausgaben und Aufwendungen

Ausgaben sind, wie aus Abbildung 2-3 hervorgeht, nicht immer auch zugleich Aufwendungen. Es gibt Ausgabenpositionen, die in der Gewinn- und Verlustrechnung keine Berücksichtigung finden und deshalb als erfolgsneutrale Ausgaben bezeichnet werden. Als Beispiel lassen sich zum einen Gewinnausschüttungen bzw. Privatentnahmen nennen, die nicht den Jahreserfolg, sondern direkt das Eigenkapital mindern. Ausgaben dieser Art nehmen zu keiner Zeit den Charakter von Aufwendungen an. Anders verhält es sich hingegen mit Investitionsausgaben. Diese werden zwar nicht in der Periode, in der die Investition getätigt wurde, in voller Höhe als Aufwand gebucht, jedoch gehen die Anschaffungskosten des Investitionsobjektes in Form von Abschreibungen über die Nutzungsdauer verteilt in die Gewinn- und Verlustrechnung ein. Es handelt sich hier um Ausgaben, die zu späteren Zeitpunkten erfolgswirksam und damit zu Aufwendungen werden.[32]

Ausgaben für Löhne und Gehälter, Spenden, Versicherungsbeiträge sowie für die innerhalb einer Abrechnungsperiode angeschafften und verbrauchten Roh-, Hilfs- und Betriebsstoffe sind hingegen zugleich auch Aufwendungen und werden als negative Erfolgskomponenten in der Gewinn- und Verlust-

---

[32] Vgl. Hummel, S./Männel, W. (1986), S. 68.

rechnung aufgeführt. Aufwands- und Ertragsrechnungen enthalten jedoch auch Positionen, die nicht ausgabewirksam sind. Beispielsweise treten Buchverluste auf, wenn ein Unternehmen einen Anlagegegenstand zu einem den Restbuchwert unterschreitenden Preis veräußert. Es entsteht ein außerordentlicher Aufwand, der allerdings niemals eine Ausgabe auslöst. Ähnlich verhält es sich bei den außerplanmäßigen Abschreibungen auf Gegenstände des Anlage- und des Umlaufvermögens, die aufgrund einer voraussichtlich dauerhaften Wertminderung vorgenommen werden. Auch hier ergibt sich ein Aufwand, der nicht ausgabenwirksam ist. Weiterhin bildet ein Unternehmen über die Jahre der Betriebszugehörigkeit eines leitenden Angestellten Pensionsrückstellungen und verbucht dafür in jedem Jahr einen Aufwand. Die zurückgestellten Beträge werden jedoch erst zu Ausgaben, nachdem der Mitarbeiter in den Ruhestand getreten ist.

AUFWENDUNGEN			
Neutrale Aufwendungen	Zweckaufwendungen		
Spenden	Löhne und Gehälter	Bilanzielle Abschreibungen	Kalkulator. Eigenkapitalzinsen
		Kalkulatorische Abschreibungen	
	Grundkosten	Anderskosten	Zusatzkosten
		Kalkulatorische Kosten	
KOSTEN			

Abbildung 2-4: Abgrenzung von Aufwendungen und Kosten

Für die Kostenrechnung ist selbstverständlich die in Abbildung 2-4 dargestellte Abgrenzung[33] von Aufwendungen und Kosten von besonderer Bedeutung. Einer Vielzahl der in der Finanzbuchhaltung verbuchten Aufwendungen, wie z.B. den Löhnen und Gehältern, den Materialaufwendungen und den Zinsaufwendungen stehen in der Kostenrechnung Kosten in gleicher Höhe gegenüber. Diese aufwandsgleichen Kosten werden in der Praxis daher, wie noch zu zeigen sein wird, aus der Finanzbuchhaltung direkt in die Kostenrechnung übernommen, um eine Doppelerfassung zu vermeiden.

Dabei ist darauf zu achten, daß wirklich nur diejenigen Aufwendungen als Grundkosten in die Kostenrechnung übertragen werden, die auch kostenwirksam sind. Diese Vorgehensweise setzt natürlich eine klare und eindeutige Abgrenzung von Aufwendungen und Kosten voraus.

---

[33] Vgl. Schmalenbach, E. (1963), S. 10, auf den diese Art der Darstellung zurückgeht.

2.1 Definitionen und begriffliche Abgrenzungen

Neutrale Aufwendungen, die sich, wie in Abbildung 2-5 dargestellt, aus sachzielfremden, periodenfremden und außerordentlichen Aufwendungen zusammensetzen, haben keinen Kostencharakter.

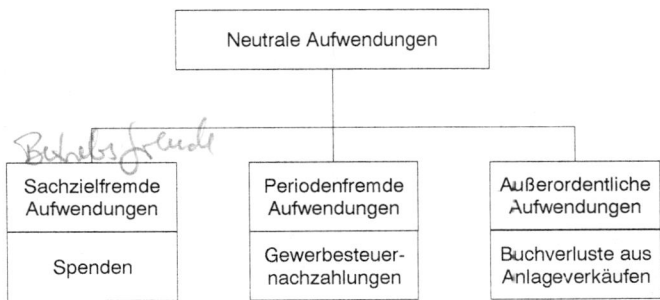

Abbildung 2-5: Zusammensetzung der neutralen Aufwendungen

Sachzielfremde Aufwendungen stehen nicht in Zusammenhang mit dem eigentlichen Betriebszweck und sind deshalb keine Kosten.[34] Als Beispiel lassen sich Spenden an gemeinnützige Organisationen sowie Verluste aus Wertpapierspekulationen, die ein Produktionsunternehmen hinnehmen muß, nennen. Weiterhin zählen auch periodenfremde Aufwendungen, wie z. B. Gewerbesteuernachzahlungen, nicht zu den Kosten, da sie eigentlich einer vorherigen Abrechnungsperiode hätten zugerechnet werden müssen. Im Fall der Gewerbesteuer ist die exakte Ermittlung jedoch immer erst zum Ende des Geschäftsjahres, d. h. wenn der endgültige Gewerbeertrag feststeht, möglich, und deshalb treten Steuernachzahlungen bzw. -rückerstattungen ständig auf.

Ebenfalls kostenneutral sind die außerordentlichen Aufwendungen, die z. B. auf Grund von Feuer- oder Wasserschäden, in Folge von Forderungsausfällen oder von Buchverlusten, die beim Verkauf von Gegenständen des Anlagevermögens aufgetreten sind, anfallen. Für derartige Aufwendungen lassen sich weder Höhe noch Entstehungszeitpunkt annähernd genau im voraus bestimmen.

Für die exakte Abgrenzung von Kosten und Aufwendungen sind neben den nicht kostenwirksamen neutralen Aufwendungen auch diejenigen Kostenpositionen von Bedeutung, die nicht direkt aus der Finanzbuchhaltung bzw. der Aufwandsrechnung in die Kostenrechnung übertragen werden können. Diese nicht aufwandsgleichen Kosten werden als kalkulatorische Kosten bezeichnet. Man unterscheidet zwischen Anderskosten, denen in der Finanzbuchhaltung ein Aufwand in anderer Höhe gegenübersteht, und Zusatzkosten, denen in der Finanzbuchhaltung kein Aufwand gegenübersteht.[35]

---

[34] Zum Begriff „Sachziel" vgl. die Ausführungen in Kapitel 2.1.1.
[35] Zur Abgrenzung von Zweckaufwendungen und kalkulatorischen Kosten vgl. insbesondere Kosiol, E. (1953), S. 89 ff. Kosiol führte die Bezeichnung Anderskosten in die

Anderskosten werden angesetzt, wenn die direkte Übernahme von bestimmten Zweckaufwandspositionen aus der Finanzbuchhaltung in die Kostenrechnung als nicht sinnvoll erscheint. Das betrifft insbesondere die gemäß handels- und steuerrechtlicher Rechnungslegungsvorschriften ermittelten Abschreibungen, die in der Regel nicht die durch die betriebliche Nutzung eines Anlagegegenstandes innerhalb einer Abrechnungsperiode verursachten Wertminderungen widerspiegeln und somit auch nicht mit den Kosten übereinstimmen. Beispielsweise werden im externen Rechnungswesen die steuerlich zulässigen Sonderabschreibungen angesetzt, hingegen richtet sich die Abschreibungsdauer bei planmäßigen Abschreibungen nach den vom Bundesfinanzministerium in steuerlichen Afa-Tabellen festgelegten Zeiten, die jedoch meist nicht der unter den spezifischen Einsatzbedingungen im Unternehmen tatsächlich zu erwartenden Nutzungsdauer entsprechen. Bei geringwertigen Wirtschaftsgütern, für die Anschaffungskosten von weniger als DM 800,– anfielen, gestattet § 6b EStG die sofortige Abschreibung im Anschaffungsjahr, auch wenn eine längerfristige Nutzung feststeht.

Die angeführten Punkte zeigen deutlich, daß die sogenannten bilanziellen Abschreibungen ein Instrument der Bilanz- und Steuerpolitik sind, die z. B. das Ziel verfolgen, den zu versteuernden Jahresüberschuß zu verringern und die Vermögenslage durch die Legung stiller Reserven zu verschleiern. Aufgrund dieser Zielsetzungen wäre es offensichtlich nicht richtig, die bilanziellen Abschreibungen in die Kostenrechnung eingehen zu lassen. Der bewertete, sachzielbezogene Gebrauch von Anlagegegenständen wird deshalb in anderer Höhe unter der Bezeichnung „kalkulatorische Abschreibungen" erfaßt.[36]

Bei den Zusatzkosten handelt es sich um Positionen, die nicht als Aufwendungen in der Finanzbuchhaltung verbucht werden. Beispielsweise wird die Verzinsung des Eigenkapitals in der pagatorischen Aufwandsrechnung nicht berücksichtigt, weil dafür zu keiner Zeit Zahlungen geleistet werden. Vom kostenrechnerischen Standpunkt aus betrachtet, erscheint es jedoch aus zwei Gründen sinnvoll, die Verzinsung des betrieblich gebundenen Gesamtkapitals und nicht nur die effektiv gezahlten Fremdkapitalzinsen als Zinskosten aufzufassen.

Erstens bedeutet die Bereitstellung von Eigenkapital für ein Unternehmen, daß die Eigenkapitalgeber auf alternative Anlagemöglichkeiten am Kapitalmarkt und die damit zu erwirtschaftenden Zinseinnahmen verzichten. Es entstehen somit Opportunitätskosten in Höhe der entgangenen Zinserträge, die nach Auffassung der Vertreter des wertmäßigen Kostenbegriffs als kalkulato-

---

betriebswirtschaftliche Literatur ein, während der Begriff Zusatzkosten auf Schmalenbach zurückgeht.

[36] Die kalkulatorischen Abschreibungen und die zu deren Ermittlung einzusetzenden Verfahren werden in Kapitel 3.3.3.2 ausführlich behandelt.

2.1 Definitionen und begriffliche Abgrenzungen

rische Eigenkapitalzinsen anzusetzen sind.[37] Zweitens sollte die Höhe der Zinskosten unabhängig von der Kapitalstruktur sein. Durch Einbeziehung der kalkulatorischen Eigenkapitalzinsen wird vermieden, daß für zwei Unternehmen mit gleichhohem Gesamtkapital Zinskosten in unterschiedlicher Höhe ausgewiesen werden, nur weil das eine Unternehmen stärker fremdfinanziert ist als das andere.

2.1.2.2 Abgrenzung von Einzahlungen, Einnahmen, Erträgen und Erlösen

Die für die Begriffe Auszahlungen, Ausgaben, Aufwendungen und Kosten durchgeführten Abgrenzungen lassen sich in ähnlicher Weise auch für die Gegenbegriffe Einzahlungen, Einnahmen, Erträge und Erlöse vornehmen. Den Ausgangspunkt bilden die Einzahlungen, die als positive Komponente der Liquidität den Auszahlungen gegenüberstehen. Einzahlungen bewirken die unmittelbare Zunahme des Bargeldbestandes bzw. der Haben-Salden auf den Bank- oder Postscheckkonten und somit die Zuführung liquider Mittel an ein Unternehmen. Genauso wie die Ausgaben beziehen auch die Einnahmen die kreditorischen Vorgänge mit ein. Folglich liegen Einnahmen vor, wenn dem Unternehmen liquide Mittel zufließen, der Forderungsbestand ansteigt oder Verbindlichkeiten abgebaut werden. Nach dieser Definition sind die Barverkäufe betrieblicher Erzeugnisse und auf das Bankkonto eingehende Zins- und Mietzahlungen sowohl Einzahlungen als auch Einnahmen, wie aus Abbildung 2-6 hervorgeht. Hingegen werden Warenverkäufe auf Ziel lediglich als Einnahmen und nicht als Einzahlungen aufgefaßt, da die Forderungen zunehmen, aber keine unmittelbaren Zahlungen geleistet werden.

Auf der anderen Seite gibt es auch Einzahlungen, die keine Einnahmen sind. Beispielsweise findet bei einer Darlehensaufnahme ein Zufluss liquider Mittel

EINZAHLUNGEN			
Rein finanzwirtschaftliche Einzahlungen	Einnahmenwirksame Einzahlungen		
Erhaltene Anzahlungen, Darlehensaufnahmen	Eigenkapitalerhöhung	Barverkäufe, Mieteinnahmen	Verkäufe auf Ziel
	Erfolgsneutrale Einnahmen	Erfolgswirksame Einnahmen	
	EINNAHMEN		

Abbildung 2-6: Abgrenzung von Einzahlungen und Einnahmen

---

[37] Vgl. Kilger, W. (1987), S. 26 und 27, der aber auch darauf hinweist, daß die Befürworter des pagatorischen Kostenbegriffs die Verrechnung kalkulatorischer Eigenkapitalzinsen ablehnen.

und damit eine Einzahlung statt. Eine Einnahme liegt jedoch nicht vor, da die Zunahme bei den liquiden Mitteln durch die gleichzeitig entstandene Verbindlichkeit neutralisiert wird. Ähnlich verhält es sich mit den von Kunden geleisteten Anzahlungen. Auch hier bleibt der Saldo, der sich aus den Beständen an liquiden Mitteln und Forderungen abzüglich der Verbindlichkeiten zusammensetzt, unverändert, da die eingegangenen Zahlungsmittel durch Verbindlichkeiten ausgeglichen werden.[38]

EINNAHMEN			
Erfolgsneutrale Einnahmen	Erfolgswirksame Einnahmen		
Eigenkapitalerhöhung	Mieteinnahmen	Umsatzeinnahmen	Lagerbestandserhöhungen bei Fertigerzeugnissen
	Neutrale Erträge	Zweckerträge	
	ERTRÄGE		

Abbildung 2-7: Abgrenzung von Einnahmen und Erträgen

Bei der Abgrenzung von Einnahmen und Erträgen wird, wie auch bei den Ausgaben und Aufwendungen, auf die Erfolgswirksamkeit abgestellt. Abbildung 2-7 zeigt, daß ein Großteil der Einnahmen, z. B. Miet- und Zinseinnahmen sowie insbesondere Umsatzeinnahmen, die aus dem Verkauf von in der Abrechnungsperiode hergestellten Erzeugnissen resultieren, erfolgswirksam ist und deshalb als Ertrag in die Gewinn- und Verlustrechnung eingeht. Es gibt jedoch auch erfolgsneutrale Einnahmen. Beispielsweise haben Eigenkapitalerhöhungen oder Privateinlagen keinen Einfluß auf den Jahreserfolg eines Unternehmens, da sie direkt in das Eigenkapital aufgenommen werden. Folglich handelt es sich bei diesen Posten um Einnahmen, aber nicht um Erträge. Umgekehrt weist die Gewinn- und Verlustrechnung Ertragspositionen aus, die nicht zugleich auch Einnahmen sind. Als Beispiel lassen sich die Lagerbestandserhöhungen bei fertigen und unfertigen Erzeugnissen nennen, die bei einer Produktion auf Lager unmittelbar nach der Herstellung ertragswirksam werden. Bestandsveränderungen bewirken demnach, daß Erträge und Einnahmen jeweils unterschiedlichen Abrechnungsperioden zuzurechnen sind. Stellt ein Unternehmen Maschinen für den Einsatz in der eigenen Fertigungsabteilung her, entstehen wiederum Erträge in Höhe der angefallenen Herstellungskosten, die man als aktivierte Eigenleistungen in der Gewinn- und Ver-

---

[38] Vgl. Weber, H. K. (1988), S. 40–42 und Kloock, S./Sieben, G./Schildbach, Th. (1987), S. 23–25.

2.1 Definitionen und begriffliche Abgrenzungen 31

	ERTRÄGE		
Neutrale Erträge	Zweckerträge		
Mieterträge	Umsatzerlöse	Lagerbestandserhöhungen bei Fertigerzeugnissen	Selbstserstellte Patente
	Grunderlöse	Anderserlöse	Zusatzerlöse
		Kalkulatorische Erlöse	
	ERLÖSE		

Abbildung 2-8: Abgrenzung von Erträgen und Erlösen

lustrechnung aufführt. Einnahmen resultieren allerdings zu keiner Zeit aus diesen selbsterstellten Anlagen.

Einigen Ertragspositionen kommt Erlöscharakter zu, so wie bestimmte Aufwandsarten gleichzeitig auch Kosten darstellen. Das trifft insbesondere auf die Umsatzerlöse zu, die zum einen als Erträge in der Finanzbuchhaltung und zum anderen als Erlöse in der Kosten- und Erlösrechnung auftreten, wie aus Abbildung 2-8 hervorgeht. Neben diesen sogenannten Zweckerträgen, denen Grundkosten in gleicher Höhe gegenüberstehen, gibt es jedoch auch neutrale Erträge, die nicht erlöswirksam sind. Die neutralen Erträge lassen sich, wie Abbildung 2-9 zeigt, in sachzielfremde, periodenfremde und außerordentliche Erträge unterteilen.

Sachzielfremde Erträge zählen nicht zu den Erlösen, da keine Beziehung zum unternehmerischen Sachziel bzw. zum eigentlichen Betriebszweck besteht.[39] Beispielsweise sind Erträge, die aus der Vermietung nicht betrieblich genutzter

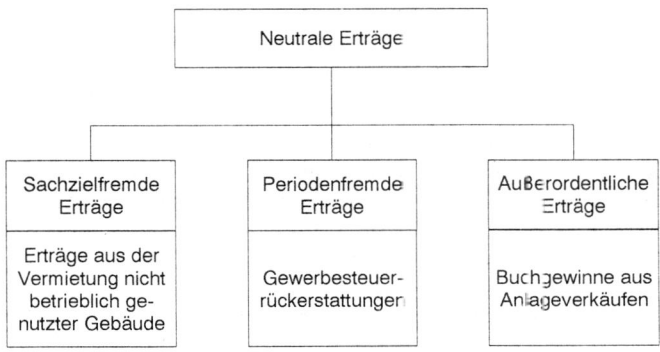

Abbildung 2-9: Zusammensetzung der neutralen Erträge

---

[39] Zum Begriff „Sachziel" vgl. die Ausführungen in Kapitel 2.1.1

Gebäude resultieren, oder Gewinne, die ein Industrieunternehmen durch Wertpapierspekulation an der Börse realisiert, sowie erhaltene Subventionen als sachzielfremd einzustufen. Ebenso können auch periodenfremde Erträge wie z. B. Gewerbesteuerrückerstattungen nicht als Erlöse aufgefaßt werden, da sie ausschließlich frühere Abrechnungsperioden betreffen. Bei der Gewerbesteuerrückerstattung handelt es sich um die Rückführung von in der Vergangenheit zuviel gezahlten Steuern durch das Finanzamt.

Auch die außerordentlichen Erträge stellen aufgrund ihres unregelmäßigen Anfalls in unvorhersehbarer Höhe keine Erlöse dar, obwohl die Sachzielbezogenheit gegeben ist. Als Beispiel können die Buchgewinne, die sich beim Verkauf gebrauchter Gegenstände des Anlagevermögens zu einem den Restbuchwert übersteigenden Preis ergeben, angeführt werden.

Unterschiede zwischen Erlösen und Erträgen bestehen nicht nur bezüglich der neutralen Erträge, die keinen Erlöscharakter aufweisen, sondern auch in Hinsicht auf die sogenannten kalkulatorischen Erlöse, die nicht mit den Erträgen übereinstimmen. Die kalkulatorischen Erlöse unterteilen sich in Anderserlöse, denen in der Finanzbuchhaltung Erträge in anderer Höhe gegenüberstehen, und in Zusatzerlöse, für die in der Finanzbuchhaltung keine Erträge gebucht werden.

Anderserlöse ergeben sich, wenn beispielsweise die Lagerbestandserhöhungen bei fertigen und unfertigen Erzeugnissen sowie die selbsterstellten Sachanlagen im externen und im internen Rechnungswesen unterschiedlich bewertet werden. Bei der Aufstellung des Jahresabschlusses erfolgt die Bewertung gemäß handels- und steuerrechtlicher Rechnungslegungsvorschriften zu Herstellungskosten. Unter Ausnutzung der gesetzlich festgeschriebenen Wahlrechte können jedoch bilanz- und steuerpolitische Zielsetzungen einen Einfluß auf die Höhe der anzusetzenden Herstellungskosten ausüben. Beispielsweise ermöglicht die Bewertung der Lagerbestandserhöhungen bei Fertig- und Halbfertigerzeugnissen zu möglichst niedrigen Herstellungskosten die Bildung stiller Reserven. Selbstverständlich ist dieser Wertansatz für die Zwecke der Kosten- und Erlösrechnung ungeeignet, und deshalb ist eine Umbewertung durchzuführen, aus der dann die Anderserlöse hervorgehen.

Zusatzerlöse liegen hingegen vor, wenn betriebliche Leistungen erstellt werden, die nicht als Erträge in die Finanzbuchhaltung eingehen. Wenn beispielsweise ein Unternehmen ein Patent entwickelt und dieses betrieblich nutzt, ist es unzulässig, die dafür angefallenen Aufwendungen zu aktivieren und als aktivierte Eigenleistungen in die Gewinn- und Verlustrechnung aufzunehmen.[40]

---

[40] In der (nach dem Gesamtkostenverfahren erstellten) Gewinn- und Verlustrechnung erfolgt der Ausweis der innerhalb einer Abrechnungsperiode insgesamt entstandenen Aufwendungen. Wenn in einer Periode der Lagerbestand an fertigen und unfertigen Erzeugnissen erhöht bzw. eine Sachanlage selbst erstellt wurde, sind die dafür angefallenen Aufwendungen im Gesamtaufwand der Periode enthalten, obwohl sie

Aus diesem Grund werden für die selbsterstellten Patente in der Kosten- und Erlösrechnung Zusatzerlöse angesetzt.

2.2 Kosten- und Erlöskategorien

Unmittelbar im Anschluß an die Definitionen und begrifflichen Abgrenzungen sind drei Kosten- und Erlöskategorien zu behandeln, die für das Verständnis der Kosten- und Erlösrechnung von großer Bedeutung sind. Um die Ziele und Aufgaben der Kosten- und Erlösrechnung erfüllen zu können, ist eine Untergliederung der Kosten und Erlöse hinsichtlich ihrer Zurechenbarkeit auf die betrieblichen Erzeugnisse und Leistungen und in Bezug auf ihre Abhängigkeit vom Leistungsvolumen vorzunehmen.

2.2.1 Zurechenbarkeit von Kosten und Erlösen auf betriebliche Erzeugnisse und Leistungen

Für die Ermittlung der Preisuntergrenze eines Erzeugnisses im Rahmen einer Angebotskalkulation und für den nach Produktarten differenzierten Erfolgsausweis in der monatlich oder quartalsweise zu erstellenden Betriebsergebnisrechnung ist es erforderlich, die durch ein bestimmtes Erzeugnis hervorgerufenen Kosten und Erlöse zu identifizieren. Abgesehen vom Ausnahmefall des Einproduktunternehmens können leider jedoch nicht sämtliche Kosten und Erlöse einer Abrechnungsperiode den einzelnen Produktarten unmittelbar zugeordnet werden. Man unterscheidet deshalb zwischen den direkt zurechenbaren Einzelkosten bzw. Einzelerlösen und den nur indirekt zurechenbaren Gemeinkosten bzw. Gemeinerlösen.

Einzel- und Gemeinkosten

Einzelkosten lassen sich unmittelbar einer Erzeugnis- bzw. Leistungseinheit zurechnen. Das funktioniert allerdings nur, wenn diese Kosten auch produktweise erfaßt und auf die einzelnen Erzeugnisse kontiert werden. Diese Bedingung erfüllen zum einen die Kosten für die direkt in die Produkte eingehenden Rohmaterialien, die man als Materialeinzelkosten bezeichnet, und zum anderen die Fertigungslöhne.

Die Materialeinzelkosten, die sich als Produkt aus den verbrauchten Rohstoffmengen und den dafür anzusetzenden Preisen ergeben, werden allein durch die Herstellung der betrieblichen Erzeugnisse verursacht. Demnach fallen bei

---

eine spätere Abrechnungsperiode betreffen. Aus diesem Grunde werden diese Aufwendungen in der GuV durch die Ertragsposition Lagerbestandsveränderungen bei fertigen und unfertigen Erzeugnissen bzw. aktivierte Eigenleistungen neutralisiert.

einem Stillstand der Produktion auch keine Materialeinzelkosten an. Wenn ein Unternehmen verschiedenartige Produkte herstellt, ist es erforderlich, die verbrauchten Rohmaterialmengen produktweise zu erfassen und nachzuweisen, damit die Materialeinzelkosten den einzelnen Produktarten verursachungsgerecht zugerechnet werden können. Für diesen Zweck kommen Materialentnahmescheine und Stücklisten bzw. Rezepturen zum Einsatz. Dadurch läßt sich dann beispielsweise aus der Materialbuchhaltung eines Fahrradherstellers ersehen, wieviel Meter Leichtmetallrohr bei der Fertigung von 200 Rennradrahmen verbraucht wurden.

Unter dem Fertigungslohn versteht man die den unmittelbar an der Herstellung der betrieblichen Erzeugnisse beteiligten Arbeitnehmern in Form von Zeit-, Akkord- oder Prämienlohn zukommende Vergütung. Wenn im Zeitlohn gearbeitet wird, ergibt sich der Fertigungslohn einer Arbeitskraft durch Multiplikation der von ihr effektiv geleisteten Fertigungsstunden mit ihrem Lohnsatz pro Stunde. Mit Hilfe von Lohnscheinen und Arbeitsplänen lassen sich die für die einzelnen Produktarten aufgewendeten Fertigungszeiten ermitteln, und damit sind die Voraussetzungen für eine direkte und verursachungsgerechte Verrechnung der Fertigungslöhne auf die einzelnen Erzeugnisarten erfüllt.

Der Einzelkostencharakter der Fertigungslöhne ist jedoch keineswegs unumstritten, da sich die Lohnkosten nicht in gleicher Weise an sinkende Produktionsmengen anpassen wie die Materialeinzelkosten.[41] Bei einem unerwartet eintretenden Rückgang der Produktionsleistung, z.B. ausgelöst durch den Ausfall einer Maschine, nimmt der Rohmaterialverbrauch ab und folglich verringern sich auch die Materialeinzelkosten. Das Fertigungspersonal läßt sich jedoch nicht so kurzfristig, sondern nur innerhalb der arbeits- und tarifvertraglich festgelegten Kündigungsfristen abbauen. Folglich werden die Löhne der Fertigungsarbeiter bei niedriger Beschäftigung nur teilweise unmittelbar durch die Herstellung betrieblicher Erzeugnisse verursacht. Beispielsweise ist einem Arbeitnehmer, der aus nicht von ihm zu vertretenden Gründen keine Akkordarbeit leisten kann, für die unproduktive Anwesenheitszeit im Unternehmen der durchschnittliche Akkordstundensatz der vorangegangenen Abrechnungsperiode als sogenannter Zusatzlohn zu vergüten.[42] Zusatzlöhne sind auf separaten Lohnscheinen zu erfassen und als Gemeinkosten zu behandeln.

Zu den Einzelkosten zählen neben den Materialeinzelkosten und den Fertigungslöhnen auch die Sondereinzelkosten, die im Fertigungs- und im Vertriebsbereich anfallen können. Die Sondereinzelkosten können den einzelnen Produkteinheiten ebenfalls direkt zugerechnet werden, fallen aber auftragsabhängig in unterschiedlicher Höhe an. Als Beispiele für Sondereinzelkosten der

---

[41] Vgl. Hummel, S./Männel, W. (1986), S. 160–162.
[42] Vgl. Kloock, J./Sieben, G./Schildbach, Th. (1987), S. 51 und Kilger, W.(1987), S. 102.

Fertigung lassen sich die Kosten für Konstruktionszeichnungen und Spezialwerkzeuge sowie Lizenzgebühren nennen. Zu den Sondereinzelkosten des Vertriebs gehören z. B. Vertreterprovisionen, Transportversicherungen, Verpackungsmaterial- und Frachtkosten.

Im Gegensatz zu den Einzelkosten werden die Gemeinkosten indirekt, d. h. mit Hilfe von durch die Kostenrechnung ermittelten Verrechnungssätzen, auf die einzelnen Erzeugniseinheiten verrechnet. Eine direkte Zurechnung ist in der Regel ohnehin unmöglich, da die Gemeinkosten, wie zum Beispiel die Gehälter der kaufmännischen Angestellten, die Versicherungsbeiträge sowie die Miet- und Energiekosten, für die Herstellung und Vermarktung verschiedener Produktarten bzw. die Abwicklung mehrerer Kunden- und Fertigungsaufträge gemeinsam anfallen.

Die Gemeinkosten beinhalten jedoch auch solche Positionen, die eigentlich Einzelkostencharakter aufweisen. Beispielsweise gehen Leim, Nägel, Nieten und andere Hilfsstoffe genauso während des Fertigungsprozesses in die einzelnen Erzeugnisse ein wie das Rohmaterial, und somit könnten die Hilfsstoffkosten den einzelnen Produkten verursachungsgerecht und direkt zugerechnet werden. Darauf wird jedoch aus Wirtschaftlichkeitsgründen verzichtet. Angesichts des geringen Wertes der Hilfsstoffe erscheint der mit der produktweisen Erfassung verbundene Aufwand nicht gerechtfertigt und deshalb werden die Hilfsstoffkosten in der Kostenrechnung wie Gemeinkosten behandelt. Aufgrund ihres Einzelkostencharakters bezeichnet man sie als unechte Gemeinkosten und verwendet zur eindeutigen Abgrenzung für die weiter oben beschriebenen nicht direkt zurechenbaren Positionen den Begriff echte Gemeinkosten.

Einzel- und Gemeinerlöse

Bei den Erlösen läßt sich ebenfalls eine Unterteilung in die den einzelnen Erzeugnissen direkt zurechenbaren Einzelerlöse und die nur indirekt zurechenbaren Gemeinerlöse vornehmen.[43] Man faßt Erlöse als Einzelerlöse auf, wenn sie unmittelbar und in vollem Umfang durch einzelne Produkte oder Dienstleistungen hervorgerufen werden. Das trifft beispielsweise auf die aus dem Verkauf von Theaterkarten für einzelne Vorstellungen resultierenden Erlöse zu. Diese sich durch Multiplikation der Anzahl der abgesetzten Theaterkarten auf den jeweiligen Kartenpreis ergebenden Erlöse lassen sich für die einzelnen Aufführungen getrennt erfassen. Bei den Erlösen aus Abonnementverkäufen ist die direkte Zurechenbarkeit jedoch nicht gegeben.

---

[43] Vgl. Kloock,J./Sieben, G./Schildbach, Th. (1937), S. 57–59 und Männel, W. (1983), S. 128–129, der jedoch auch die inhaltlichen und formalen Unterschiede zwischen den Begriffspaaren Einzel- und Gemeinerlöse einerseits und Einzel- und Gemeinkosten andererseits aufzeigt und insbesondere auf die Problematik der Erlösverbundenheit hinweist.

Ein Abonnement umfaßt eine von der Theaterleitung zusammengestellte Auswahl von verschiedenen Aufführungen einer Spielzeit und ist in der Regel billiger als die Summe der Einzelkartenpreise. Aufgrund der Tatsache, daß die einzelnen Theaterstücke der Abonnementreihe unterschiedlich gut besucht werden, sollte man davon absehen, die Erlöse aus den Abonnementverkäufen im Verhältnis der Einzelkartenpreise auf die einzelnen Vorstellungen zu verrechnen. So mancher Theaterabonnent würde sich eine wenig populäre oder von der Kritik schlecht besprochene Aufführung vielleicht nicht ansehen, wenn er sein Abonnement nicht hätte. Aus der Sicht der Theaterleitung stellt das Abonnement somit einen Weg dar, um auch für die „schwächeren" Aufführungen Besucher zu gewinnen. Dieser als Absatzverbundenheit bezeichnete Sachverhalt bewirkt, daß die Abonnementerlöse als Gemeinerlöse betrachtet und den einzelnen Theaterstücken nicht direkt zugeordnet werden können.[44]

Die Unterschiede zwischen den Einzel- und Gemeinerlösen lassen sich auch noch an einem anderen Beispiel aufzeigen. Beim Verkauf einer bestimmten Anzahl eines Produktes zum Listenpreis entstehen stets Einzelerlöse. Auch wenn zum Zeitpunkt des Verkaufs aufgrund einer für diesen Artikel durchgeführten Werbekampagne ein Aktionsrabatt auf den Listenpreis gewährt wird, handelt es sich um Einzelerlöse, da der Aktionsrabatt genauso wie der Listenpreis allein den Artikel betrifft. Wenn der Kunde hingegen aufgrund der sofortigen Zahlung seiner Rechnung, die neben dem Artikel noch andere Positionen enthält, Skonto abzieht, ergeben sich Gemeinerlöse, da sich der Skontoabzug nicht allein auf den Artikelerlös, sondern auf den genannten Rechnungsbetrag bezieht. Gemeinerlöse liegen auch vor, wenn den Kunden am Jahresende ein Bonus für die Erreichung eines zuvor vereinbarten Umsatzvolumen ausgeschüttet wird. Die Gemeinerlöse sind im Rahmen der Erlösrechnung indirekt auf die einzelnen Produkte bzw. Dienstleistungen zu verrechnen.

2.2.2 Abhängigkeit der Kosten und Erlöse vom Leistungsvolumen

Eine als entscheidungsorientiertes Führungsinstrument ausgestaltete Kosten- und Erlösrechnung kann sich nicht darauf beschränken, die Summe der insgesamt während einer Abrechnungsperiode angefallenen Kosten zu ermitteln und diese dann den betrieblichen Erzeugnissen direkt oder indirekt zuzurechnen. Vielmehr lassen sich die vielfältigen unternehmerischen Planungs-, Steuerungs- und Kontrollaufgaben nur bewältigen, wenn ebenfalls bekannt ist, welche Faktoren die Höhe der Erlöse und Kosten in welchem Ausmaß beeinflussen.[45]

---

[44] Vgl. dazu auch Riebel, P. (1990), S. 182.
[45] Vgl. Haberstock, L. (1986), S. 46–47, Kilger, W. (1988), S. 135 und Laßmann, G. (1979), S. 135. Einen Beitrag zur Erforschung dieser Ursache-Wirkungs-Zusammen-

Insbesondere besteht zwischen der Höhe der insgesamt während einer Abrechnungsperiode entstehenden Gesamtkosten bzw. -erlösen und dem Umfang der Leistung, den ein Unternehmen oder ein betrieblicher Teilbereich erbringt, ein Zusammenhang. In Energieversorgungsunternehmen hängen die Kosten und Erlöse beispielsweise von den abgenommenen Kilowattstunden ab. Allerdings reagiert nur ein Teil der Kosten und Erlöse unmittelbar auf Veränderungen der Leistungsmenge, während der andere Teil konstant bleibt. Da es für zahlreiche unternehmerische Entscheidungen von elementarer Bedeutung ist, die von Veränderungen des Leistungsvolumens auf die Höhe der Kosten und Erlöse ausgehenden Einflüsse zu kennen, sind die Gesamtkosten und -erlöse in ihre leistungsabhängigen und -unabhängigen Bestandteile zu untergliedern. In der betriebswirtschaftlichen Literatur bezeichnet man die leistungsabhängigen Kosten und Erlöse als variabel und die nicht mit der Leistungsmenge variierenden Kosten und Erlöse als fix.

Variable und fixe Kosten

Die variablen Bestandteile der Gesamtkosten passen sich an Beschäftigungsschwankungen an. Unter der Beschäftigung versteht man dabei den Umfang der Leistungserstellung, der sich in Einproduktunternehmen durch die während einer Abrechnungsperiode produzierten und abgesetzten Mengeneinheiten ausdrücken läßt. Sobald jedoch verschiedenartige Erzeugnisse hergestellt werden, ist die Beschäftigung der einzelnen betrieblichen Teilbereiche in Fertigungszeiten, Maschinenlaufzeiten oder sonstigen, als Bezugsgrößen bezeichneten Maßgrößen der Leistung anzugeben.[46] Dabei ist für die Herstellung einer Einheit der unterschiedlichen Produktarten jeweils eine bestimmte Anzahl an Fertigungs- oder Maschinenminuten erforderlich.

In vielen Fällen beeinflussen mehrere Faktoren die Höhe der variablen Kosten, so daß eine einzige Bezugsgröße zur Erklärung der Kostenverursachung nicht ausreicht. Beispielsweise hängt der Kraftstoffverbrauch eines Lastkraftwagens nicht allein von der Kilometerleistung, sondern auch vom Gewicht der Ladung und von der Geschwindigkeit ab.

Grundsätzlich können die variablen Kosten unterschiedlich stark auf Beschäftigungsänderungen reagieren. Insbesondere unterscheidet man zwischen den in Abbildung 2-10 dargestellten Kostenverläufen.

Proportionale Kosten liegen vor, wenn die Kosten im gleichen Verhältnis ansteigen bzw. sinken wie das Leistungsvolumen eines Unternehmens oder eines betrieblichen Teilbereichs. Zum Beispiel bewirkt ein Umsatzrückgang um

---

hänge leistet die betriebswirtschaftliche Produktions- und Kostentheorie, die die wichtigsten Kosteneinflußfaktoren identifiziert, systematisiert und die zwischen den einzelnen Größen bestehenden Abhängigkeiten in Form von Kostenfunktionen abbildet. Vgl. dazu Gutenberg, E. (1983), S. 298 ff., Heinen, E. (1983), S. 131 ff. und die dort angegebene Literatur.

[46] Vgl. dazu Rummel, K. (1967), S. 93 ff.

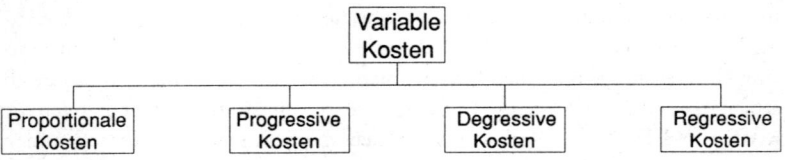

Abbildung 2-10: Systematisierung der variablen Kosten

10 Prozent demzufolge auch eine 10-prozentige Reduktion der Umsatzprovisionen. Wie aus Abbildung 2-11 hervorgeht, sind die proportionalen Kosten durch einen linearen Verlauf der variablen Gesamtkosten gekennzeichnet. Pro Leistungseinheit ergibt sich unabhängig von der Beschäftigung ein konstanter Kostensatz.

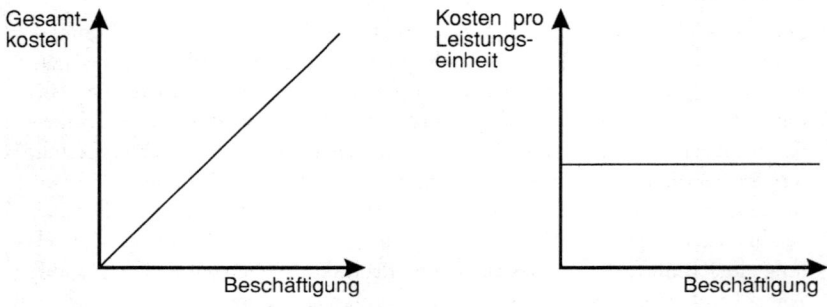

Abbildung 2-11: Kurvenverlauf der proportionalen Kosten

Progressive Kosten reagieren stärker auf Erhöhungen des Leistungsvolumens. Mit zunehmender Beschäftigung steigen die Kosten pro Leistungseinheit immer stärker an, und die Gesamtkostenkurve verläuft steiler, wie Abbildung 2-12 zeigt. Beispielsweise verhalten sich die Energiekosten einer Maschine progressiv (überproportional), wenn der optimale Leistungsgrad überschritten und nahe der Leistungsgrenze operiert wird.[47]

Degressive Kosten sind durch einen im Verhältnis zur Beschäftigung schwächeren Kostenanstieg gekennzeichnet. Je höher das Leistungsvolumen, umso niedriger sind die pro Leistungseinheit entstehenden Kosten, was durch den in Abbildung 2-13 dargestellten, abflachenden Kurvenverlauf zum Ausdruck kommt. Häufig steigen zum Beispiel die Materialkosten auf Grund der mit

---

[47] Vgl. Gutenberg, E. (1983), S. 314 ff., der anhand von Verbrauchsfunktionen nachgewiesen hat, daß es bei einer Erhöhung der Intensität zu einem progressiven Kostenanstieg kommt.

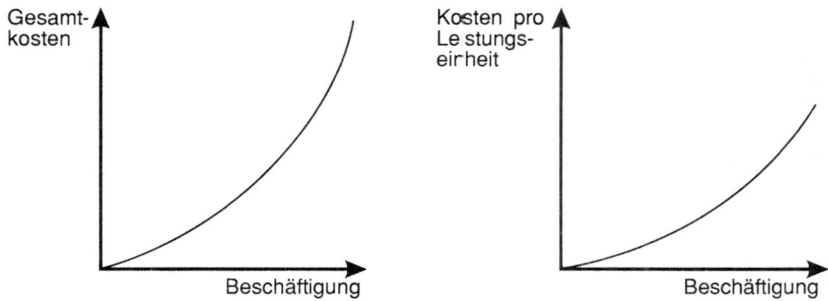

Abbildung 2-12: Kurvenverlauf der progressiven Kosten

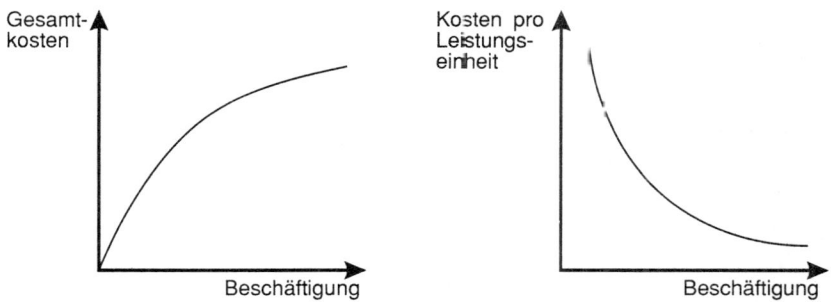

Abbildung 2-13: Kurvenverlauf der degressiven Kosten

wachsender Bestellmenge in zunehmender Höhe gewährten Mengenrabatte degressiv (unterproportional) an.

Regressive Kosten stehen in umgekehrter Beziehung zur Beschäftigung, d. h. sie sinken bei zunehmender Beschäftigung. In der Realität sind die in Abbildung 2-14 eingezeichneten Kostenverläufe allerdings nur selten anzutreffen. Als Beispiel lassen sich die Heizkosten in einer Großbäckerei anführen, die mit zunehmender Laufzeit der Backöfen sinken.

Zu den variablen Kosten zählen bei kurzfristiger Betrachtung in der Regel die Einzelkosten, insbesondere die Materialeinzelkosten, die Akkordlöhne und die Umsatzprovisionen, die unechten Gemeinkosten in Form der Hilfsstoffkosten und Teile der echten Gemeinkosten, beispielsweise die verbrauchsabhängigen Stromkosten. Der für die Bereitstellung eines bestimmten Kilowatt-Anschlußwertes anfallende Teil der Stromkosten ist hingegen leistungsunabhängig und besitzt somit Fixkostencharakter. Da diese fixen Kostenbestandteile selbst dann anfallen, wenn die Maschinen stillstehen und keinen Strom verbrauchen, bezeichnet man sie auch als Kosten der Betriebsbereitschaft.

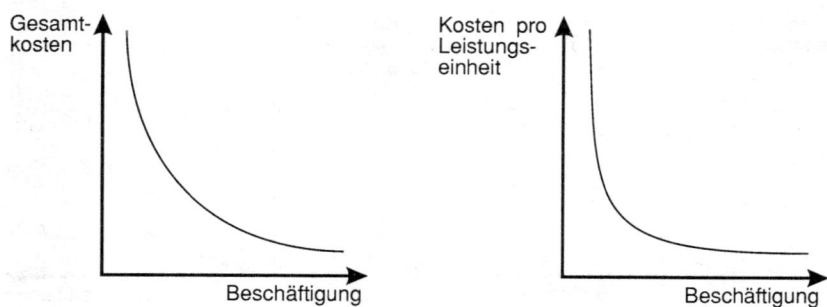

Abbildung 2-14: Kurvenverlauf der regressiven Kosten

Die fixen Kosten reagieren nicht auf einen kurzfristigen Beschäftigungsanstieg oder -rückgang, sondern bleiben konstant. Ihre Höhe wird durch die Kapazitäten, die für die betriebliche Nutzung zur Verfügung stehen, determiniert. Dabei ist unter der Kapazität eines Unternehmens bzw. eines betrieblichen Teilbereichs deren Leistungsvermögen bzw. Leistungspotential zu verstehen, das aus den vorhandenen Anlagegegenständen und Arbeitskräften resultiert. Das Fixkostenniveau läßt sich somit nur durch einen Kapazitätsauf- oder -abbau verändern. Wie aus Abbildung 2-15 hervorgeht, wird zwischen absolut fixen und intervallfixen Kosten differenziert.

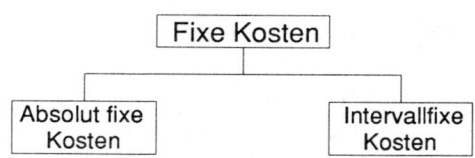

Abbildung 2-15: Systematisierung der fixen Kosten

Die *absolut fixen Kosten* fallen für die Aufrechterhaltung der Betriebsbereitschaft eines Unternehmens bzw. eines betrieblichen Teilbereiches innerhalb bestimmter Zeiträume an. Typische Beispiele sind Kraftfahrzeugsteuern, Versicherungsbeiträge, Mieten und Leasinggebühren. Die Division des konstanten Fixkostenbetrags durch die jeweilige Leistungsmenge ergibt die absolut fixen Kosten pro Leistungseinheit, die sich mit zunehmender Beschäftigung verringern, wie aus Abbildung 2-16 hervorgeht. Wenn sich beispielsweise die gesamten Fixkosten eines Theaters auf eine höhere Besucheranzahl verteilen, sinken die fixen Kosten pro Besucher. Diesen Zusammenhang zwischen den absolut fixen Kosten pro Leistungseinheit und der Beschäftigung bezeichnet man als Fixkostendegression.

Intervallfixe Kosten verlaufen bis zu einer bestimmten Beschäftigungsobergrenze konstant und steigen dann auf Grund der Anschaffung einer zusätzli-

2.2 Kosten- und Erlöskategorien

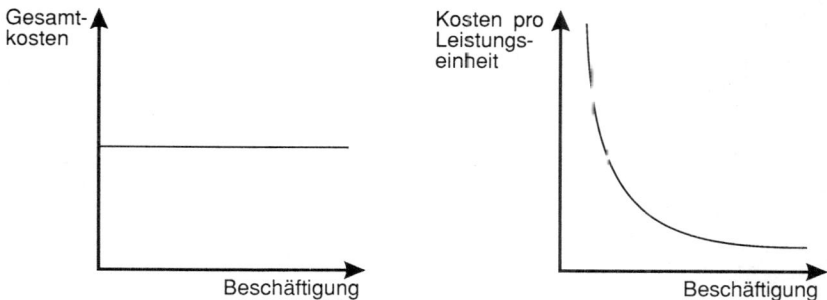

Abbildung 2-16: Kurvenverlauf der absolut fixen Kosten

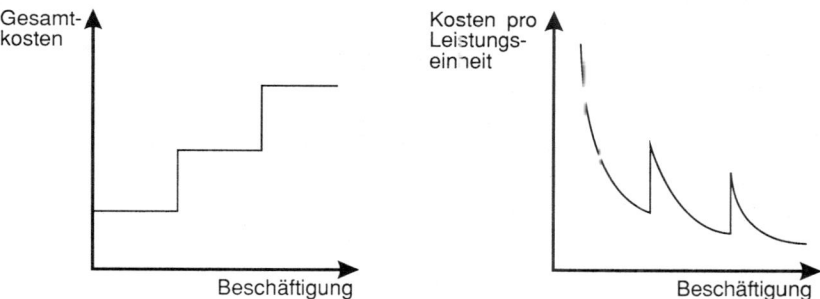

Abbildung 2-17: Kurvenverlauf der intervallfixen Kosten

chen Maschine des gleichen Typs oder der Einstellung weiterer Vorarbeiter sprunghaft auf ein höheres Kostenniveau an.[48] Abbildung 2-17 verdeutlicht, daß innerhalb bestimmter Beschäftigungsintervalle unterschiedlich hohe Fixkosten entstehen.

Vielfach sind die fixen Kosten durch die gesetzlichen Kündigungsfristen sowie durch Miet- oder Leasingverträge zeitlich gebunden. Beispielsweise läßt sich die Höhe der Mietkosten erst nach Ablauf eines oder mehrerer Mietverträge beeinflussen und die Entlassung von Gehaltsempfängern führt erst nach der gesetzlichen Kündigungsfrist zu einer Senkung der Personalkosten. Langfristig können jedoch sämtliche Kostenpositionen an die jeweilige Beschäftigungssituation angepaßt werden, so daß auf lange Sicht letztendlich alle Kosten variabel sind.

---

[48] Vgl. Gutenberg, E. (1983), der in diesem Zusammenhang von multipler Kapazitätsanpassung spricht.

Variable und fixe Erlöse

Hinsichtlich ihrer Abhängigkeit vom Leistungsvolumen lassen sich die Erlöse ebenfalls in variable und fixe Komponenten untergliedern, wobei hier das Verhalten der Umsatzerlöse bei Änderungen der Absatzmenge im Vordergrund steht.[49] In den meisten Fällen reagieren die Umsatzerlöse auf Absatzmengenschwankungen und sind daher variabel. Wenn für alle von einer Produktart abgesetzten Mengeneinheiten ein konstanter Verkaufspreis erzielt wird, liegen proportionale Erlöse vor, und die Erlöskurve verläuft linear. Häufig lassen sich Absatzausweitungen jedoch nur durch die Gewährung von Preisnachlässen, beispielsweise in Form von Mengenrabatten oder Treueboni, erreichen, so daß die Erlöskurve bei höheren Absatzmengen durch einen degressiven Verlauf gekennzeichnet ist.

Die fixen Erlöse variieren hingegen nicht mit dem Volumen der abgesetzten Erzeugnisse und Dienstleistungen. Beispielsweise realisieren Elektrizitätsversorgungsunternehmen für die Bereitstellung bestimmter Kilowatt-Anschlußwerte an ihre Kunden fixe Erlöse, deren Höhe von den abgenommenen Kilowattstunden unabhängig ist. Ebenfalls zu den fixen Erlösen zählen die von Telefongesellschaften erhobenen monatlichen Grundgebühren für den Telefonanschluß, die der Kunde auch zu zahlen hat, wenn er kein Telefongespräch führt. Die Höhe der fixen Erlöse ergibt sich aus dem insgesamt bereitgestellten Kilowatt-Anschlußwert bzw. aus der Anzahl der Telefonanschlüsse.

2.3 Break-even Analyse

Die Break-even Analyse ermöglicht eine anschauliche Darstellung der Zusammenhänge zwischen den Erlösen, den Kosten und dem Betriebsergebnis bei unterschiedlichen Absatzmengen.[50] Da die einzelnen Kostenpositionen auf Änderungen des Leistungsvolumens unterschiedlich reagieren, wird eine Aufspaltung der Gesamtkosten in ihre variablen und fixen Bestandteile vorgenommen. Obwohl die Break-even Analyse sich auch für die Abbildung von Erfolgsstrukturen der Vergangenheit eignet, liegt ihre eigentliche Stärke in der Unterstützung der Planung.[51]

Unternehmerische Entscheidungen beeinflussen vielfach die Höhe der Verkaufspreise sowie der variablen und fixen Kosten. Beispielsweise stellt sich die Frage, ob höhere Preisnachlässe gewährt werden sollten, ob eine stärkere

---

[49] Vgl. dazu auch Kloock, J./Sieben, G./Schildbach, Th. (1987), S. 46–49.
[50] In der amerikanischen Literatur wird von „cost-volume-profit relationships" gesprochen. Vgl. dazu Horngren, Ch. T./Foster, G. (1987), S. 47–55.
[51] Vgl. Tucker, S. A. (1966), S. 36. Nach Horngren, Ch. T. (1986), S. 32 läßt sich die Aufbereitung von Kosten- und Erlösinformationen für unternehmerische Entscheidungen anhand der Break-even Analyse besonders gut verdeutlichen.

Automatisierung der Fertigung sinnvoll erscheint, oder ob sich der Aufbau einer zusätzlichen Vertriebsniederlassung lohnt. Mit Hilfe der Break-even Analyse lassen sich die Auswirkungen geplanter Maßnahmen auf die Erlöse, die Kosten und vor allem auf das Betriebsergebnis untersuchen. Sie bedient sich dazu eines Schaubilds, das „aussagefähiger als lange Zahlenkolonnen und andere Berichte ist".[52]

2.3.1 Durchführung der Break-even Analyse

Im Rahmen der Break-even Analyse erfolgt die Bestimmung derjenigen Absatzmenge, bei der die insgesamt anfallenden Kosten gerade durch die erwirtschafteten Umsatzerlöse gedeckt sind und das Betriebsergebnis daher Null beträgt. Das Ziel besteht somit nicht in der Berechnung eines maximalen Betriebsergebnisses, sondern in der Ermittlung der für die Kostendeckung erforderlichen Mindest-Absatzmenge, die als Break-even Punkt bezeichnet wird.[53] Die Break-even Analyse läßt sich sowohl algebraisch als auch grafisch durchführen.

Die rechnerische Ermittlung des Break-even Punktes basiert auf der Betriebsergebnisgleichung. Die Erlöse gehen als Produkt aus Absatzmenge und Absatzpreis in die Formel ein, und die Kosten setzen sich aus einem Fixkostenbetrag sowie den sich proportional zur Absatzmenge verhaltenden variablen Kosten zusammen.

$$\begin{aligned}
\text{Betriebsergebnis} &= \text{Erlöse} - \text{variable Kosten} - \text{fixe Kosten} \\
&= \text{Absatzpreis} \cdot \text{Absatzmenge} - \text{variable Stückkosten} \cdot \text{Absatzmenge} - \text{fixe Kosten} \\
&= P \cdot X - K_v \cdot X - K_f \\
&= (P - K_v) \cdot X - K_f
\end{aligned}$$

Am Break-even Punkt beträgt das Betriebsergebnis Null. Führt man die Symbole X für die Absatzmenge, P für den Absatzpreis, K_v für die variablen Stückkosten sowie K_f für die fixen Kosten ein und setzt das Betriebsergebnis gleich Null, ergibt sich nach Umformung der Gleichung folgende Formel für den Break-even Punkt:

$$\text{Break-even Punkt} = \frac{K_f}{P - K_v}$$

---

[52] Tucker, S. A. (1966), S. 83.
[53] Vgl. Chmielewicz, K. (1974), S. 49. In der Literatur wird teilweise auch vom Deckungspunkt, von der Gewinnschwelle oder vom toten Punkt gesprochen.

Die zur Deckung der insgesamt anfallenden Kosten erforderliche Absatzmenge ergibt sich als Quotient aus den fixen Kosten und der Differenz aus dem Absatzpreis und den variablen Kosten. Bei Absatzmengen unterhalb des Break-even Punktes entsteht ein negatives Betriebsergebnis, und oberhalb des Break-even Punktes liegende Absatzmengen führen zu einem positiven Betriebsergebnis.

Beispiel:

Eisverkäufer Soft besitzt einen Verkaufsstand in der Bamberger Innenstadt und bietet dort ausschließlich Vanille-Eis an. Für das kommende Geschäftsjahr erwartet er einen Verkaufspreis (P) von DM 2,– pro Eisbecher, Beschaffungskosten (K_v) von DM 1,20 pro Eisbecher und eine Jahresmiete für den Verkaufsstand (K_f) in Höhe von DM 6.000. Auf der Grundlage dieser Plandaten läßt sich der Break-even Punkt ermitteln.

$$\text{Break-even Punkt} = \frac{K_f}{P - K_v} = \frac{\text{DM } 6.000}{\text{DM } 2,-- \text{DM } 1,20} = \frac{\text{DM } 6.000}{\text{DM } 0,80}$$
$$= \underline{7.500 \text{ Eisbecher}}$$

Um kostendeckend zu arbeiten, müßte Soft 7.500 Eisbecher verkaufen. Durch Multiplikation der Break-even Absatzmenge mit dem Absatzpreis ergibt sich der mindestens zu erzielende Break-even Umsatz, der mit den Gesamtkosten übereinstimmt.

$$\text{Break-even Umsatz} = \text{Break-even Absatzmenge} \cdot \text{Absatzpreis}$$
$$= 7.500 \text{ Eisbecher} \cdot \text{DM } 2,- \text{ pro Eisbecher} = \underline{\text{DM } 15.000}$$

Bei einer voraussichtlich erreichbaren Absatzmenge von 12.500 Eisbechern, die oberhalb des Break-even Punktes liegt, würde sich ein positives Betriebsergebnis ergeben.

$$\text{Betriebsergebnis} = (P - K_v) \cdot X - K_f$$
$$= (\text{DM } 2,-- \text{DM } 1{,}20) \cdot 12.500 - \text{DM } 6.000 = \underline{\text{DM } 4.000}$$

Der Break-even Punkt, der Break-even Umsatz und das Betriebsergebnis bei einer erwarteten Absatzmenge lassen sich auch grafisch darstellen. Dazu sind in ein Break-even Diagramm, in dem an der Abzisse das Leistungsvolumen in Absatzmengeneinheiten und an der Ordinate die Erlöse und Kosten in Geldeinheiten abgetragen werden, die Erlöse, die variablen und die fixen Kosten sowie die Gesamtkosten als Geraden einzuzeichnen. Die Erlösgerade und die Linie der variablen Kosten beginnen im Ursprung. Ihre Steigungen sind durch den Absatzpreis (P) bzw. durch die variablen Stückkosten (K_v) angegeben. Die

2.3 Break-even Analyse

fixen Kosten werden als waagerechte Linie in Höhe des Fixkostenbetrags (K_f) eingezeichnet.

Durch Parallelverschiebung der Linie der variablen Kosten um den Fixkostenbetrag nach oben entsteht die Gesamtkostengerade. Der Schnittpunkt der Gesamtkostenlinie mit der Erlösgeraden entspricht dem Break-even Punkt und die Höhe des Betriebsergebnisses ist durch den Abstand zwischen den beiden Geraden angegeben. Im Break-even Punkt beträgt das Betriebsergebnis Null, links des Schnittpunkts nimmt es einen negativen und rechts davon einen positiven Wert an. Aus Abbildung 2-18 geht für die voraussichtlich absetzbaren 12.500 Eisbecher ein positives Betriebsergebnis in Höhe von DM 4.000 hervor. Die Break-even Absatzmenge läßt sich an der Abzisse und der Break-even Umsatz an der Ordinate ablesen.

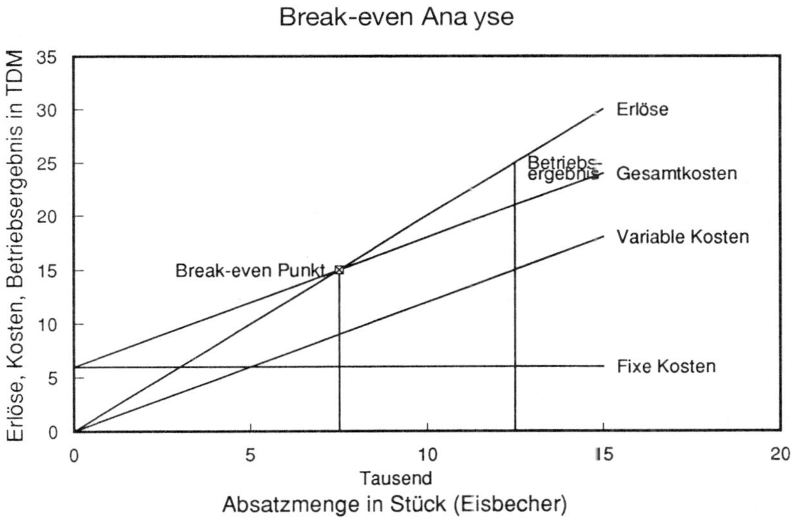

Break-even Analyse

Abbildung 2-18: Break-even Diagramm für den Eisverkäufer (Ausgangssitutation)

Bei der Anwendung der Break-even Analyse muß man sich über die ihr zugrundeliegenden Modellannahmen im Klaren sein, um die Aussagefähigkeit dieses Instrumentariums richtig beurteilen zu können:

1. Die Break-even Analyse berücksichtigt mit dem in Absatzmengeneinheiten ausgedrückten Leistungsvolumen nur eine einzige Erlös- und Kosteneinflußgröße, obwohl die Höhe der Erlöse und der Kosten in der Realität von einer Vielzahl unterschiedlicher Faktoren, beispielsweise von Qualitätsanforderungen, Losgrößen und Fertigungsverfahren, abhängt.[54] Die alleinige

---

[54] Vgl. Schweitzer, M./Troßmann, E. (1986), S. 31–33.

Abhängigkeit der Erlöse und Kosten von der Absatzmenge stellt daher eine starke Vereinfachung dar. Weiterhin wird vorausgesetzt, daß die Produktions- mit der Absatzmenge übereinstimmt bzw. keine nennenswerten Lagerbestandsveränderungen bei fertigen und unfertigen Erzeugnissen auftreten. Da verschiedenartige Produkte in der Regel keine vergleichbaren Kosten- und Erlösstrukturen aufweisen, läßt sich die Break-even Analyse in der hier dargestellten Grundform auch nur für Einproduktunternehmen durchführen.[55]

2. Die Break-even Analyse unterstellt lineare Verläufe der Kosten- und Erlösfunktionen. Auf der Erlösseite wird von gleichbleibenden Absatzpreisen ausgegangen, und die Tatsache, daß sich die Absatzmenge vielfach nur durch die Gewährung von Preisnachlässen, beispielsweise in Form von Mengenrabatten oder Sonderkonditionen, erhöhen läßt, findet keine Beachtung. Abbildung 2-19 verdeutlicht, daß bei großen Absatzmengen mit abnehmenden Stückerlösen und daher mit einem unterproportionalen Anstieg der Erlöskurve zu rechnen ist. Die unterstellte Linearität gilt somit nur für einen bestimmten Abschnitt der Erlösfunktion.

Die variablen Kosten werden in der Break-even Analyse ebenfalls als mengenproportional angesehen, obwohl die Linearität bei dem in Abbildung 2-20 dargestellten typischen s-förmigen Kurvenverlauf nur innerhalb

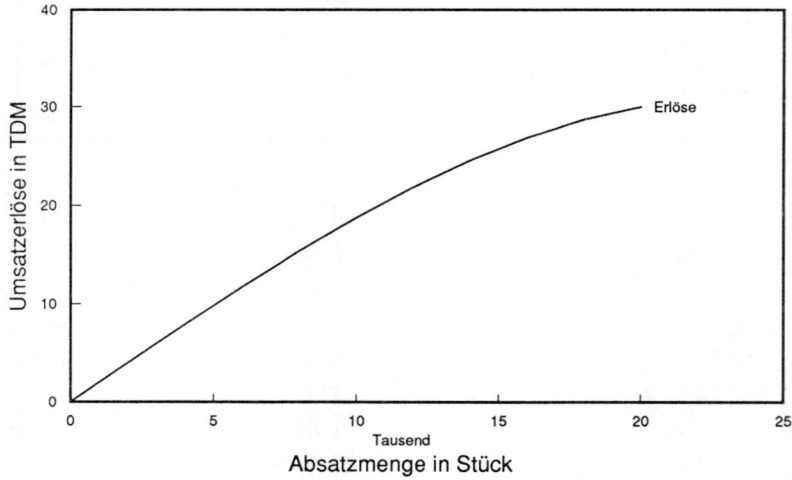

Abbildung 2-19: Typischer Verlauf der Erlöskurve

---

[55] In Kapitel 6.4.2.1.2 wird die Break-even Analyse für die Anwendung in Mehrproduktunternehmen erweitert.

eines bestimmten Intervalls gegeben ist.⁵⁶ Bei schwach ausgelasteten Produktionskapazitäten steigen die variablen Kosten meist unterproportional an, da mit den kleineren Fertigungslosen höhere stückbezogene Rüstkosten verbunden sind und die Rohstofflieferanten bei kleinen Bestellmengen keine oder nur geringe Mengenrabatte gewähren. Hingegen verhalten sich die variablen Kosten bei hoher Kapazitätsauslastung auf Grund der anfallenden Zuschläge für Überstunden und für besondere Arbeitszeit (Sonderschichten) sowie des vermehrt auftretenden Ausschusses in der Regel überproportional zum Leistungsvolumen.

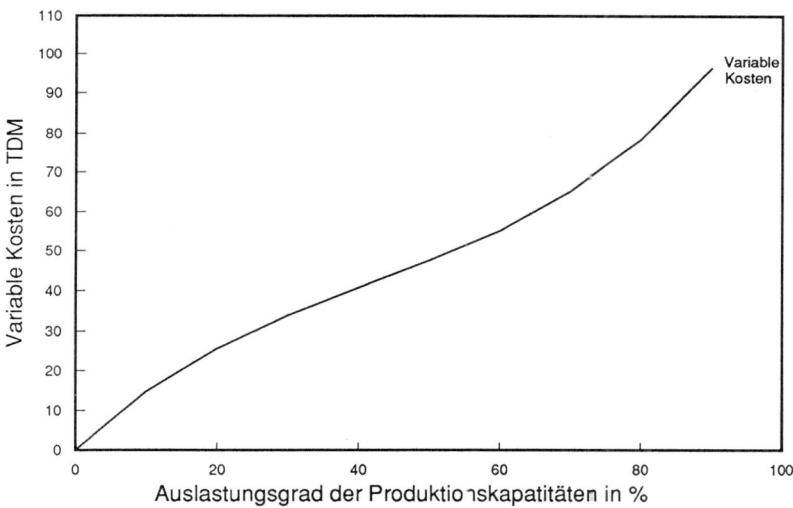

Abbildung 2-20: S-förmiger Kurvenverlauf der variablen Kosten

Die fixen Kosten gehen als Konstante in die Break-even Analyse ein. Fixkostensprünge, die aus der Anpassung der Produktionskapazitäten an das Leistungsvolumen, zum Beispiel durch Einstellung bzw. Entlassung von Meistern oder die Anschaffung zusätzlicher bzw. den Verkauf nicht genutzter Maschinen resultieren, bleiben demzufolge unberücksichtigt. Aus Abbildung 2-21 geht hervor, daß ein geplantes Niveau der fixen Kosten stets nur für ein bestimmtes Absatzmengenintervall gilt, da zum Beispiel unterschiedlich hohe Werbe- und sonstige Verkaufsförderungskosten angesetzt werden.

---

⁵⁶ Vgl. Horngren, Ch. T./Foster, G. (1987), S. 23–25, die in diesem Zusammenhang den Begriff „relevant range" verwenden.

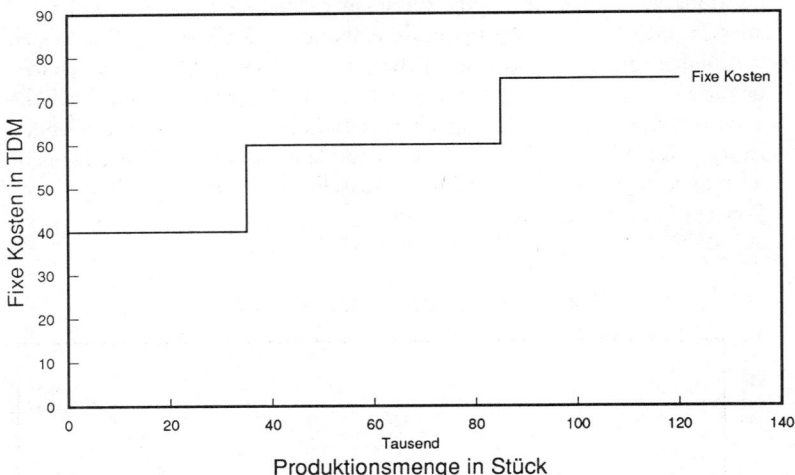

Abbildung 2-21: *Sprunghafter Verlauf der Fixkostenkurve*

Die genannten Modellannahmen charakterisieren die Break-even Analyse als ein statisches Analyseinstrument, dessen Aussagen nur für die kurzfristige Betrachtung und innerhalb bestimmter Schwankungen des Leistungsvolumens Gültigkeit besitzen. Der große Vorteil der Break-even Analyse liegt jedoch in der Flexibilität, die eine Modifikation der als konstant betrachteten Größen erlaubt.[57] Unterschiedliche Fragestellungen vom Typ „Was wäre, wenn..." können innerhalb kurzer Zeit untersucht und beantwortet werden. Durch Verschiebung und Drehung der Erlös- und Kostengeraden lassen sich die Auswirkungen von Datenänderungen auf den Break-even Punkt und das Betriebsergebnis unmittelbar aus dem Diagramm ablesen. Als Hilfsmittel für die schnelle Berechnung alternativer Konstellationen und die grafische Aufbereitung der Ergebnisse in Form eines Break-even Schaubilds bietet sich ein auf einem Personalcomputer ablauffähiges integriertes Softwarepaket an.[58]

Beispielsweise möchte der Eisverkäufer aus dem obigen Beispiel untersuchen, wie sich eine Erhöhung des Verkaufspreises (P) um DM -,40 auf DM 2,40 pro Eisbecher auf den Break-even Punkt, den Break-even Umsatz und das Betriebsergebnis bei einer erwarteten Absatzmenge von 12.500 Eisbechern auswirkt. Dazu sind die veränderten Zahlen in die Formeln einzusetzen.

---

[57] Vgl. Tucker, S.A. (1966), S.109.
[58] Vgl. Kyd, Ch. (1985), S.29–38, der anhand von Beispielen den Einsatz von Lotus 1–2-3 für die Durchführung der Break-even Analyse demonstriert.

2.3 Break-even Analyse

$$\text{Break-even Punkt} = \frac{K_f}{P - K_v} = \frac{DM\ 6.000}{DM\ 2{,}40 - DM\ 1{,}20} = \frac{DM\ 6.000}{DM\ 1{,}20}$$
$$= \underline{5.000\ \text{Eisbecher}}$$

Break-even Umsatz = 5.000 Eisbecher · DM 2,40 pro Eisbecher
= $\underline{DM\ 12.000}$

Betriebsergebnis = (DM 2,40 − DM 1,20) · 12.500 − DM 6.000
= $\underline{DM\ 9.000}$

Im Break-even Diagramm führt die Absatzpreiserhöhung zu einer Linksdrehung der Erlösgeraden. Der Break-even Punkt wird in Abbildung 2-22 bereits bei 5.000 Eisbechern erreicht und das voraussichtliche Betriebsergebnis erhöht sich auf DM 9.000.

Steigen hingegen die Beschaffungskosten (K_v) um DM −,20 auf DM 1,40 an, müßten 10.000 Eisbecher abgesetzt werden, um die Gesamtkosten zu decken, und bei einer erwarteten Absatzmenge von 12.500 Eisbechern würde das Betriebsergebnis nur noch DM 1.500 betragen.

$$\text{Break-even Punkt} = \frac{K_f}{P - K_v} = \frac{DM\ 6.000}{DM\ 2{,}- - DM\ 1{,}40} = \frac{DM\ 6.000}{DM\ 0{,}60}$$
$$= \underline{10.000\ \text{Eisbecher}}$$

Break-even Umsatz = 10.000 Eisbecher · DM 2,− pro Eisbecher
= $\underline{DM\ 20.000}$

Betriebsergebnis = (DM 2,− − DM 1,40) · 12.500 − DM 6.000
= $\underline{DM\ 1.500}$

Abbildung 2-23 zeigt die durch die Beschaffungspreiserhöhung ausgelöste Linksdrehung der Linie der variablen Kosten und damit auch der Gesamtkosten sowie den nach rechts verlagerten Break-even Punkt.

Bei einer Senkung der Jahresmiete für den Verkaufsstand (K_f) von DM 6.000 auf DM 5.000 läge der Break-even Punkt bei 6.250 Eisbechern und das voraussichtliche Betriebsergebnis würde um DM 1.000 ansteigen.

$$\text{Break-even Punkt} = \frac{K_f}{P - K_v} = \frac{DM\ 5.000}{DM\ 2{,}- - DM\ 1{,}20} = \frac{DM\ 5.000}{DM\ 0{,}80}$$
$$= \underline{6.250\ \text{Eisbecher}}$$

Break-even Umsatz = 6.250 Eisbecher · DM 2,− pro Eisbecher
= $\underline{DM\ 12.500}$

Betriebsergebnis = (DM 2,− − DM 1,20) · 12.500 − DM 5.000
= $\underline{DM\ 5.000}$

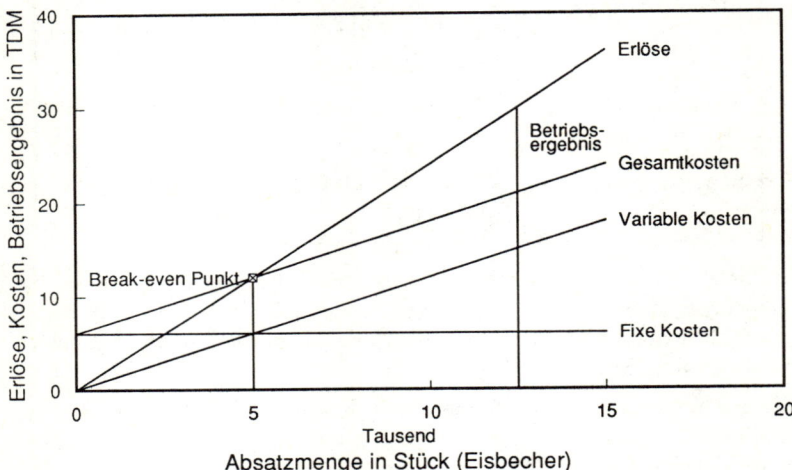

Abbildung 2-22: Break-even Diagramm für den Eisverkäufer (Verkaufspreiserhöhung)

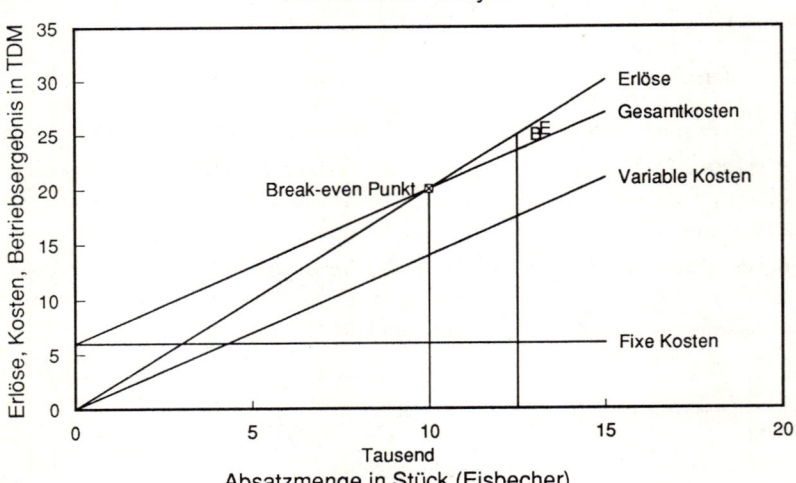

Abbildung 2-23: Break-even Diagramm für den Eisverkäufer (Erhöhung der variablen Stückkosten)

Break-even Analyse

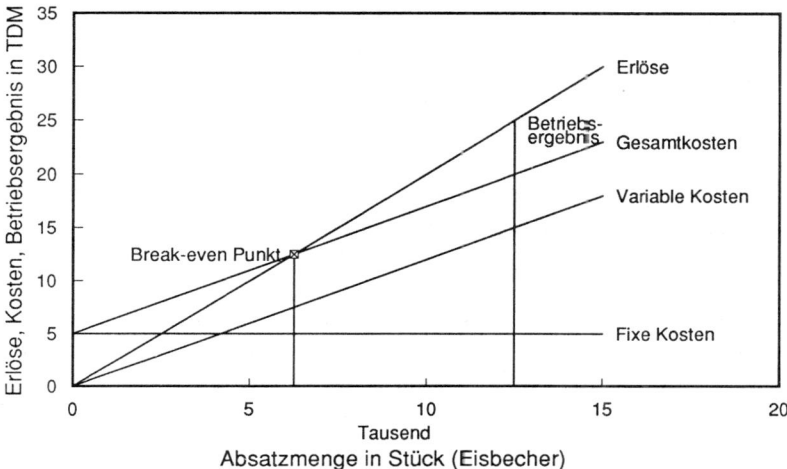

Abbildung 2-24: Break-even Diagramm für den Eisverkäufer (Fixkostensenkung)

Die Senkung der Jahresmiete für den Verkaufsstand bewirkt die Parallelverschiebung der Fixkostenlinie und der Gesamtkostenlinie nach unten. Dadurch verschiebt sich der Break-even Punkt in Abbildung 2-24 nach links.

2.3.2 Übungsaufgabe zur Break-even Analyse

Die Heinrich & Kunigunde KG besitzt eine Kette von Souvenirgeschäften in Bamberg. In den einzelnen Filialen wird ausschließlich der berühmte „Bamberger Reiter" als Bronzefigur angeboten. Die Unternehmensleitung analysiert die Ergebnissituation der Ladenkette, für die die folgenden Daten gelten:

Verkaufspreis pro „Bamberger Reiter": DM 70,–

Variable Kosten pro „Bamberger Reiter":
  Beschaffungskosten   DM 45,–
  Verkaufsprovisionen   DM 5,–
                          DM 50,–

Jährliche Fixkosten:
  Miete   DM 50.000
  Gehälter   DM 100.000
  Werbung   DM 35.000
  Sonstige   DM 15.000
                   DM 200.000

Aufgaben

1. Wo liegt der jährliche Break-even Punkt und der jährliche Break-even Umsatz der Ladenkette? (Algebraische und grafische Lösung)
2. Wie hoch wäre das Betriebsergebnis der Ladenkette bei einer erwarteten Absatzmenge von 15.000 Bronzefiguren? (Algebraische und grafische Lösung)
3. Wo läge der Break-even Punkt, wenn dem Geschäftsführer eine zusätzliche Provision in Höhe von DM 2,50 für jeden verkauften „Bamberger Reiter" gewährt würde? (Algebraische und grafische Lösung)
4. Angenommen, dem Geschäftsführer würden DM 2,50 nur für die oberhalb des Break-even Punktes abgesetzten „Bamberger Reiter" gewährt. Wie hoch wäre das Betriebsergebnis bei 15.000 abgesetzten Bronzefiguren?
5. Wo lägen Break-even Punkt und Break-even Umsatz, wenn die Verkaufsprovisionen durch einen Anstieg der Gehälter um DM 130.000 ersetzt würden? (Algebraische und grafische Lösung)
6. Wo liegt der Indifferenzpunkt zwischen den Alternativen „Verkaufsprovisionen" und „Gehälter"? (Unter dem Indifferenzpunkt versteht man die Absatzmenge, bei der beide Alternativen zum gleichen Betriebsergebnis führen.)
7. Wie hoch ist das Betriebsergebnis für die Alternativen „Verkaufsprovisionen" und „Gehälter" bei Absatzmengen von 25.000 bzw. 30.000 Bronzefiguren?
8. Wieviele „Bamberger Reiter" müssen unter beiden Alternativen jeweils verkauft werden, um das geplante Betriebsergebnis in Höhe von DM 90.000 zu erreichen?

Lösungen

Betriebsergebnis = Erlöse – variable Kosten – fixe Kosten
 = Absatzpreis · Absatzmenge – variable Stückkosten · Absatzmenge – fixe Kosten
 = $P \cdot X - K_v \cdot X - K_f$

P = Absatzpreis
K_v = variable Stückkosten
K_f = fixe Kosten
X = Absatzmenge

zu 1) Break-even Punkt und Break-even Umsatz (Ausgangssituation)

$P \cdot X - K_v \cdot X - K_f = 0$

$X \cdot (P - K_v) = K_f$

Break-even Punkt $= \dfrac{K_f}{P - K_v} = \dfrac{DM\ 200.000}{DM\ 70,- - DM\ 50,-} = \dfrac{DM\ 200.000}{DM\ 20,-}$
$= \underline{10.000\ \text{„Bamberger Reiter"}}$

2.3 Break-even Analyse 53

Break-even Umsatz = Break-even Menge · Absatzpreis
= 10.000 „Bamberger Reiter" · DM 70,- pro
  „Bamberger Reiter"
= <u>DM 700.000</u>

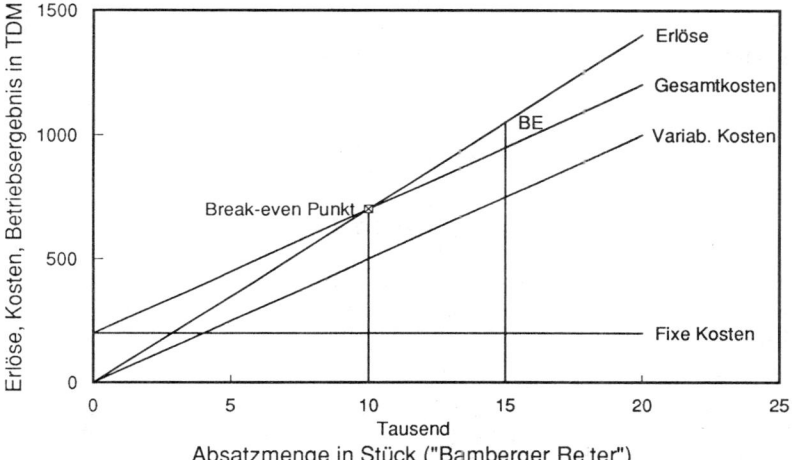

Abbildung 2-25: Break-even Diagramm für den Souvenirladen (Ausgangssituation)

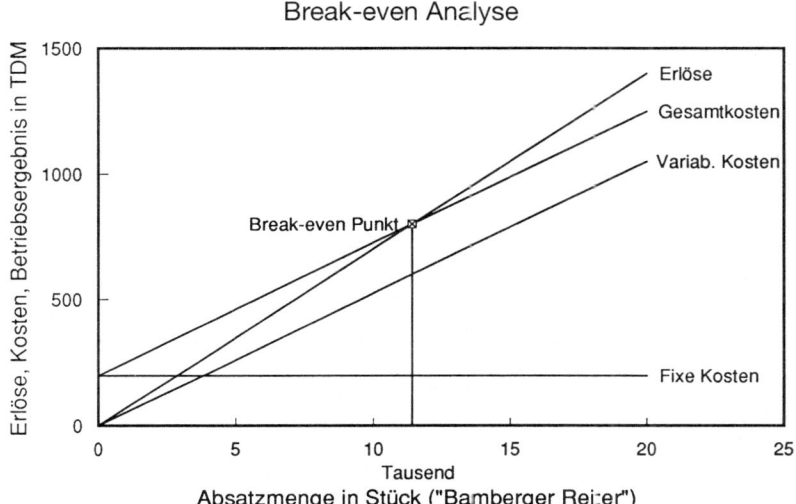

Abbildung 2-26: Break-even Diagramm (Zusatzprovision für den Geschäftsführer)

zu 2) Betriebsergebnis bei einer erwarteten Absatzmenge von 15.000 Bronzefiguren

$$\text{Betriebsergebnis} = (P - K_v) \cdot X - K_f \quad \text{mit } X = 15.000 \text{ „Bamberger Reiter"}$$
$$= (DM\ 70,- - DM\ 50,-) \cdot 15.000 - DM\ 200.000$$
$$= DM\ 20,- \cdot 15.000 - DM\ 200.000$$
$$= \underline{DM\ 100.000}$$

zu 3) Break-even Punkt unter Berücksichtigung einer zusätzlichen Provision in Höhe von DM 2,50 pro verkauftem „Bamberger Reiter"

$$\text{Break-even Punkt} = \frac{K_f}{P - K_v} = \frac{DM\ 200.000}{DM\ 70,- - DM\ 52,50}$$
$$= \frac{DM\ 200.000}{DM\ 17,50}$$
$$= \underline{11.429 \text{ „Bamberger Reiter"}}$$

zu 4) Betriebsergebnis unter Berücksichtigung der zusätzlichen Provision in Höhe von DM 2,50 für die oberhalb des Break-even Punktes abgesetzten „Bamberger Reiter"

$$\text{Betriebsergebnis} = (P - K_{v1}) \cdot X_1 + (P - K_{v2}) \cdot X_2 - K_f$$
$$= (DM\ 70,- - DM\ 50,-) \cdot 10.000 + (DM\ 70,- - DM\ 52,50) \cdot 5.000 - DM\ 200.000$$
$$= DM\ 200.000 + DM\ 87.500 - DM\ 200.000$$
$$= \underline{DM\ 87.500}$$

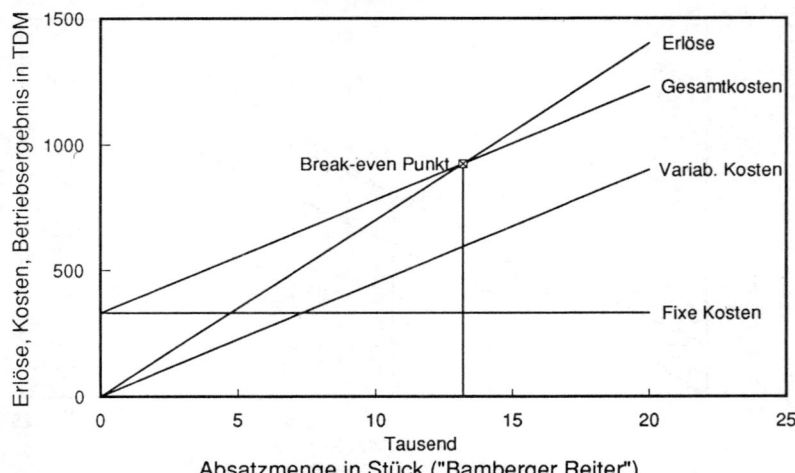

Abbildung 2-27: Break-even Diagramm (Höhere Gehälter statt Verkaufsprovisionen)

2.3 Break-even Analyse

zu 5) Break-even Punkt bei Anstieg der Gehälter und Wegfall der Verkaufsprovisionen (Alternative „Gehälter")

$$\text{Break-even Punkt} = \frac{K_f}{p - K_v} = \frac{DM\ 200.000 + DM\ 130.000}{DM\ 70,- - DM\ 45,-} = \frac{DM\ 330.000}{DM\ 25,-}$$
$$= 13.200 \text{ „Bamberger Reiter"}$$

Break-even Umsatz = DM 70,- pro „Bamberger Reiter" 13.200 „Bamberger Reiter" = $\underline{DM\ 924.000}$

zu 6) Indifferenzpunkt zwischen der Alternative „Verkaufsprovisionen" und der Alternative „Gehälter"

$(DM\ 70,- - DM\ 50,-) \cdot X - DM\ 200.000 = (DM\ 70,- - DM\ 45,-) \cdot X - DM\ 330.000$

$DM\ 20,- \cdot X - DM\ 200.000 = DM\ 25,- \cdot X - DM\ 330.000$

$DM\ 5,- \cdot X = DM\ 130.000$

Indifferenzpunkt = $\underline{26.000}$ „Bamberger Reiter"

Bei einer Absatzmenge von 26.000 Bronzefiguren resultiert aus beiden Alternativen ein gleichhohes Betriebsergebnis.

zu 7) Betriebsergebnisse für die Alternativen „Verkaufsprovisionen" und „Gehälter" bei Absatzmengen von 25.000 und 30.000 Bronzefiguren

Betriebsergebnis = (Absatzpreis − variabler Kostensatz) · Absatzmenge − fixe Kosten
$= (P - K_v) \cdot X - K_f$

	Alternative „Verkaufsprovisionen"	Alternative „Gehälter"
Absatzmenge = 25.000 „Bamberger Reiter"	DM 300.000	DM 295.000
Absatzmenge = 30.000 „Bamberger Reiter"	DM 400.000	DM 420.000

zu 8) Absatzmenge, die zur Erreichung des geplanten Betriebsergebnisses erforderlich ist

Alternative „Verkaufsprovisionen":

$DM\ 90.000 = (DM\ 70,- - DM\ 50,-) \cdot X - DM\ 200.000$

$$X = \frac{DM\ 200.000 + DM\ 90.000}{DM\ 70,- - DM\ 50,-} = \frac{DM\ 290.000}{DM\ 20,-}$$
$$= \underline{14.500 \text{ „Bamberger Reiter"}}$$

Alternative „Gehälter":

DM 90.000 = (DM 70,– – DM 45,–) · X – DM 330.000

$$X = \frac{DM\ 330.000 + DM\ 90.000}{DM\ 70,- - DM\ 45,-} = \frac{DM\ 420.000}{DM\ 25,-}$$

= 16.800 „Bamberger Reiter"

2.4 Ausgestaltung der Kosten- und Erlösrechnung

Seit den Anfängen der Kostenrechnung haben sich in der Theorie und in der betrieblichen Praxis unterschiedliche Ausgestaltungsformen der Kosten- und Erlösrechnung herausgebildet.[59] Daher ist auf die einzelnen Systeme und ihre Leistungsfähigkeit kurz einzugehen. Anschließend werden die in allen Systemen anzutreffenden Teilgebiete der Kosten- und Erlösrechnung vorgestellt, und der Datenfluß zwischen diesen einzelnen Bausteinen erläutert.

2.4.1 Systeme der Kosten- und Erlösrechnung

Im Bereich der Kostenrechnung unterscheidet man einerseits zwischen Ist-, Normal- und Plankostenrechnungssystemen und andererseits zwischen Voll- und Teilkostenrechnungssystemen. Die im Vergleich zur Kostenrechnung unterentwickelte Erlösrechnung läßt sich als Ist- oder als Planerlösrechnungssystem ausgestalten.

Ist-, Normal- und Plankostenrechnungssysteme

Ist-, Normal- und Plankostenrechnungssysteme unterscheiden sich hinsichtlich des Zeitbezugs der Kosten. Kennzeichnend für die Istkostenrechnung ist die Erfassung und Auswertung der während vergangener Abrechnungsperioden tatsächlich angefallenen Kosten, die man als Istkosten bezeichnet. Unter den Istkosten versteht man die zu effektiven Preisen bzw. Lohnsätzen bewerteten Ist-Verbrauchsmengen bzw. Ist-Arbeitszeiten.

Im Allgemeinen ermöglichen Istkostenrechnungssysteme die nachträgliche Kalkulation der für die Herstellung der verschiedenartigen Erzeugnisse anfallenden Kosten sowie die nach Produktarten differenzierte Ermittlung der während einer abgelaufenen Abrechnungsperiode entstandenen Kosten. Für die Kostenkontrolle sind Istkostenrechnungssysteme hingegen nicht geeignet, da kein aussagekräftiger Vergleichsmaßstab zur Verfügung steht. Darüber hinaus lassen sich im Rahmen der Entscheidungsunterstützung aus Istkostenrechnungssystemen keine zukunftsgerichteten Kosteninformationen ableiten.

---

[59] Vgl. dazu Kilger, W. (1988), S. 27–117, der die Entwicklungsformen der Kostenrechnung ausführlich beschreibt.

2.4 Ausgestaltung der Kosten- und Erlösrechnung

Eine Weiterentwicklung der Istkostenrechnung stellt die Normalkostenrechnung dar, wobei sich die Normalkosten als Durchschnittswert der Istkosten vergangener Abrechnungsperioden ergeben. Die Kalkulationsergebnisse werden somit nicht so stark durch zufällige Schwankungen der Istkosten, die beispielsweise auf einen saisonbedingten Anstieg der Rohstoffpreise zurückzuführen sind, beeinflußt. Für eine aussagefähige Kostenkontrolle liefern Normalkostenrechnungssysteme nur unzureichende Erkenntnisse, da die Normalkosten die in der Vergangenheit aufgetretenen Unwirtschaftlichkeiten enthalten und deshalb keinen geeigneten Maßstab für den Vergleich mit den Istkosten darstellen.

Plankostenrechnungssysteme können als Vorgabe- oder als Vorschaurechnungen konzipiert werden, und deshalb lassen sich Plankosten einerseits als Vorgabekosten und andererseits als Prognosekosten auffassen.[60] Die Prognosekosten basieren auf einem voraussichtlichen Mengengerüst und Preisschätzungen und stellen somit die erwarteten Istkosten zukünftiger Abrechnungsperioden dar. Das vorrangige Ziel der Prognosekostenrechnung besteht in der Bereitstellung von relevanten Kosteninformationen für unternehmerische Entscheidungen. Demgegenüber entsprechen die Vorgabekosten den bei wirtschaftlichem Betriebsablauf entstehenden Kosten und sind als Maßstab für die Beurteilung der Istkosten anzusehen.[61] Die geplanten Verbrauchsmengen und Arbeitszeiten werden auf der Grundlage technischer und arbeitswissenschaftlicher Studien ermittelt. Daher dienen Vorgabekostenrechnungssysteme in erster Linie der wirksamen Kostenkontrolle.

Voll- und Teilkostenrechnungssysteme

Vollkostenrechnungssysteme verrechnen die gesamten Kosten einer Abrechnungsperiode auf die einzelnen betrieblichen Erzeugnisse und Leistungen. Die in der Praxis anzutreffenden Ist- und Normalkostenrechnungssysteme sind in der Regel als Vollkostenrechnungen ausgestaltet. In Teilkostenrechnungssystemen erfolgt hingegen eine Aufspaltung der Gesamtkosten in ihre variablen und fixen Bestandteile, und nur die mit der Beschäftigung variierenden Kosten werden den betrieblichen Erzeugnissen und Leistungen zugerechnet. In der Praxis findet man Teilkostenrechnungen meist in Verbindung mit Plankostenrechnungssystemen, da nur im Rahmen einer analytischen Kostenplanung sinnvoll zwischen variablen und fixen Kosten differenziert werden kann.[62]

Ist- und Planerlösrechnungssysteme

Erlösrechnungssysteme weisen sowohl in der theoretischen Diskussion als auch in der betrieblichen Praxis noch nicht den gleichen Entwicklungsstand

---

[60] Vgl. insbesondere auch Kosiol, E. (1975), S. 49–76.
[61] Vgl. Kosiol, E. (1975), S. 23.
[62] Vgl. Plaut, H. G. (1989), S. 235 und Kilger, W. (1987), S. 66.

wie Kostenrechnungssysteme auf. Für die differenzierte Planung und Kontrolle des Unternehmenserfolgs, der sich als Differenz zwischen den Erlösen und den Kosten einer Abrechnungsperiode ergibt, sind jedoch ausgebaute Ist- und Planerlösrechnungssysteme erforderlich. Analog zu den Plankosten kann wiederum zwischen Prognoseerlösen und Vorgabeerlösen unterschieden werden.

2.4.2 Aufbau der Kosten- und Erlösrechnung

Eine umfassende Kosten- und Erlösrechnung setzt sich systemunabhängig in der Regel aus fünf Teilgebieten zusammen. Abbildung 2-28 stellt die fünf Teilgebiete sowie den Datenfluß innerhalb der Kosten- und Erlösrechnung dar.

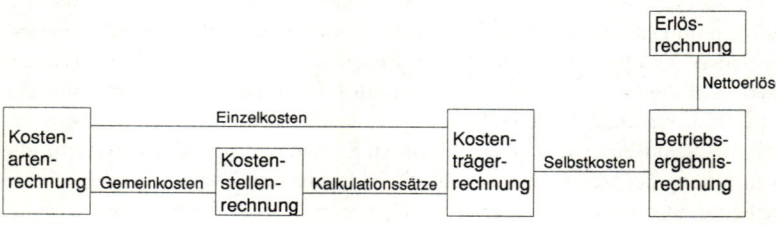

Abbildung 2-28: Teilgebiete der Kosten- und Erlösrechnung

Die Kostenrechnung untergliedert sich in die Kostenarten-, Kostenstellen- und Kostenträgerrechnung. Innerhalb der Kostenartenrechnung findet die systematische Erfassung der während einer Abrechnungsperiode angefallenen Kosten und deren Aufbereitung für die weitere Verrechnung im Rahmen der Kostenstellen- und der Kostenträgerrechnung statt. Die aufwandsgleichen Kosten lassen sich direkt aus der Finanzbuchhaltung, der Materialbuchhaltung sowie aus der Lohn- und Gehaltsbuchhaltung übernehmen, während die Höhe der kalkulatorischen Kosten gesondert zu ermitteln ist.

Da Einzel- und Gemeinkosten im weiteren Verlauf der Kostenrechnung unterschiedlich behandelt werden, sind sie getrennt zu erfassen. Die den einzelnen Erzeugniseinheiten direkt zurechenbaren Einzelkosten, insbesondere die Materialeinzelkosten und die Fertigungslöhne, gehen unmittelbar in die Kostenträgerrechnung ein und werden in die Kalkulationsunterlagen für die verschiedenen Produkte und Leistungen aufgenommen. Hingegen lassen sich die Gemeinkosten nicht direkt auf die betrieblichen Erzeugnisse verrechnen. Sie müssen deshalb zuvor die Kostenstellenrechnung durchlaufen.

Im Rahmen der Kostenstellenrechnung werden die Gemeinkosten den als Kostenstellen definierten betrieblichen Teilbereichen oder Abteilungen zugeordnet, in denen sie entstanden sind. Für die unterschiedlichen Kostenstellen lassen sich dann Kalkulationssätze ermitteln, die eine Verrechnung der Gemeinkosten auf die einzelnen Produkteinheiten ermöglichen. Die Kostenstellenrechnung stellt somit die Verbindung zwischen der Kostenarten- und der Kostenträgerrechnung her. Darüber hinaus findet innerhalb der Kostenstellenrechnung auch die Kostenkontrolle statt.

Auf der Grundlage der Einzelkosten und der Kalkulationssätze können im Rahmen der Kostenträgerrechnung Kalkulationsunterlagen für die unterschiedlichen Produktarten, die man auch als Kostenträger bezeichnet, erstellt werden. Dabei weisen die Kalkulationsunterlagen die durch die Herstellung und den Absatz einer einzelnen Erzeugniseinheit entstandenen Selbstkosten aus.

Parallel zur Erfassung und Aufbereitung der Kosten in der Kostenrechnung erfolgt innerhalb der Erlösrechnung die Abrechnung der während einer Abrechnungsperiode realisierten Erlöse. Als Ergebnis liefert die Erlösrechnung die nach Abzug sämtlicher Preisnachlässe und sonstiger Erlösschmälerungen effektiv erzielten Nettoerlöse pro Produkteinheit.

Durch Gegenüberstellung der Erlöse und Kosten kann im Rahmen der Betriebsergebnisrechnung schließlich der während einer Abrechnungsperiode erwirtschaftete Erfolg bestimmt werden. Als Differenz zwischen den aus der Erlös- und der Kostenrechnung hervorgehenden Nettoerlösen und Selbstkosten, die jeweils mit der entsprechenden Absatzmenge zu multiplizieren sind, läßt sich auch das von den einzelnen Produktarten erzielte Ergebnis feststellen. Auf der Basis dieser Informationen kann dann die differenzierte Erfolgsanalyse erfolgen.

3 Kostenartenrechnung

In abrechnungstechnischer Hinsicht bildet die Kostenartenrechnung den Ausgangspunkt der Kostenrechnung. Sie ermittelt die Höhe der während einer Abrechnungsperiode für die Herstellung und den Absatz der betrieblichen Erzeugnisse insgesamt angefallenen Kosten und schafft darüber hinaus die Voraussetzung für die Weiterverrechnung und Auswertung der Kosten im Rahmen der Kostenstellen- und der Kostenträgerrechnung.

3.1 Ziele und Aufgaben der Kostenartenrechnung

Als grundlegendes Teilgebiet der Kostenrechnung dient die Kostenartenrechnung in erster Linie der systematischen Erfassung der gesamten Istkosten einer Abrechnungsperiode und der Aufbereitung der Kostendaten für die nachgelagerte Verrechnung auf Kostenstellen und Kostenträger. Zu diesem Zweck sind vorab Kostenarten zu definieren, denen die anfallenden Kostenbeträge zugeordnet werden können. Die Durchführung der Kostenartenrechnung erfordert stets besondere Aufmerksamkeit, weil sich Erfassungs- und Zuordnungsfehler auf die Kostenstellen- und die Kostenträgerrechnung übertragen und somit auch zu einer Beeinträchtigung der Kalkulationsgenauigkeit und der Aussagefähigkeit der Kostenkontrolle führen.[1]

Der Großteil der Kostendaten läßt sich direkt aus vorgelagerten Teilgebieten des betrieblichen Rechnungswesens übernehmen. Dabei handelt es sich um die aufwandsgleichen Kosten, denen in der Finanzbuchhaltung Zweckaufwendungen in gleicher Höhe gegenüberstehen.[2] Aus Abbildung 3-1 geht hervor, daß bei der Ermittlung der während einer Abrechnungsperiode entstandenen Material- und Personalkosten auf die Material- sowie auf die Lohn- und Gehaltsbuchhaltung zurückgegriffen werden kann. Im Rahmen der Materialbuchhaltung erfolgt die mengen- und wertmäßige Erfassung der Materialbewegungen, und die Lohn- und Gehaltsbuchhaltung zeichnet die Arbeitszeiten und Lohnsätze der Arbeitskräfte, die Gehälter der Angestellten sowie die Personalnebenkosten auf.

Die sonstigen aufwandsgleichen Kosten lassen sich aus der Finanzbuchhaltung ableiten. In einigen Fällen ist die direkte Übernahme der Aufwendungen

---

[1] Vgl. Kilger, W. (1987), S. 69.
[2] Vgl. dazu die Abgrenzung von Aufwendungen und Kosten in Kapitel 2.1.2.1.

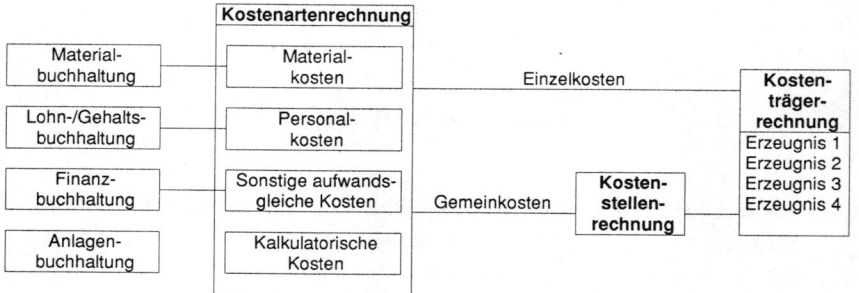

Abbildung 3-1: Einordnung der Kostenartenrechnung

in die Kostenartenrechnung jedoch nicht möglich, da die Kostenrechnung in der Regel monatlich durchgeführt wird und daher eine kürzere Abrechnungsperiode aufweist als die auf das Geschäftsjahr abstellende Finanzbuchhaltung. Teilweise ist eine zeitliche Abgrenzung erforderlich, da beispielsweise der durch die Bezahlung der jährlichen Versicherungsbeiträge im Januar ausgelöste Zweckaufwand nur zu einem Zwölftel Kosten des gleichen Monats darstellt. Entsprechend sollten zum Beispiel auch das Urlaubs- und das Weihnachtsgeld gleichmäßig auf die Monate oder auf die Arbeitstage eines Jahres verteilt werden.

Den kalkulatorischen Kosten, die sich aus Zusatz- und aus Anderskosten zusammensetzen, steht in der Finanzbuchhaltung kein Aufwand bzw. kein Aufwand in gleicher Höhe gegenüber. Ihre Höhe ist deshalb im Rahmen der Kostenartenrechnung zu bestimmen. Dabei dient die Anlagenbuchhaltung, die Informationen über den Anschaffungszeitpunkt, den Anschaffungswert und den Einsatzort der einzelnen Anlagegegenstände enthält, als Grundlage für die Ermittlung der kalkulatorischen Abschreibungen und der kalkulatorischen Zinsen auf das Anlagevermögen.

Die wichtigste Aufgabe der Kostenartenrechnung besteht in der Bereitstellung von Kosteninformationen für die nachgelagerte Kostenstellen- und die Kostenträgerrechnung und damit auch in der Vorbereitung der Kalkulation und der Kostenkontrolle. Darüber hinaus lassen sich im Rahmen der Kostenartenrechnung bereits einige erste Auswertungen durchführen, deren Aussagekraft allerdings meist nur begrenzt ist.

Insbesondere ermöglicht die Kostenartenrechnung den nach Kostenarten differenzierten Ausweis der während einer Abrechnungsperiode entstandenen Gesamtkosten, der sich durch die Bestimmung der prozentualen Anteile einzelner Kostenarten, beispielsweise der Materialkosten oder der Personalkosten, an den Gesamtkosten sinnvoll ergänzen läßt. Dadurch gewährt die Kostenartenrechnung einen Einblick in die Kostenstruktur eines Unternehmens. Weiterhin kann die Entwicklung der unterschiedlichen Kostenarten im Zeitablauf in Form von Zeitvergleichen anhand der absoluten Höhe und des relativen Anteils an den Gesamtkosten analysiert werden, und es läßt sich abschätzen, wie sich erwartete Tarifabschlüsse oder voraussichtliche Materialpreiserhöhungen auf die zukünftige Kostensituation auswirken.

3.2 Kostenartengliederung und Kostenartenplan

Die systematische Erfassung und Aufbereitung der Gesamtkosten einer Abrechnungsperiode setzt eine zweckmäßige Untergliederung in Kostenarten voraus. Für die Bildung von Kostenarten können verschiedene Kriterien herangezogen werden.

Grundsätzlich ist nach der Herkunft der Kostengüter zwischen primären und sekundären Kosten zu differenzieren. Unter primären Kosten versteht man dabei den bewerteten, sachzielbezogenen Verbrauch der von außerhalb des Unternehmens bezogenen Güter und Dienstleistungen Dazu zählen beispielsweise Löhne, Gehälter und Fremdreparaturkosten Sekundäre Kosten entstehen hingegen beim Verbrauch von innerhalb des Unternehmens erstellten Gütern und Leistungen, die man auch als innerbetriebliche Leistungen bezeichnet.[3] Typische Beispiele sind die Kosten für selbsterzeugten Strom und Eigenreparaturen, die sich jeweils aus mehreren primären und auch sekundären Kostenarten zusammensetzen. In den Eigenreparaturkosten sind unter anderem Reparaturmaterialkosten, Löhne und Stromkosten enthalten. Die Untergliederung in primäre und sekundäre Kosten ist von besonderer Bedeutung, da in der Kostenartenrechnung nur die primären Kosten erfaßt werden.[4]

Die primären Kosten sind dann in erster Linie nach der Art der verbrauchten Produktionsfaktoren zu untergliedern. Zum Beispiel werden die Kosten innerhalb der Kostenartenrechnung getrennt nach Material-, Personal-, Anlagen-, Kapital- und Fremdleistungskosten erfaßt und ausgewiesen. Die Untergliederung der Kosten nach betrieblichen Funktionsbereichen (Beschaffung, Produktion, Absatz, Finanzen, Forschung- und Entwicklung) oder nach betrieblichen Erzeugnissen (Produkt A, Produkt B, Produkt C, usw.) erfolgt in der Kostenstellen- bzw. in der Kostenträgerrechnung und bietet sich für die Kostenartenrechnung daher nicht an.[5]

---

[3] Zum Begriff „Innerbetriebliche Leistungen" vgl. die Ausführungen in Kapitel 4.3.2.1.
[4] Vgl. Hummel, S./Männel, W. (1986), S.132 und Kloock, J./Sieben, G./Schildbach, Th. (1987), S.68.
[5] Vgl. Kilger, W. (1987), S.70 und Michel, R./Torspecken, H.-D (1989), S.59, die auch auf die Gefahren der Anwendung kostenstellen- und kostenträgerorientierter Einteilungskriterien für Kostenarten hinweisen.

Um die Kosten jedoch für die Weiterverrechnung innerhalb der Kostenstellen- und der Kostenträgerrechnung vorzubereiten, ist weiterhin die Differenzierung zwischen Einzel- und Gemeinkosten von grundlegender Bedeutung. Die Materialeinzelkosten, die Fertigungslöhne sowie die Sondereinzelkosten der Fertigung und des Vertriebs lassen sich den betrieblichen Erzeugnissen auf der Grundlage von Stücklisten, Rezepturen, Arbeitsplänen, Lohnscheinen und anderen Aufzeichnungen direkt zurechnen und gehen daher unmittelbar in die Kostenträgerrechnung ein. Hingegen durchlaufen die Gemeinkosten zuvor noch die Kostenstellenrechnung.

Da die Leistungsabhängigkeit der Kosten nicht gesamtunternehmensbezogen, sondern nur in Bezug auf die Beschäftigung der einzelnen Kostenstellen untersucht werden kann, erfolgt die Aufspaltung der Gemeinkosten in ihre variablen und fixen Bestandteile erst in der Kostenstellenrechnung. Dabei ist nicht ausgeschlossen, daß bestimmte Kostenarten, wie zum Beispiel die Gemeinkostenlöhne oder die kalkulatorischen Abschreibungen, in einer Kostenstelle zu den fixen Kosten zählen und in einer anderen Kostenstelle ganz oder teilweise variablen Charakter besitzen.[6]

Nach der Art der Kostenerfassung läßt sich ergänzend eine Untergliederung in aufwandsgleiche und kalkulatorische Kosten vornehmen. Die aufwandsgleichen Kosten können direkt aus der Finanzbuchhaltung, der Materialbuchhaltung sowie der Lohn- und Gehaltsbuchhaltung in die Kostenartenrechnung übernommen werden, während die kalkulatorischen Kosten im Rahmen von Sonderrechnungen speziell für die Kostenrechnung zu ermitteln sind.

Teilweise wird zusätzlich zwischen liquiditätswirksamen und liquiditätsunwirksamen Kosten unterschieden, um festhalten zu können, welche Kosten in welchen Zeiträumen Auszahlungen auslösen. Beispielsweise sind die kalkulatorischen Abschreibungen liquiditätsunwirksam, die Löhne und Gehälter führen dagegen zu monatlichen Auszahlungen. Anhand dieser Zusatzinformation läßt sich beispielsweise die Höhe der Umsatzerlöse ermitteln, die zur Deckung der liquiditätswirksamen Kosten erforderlich ist.

Die Kostenartengliederung spiegelt sich im Kostenartenplan wider, der eine Auflistung der Kostenartenbezeichnungen mit den zugehörigen Kostenartennummern enthält. Für die Ausgestaltung des Kostenartenplans existieren keine allgemeingültigen Richtlinien, da die unternehmensspezifischen Besonderheiten und Anforderungen zu berücksichtigen sind. Industriebetriebe lehnen sich vielfach an den vom Bundesverband der Deutschen Industrie empfohlenen Gemeinschaftskontenrahmen der Industrie (GKR) bzw. Industrie-Kontenrahmen (IKR) an. Der Gemeinschaftskontenrahmen der Industrie schlägt innerhalb der Kontenklasse 4 die in Abbildung 3-2 leicht modifiziert dargestellte Kostenartengliederung vor.

---

[6] Vgl. Kilger, W. (1987), S. 78.

Kostenartenplan

40/41 Materialkosten
  40 Materialeinzelkosten
    401/402 Einsatzstoffe
    403/404 Fertigungsstoffe
  41 Gemeinkostenmaterial
    410/411 Hilfsstoffe
    412/415 Betriebsstoffe
    417/419 Werkzeuge

42 Brennstoffe, Energie
  420 Brenn- und Treibstoffe
    (fest, gasförmig, flüssig)
  429 Energie
    (Strom, Wasser, Dampf)

43/44 Personalkosten
  43 Löhne und Gehälter
    431 Fertigungslöhne
    432 Gemeinkostenlöhne
    439 Gehälter

  44 Sozialkosten und andere Personalkosten
    440 Gesetzliche Sozialkosten
    441/447 Freiwillige Sozialkosten
    448 Andere Personalkosten

45 Instandhaltung, verschiedene Leistungen
  450/454 Instandhaltungskosten
    (Grundstücke und Gebäude, Maschinen und Anlagen, Werkzeuge, Betriebs- und Geschäftsausstattung)
  455 Allgemeine Dienstleistungen
  456 Entwicklungs- und Versuchskosten

46 Steuern, Abgaben, Gebühren, Beiträge, Versicherungsbeiträge
  460 Vermögen-, Grundsteuer
  461 Gewerbesteuer
  463 Andere Steuern
  464 Abgaben und Gebühren
  468 Beiträge
  469 Versicherungsbeiträge

47 Mieten, Verkehrs- Büro-, Werbekosten
  470 Raummieten
  471 Maschinenmieten
  472 Allgemeine Transportkosten
  473 Versandkosten
  474 Reisekosten
  475 Postkosten
  476 Bürokosten
  477 Werbekosten
  478 Vertreterkosten
  479 Finanzspesen, sonstige Kosten

48 Kalkulatorische Kosten
  480 Kalk. Abschreibungen
  481 Kalk. Zinser
  482 Kalk. Wagnisse
  483 Kalk. Unternehmerlohn
  484 Sonstige kalk. Kosten

49 Innerbetriebliche Leistungsverrechnung, Sondereinzelkosten
  490/494 Sondereinzelkosten der Fertigung und des Vertriebs
  495/497 Innerbetriebliche Leistungsverrechnung

Abbildung 3-2: Kostenartenplan
(Klasse 4 des Gemeinschaftskontenrahmens der Industrie)

Die Gliederung der Kostenarten erfolgt hauptsächlich nach der Art der verbrauchten Produktionsfaktoren, denn die Materialkosten, die Energie- und Brennstoffkosten, die Personalkosten und verschiedene Fremdleistungskosten bilden jeweils Kostenartengruppen. Weiterhin wird durch den getrennten Ausweis von Materialeinzelkosten und Gemeinkostenmaterial bzw. von Fertigungs- und Gemeinkostenlöhnen zwischen Einzel- und Gemeinkosten differenziert. Darüber hinaus findet auch die Unterscheidung von aufwandsgleichen und kalkulatorischen Kostenarten Berücksichtigung.

Im Gegensatz zum Gemeinschaftskontenrahmen der Industrie beinhaltet der Industrie-Kontenrahmen, der die Kosten- und Erlösrechnung neben der Finanzbuchhaltung als gesonderten Rechenkreis führt, keinen detaillierten Vorschlag zur Kostenartengliederung.[7] Die für die Kostenarten vorgesehene Kontenklasse 92 kann nach unternehmensindividuellen Gesichtspunkten frei gestaltet werden. Für die in den Kontenklassen 6 und 7 zu erfassenden Aufwendungen sind hingegen Einteilungskriterien vorgegeben, die als Anhaltspunkt dienen können.

Bei der Aufstellung eines zweckmäßigen Kostenartenplans für ein Unternehmen sollte auf Vollständigkeit, Eindeutigkeit und Überschneidungsfreiheit geachtet werden. Unter Vollständigkeit ist dabei zu verstehen, daß die Erfassung sämtlicher Kosten, die im Rahmen der betrieblichen Leistungserstellung anfallen, gewährleistet sein muß. Kostenarten mit der Bezeichnung „Sonstige Kosten" bzw. „Andere Kosten" dürfen deshalb nicht fehlen. Gegebenenfalls müssen auch zusätzliche Kostenarten problemlos in den Kostenartenplan eingefügt werden können. Bei der Konzeption des Kostenartenplans sind deshalb nicht nur momentane, sondern auch vorhersehbare zukünftige Gegebenheiten zu berücksichtigen.

Die Inhalte der einzelnen Kostenarten sind darüber hinaus eindeutig und überschneidungsfrei zu definieren, so daß sich die anfallenden Kostenbeträge jeweils nur einer einzigen Kostenart zuordnen lassen. Beispielsweise darf es nicht vorkommen, daß die Beiträge zur Kraftfahrzeugversicherung entweder auf ein Konto „Kraftfahrzeugkosten" oder auf ein Konto „Versicherungsbeiträge" verbucht werden können. Um derartige Zweifelsfälle auszuräumen, sollte man Kontierungsvorschriften erlassen, die eine genaue Beschreibung der einzelnen Kostenarten enthalten und Hinweise für die Behandlung von Problemfällen geben.[8]

3.3 Erfassung der zentralen Kostenarten

Gemäß der Definition ergeben sich die Kosten als Produkt aus einer Mengen- und einer Preiskomponente, und beide Komponenten sind deshalb im Rahmen der Kostenartenrechnung zu berücksichtigen. Im folgenden wird insbesondere auf die Erfassung der Material- und der Personalkosten sowie auf die Ermittlung der kalkulatorischen Kosten eingegangen.

---

[7] Wenn die Finanzbuchhaltung und die Kosten- und Erlösrechnung in getrennten Rechenkreisen durchgeführt werden, spricht man von einem Zweikreissystem. Im Industrie-Kontenrahmen sind die Kontenklassen 0 bis 8 für die Finanzbuchhaltung und die Kontenklasse 9 für die Kosten- und Erlösrechnung vorgesehen.
[8] Vgl. Wahle, O. (1989), S. 20.

3.3.1 Materialkosten

In Industrieunternehmen fallen primäre Materialkosten für die Stoffe an, die im Produktionsprozeß be- oder verarbeitet werden bzw. allgemein im Rahmen der betrieblichen Leistungserstellung verbraucht werden. Wie in Abbildung 3-3 dargestellt lassen sie sich in Materialeinzelkosten und Gemeinkostenmaterial unterteilen.

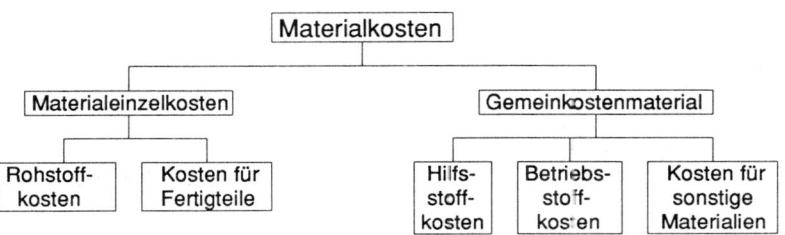

Abbildung 3-3: Zusammensetzung der Materialkosten

Die den einzelnen Erzeugniseinheiten anhand von Stücklisten oder Rezepturen direkt zurechenbaren Materialeinzelkosten setzen sich aus Rohstoffkosten und Kosten für fremdbezogene Fertigteile zusammen. Zu den Rohstoffen und Fertigteilen zählen bei einem Fahrradhersteller beispielsweise Metallrohre unterschiedlicher Stärke, Sättel, Pedale und Gangschaltungen. Das Gemeinkostenmaterial umfaßt Hilfsstoffkosten, Betriebsstoffkosten und für sonstige Materialen anfallende Kosten. Die Hilfsstoffe, zum Beispiel Schrauben, Nieten, Klebstoffe und andere geringwertige Materialien, gehen zwar wie die Rohstoffe auch unmittelbar in die betrieblichen Erzeugnisse ein, und somit haben die Hilfsstoffkosten Einzelkostencharakter. Aus Wirtschaftlichkeitsgründen werden sie jedoch in der Kostenrechnung meist wie Gemeinkosten behandelt und deshalb auch als unechte Gemeinkosten bezeichnet.[9] Bei Betriebsstoffen und sonstige Materialien handelt es sich nicht um Bestandteile der Erzeugnisse, sondern beispielsweise um Schmierstoffe, Reinigungsmittel, Reparatur- und Büromaterialien. Die Erfassung der Kosten für Hilfsstoffe, Betriebsstoffe und sonstige Materialien erfolgt in den verbrauchenden Kostenstellen.

Innerhalb der Materialbuchhaltung werden die Zu- und Abgänge bei den einzelnen Materialarten aufgezeichnet und dadurch auch die Bestände geführt. Weiterhin sind die Materialverbrauchsmengen und die Bestände zu bewerten

---

[9] Vgl. dazu die Abgrenzung von Einzel- und Gemeinkosten in Kapitel 2.2.1.

und die Materialkosten an die verbrauchenden Kostenträger und Kostenstellen weiterzuverrechnen.

3.3.1.1 Erfassung des mengenmäßigen Materialverbrauchs

Für die Erfassung der Materialverbrauchsmengen stehen die in Abbildung 3-4 aufgeführten vier Methoden zur Verfügung.

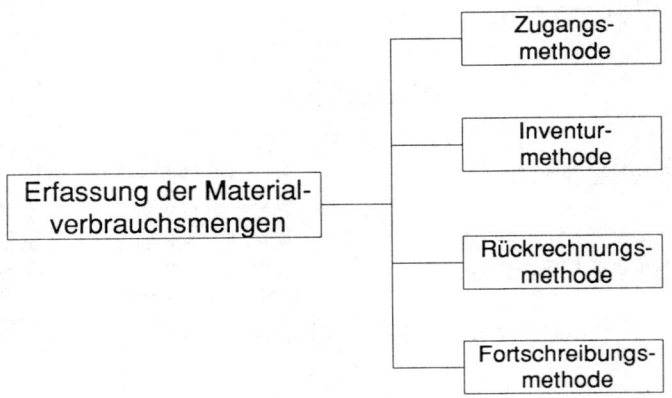

Abbildung 3-4: Methoden zur Erfassung des mengenmäßigen Materialverbrauchs

Am einfachsten läßt sich der mengenmäßige Materialverbrauch mit Hilfe der *Zugangsmethode* ermitteln, da diese auf eine Bestandsführung verzichtet. Vielmehr faßt die Zugangsmethode die während einer Abrechnungsperiode angelieferten Mengen als Materialverbrauchsmengen auf. Dabei erfolgt implizit auch eine Bewertung zu den effektiven Anschaffungskosten, denn die Materialkosten werden den während einer Abrechnungsperiode durch Materialeinkäufe ausgelösten Ausgaben gleichgesetzt. Da der Materialverbrauch in der Regel jedoch nicht mit den Zugängen übereinstimmt, ist dieses einfache und recht ungenaue Verfahren nur für geringwertige Gemeinkostenmaterialien mit annähernd konstantem Lagerbestand anzuwenden.

Die *Inventurmethode* setzt eine körperliche Bestandsaufnahme (Inventur) voraus. Jeweils am Ende einer Abrechnungsperiode ist der tatsächliche Lagerbestand durch Zählen, Messen, Wiegen usw. festzustellen. Die Materialverbrauchsmenge ergibt sich dann aus folgender Berechnung:

```
  Lageranfangsbestand (laut Inventur der Vorperiode)
+ Zugänge (gemäß Lieferscheinen)
− Lagerendbestand (laut Inventur)
= Materialverbrauchsmenge der Abrechnungsperiode
```

3.3 Erfassung der zentralen Kostenarten

Die Inventurmethode zeigt die während einer Abrechnungsperiode insgesamt von den unterschiedlichen Materialarten verbrauchten Mengen auf. Da lediglich der Gesamtverbrauch ermittelt wird, kann die Verrechnung der Materialverbrauchsmengen auf die einzelnen Kostenstellen und Kostenträger nur auf der Grundlage zusätzlicher Informationen erfolgen. Außerordentliche, durch Schwund, Verderb und Diebstahl verursachte Bestandsminderungen lassen sich ebenfalls nicht feststellen. Nachteilig wirkt sich auch der mit einer Stichtagsinventur verbundene hohe Arbeitsaufwand aus. Da die Kostenrechnung in der Regel monatlich durchgeführt wird, erweist sich die Inventurmethode daher als wenig geeignet.

Die *Rückrechnungsmethode*, die auch als retrograde Methode bezeichnet wird, setzt voraus, daß die jeweils in ein Erzeugnis eingehenden Materialmengen bekannt und diese Informationen in Stücklisten oder Rezepturen hinterlegt sind. Anhand dieser stückbezogenen Standardverbrauchsmengen, in die ein prozentualer Zuschlag für unvermeidbaren Abfall und Ausschuß einzubeziehen ist, können durch Multiplikation mit den hergestellten Erzeugnismengen die Materialverbrauchsmengen bestimmt werden.

> Material-
> verbrauchsmenge = Standardverbrauch laut Stückliste bzw. Rezeptur
> · Prozentualer Zuschlag für Abfall und Ausschuß
> · Hergestellte Erzeugnismenge

Die relativ einfach durchzuführende Rückrechnungsmethode ermöglicht die nach Produktarten differenzierte Ermittlung der Materialverbrauchsmengen. Allerdings handelt es sich dabei um Sollverbrauchsmengen, die auf Grund fertigungsbedingter Mehr- oder Minderverbräuche unter Umständen erheblich von den tatsächlich verbrauchten Mengen abweichen können. Auch bei Anwendung der Rückrechnungsmethode sind daher von Zeit zu Zeit Inventuren durchzuführen, um die Sollverbrauchsmengen mit den effektiven Istverbrauchsmengen abzustimmen.

Die *Fortschreibungs- oder Skontraktionsmethode* ist das genaueste Verfahren zur Erfassung der Materialverbrauchsmengen. Neben den ohnehin anhand der Lieferscheine aufgezeichneten Lagerzugängen werden auch sämtliche Lagerentnahmen innerhalb der Materialbuchhaltung belegmäßig erfaßt. Für jeden Lagerabgang ist ein Materialentnahmeschein auszustellen, der auch die Grundlage für die Verrechnung der Materialverbrauchsmengen auf die Kostenstellen und die Kostenträger bildet. Abbildung 3-5 zeigt, daß neben der Materialart, der ausgegebenen Menge und dem Preis unter anderem die Kostenstellen- und bei Rohstoffen, Fertigteilen und eventuell bei Hilfsstoffen auch die Kostenträgernummer in den Materialentnahmeschein eingetragen werden müssen.

3 Kostenartenrechnung

Materialentnahmeschein							
Nr.: 00084592 Ausgestellt am: 12.08.1991				Kostenstellen-Nr.: 5341			
				Kostenträger-Nr.: 75219934			
Material-nummer	Material-bezeichnung	Mengen-einheit	Ausgabe-menge	Preis pro Mengen-einheit	Material-kosten		
3245635	Fahrradreifen 28 x 1,75	Stück	300	DM 7,50	DM 2.250		
8908643	Pedal Tourenrad	Stück	450	DM 5,80	DM 2.610		
Summe					DM 4.860		
Vermerke							
Ausgabe				Annahme		Buchung	
Datum: 14.08.1991	Name: Meier			Name: Müller		Datum: 15.08.1991	Name: Schulze

Abbildung 3-5: Beispiel eines Materialentnahmescheins

Mit der in der Praxis weit verbreiteten belegmäßigen Bestandsführung ist ein hoher Abrechnungsaufwand verbunden. Insbesondere bei einer großen Anzahl unterschiedlicher Materialarten bietet sich daher der Einsatz der EDV an.

Bei Anwendung der Fortschreibungsmethode ergeben sich die Materialverbrauchsmengen als Summe der auf den Materialentnahmescheinen einer Abrechnungsperiode verzeichneten Lagerabgänge. Der buchmäßige Lagerbestand läßt sich jederzeit durch folgende Rechnung feststellen:

3.3 Erfassung der zentralen Kostenarten

> Lageranfangsbestand
> + Zugänge (gemäß Lieferscheinen)
> − Abgänge (gemäß Materialentnahmescheinen)
> = buchmäßiger Lagerendbestand

Der buchmäßige Lagerendbestand enthält keine außerordentlichen, nicht durch den betrieblichen Leistungserstellungsprozeß ausgelösten Bestandsminderungen. Diese lassen sich erst durch den Vergleich des buchmäßigen Lagerendbestands mit dem im Rahmen einer Inventur ermittelten effektiven Lagerbestand bestimmen. Für die Aufdeckung der außerordentlichen Bestandsminderungen reicht die gesetzlich vorgeschriebene jährliche Inventur im allgemeinen aus.[10]

Durch die Kombination der Forschreibungs- mit der Rückrechnungsmethode läßt sich der fertigungsbedingte Mehrverbrauch ermitteln. In die von der Arbeitsvorbereitung ausgestellten Materialentnahmescheine sind die Standardverbrauchsmengen einzutragen, die sich durch Rückrechnung aus den herzustellenden Erzeugnismengen und unter Einbeziehung eines prozentualen Zuschlags für unvermeidbaren Abfall und Ausschuß ergeben. Wenn in der Fertigung zusätzliche Materialmengen verbraucht werden, sind dafür besonders gekennzeichnete Materialentnahmescheine zu erstellen und von den verantwortlichen Kostenstellenleitern zu unterschreiben. Auf diese Weise lassen sich die Ursachen für den Materialmehrverbrauch, der zum Beispiel auf die mangelhafte Qualität der Rohstoffe zurückzuführen sein kann, unmittelbar aufdecken.

3.3.1.2 Bewertung des mengenmäßigen Materialverbrauchs

Nach der Erfassung des mengenmäßigen Materialverbrauchs erfolgt dessen Bewertung. Als Preiskomponente der Materialkosten stehen alternativ die in Abbildung 3-6 aufgeführten Wertansätze zur Verfügung.

Bewertung zu Anschaffungspreisen

Die Materialverbrauchsmengen lassen sich zu den historischen Anschaffungskosten, d. h. zu den Preisen, die zum Zeitpunkt der Beschaffung tatsächlich gezahlt wurden, bewerten. Die effektiven Anschaffungspreise, die man auch als Einstandspreise bezeichnet, ergeben sich aus den jeweils vom Lieferanten berechneten Einkaufspreisen abzüglich der Preisnachlässe und zuzüglich der stückbezogenen Beschaffungsnebenkosten. Zum Beispiel setzen sie sich wie folgt zusammen:

---

[10] Bei Anwendung der Fortschreibungsmethode eröffnet das Gesetz (§ 240 Abs. 2 HGB) die Möglichkeit, an Stelle der körperlichen Bestandsaufnahme am Bilanzstichtag eine permanente Inventur durchzuführen.

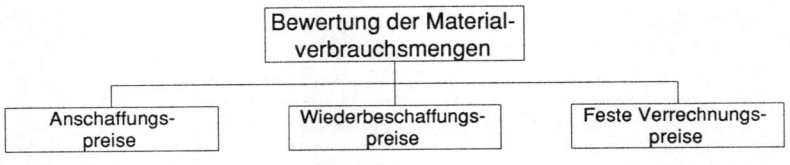

Abbildung 3-6: Ansätze zur Bewertung des mengenmäßigen Materialverbrauchs

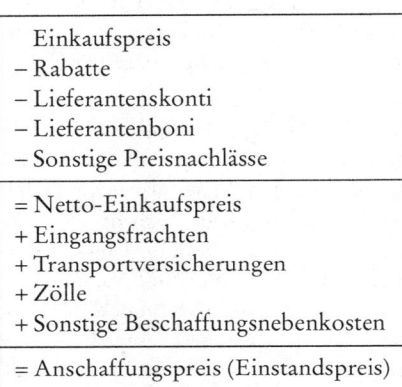

Die Bewertung zu *effektiven Anschaffungspreisen* ist in erster Linie in Unternehmen mit Auftragsfertigung anzutreffen, die bestimmte Rohstoffe und Fertigteile speziell für bereits vorliegende Kundenaufträge anschaffen. Dabei handelt es sich in der Regel nur um hochwertige Materialien oder Teile, die unmittelbar nach der Anlieferung in die Fertigung eingehen oder nach Einkaufspartien getrennt gelagert werden.

Bei Materialarten, die in verschiedene Erzeugnisse und Produktvarianten eingehen und deshalb ständig in größeren Mengen zur Verfügung stehen müssen, kommt die Einzelbewertung zu effektiven Anschaffungspreisen hingegen nicht in Betracht. Diese Standardmaterialien werden im allgemeinen zu den zum jeweiligen Zeitpunkt geltenden Preisen wiederbeschafft, bevor der Lagerbestand auf Null abgesunken ist. Folglich setzt sich der aktuelle Lagerbestand bei einer Materialart in der Regel aus zu verschiedenen Zeitpunkten zu unterschiedlichen Preisen eingekauften Mengen zusammen. Die Bewertung des Lagerbestands und der Materialverbrauchsmengen kann nur im Rahmen der Sammelbewertung zu einem der in Abbildung 3-7 aufgeführten Verfahren erfolgen.

Die auf dem Anschaffungspreis basierenden Methoden der Sammelbewertung, die eine Lagerung der Materialien berücksichtigen, sollen anhand eines Beispiels veranschaulicht werden.

3.3 Erfassung der zentralen Kostenarten

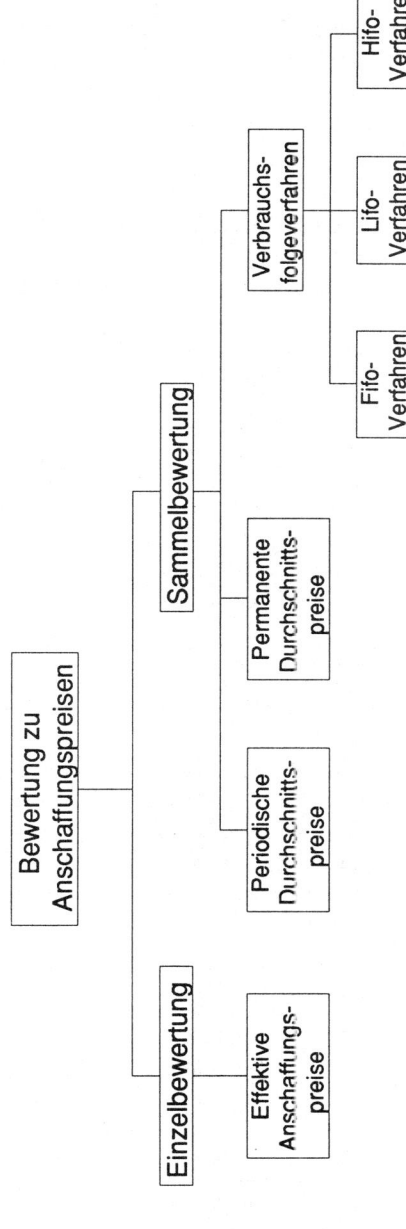

Abbildung 3-7: Bewertung des mengenmäßigen Materialverbrauchs zu Anschaffungspreisen

Beispiel:

Die Materialbuchhaltung eines Fahrradherstellers weist für die Materialart „Rennradsattel" im Monat August folgende Lagerbewegungen aus:

	Datum	Menge	Preis	Menge · Preis
Anfangsbestand (Endbestand des Vormonats)	01.08.	300 Stück	DM 12,–	DM 3.600
1. Zugang	05.08.	500 Stück	DM 10,–	DM 5.000
2. Zugang	12.08.	400 Stück	DM 13,–	DM 5.200
3. Zugang	19.08.	300 Stück	DM 14,–	DM 4.200
4. Zugang	26.08.	500 Stück	DM 14,–	DM 7.000
Endbestand (laut Inventur)	31.08.	200 Stück		

Anhand der vorliegenden Unterlagen läßt sich zunächst die Anzahl der im Monat August vom Lager entnommenen Rennradsattel bestimmen.

Anfangsbestand	01.08.	300 Stück
+ Zugänge	01.–31.08.	1.700 Stück
– Endbestand	31.08.	200 Stück
= Materialverbrauch		1.800 Stück

Die Bewertung der Materialverbrauchsmengen erfolgt in der Praxis vielfach zu *periodischen Durchschnittspreisen*, die sich jeweils am Ende einer Abrechnungsperiode als gewogenes arithmetisches Mittel der Anschaffungspreise berechnen lassen. Für die Ermittlung des periodischen Durchschnittspreises sind der Anfangsbestand und die Lagerzugänge nochmals mengen- und wertmäßig aufzulisten und die Summen zu bilden.

	Datum	Menge	Preis	Menge · Preis
Anfangsbestand	01.08.	300 Stück	DM 12,–	DM 3.600
1. Zugang	05.08.	500 Stück	DM 10,–	DM 5.000
2. Zugang	12.08.	400 Stück	DM 13,–	DM 5.200
3. Zugang	19.08.	300 Stück	DM 14,–	DM 4.200
4. Zugang	26.08.	500 Stück	DM 14,–	DM 7.000
Summe		2.000 Stück		DM 25.000

3.3 Erfassung der zentralen Kostenarten

Die Division der wertmäßigen Gesamtsumme in Höhe von DM 25.000 durch die insgesamt 2.000 Rennradsättel ergibt den periodischen Durchschnittspreis, der DM 12,50 pro Stück beträgt.

$$\text{Periodischer Durchschnittspreis} = \frac{\text{DM } 25.000}{2.000 \text{ Stück}} = \underline{\text{DM } 12{,}50 \text{ pro Stück}}$$

Der Lagerendbestand des Monats August (200 Rennradsättel) wird ebenfalls zum periodischen Durchschnittspreis von DM 12,50 pro Stück bewertet. Er bildet den Anfangsbestand für den Monat September.

In Zeiten stark ansteigender Preise können die periodischen Durchschnittspreise teilweise erheblich unter den zum Zeitpunkt des Materialverbrauchs geltenden Wiederbeschaffungspreisen liegen. Im betrachteten Beispiel würden auch die nach dem 19. August verarbeiteten Rennradsättel zu DM 12,50 bewertet, obwohl der Wiederbeschaffungspreis zu diesem Zeipunkt DM 14,– beträgt. Diese Situation, in der die Substanzerhaltung einer Unternehmung nicht gesichert ist, tritt insbesondere dann auf, wenn die periodischen Durchschnittspreise nur in größeren zeitlichen Abständen berechnet werden.[11]

Dieser Mangel läßt sich durch die Verwendung *permanenter Durchschnittspreise* abstellen. Dabei werden nach jedem Lagerzugang neue Durchschnittspreise ermittelt, zu dem die Materialverbrauchsmengen von diesem Zeitpunkt ab zu bewerten sind. Im Beispiel ergibt sich nach 1. Zugang vom 5. August ein Durchschnittspreis in Höhe von DM 10,75 pro Rennradsattel.

$$\text{Durchschnittpreis nach dem 1. Zugang} = \frac{\text{DM } 3.600 + \text{DM } 5.000}{300 \text{ Stück} + 500 \text{ Stück}}$$
$$= \underline{\text{DM } 10{,}75 \text{ pro Stück}}$$

Die am 7. August verarbeiteten 100 Rennradsättel sind daher zu DM 10,75 pro Stück zu bewerten. Nach dem 2. Zugang vom 12. August ergibt sich dann durch die folgende Berechnung ein neuer Durchschnittspreis:

$$\frac{\text{Durchschnittpreis}}{\text{nach dem 2. Zugang}} = \frac{\text{DM } 8.600 - \text{DM } 1.075 + \text{DM } 5.200}{800 \text{ Stück} - 100 \text{ Stück} + 400 \text{ Stück}}$$
$$= \underline{\text{DM } 11{,}57 \text{ pro Stück}}$$

---

[11] Vgl. Hummel, S./Männel, W. (1986), S. 149.

Das einfache Beispiel zeigt bereits, daß mit der Ermittlung permanenter Durchschnittspreise ein recht hoher Rechenaufwand verbunden ist, der sich bei einer großen Anzahl unterschiedlicher Materialarten nur mit Hilfe der EDV bewältigen läßt.

Beide Verfahren der Durchschnittspreisbewertung haben den Vorteil, daß die ermittelten Wertansätze sowohl handels- als auch steuerrechtlich für die Bewertung der Materialbestände zulässig sind, sofern sie im Einklang mit dem Niederstwertprinzip stehen.[12] Im Rahmen des externen Rechnungswesens können die Wertansätze für die Materialverbrauchsmengen und die Materialbestände teilweise auch auf der Grundlage von *Verbrauchsfolgeverfahren* festgelegt werden.[13] Wenn eine starke Verzahnung von externem und internem Rechnungswesen vorliegt, finden diese Verfahren auch Eingang in die Kostenrechnung.[14] Die Verbrauchsfolgeverfahren unterstellen, daß der Materialverbrauch während einer Abrechnungsperiode in einer ganz bestimmten Reihenfolge erfolgt, die jedoch nicht mit der Realität übereinstimmen muß. Dabei gehen das Fifo-, das Lifo- und das Hifo-Verfahren jeweils von einer unterschiedlichen, fiktiven Verbrauchsfolge aus und führen demzufolge auch zur Ermittlung unterschiedlicher Wertansätze für die Materialverbrauchsmengen und den Lagerendbestand.

Das *Fifo-Verfahren* – fifo steht für „first in first out" – basiert auf der Annahme, daß die Materialmengen aus den ältesten Lieferungen zuerst verbraucht werden. Im betrachteten Beispiel gehen nach der Fifo-Vorstellung die vor dem 26. August angeschafften Rennradsättel komplett in den Produktionsprozeß ein. Aus dem Zugang vom 26.08. werden noch 300 Stück verbraucht und 200 Rennradsättel bilden den Endbestand zum 31. August. Der Endbestand ist daher zum Anschaffungspreis der letzten Lieferung zu bewerten.

	Datum	Menge	Preis	Menge · Preis
Anfangsbestand	01.08.	300 Stück	DM 12,–	DM 3.600
1. Zugang	05.08.	500 Stück	DM 10,–	DM 5.000
2. Zugang	12.08.	400 Stück	DM 13,–	DM 5.200
3. Zugang	19.08.	300 Stück	DM 14,–	DM 4.200
4. Zugang	26.08.	300 Stück	DM 14,–	DM 4.200
Materialverbrauch		1.800 Stück		DM 22.200
Lagerendbestand	31.08.	200 Stück	DM 14,–	DM 2.800
Summe		2.000 Stück		DM 25.000

---

[12] Vgl. Wahle, O. (1989), S. 35.
[13] Dabei sind die Bestimmungen des § 256 HGB zu beachten.
[14] Vgl. Hummel, S./Männel, W. (1986), S. 150.

3.3 Erfassung der zentralen Kostenarten

Für die im Monat August vom Lager entnommenen 1.800 Rennradsättel sind nach dem Fifo-Verfahren Materialkosten in Höhe von DM 22.200 angefallen. Aus diesen Angaben läßt sich der Preis ableiten, zu dem die Materialverbrauchsmengen zu bewerten sind.

$$\text{Materialpreis nach dem Fifo-Verfahren} = \frac{DM\ 22.200}{1.800\ \text{Stück}} = \underline{DM\ 12{,}33\ \text{pro Stück}}$$

Die Anwendung des Fifo-Verfahrens bietet sich vorrangig bei sinkenden Preisen an. Das vorliegende Beispiel zeigt, daß die auf der Grundlage des Fifo-Verfahrens ermittelten Wertansätze in Zeiten ansteigender Preise dem Streben nach Substanzerhaltung nicht gerecht werden.

Das *Lifo-Verfahren* – lifo bedeutet „last in first out" – geht hingegen davon aus, daß die zuletzt angeschafften Materialmengen dem Lager als erstes wieder entnommen werden. Unter dieser Annahme ergibt sich im Beispiel die nachstehende Verbrauchsfolge:

	Datum	Menge	Preis	Menge · Preis
4. Zugang	26.08.	500 Stück	DM 14,–	DM 7.000
3. Zugang	19.08.	300 Stück	DM 14,–	DM 4.200
2. Zugang	12.08.	400 Stück	DM 13,–	DM 5.200
1. Zugang	05.08.	500 Stück	DM 10,–	DM 5.000
Anfangsbestand	01.08.	100 Stück	DM 12,–	DM 1.200
Materialverbrauch		1.800 Stück		DM 22.600
Lagerendbestand	31.08.	200 Stück	DM 12,–	DM 2.400
Summe		2.000 Stück		DM 25.000

Auf der Grundlage dieses Zahlenmaterials ergibt sich für die im Monat August verbrauchten 1.800 Rennradsättel ein Wertansatz in Höhe von DM 12,56 pro Stück.

$$\text{Materialpreis nach dem Lifo-Verfahren} = \frac{DM\ 22.600}{1.800\ \text{Stück}} = \underline{DM\ 12{,}56\ \text{pro Stück}}$$

Steigen die Preise innerhalb einer Abrechnungsperiode kontinuierlich an, werden die Materialverbrauchsmengen bei Anwendung des Lifo-Verfahrens höher bewertet als unter Einsatz der Fifo-Methode. Die ermittelten Materialkosten weichen weniger stark von den Beträgen ab, die für die Wiederbeschaffung der Materialverbrauchsmengen anfallen würden.

Dem *Hifo-Verfahren* liegt das Prinzip „highest in first out" zugrunde. Dahinter verbirgt sich die Vorstellung, daß zuerst die jeweils am teuersten eingekauften Materialmengen verbraucht werden. Bei stetig steigenden Preisen sind die Verbrauchsfolgen des Hifo- und des Lifo-Verfahrens identisch. Hingegen unterstellt das Hifo-Verfahren in Abrechnungsperioden, die durch schwankende, in der Tendenz jedoch steigende Preise gekennzeichnet sind, eine von der des Lifo-Verfahrens abweichende Reihenfolge des Materialverbrauchs. Auf das konkrete Beispiel bezogen ergeben sich folgende Daten:

	Datum	Menge	Preis	Menge · Preis
4. Zugang	26.08.	500 Stück	DM 14,–	DM 7.000
3. Zugang	19.08.	300 Stück	DM 14,–	DM 4.200
2. Zugang	12.08.	400 Stück	DM 13,–	DM 5.200
Anfangsbestand	01.08.	300 Stück	DM 12,–	DM 3.600
1. Zugang	05.08.	300 Stück	DM 10,–	DM 3.000
Materialverbrauch		1.800 Stück		DM 23.000
Lagerendbestand	31.08.	200 Stück	DM 10,–	DM 2.000
Summe		2.000 Stück		DM 25.000

Da die monatlichen Materialkosten bei der angenommenen Verbrauchsfolge DM 23.000 betragen, kommt das Hifo-Verfahren zu dem Ergebnis, die im Monat August dem Lager entnommenen 1.800 Rennradsättel zu DM 12,78 pro Stück zu bewerten.

$$\text{Materialpreis nach dem Hifo-Verfahren} = \frac{DM\,23.000}{1.800\,Stück} = \underline{DM\,12{,}78\,pro\,Stück}$$

Das Beispiel zeigt, daß die unter Anwendung des Hifo-Verfahrens berechneten Wertansätze für den mengenmäßigen Materialverbrauch in Zeiten schwankender und zugleich tendenziell steigender Preise am höchsten liegen. In dieser Situation ist das Hifo-Verfahren von allen Verbrauchsfolgeverfahren am besten geeignet, die Substanzerhaltung sicherzustellen.

Bewertung zu Wiederbeschaffungspreisen

Da durch die Bewertung der Materialverbrauchsmengen auf der Grundlage von historischen Anschaffungskosten die Substanzerhaltung nur eingeschränkt gewährleistet werden kann, sind Wiederbeschaffungswerte anzusetzen. Unter dem Wiederbeschaffungswert versteht man den Preis, der für die Ersatzbeschaffung der verbrauchten Materialmengen zum jeweiligen Ersatzzeitpunkt zu entrichten ist. Der Wiederbeschaffungspreis läßt sich jedoch im allgemeinen nicht mit ausreichender Genauigkeit bestimmen, da man hinsichtlich des Zeitpunktes, an dem die Wiederbeschaffung erfolgt und bezüglich des zu diesem Zeitpunkt geltenden Preises auf Schätzungen angewiesen ist. Aus diesem Grund werden an Stelle der Wiederbeschaffungspreise die zum Zeitpunkt des Materialverbrauchs bzw. des Lagerabgangs gültigen Tagespreise angesetzt. Mit der Bewertung der Materialverbrauchsmengen zu Tagespreisen, deren Ermittlung zudem vielfach Schwierigkeiten bereitet, ist allerdings ein erheblicher Aufwand verbunden, der nur bei sehr hochwertigen Materialarten vertretbar ist. Im Materialbereich haben wiederbeschaffungspreisorientierte Wertansätze daher bislang noch keine große praktische Bedeutung erlangt.

Bewertung zu festen Verrechnungspreisen

In Unternehmen, deren Kostenrechnung als Plankostenrechnungssystem ausgestaltet ist, erfolgt die Bewertung der Materialverbrauchsmengen in der Regel zu festen Verrechnungspreisen bzw. zu Planpreisen. Diese werden unter Berücksichtigung der Erwartungen über die zukünftige Preisentwicklung aus den Anschaffungspreisen der Vergangenheit abgeleitet und über einen längeren Zeitraum, im allgemeinen ein Jahr, unverändert beibehalten.[15] Der Vorteil einer Bewertung der Materialverbrauchsmengen zu festen Verrechnungspreisen ist einmal darin zu sehen, daß die teilweise recht aufwendige Ermittlung der Durchschnittspreise entfallen kann und sich dadurch die Materialabrechnung vereinfachen läßt. Zum anderen ermöglichen die Festpreise eine wirksame Kontrolle des mengenmäßigen Materialverbrauchs, da die Effekte von Preisschwankungen aus der Kostenrechnung herausgehalten werden.[16] Die im Rahmen der Kostenkontrolle ermittelten Materialkostenabweichungen sind dann ausschließlich auf Mehr- oder Minderverbräuche zurückzuführen.

Da die festen Verrechnungspreise unter Umständen erheblich von den tatsächlichen Anschaffungspreisen abweichen können, sind diese Preisunterschiede entweder zum Zeitpunkt des Lagerzugangs oder des Lagerabgangs auf gesonderten Preisdifferenzkonten zu erfassen. Die Salden der Preisdifferenzkonten gehen jeweils am Ende einer Abrechnungsperiode als Materialpreisabweichungen in die Betriebsergebnisrechnung ein.[17]

3.3.2 Personalkosten

Personalkosten werden unmittelbar oder mittelbar durch den Einsatz des Produktionsfaktors Arbeit im betrieblichen Leistungserstellungsprozeß verursacht und innerhalb der Lohn- und Gehaltsbuchhaltung aufgezeichnet. Wie Abbildung 3-8 zeigt, setzen sie sich aus Löhnen, Gehältern, Personalnebenkosten und sonstigen Personalkosten zusammen.

---

[15] Vgl. Kilger, W. (1988), S. 212–219, der die zur Bestimmung von Planpreisen einzusetzenden Verfahren ausführlich beschreibt.
[16] Die genaue Vorgehensweise bei der Planung und Kontrolle der Materialeinzelkosten wird in Kapitel 4.3.4.1 behandelt.
[17] Zur Erfassung und Verrechnung der Preisdifferenzen vgl. Kilger, W. (1988), S. 219–234, Michel, R./Torspecken, H.-D. (1989), S. 68–70, Scherrer, G (1991), S. 434–443 und Wahle, O. (1989), S. 36–40.

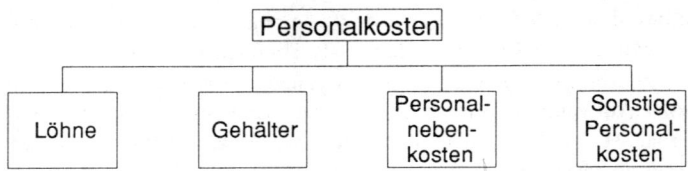

Abbildung 3-8: Zusammensetzung der Personalkosten

Die Löhne und Gehälter umfassen die von den Arbeitnehmern bezogenen Bruttoarbeitsentgelte, und bei den Personalnebenkosten unterscheidet man allgemein zwischen gesetzlichen und freiwilligen Sozialkosten. Zu den sonstigen Personalkosten zählen Heimarbeitslöhne, Ausbildungsvergütungen sowie die als Folge der Personalfluktuation entstehenden Kosten für Anzeigen, Umzugsbeihilfen und Abfindungen. In der Lohn- und Gehaltsbuchhaltung werden die zur Ermittlung der Personalkosten erforderlichen Daten aufgezeichnet.

3.3.2.1 Löhne und Gehälter

Die Lohn- und Gehaltskosten lassen sich aus der Lohn- und Gehaltsbuchhaltung ableiten, wobei die Bruttolöhne der Arbeiter und die Bruttogehälter der Angestellten in die Kostenrechnung eingehen. Über die den Arbeitnehmern direkt auszuzahlenden Nettolöhne und Nettogehälter hinaus sind in den Bruttoarbeitsentgelten auch die darauf entfallende Lohn- und Kirchensteuer sowie die Arbeitnehmeranteile der Beiträge zur gesetzlichen Kranken-, Renten- und Arbeitslosenversicherung enthalten.

Bruttolöhne/-gehälter
– Lohn- und Kirchensteuer
– Arbeitnehmeranteil der Beiträge zur gesetzlichen Sozialversicherung
= Nettolöhne/-gehälter

Erfassung der Bruttolöhne

Die Erfassung der Bruttolöhne erfolgt innerhalb der Lohn- und Gehaltsbuchhaltung anhand von Lohnscheinen, Stempelkarten, Stundenzetteln und Lohnlisten. Hinsichtlich der Zurechenbarkeit auf die betrieblichen Erzeugnisse differenziert man zwischen Fertigungs- und Gemeinkostenlöhnen. Die Fertigungslöhne fallen unmittelbar für die Herstellung der einzelnen Erzeugnisse an und lassen sich daher als Einzelkosten direkt auf die Kostenträger verrechnen. Hingegen werden die Gemeinkostenlöhne für unterstützende Tätigkeiten, zum Beispiel Transportleistungen, Reinigungs- und Kontrollarbeiten, gezahlt und den Kostenstellen zugeordnet, in denen sie entstanden sind.

3.3 Erfassung der zentralen Kostenarten

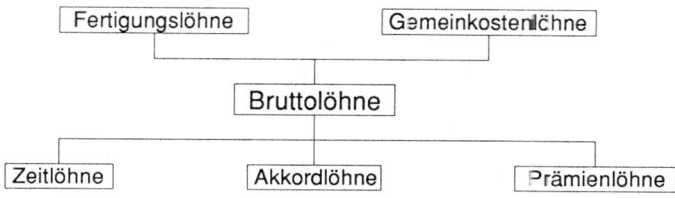

Abbildung 3-9: Untergliederung der Bruttolöhne

Nach der Art der Entlohnung lassen sich, wie Abbildung 3-9 zeigt, Zeit-, Akkord- und Prämienlöhne unterscheiden. Zeitlöhne sind dadurch gekennzeichnet, daß den Arbeitskräften die Anwesenheitszeit am Arbeitsplatz vergütet wird. Die Zahlung kann in Form von festen Stunden- oder Monatslöhnen erfolgen. Monatslohnempfänger, zum Beispiel Pförtner, Fahrer oder Wachpersonal, erhalten für die tarifliche Arbeitszeit ein monatliches Entgelt. Für Stundenlohnempfänger ergibt sich der Zeitlohn als Produkt aus den durch Zeitlohnscheine erfaßten Anwesenheitsstunden und dem tarifvertraglich festgelegten bzw. übertariflich vereinbarten Lohnsatz pro Stunde.

Zeitlohn = Anwesenheitsstunden · Lohnsatz pro Stunde

Ein Arbeitsentgelt in Form von Zeitlöhnen bietet sich vor allem für Tätigkeiten an, bei denen die Qualität der Arbeit eine besondere Rolle spielt, die Arbeitskraft auf Grund eines vorgegebenen Maschinentaktes die Leistung nicht beeinflussen kann oder eine Leistungserfassung nicht möglich ist. Arbeiten im Gemeinkostenlohn werden überwiegend als Zeitlohn bezahlt.

Beim Akkordlohn richtet sich die Höhe der Vergütung nicht nach der Anwesenheitszeit, sondern nach der Arbeitsleistung. Es handelt sich somit um eine leistungsorientierte Entlohnungsform, die in erster Linie im Fertigungsbereich von Industrieunternehmen anzutreffen ist und als Geld- und als Zeitakkord auftreten kann. Der Geldakkordlohn ergibt sich durch Multiplikation des für die Durchführung eines bestimmten Arbeitsgangs festgelegten Akkordlohnsatzes mit der Anzahl der bearbeiteten Erzeugniseinheiten.

Geldakkordlohn = Akkordlohnsatz · bearbeitete Stückzahl

Bei Arbeiten im Zeitakkord werden den Arbeitskräften Vorgabezeiten vergütet. Die unter Einsatz arbeitswissenschaftlicher Methoden für die unterschiedlichen Arbeitsgänge zu bestimmenden Vorgabezeiten geben an, wie lange die Bearbeitung einer Erzeugniseinheit bei normalem Leistungsgrad jeweils dauert. Durch Multiplikation der von einem Arbeiter bearbeiteten Stückzahl mit der entsprechenden Vorgabezeit ergibt sich Arbeitsleistung, die zu einem Akkordlohnsatz zu bewerten ist. Der als Akkordrichtsatz bezeichnete Akkordstundenlohnsatz setzt sich aus dem Tariflohn und dem prozentualen Akkordzuschlag zusammen.

$$\text{Akkordrichtsatz} = \text{Tariflohn} + \left(\frac{1 + \text{Akkordzuschlag}}{100}\right)$$

Da die Vorgabezeit in der Regel in Minuten angegeben wird, ist der Akkordrichtsatz in einen Minutenfaktor umzurechnen.

$$\text{Minutenfaktor} = \frac{\text{Akkordrichtsatz}}{60}$$

Der Zeitakkordlohn läßt sich dann als Produkt aus der Vorgabezeit pro Stück, der bearbeiteten Stückzahl und dem Minutenfaktor berechnen.

$$\text{Zeitakkordlohn} = \text{Vorgabezeit pro Stückzahl} \cdot \text{Bearbeitete Stückzahl} \cdot \text{Minutenfaktor}$$

Prämienlöhne setzen sich in der Regel aus einem garantierten Grundlohn und einem Zuschlag für feststellbare Mehrleistungen, der beispielsweise in Form von Mengenleistungs-, Qualitäts-, Termin- oder Kosteneinsparungsprämien gewährt wird, zusammen. Die Höhe des Prämienzuschlags ist anhand der jeweiligen Bemessungsgrundlage zu bestimmen.

Als weitere Lohnarten sind neben den Zeit-, Akkord- und Prämienlöhnen die Zusatzlöhne, die Lohnzulagen und die Mehrarbeitszuschläge für Überstunden, Sonntags-, Feiertags- und Nachtarbeit zu berücksichtigen. Wenn Akkordarbeiter auf Grund eines Maschinenschadens oder aus von ihnen nicht zu vertretenden Gründen keine Akkordarbeit verrichten können, wird ihnen während der Stillstandszeit der Maschine der Akkorddurchschnitt der letzten drei Monate als Zusatzlohn vergütet. Die Lohnzulagen lassen sich im Gegensatz zu den Prämienlöhnen nicht aus genau definierten Bemessungsgrundlagen ableiten.[18] Ein typisches Beispiel sind die für ungünstige Arbeitsbedingungen gezahlten Erschwerniszulagen. Bei den Mehrarbeitszuschlägen handelt es sich um ein zusätzliches Entgelt, das den Lohnempfängern für geleistete Überstunden sowie für Sonntags-, Feiertags- und Nachtarbeit gezahlt wird. Die Höhe der auf den Bruttolohn zu beziehenden Mehrarbeitszuschläge ist tarifvertraglich festgelegt.

---

[18] Vgl. Kilger, W. (1987), S. 102.

Angestellte erhalten als Vergütung für ihre Arbeitsleistung monatlich ein festes Gehalt. Die Bruttogehälter besitzen Gemeinkostencharakter und sind somit den Kostenstellen zuzuordnen, in denen die jeweiliger Gehaltsempfänger beschäftigt sind. Insbesondere in kleineren Unternehmen kommt es jedoch häufig vor, daß Angestellte während einer Abrechnungsperiode für mehrere Kostenstellen tätig sind. Die Bruttogehälter dieser Mitarbeiter sollten dann entsprechend der Arbeitsleistung prozentual auf die jeweiligen Kostenstellen verteilt werden.

In die Bruttogehälter sind auch Gehaltszulagen, die beispielsweise die im Außendienst tätigen Mitarbeiter erhalten, und Mehrarbeitszuschläge für Überstunden und für besondere Arbeitszeit einzubeziehen.

3.3.2.2 Personalnebenkosten

Die zusätzlich zu den Löhnen und Gehältern anfallenden Personalnebenkosten lassen sich in gesetzliche und freiwillige Sozialkosten unterteilen. Zu den gesetzlichen Sozialkosten zählen der Arbeitgeberanteil der Beiträge zur Kranken-, Renten- und Arbeitslosenversicherung, die Berufsgenossenschaftsbeiträge und die Soziallöhne, die sich wiederum aus der Lohnfortzahlung im Krankheitsfall sowie den Urlaubs- und Feiertagslöhnen zusammensetzen.[19] Für die Ermittlung des Arbeitgeberanteils der Sozialversicherungsbeiträge sind die aktuellen Beitragssätze zu halbieren und auf den Bruttolohn bzw. auf das Bruttogehalt zu beziehen. Dabei ist zu beachten, daß die Versicherungspflicht nicht mehr besteht, wenn das monatliche Bruttoentgelt eines Arbeitnehmers oberhalb der Beitragsbemessungsgrenze liegt.[20]

	Beitragssatz	Beitragsbemessungsgrenze (monatlich)
Krankenversicherung	12,9 %	DM 5.100
Rentenversicherung	17,7 %	DM 6.800
Arbeitslosenversicherung	6,8 %	DM 6.800

Die Soziallöhne fallen in den einzelnen Monaten eines Jahres in unterschiedlicher Höhe an. Würden die Soziallöhne jeweils zum Zeitpunkt ihrer Entstehung in der Kostenrechnung angesetzt, wären demnach monatlich schwankende Kalkulationsergebnisse die Folge. Aus diesem Grund werden innerhalb der Kostenartenrechnung die für ein gesamtes Jahr erwarteten Soziallöhne gleichmäßig auf die zwölf Monate verteilt. Diesen Vorgang bezeichnet man auch als „Normalisierung".

---

[19] Der Arbeitnehmeranteil der gesetzlichen Sozialversicherungsbeiträge ist bereits in den Bruttolöhnen und -gehältern enthalten.
[20] Die aufgeführten Beitragssätze für die Renten- und Arbeitslosenversicherung gelten seit dem 1. April 1991, die Beitragsbemessungsgrenzen seit dem 1. Januar 1992. Der Beitragssatz für die Krankenversicherung ist ortsabhängig.

3 Kostenartenrechnung

Die freiwilligen Sozialkosten umfassen insbesondere Urlaubs- und Weihnachtsgelder, vermögenswirksame Leistungen und Aufwendungen für die betriebliche Altersversorgung, deren Höhe teilweise bereits tarifvertraglich festgelegt ist. Weiterhin zählen auch Ausbildungsbeihilfen, Zuschüsse für Fahrten und Verpflegung und Jubiläumsgeschenke zu den primären freiwilligen Sozialkosten. Die für die Kantine, den Betriebsarzt, unternehmenseigene Sportanlagen usw. anfallenden Kosten werden in der Regel sogenannten Sozialkostenstellen zugeordnet und im Rahmen der Kostenstellenrechnung als sekundäre freiwillige Sozialkosten weiterverrechnet.

In der Kostenrechnung erfolgt die Verrechnung der Personalnebenkosten meist in Form von jeweils für ein Jahr ermittelten prozentualen Zuschlägen auf die Bruttolöhne bzw. Bruttogehälter, wobei auf Grund bestehender Unterschiede getrennte Prozentsätze für die Lohn- und die Gehaltsnebenkosten ermittelt werden. Für die Bestimmung der prozentualen Verrechnungssätze sind, wie in Abbildung 3-10 dargestellt, die während eines ganzen Jahres voraussichtlich anfallenden Sozialkostenbeträge durch die erwartete Bruttolohn- bzw. Bruttogehaltssumme zu dividieren.

	Erwartete Kosten pro Jahr	Prozentsätze
Bruttolohnsumme	DM 1.168.800	
Arbeitgeberanteil der Sozialversicherungsbeiträge	DM 218.566	18,7%
Berufsgenossenschaftsbeiträge	DM 28.051	2,4%
Lohnfortzahlung im Krankheitsfall	DM 65.453	5,6%
Urlaubs- und Feiertagslöhne	DM 250.123	21,4%
Urlaubs- und Weihnachtsgeld	DM 123.893	10,6%
Vermögenswirksame Leistungen	DM 31.558	2,7%
Betriebliche Altersversorgung	DM 72.466	6,2%
Sonstige freiwillige Sozialkosten	DM 68.959	5,9%
Gesamte Lohnnebenkosten	DM 859.069	
Verrechnungssatz		73,5%

	Erwartete Kosten pro Jahr	Prozentsätze
Bruttogehaltssumme	DM 679.900	
Arbeitgeberanteil der Sozialversicherungsbeiträge	DM 102.665	15,1%
Berufsgenossenschaftsbeiträge	DM 8.159	1,2%
Urlaubs- und Weihnachtsgeld	DM 95.866	14,1%
Vermögenswirksame Leistungen	DM 8.839	1,3%
Betriebliche Altersversorgung	DM 58.471	8,6%
Sonstige freiwillige Sozialkosten	DM 16.318	2,4%
Gesamte Gehaltsnebenkosten	DM 290.318	
Verrechnungssatz		42,7%

Abbildung 3-10: Ermittlung der Verrechnungssätze für die Personalnebenkosten

3.3.3 Kalkulatorische Kosten

Im Unterschied zu den Material- und den Personalkosten lassen sich die kalkulatorischen Kosten nicht aus vorgelagerten Teilgebieten des betrieblichen Rechnungswesens übernehmen. Mit dem Ansatz der kalkulatorischen Kosten wird das Ziel verfolgt, in der Kostenrechnung den tatsächlichen Werteverzehr abzubilden und die Einflüsse handels- und steuerrechtlicher Rechnungslegungsvorschriften sowie bilanzpolitischer Überlegungen aus der Kostenrechnung herauszuhalten. In die Kostenartenrechnung gehen insbesondere die im Rahmen von Sonderrechnungen zu ermittelnden kalkulatorischen Zinsen, Abschreibungen und Wagnisse ein. In Personengesellschaften sind darüber hinaus der kalkulatorische Unternehmerlohn und unter Umständen auch kalkulatorische Eigenmieten zu berücksichtigen.

3.3.3.1 Kalkulatorische Zinsen

Die Kosten der Finanzierung des im Anlage- und Umlaufvermögen eines Unternehmens gebundenen Kapitals gehen als kalkulatorische Zinsen in die Kostenartenrechnung ein. Während in der Finanzbuchhaltung nur die effektiv gezahlten Fremdkapitalzinsen als Aufwand verbucht werden, findet aus zwei Gründen in der Kostenrechnung auch die Verzinsung des Eigenkapitals Berücksichtigung. Zum einen entstehen den Eigenkapitalgebern durch die Einlage ihres Kapitals in ein Unternehmen Opportunitätskosten, da ihnen die durch eine alternative Anlage am Kapitalmarkt erzielbaren Zinserträge entgehen. Zum anderen läßt sich durch die Einbeziehung der Eigenkapitalzinsen in die Kosten vermeiden, daß sich unterschiedliche Kapitalstrukturen der Unternehmen auf die Höhe der Zinskosten auswirken. Wenn nur die Fremdkapitalzinsen als Kosten aufgefaßt würden, fielen zum Beispiel in einem Unternehmen mit einer hohen Eigenkapitalquote niedrigere Zinskosten an als in einem vergleichbaren Betrieb, der mit weniger Eigenkapital ausgestattet ist.

Die kalkulatorischen Zinsen ergeben sich durch Multiplikation des betriebsnotwendigen Vermögens mit dem kalkulatorischen Zinssatz. Dabei verwendet man als kalkulatorischen Zinssatz in der Regel den langfristigen Kapitalmarktzinssatz oder den im Rahmen der Investitionsrechnung eingesetzten Kalkulationszinsfuß.

> Kalkulatorische Zinsen = Betriebsnotwendiges Kapital · kalkulatorischer Zinssatz

Das betriebsnotwendige Kapital umfaßt die insgesamt zur Durchführung und Aufrechterhaltung des betrieblichen Leistungserstellungsprozesses erforderlichen finanziellen Mittel, die im Anlage- und Umlaufvermögen gebunden sind.

Betriebsnotwendiges Anlagevermögen Nicht abnutzbares Anlagevermögen Abnutzbares Anlagevermögen + Betriebsnotwendiges Umlaufvermögen
= Betriebsnotwendiges Vermögen − Abzugskapital
= Betriebsnotwendiges Kapital

Aufbauend auf die Informationen aus der Anlagenbuchhaltung ist für die Ermittlung des betriebsnotwendigen Kapitals zunächst die Höhe des betriebsnotwendigen Anlagevermögens festzulegen. Das betriebsnotwendige Anlagevermögen, das sich aus nicht abnutzbaren und abnutzbaren Vermögensteilen zusammensetzt, umfaßt sämtliche im betrieblichen Leistungsprozeß eingesetzte bzw. zur Aufrechterhaltung der Betriebsbereitschaft erforderliche Anlagegegenstände. Zum nicht abnutzbaren Anlagevermögen, dessen Kapitalbindung im Zeitablauf konstant bleibt, weil keine Abschreibungen erfolgen, zählen insbesondere Gebäude. Die nicht abnutzbaren Anlagegegenstände sind zu den auch in der Bilanz angesetzten historischen Anschaffungskosten zu verzinsen.[21]

Beim abnutzbaren Anlagevermögen, das insbesondere Gebäude, Maschinen, technische Anlagen sowie die Betriebs- und Geschäftsausstattung umfaßt, verringert sich die Kapitalbindung im Zeitablauf auf Grund der Abschreibungen. Die Ermittlung der kalkulatorischen Zinsen kann auf der Grundlage des Restwertes oder des Durchschnittswertes erfolgen.

Nach der Methode der Restwertverzinsung werden die kalkulatorischen Zinsen auf den Restbuchwert der Anlagegegenstände, d. h. auf die um die kumulierten Abschreibungen verminderten Anschaffungs- bzw. Herstellungskosten, berechnet. Da, wie aus Abbildung 3-11 hervorgeht, die Restbuchwerte der einzelnen Anlagegegenstände von Jahr zu Jahr immer weiter zurückgehen, nehmen auch die auf das jeweils gebundene Kapital verrechneten kalkulatorischen Zinsen im Zeitablauf ab. Dieses Verfahren führt daher zu einer ungleichen Zinsbelastung der einzelnen Abrechnungsjahre, wenn nicht ständig Reinvestitionen in Höhe der Abschreibungen durchgeführt werden.

Nach der Methode der Durchschnittswertverzinsung bildet das über die Nutzungsdauer der einzelnen Anlagegegenstände hinweg jeweils durchschnittlich gebundene Kapital den Ausgangspunkt für die Ermittlung der kalkulatorischen Zinsen auf das abnutzbare Anlagevermögen. Die auf die halben Anschaffungs- bzw. Herstellungskosten berechneten kalkulatorischen Zinsen sind im Zeitablauf konstant. Auf Grund der einfachen Anwendbarkeit und

---

[21] Grundsätzlich kann bei der Ermittlung der kalkulatorischen Zinsen anstatt von den historischen Anschaffungs- bzw. Herstellungskosten auch von den Wiederbeschaffungswerten ausgegangen werden.

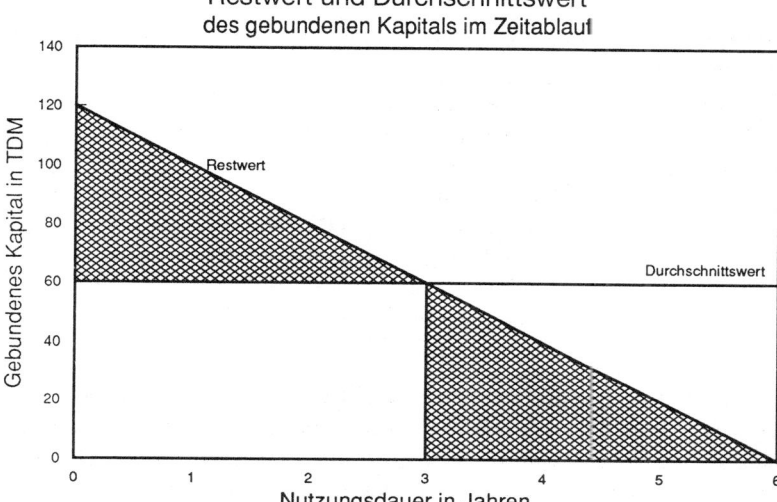

Abbildung 3-11: Restwert und Durchschnittswert des in einem Anlagegegenstand gebundenen Kapitals über die Nutzungsdauer hinweg betrachtet

der gleichmäßigen Belastung der einzelnen Abrechnungsperioden mit kalkulatorischen Zinsen hat sich die Methode der Durchschnittswertverzinsung in der Praxis durchgesetzt.

Das betriebsnotwendige Umlaufvermögen setzt sich in erster Linie aus Lagerbeständen an Roh-, Hilfs- und Betriebsstoffen sowie an fertigen und unfertigen Erzeugnissen, Forderungen und liquiden Mitteln zusammen. Die kurzfristig zu Spekulationszwecken gehaltenen Wertpapiere sind sachzielfremd und zählen deshalb nicht dazu. Da die Höhe des im betriebsnotwendigen Umlaufvermögen gebundenen Kapitals im Zeitablauf größeren Schwankungen unterliegt, ist für die Ermittlung der kalkulatorischen Zinsen von dem Durchschnittsbestand des betriebsnotwendigen Umlaufvermögens während einer Abrechnungsperiode auszugehen. Wenn keine genaueren Informationen vorliegen, ist der Mittelwert aus den in der Bilanz aufgeführten Anfangs- und Endbeständen zu verwenden.

Als Summe des betriebsnotwendigen Anlagevermögens und des betriebsnotwendigen Umlaufvermögens ergibt sich das betriebsnotwendige Vermögen. Davon ist das Abzugskapital zu subtrahieren, um das betriebsnotwendige Kapital zu erhalten. Unter dem Abzugskapital versteht man das insbesondere in Form von Verbindlichkeiten aus Lieferungen und Leistungen sowie von erhaltenen Kundenanzahlungen zinsfrei zur Verfügung gestellte Fremdkapital. Durch die Verzinsung des betriebsnotwendigen Kapitals zum kalkulatorischen Zinssatz ergeben sich die jährlichen kalkulatorischen Zinsen, die gleichmäßig auf die zwölf Monate zu verteilen sind.

3 Kostenartenrechnung

Beispiel:

Aus der Aktivseite der Bilanz eines Fahrradherstellers gehen folgende Informationen hervor:

Anlagevermögen	
nicht abnutzbar	DM 220.000
abnutzbar	DM 470.000
Umlaufvermögen	
Lagerbestand	DM 170.000
Forderungen	DM 130.000
Wertpapiere	DM 60.000
Liquide Mittel	DM 40.000

Aus der Anlagenbuchhaltung geht hervor, daß die historischen Anschaffungskosten der in der Bilanz aufgeführten Gegenstände des abnutzbaren Anlagevermögens insgesamt DM 860.000 betragen. Geringwertige Wirtschaftsgüter sind in Höhe von DM 40.000 aufgeführt. Das betriebsnotwendige Umlaufvermögen, nicht eingeschlossen die zu Spekulationszwecken gehaltenen Wertpapiere, belief sich am Jahresanfang auf DM 260.000. Im Fremdkapital sind Verbindlichkeiten aus Lieferungen und Leistungen in Höhe von DM 70.000 enthalten.

Anhand des vorliegenden Datenmaterials läßt sich unter Einsatz der Methode der Durchschnittswertverzinsung die Höhe des betriebsnotwendigen Kapitals feststellen.

Betriebsnotwendiges Anlagevermögen		
Nicht abnutzbares Anlagevermögen		DM 220.000
Abnutzbares Anlagevermögen		
$\left(\text{zu halben Anschaffungskosten} \quad \dfrac{860.000 + 40.000}{2}\right)$		DM 450.000
Betriebsnotwendiges Umlaufvermögen		
Jahresendbestand	400.000	
− Spekulative Wertpapiere	− 60.000	
	340.000	
$\left(\text{durchschnittlicher Jahresbestand} \quad \dfrac{340.000 + 260.000}{2}\right)$		DM 300.000
Betriebsnotwendiges Vermögen		DM 970.000
− Abzugskapital		DM 70.000
Betriebsnotwendiges Kapital		DM 900.000

Legt man einen kalkulatorischen Zinssatz von zehn Prozent zugrunde, ergeben sich jährliche kalkulatorische Zinsen in Höhe von DM 90.000. Pro Monat sind demnach in der Kostenrechnung kalkulatorische Zinsen in Höhe von DM 7.500 anzusetzen.

$$\text{Jährliche kalkulatorische Zinsen} = \frac{\text{DM } 900.000 \cdot 10}{100} = \underline{\text{DM } 90.000}$$

$$\text{Monatliche kalkulatorische Zinsen} = \frac{\text{DM } 90.000}{12 \text{ Monate}} = \underline{\text{DM } 7.500}$$

3.3.3.2 Kalkulatorische Abschreibungen

Die im Rahmen des betrieblichen Leistungserstellungsprozesses eingesetzten Anlagegegenstände werden in der Regel nicht innerhalb einer Abrechnungsperiode verbraucht, sondern über einen längeren Zeitraum, meist mehrere Jahre hinweg genutzt. Zu den auch als Potentialfaktoren bezeichneten Anlagegegenständen zählen insbesondere Gebäude, Maschinen und technische Anlagen, Fahrzeuge sowie die Betriebs- und Geschäftsausstattung. In der Kostenrechnung finden nur die betriebsnotwendigen Anlagegegenstände, die im betrieblichen Leistungserstellungsprozeß laufend eingesetzt werden bzw. der Aufrechterhaltung der Betriebsbereitschaft dienen, Berücksichtigung. Die durch die Abnahme ihres Nutzungspotentials während einer Abrechnungsperiode entstehenden Kosten sind innerhalb der Kostenartenrechnung in Form von kalkulatorischen Abschreibungen zu erfassen.

Die Wertminderung der Anlagegegenstände läßt sich auf unterschiedliche Abschreibungsursachen zurückführen, wobei insbesondere zwischen dem nutzungsabhängigen Gebrauchsverschleiß und dem nutzungsunabhängigen Zeitverschleiß zu differenzieren ist.[22] Der Gebrauchsverschleiß tritt vor allem bei Maschinen, technischen Anlagen und Fahrzeugen auf, deren technische Leistungsfähigkeit durch den Einsatz im betrieblichen Leistungserstellungsprozeß abnimmt. Die einsatzbedingte Abnutzung und Entwertung vollzieht sich beispielsweise in Abhängigkeit von den geleisteten Maschinenstunden oder den gefahrenen Kilometern.

Dem nutzungsunabhängigen Zeitverschleiß unterliegen Anlagegegenstände, die Korrosions- und Witterungseinflüssen ausgesetzt sind. Darüber hinaus können Anlagegegenstände ihr Nutzungspotential vorzeitig verlieren, weil sie sich lediglich für die Herstellung von Erzeugnissen einsetzen lassen, für die nur kurzfristig eine Nachfrage besteht (wirtschaftliche Überholung), bzw. für die zeitlich begrenzte Lizenzen, Konzessionen oder Schutzrechte vorliegen (Fristablauf von Rechten). Infolge des technischen Fortschritts werden weiterhin ständig leistungsfähigere und kostengünstiger arbeitende Maschinen und Anlagen entwickelt, so daß es sich in einigen Fällen lohnt, vor Ablauf der

---

[22] Vgl. Kilger, W. (1987), S. 112 und 113.

technisch möglichen Nutzungsdauer der bisher verwendeten Maschine oder Anlage eine Ersatzinvestition durchzuführen.

Der durch wirtschaftliche oder technische Überholung ausgelöste Zeitverschleiß läßt sich nur in dem vorhersehbaren Umfang in die kalkulatorischen Abschreibungen einbeziehen. Keine Berücksichtigung findet hingegen der beispielsweise durch Explosion, Feuer oder Wassereinbruch verursachte Katastrophenverschleiß, der im externen Rechnungswesen zum Ansatz außerplanmäßiger Abschreibungen führt. Der unerwartet auftretende Verschleiß kann innerhalb der Kostenartenrechnung in Form von kalkulatorischen Anlagewagnissen erfaßt werden.[23]

In das externe Rechnungswesen gehen die Wertminderungen der Anlagegegenstände als bilanzielle Abschreibungen ein, die sich durch die Verteilung der Anschaffungs- oder der Herstellungskosten auf die jeweilige Nutzungsdauer ermitteln lassen.[24] Dabei dürfen gemäß den handels- und steuerrechtlichen Rechnungslegungsvorschriften die über die gesamte Nutzungsdauer eines Anlagegegenstands aufsummierten Abschreibungsbeträge die historischen Anschaffungs- oder Herstellkosten nicht überschreiten. In Zeiten steigender Preise reichen die kumulierten Abschreibungen jedoch nicht aus, um die im betrieblichen Leistungserstellungsprozeß eingesetzten Anlagegegenstände am Ende der Nutzungszeit adäquat zu ersetzen. Die Substanzerhaltung ist somit nur gewährleistet, wenn die Abschreibung anstatt auf den historischen Anschaffungswert auf den zum Zeitpunkt der Ersatzbeschaffung voraussichtlich geltenden Wiederbeschaffungswert vorgenommen wird.

Da einerseits die genauen Ersatzzeitpunkte der Anlagegegenstände in der Regel nicht bekannt sind und sich zum anderen die weit in der Zukunft liegenden Preise nicht hinreichend genau prognostizieren lassen, erfolgt die Ermittlung der kalkulatorischen Abschreibungen auf der Basis der im jeweiligen Abrechnungsjahr geltenden Wiederbeschaffungspreise.[25] Aufbauend auf die in der Anlagenbuchhaltung hinterlegten Informationen über die Anschaffungszeitpunkte und über die Anschaffungs- bzw. Herstellungskosten können mit Hilfe der vom Statistischen Bundesamt für Gruppen von Anlagegegenständen regelmäßig veröffentlichten Preisindizes die Wiederbeschaffungswerte der einzelnen Anlagegegenstände wie folgt berechnet werden:

$$\text{Wiederbeschaffungswert} = \text{Anschaffungs-/Herstellkosten} \cdot \frac{\text{Preisindex des Abrechnungsjahres}}{\text{Preisindex des Anschaffungsjahres}}$$

---

[23] Zu den kalkulatorischen Anlagewagnissen vgl. Abschnitt 3.3.3.3.
[24] Zu den bilanziellen Abschreibungen und deren Ermittlung vgl. auch Gabele, E. (1991 a), S. 189–197.
[25] Vgl. Kilger, W. (1987), S. 116.

3.3 Erfassung der zentralen Kostenarten

Auf Grund der einfachen rechnerischen Handhabung bedient sich die Praxis bei der Ermittlung der kalkulatorischen Abschreibungen meist der linearen Abschreibungsmethode. Dabei erfolgt die gleichmäßige Verteilung der Wiederbeschaffungswerte jedes einzelnen betriebsnotwendigen Anlagegegenstands auf die jeweilige wirtschaftliche Nutzungsdauer, die zur Berechnung der monatlichen kalkulatorischen Abschreibungen in Monaten anzugeben ist.

$$\text{Kalkulatorische Abschreibungen} = \frac{\text{Wiederbeschaffungswert}}{\text{Wirtschaftliche Nutzungsdauer}}$$

Die wirtschaftliche Nutzungsdauer gibt an, wie lange ein Anlagegegenstand im betrieblichen Leistungserstellungsprozeß wirtschaftlich eingesetzt werden kann. Grundsätzlich läßt sich die technische Nutzungsdauer durch Reparatur- und Instandhaltungsmaßnahmen, insbesondere durch den Einbau neuer Ersatzteile, nahezu beliebig verlängern. Bei der Schätzung der wirtschaftlichen Nutzungsdauer ist jedoch zu berücksichtigen, daß die erforderlichen Reparatur- und Instandhaltungskosten im Zeitablauf meist überproportional ansteigen, und daher ein optimaler Ersatzzeitpunkt existiert.[26]

Um sämtliche im Rahmen des betrieblichen Leistungserstellungsprozesses genutzten Anlagegegenstände kostenmäßig zu berücksichtigen, sieht die Kostenrechnung im Gegensatz zum externen Rechnungswesen den Ansatz kalkulatorischer Abschreibungen auch dann noch vor, wenn Anlagegegenstände nach Ablauf der ursprünglich geschätzten Nutzungsdauer weiterhin eingesetzt werden. In einem solchen Fall sind die Wiederbeschaffungswerte allerdings auf die verlängerte Nutzungsdauer zu beziehen.

Beispiel:
Am Beispiel einer im Jahr 1987 zum Preis von DM 53.000 angeschafften Drehmaschine soll die Ermittlung der kalkulatorischen Abschreibungen konkret gezeigt werden. Die wirtschaftliche Nutzungsdauer wurde auf fünf Jahre geschätzt und aus den Statistiken lassen sich die nachstehend aufgeführten Preisindizes entnehmen:

Jahr	1985	1986	1987	1988	1989	1990	1991
Preisindex	100	103	106	110	114	120	130

Auf der Grundlage dieser Informationen können die Wiederbeschaffungswerte und die jährlichen kalkulatorischen Abschreibungen für die fünf Nutzungsjahre der Drehmaschine berechnet werden.

---

[26] Vgl. Kilger, W. (1988), S. 401 und die dort angegebene Literatur.

Jahr	Preis-index	Wieder-beschaffungswert	Kalkulatorische Abschreibungen	
			jährlich	kumuliert
1987	106	DM 53.000	DM 10.600	DM 10.600
1988	110	DM 55.000	DM 11.000	DM 21.600
1989	114	DM 57.000	DM 11.400	DM 33.000
1990	120	DM 60.000	DM 12.000	DM 45.000
1991	130	DM 65.000	DM 13.000	DM 58.000

Der Vergleich der über die fünf Jahre aufsummierten Abschreibungsbeträge mit dem Wiederbeschaffungswert im Jahr 1991 zeigt, daß die Substanzerhaltung durch diese Vorgehensweise bei der Abschreibungsermittlung nicht im vollen Umfang gewährleistet ist. Die sich ergebende Differenz in Höhe von DM 7.000 stellt ein Anlagenwagnis dar und ist entsprechend zu berücksichtigen.[27]

3.3.3.3 Kalkulatorische Wagnisse

Die bestehende Ungewißheit über zukünftige Entwicklungen zwingt Unternehmen ständig dazu, eine Vielzahl von Risiken einzugehen, die sich negativ auf den Unternehmenserfolg auswirken können. Für die Zwecke der Kostenrechnung unterteilt man diese Risiken in das allgemeine Unternehmerwagnis und die speziellen Einzelwagnisse. Das allgemeine Unternehmerwagnis resultiert beispielsweise aus Konjunktureinbrüchen, Nachfrageverschiebungen und technischem Fortschritt und betrifft stets das Unternehmen als Ganzes. Da die Vorhersehbarkeit und Quantifizierbarkeit in der Regel nicht gegeben ist, wird das allgemeine Unternehmerwagnis in der Kostenrechnung nicht erfaßt, sondern ist durch das Betriebsergebnis abzudecken.

Die speziellen Einzelwagnisse stehen hingegen in direkter Beziehung zum betrieblichen Leistungserstellungsprozeß und lassen sich auf der Grundlage vorliegender Erfahrungswerte und unter Berücksichtigung der für die Zukunft erwarteten Entwicklungen auch quantifizieren. In die Kostenartenrechnung gehen sie als kalkulatorische Wagnisse ein, sofern zur Abdeckung der Risiken keine Versicherungen abgeschlossen wurden und somit auch keine Verrechnung der gezahlten Versicherungsbeiträge als aufwandsgleiche Kosten erfolgte. Bei den speziellen Einzelwagnissen handelt es sich in erster Linie um das Anlagenwagnis, das Beständewagnis, das Gewährleistungswagnis, das Forderungswagnis und das Entwicklungswagnis.

Das Anlagenwagnis resultiert zum Beispiel daraus, daß die tatsächliche Nutzungsdauer von Anlagegegenständen auf Grund der technischen oder wirt-

---

[27] Vgl. Wahle, O. (1989), S. 58.

schaftlichen Überholung unterhalb der erwarteten Nutzungsdauer liegen kann, und daß Feuer, Wasser oder Sturm Schäden an Anlagegegenständen verursachen können. Das Beständewagnis beinhaltet beispielsweise den stets im gewissen Umfang auftretenden Schwund, Verderb, Diebstahl und Qualitätsverlust sowie den möglichen Preisverfall der Lagerbestände an Roh-, Hilfs- und Betriebsstoffen sowie fertigen und unfertigen Erzeugnissen. Das Gewährleistungswagnis erfaßt die möglicherweise von Kunden geltend gemachten Gewährleistungsansprüche und Mängelrügen, die Nacharbeit, Ersatzlieferungen oder Gutschriften auslösen. Im Forderungswagnis kommt das Risiko von Forderungsausfällen zum Ausdruck und das Entwicklungswagnis besteht in der Gefahr, daß angestrengte Forschungs- und Entwicklungsaktivitäten keine verwertbaren Ergebnisse hervorbringen. Darüber hinaus existieren auch betriebs- und branchenspezifische Wagnisse, zum Beispiel Bergschäden sowie Schiffs- und Flugzeugverluste.

Im Rahmen der Ermittlung der kalkulatorischen Wagnisse ist zunächst für die einzelnen Wagnisarten ein sogenannter Wagnissatz zu bestimmen, indem die über einen längeren Zeitraum der Vergangenheit angefallenen Wagniskosten durch eine Bezugsbasis dividiert werden, die in einem kausalen Zusammenhang zur jeweiligen Wagnisart steht. Beispielsweise ergibt sich der Forderungswagnissatz als Quotient der während der letzten drei bis fünf Jahre entstandenen Forderungsausfälle durch die im entsprechenden Zeitraum erzielten Umsatzerlöse.

$$\text{Forderungswagnissatz} = \frac{\text{Forderungsausfälle der letzten 3-5 Jahre}}{\text{Umsatzerlöse der letzten 3-5 Jahre}}$$

Teilweise ist es ratsam, die aus Vergangenheitsdaten abgeleiteten Wagnissätze in Hinblick auf die für die Zukunft erwarteten Risiken zu korrigieren. Die monatlich anzusetzenden Forderungswagnisse lassen sich dann zum Beispiel durch Multiplikation des Forderungswagnissatzes mit den Umsatzerlösen der jeweiligen Abrechnungsperiode ermitteln.

$$\frac{\text{Kalkulatorische}}{\text{Forderungswagniskosten}} = \frac{\text{Forderungswagnissatz} \cdot \text{Umsatzerlöse}}{\text{der Abrechnungsperiode}}$$

3.3.3.4 Sonstige kalkulatorische Kosten

In Einzelfirmen und Personengesellschaften sind neben den kalkulatorischen Zinsen, Abschreibungen und Wagnissen vielfach auch noch kalkulatorische Unternehmerlöhne und kalkulatorische Eigenmieten als Zusatzkosten zu berücksichtigen.

Kalkulatorischer Unternehmerlohn

Während die Gesellschafter von Kapitalgesellschaften für die Ausübung der Vorstands- oder Geschäftsführerfunktion ein Gehalt ausbezahlt bekommen, erhalten die Inhaber von Einzelunternehmen und die Gesellschafter von Personengesellschaften keine derartige Vergütung für ihre Arbeitsleistung. Für die Tätigkeit der Eigentümerunternehmer, die kein Gehalt beziehen, sind in der Kostenrechnung kalkulatorische Unternehmerlöhne als Zusatzkosten anzusetzen, damit eine Einzelfirma oder eine Personengesellschaft nicht niedrigere Kosten kalkuliert als eine vergleichbare Kapitalgesellschaft. Wie die kalkulatorischen Eigenkapitalzinsen lassen sich die kalkulatorischen Unternehmerlöhne auch als Opportunitätskosten auffassen, denn den Eigentümerunternehmern, die ihren eigenen Betrieb führen, entgeht die Möglichkeit, in einer Kapitalgesellschaft ein Geschäftsführergehalt zu verdienen.

Die Festlegung der Höhe des kalkulatorischen Unternehmerlohns sollte in Anlehnung an die Gehälter von Geschäftsführern und Vorstandsmitgliedern in vergleichbaren Kapitalgesellschaften erfolgen. Dabei sind in erster Linie die Unternehmensgröße, die Branche und die Region zu beachten.

Kalkulatorische Eigenmieten

Einzelunternehmern oder Gesellschaftern von Personengesellschaften, die ihrem Unternehmen Privatgrundstücke und -gebäude unentgeltlich zur Nutzung überlassen, entstehen dafür Opportunitätskosten, denn sie könnten durch anderweitige Vermietung bzw. Verpachtung ihres Privateigentums Erträge erwirtschaften. Wenn die betreffenden Grundstücke und Gebäude nicht zum betriebsnotwendigen Anlagevermögen zählen, sind somit kalkulatorische Eigenmieten als Zusatzkosten anzusetzen. Anderenfalls gehen die für die Nutzung der Grundstücke und Gebäude anfallenden Kosten in Form von kalkulatorischen Abschreibungen, kalkulatorischen Zinsen sowie von Reparatur- und Instandhaltungskosten in die Kostenrechnung ein. Die Höhe der kalkulatorischen Eigenmieten orientiert sich an den für vergleichbare Mietobjekte zu entrichtenden Zahlungen.

4 Kostenstellenrechnung

Im Anschluß an die Erfassung der Kosten in der Kostenartenrechnung beschäftigt sich die Kostenstellenrechnung mit der Aufbereitung der Kosteninformationen für die Kalkulation der betrieblichen Erzeugnisse und die Kostenkontrolle. Nur für den Ausnahmefall des Einproduktunternehmens lassen sich die Kosten einer Erzeugniseinheit bereits auf der Grundlage der Zahlen aus der Kostenartenrechnung ermitteln. Im allgemeinen sind jedoch lediglich die Einzelkosten den erstellten Produkten und Dienstleistungen direkt zuzuordnen.

4.1 Ziele und Aufgaben der Kostenstellenrechnung

Der Kostenstellenrechnung kommt innerhalb der Kosten- und Erlösrechnung eine zentrale Bedeutung zu. Ihre Aufgabe besteht in der Ermittlung von Kalkulationssätzen, die eine verursachungsgerechte Verrechnung der Gemeinkosten auf die betrieblichen Erzeugnisse ermöglichen, und in der Kontrolle der innerhalb einer Abrechnungsperiode anfallenden Kosten. Aus Abbildung 4-1 geht hervor, wie sich die Kostenstellenrechnung in den Gesamtzusammenhang der Kostenrechnung einordnen läßt und welcher Datenaustausch mit vor- und nachgelagerten Teilgebieten stattfindet.

Von den innerhalb der Kostenartenrechnung erfaßten Gesamtkosten gehen in der Regel nur die den einzelnen Kostenträgern nicht direkt zurechenbaren Gemeinkosten in die Kostenstellenrechnung ein.[1] Dort erfolgt die Zuordnung

Abbildung 4-1: Die Kostenstellenrechnung als Teilgebiet der Kostenrechnung

---

[1] In Systemen der Plankostenrechnung werden die Fertigungslöhne ebenfalls über Kostenstellen abgerechnet und zusammen mit der fertigungszeitabhängigen Gemeinkosten der Kostenstelle auf die Kostenträger verrechnet, obwohl es sich um Einzelkosten handelt. Vgl. dazu Kilger, W. (1988), S. 266.

der Gemeinkosten auf die betrieblichen Teilbereiche (Material, Fertigung, Verwaltung, Vertrieb) bzw. auf die Abteilungen oder Arbeitsplätze, in denen sie entstanden sind. Die Orte der Kostenentstehung, die innerhalb der Kostenstellenrechnung selbständige Abrechnungseinheiten bilden, bezeichnet man als Kostenstellen.[2]

Mit Hilfe von für jede Kostenstelle getrennt ermittelten Kalkulationssätzen soll dann die indirekte Verrechnung der Gemeinkosten auf die betrieblichen Erzeugnisse erfolgen. Bei der Bestimmung der Kalkulationssätze werden die gesamten Gemeinkosten einer Kostenstelle zu der Leistung der Kostenstelle, beispielsweise zu den geleisteten Maschinenstunden, in Beziehung gesetzt. Daraus ergibt sich ein Kostensatz pro Leistungseinheit, und durch Multiplikation dieses Kalkulationssatzes mit der durch einen einzelnen Kostenträger in Anspuch genommenen Leistungsmenge lassen sich die Kosten einer Kostenstelle verursachungsgerecht zurechnen.

Beispielsweise leistet die Kostenstelle „Schleiferei" in einer Möbelfabrik monatlich 10.000 Maschinenminuten, wofür Kosten in Höhe von DM 15.000 anfallen. Der Kalkulationssatz der Kostenstelle „Schleiferei" beträgt demnach DM 1,50 pro Maschinenminute. Mit Hilfe dieses Kalkulationssatzes lassen sich die durch das Abschleifen einer Tischplatte, das laut Arbeitsplan fünf Maschinenminuten beansprucht, verursachten Kosten wie folgt kalkulieren:

| 5 Maschinenminuten · DM 1,50 pro Maschinenminute = DM 7,50 |

Die Kostenstellenrechnung verbindet somit die Kostenartenrechnung und die Kostenträgerstückrechnung in abrechnungstechnischer Hinsicht miteinander und liefert darüber hinaus Informationen über die Höhe der in den einzelnen Kostenstellen eines Unternehmens entstandenen Kosten. Da es zweckmäßig erscheint, die Kosten auch dort zu kontrollieren, wo sie angefallen sind, setzt die Kostenkontrolle ebenfalls bei den Kostenstellen an. Im Rahmen der Kostenkontrolle erfolgt daher die Gegenüberstellung der kostenstellenweise ausgewiesenen Istkosten mit geeigneten Vergleichsmaßstäben, damit die in den einzelnen Kostenstellen aufgetretenen Unwirtschaftlichkeiten erkannt, analysiert und dann durch die entsprechenden Gegensteuerungsmaßnahmen abgestellt werden können.

---

[2] Vgl. Kilger, W. (1987), S. 154.

4.2 Kostenstelleneinteilung und Kostenstellenplan

Die Kostenstellenrechnung bereitet die Kalkulation der betrieblichen Erzeugnisse und die Kostenkontrolle vor, indem sie die gesamten Gemeinkosten eines Unternehmens kostenartenweise den Abteilungen und Betriebsbereichen zuordnet, die sie verursacht haben. Zu diesem Zweck ist das Unternehmen in einzelne Abrechnungseinheiten, die sogenannten Kostenstellen, sowie in Kostenstellengruppen und übergeordnete Kostenbereiche zu untergliedern. Die Kostenstelleneinteilung erfolgt in Anlehnung an die unternehmensspezifischen Gegebenheiten, insbesondere die Betriebsgröße, die Organisationsstruktur, die Branche, das Produktionsprogramm, die eingesetzten Produktionsverfahren und -technologien und die Zahl der Fertigungsstufen.[3]

Eine hinreichende Kalkulationsgenauigkeit und eine wirksame Kostenkontrolle lassen sich jedoch nur erreichen, wenn bei der Kostenstellenbildung folgende Grundsätze beachtet werden:[4]

1. Die innerhalb einer Kostenstelle entstandenen Kosten sollten in proportionaler Beziehung zu einer oder mehreren Bezugsgrößen, die als Maßgrößen der Kostenverursachung die Leistung der Kostenstelle widerspiegeln, stehen. Beispielsweise verhalten sich die Kosten der Kostenstelle „Schleiferei" proportional zu den Maschinenminuten. Nur wenn diese Voraussetzung erfüllt ist, lassen sich die Gemeinkosten verursachungsgerecht auf die betrieblichen Erzeugnisse verrechnen. Demzufolge sind beispielsweise in eine Fertigungskostenstelle, die einen bestimmten Arbeitsgang verrichtet, nur diejenigen Automaten und Maschinenarbeitsplätze einzubeziehen, die sich hinsichtlich ihrer Leistungsfähigkeit kaum unterscheiden und annähernd den gleichen Kostensatz pro Bezugsgrößeneinheit (z. B. Maschinenstunde) aufweisen.[5] Je feiner ein Unternehmen in Kostenstellen untergliedert wird, umso genauere Kalkulationssätze kann die Kostenstellenrechnung hervorbringen und umso wirksamer lassen sich die Kosten kontrollieren.

2. Die Durchführung einer wirksamen Kostenkontrolle erfordert, daß jede Kostenstelle zugleich auch einen eigenständigen Verantwortungsbereich darstellt. Dadurch ist gewährleistet, daß der jeweilige Kostenstellenleiter für die in seiner Kostenstelle entstandenen Kosten verantwortlich ist. Der Ko-

---

[3] Vgl. Haberstock, L. (1987), S. 123 und Schweitzer, M./Küpper, H.-U. (1986), S. 157.
[4] Vgl. Hummel, S./Männel, W. (1986), S. 198.
[5] Vgl. Plaut, H. G./Müller, H./Medicke, W. (1973), S. 23, Plaut, H. G. (1976), S. 11–12, Medicke, W. (1983), S. 376 und Kilger, W. (1983), S. 320, die mit Nachdruck darauf hinweisen, daß zwischen den in einer Kostenstelle zusammengefaßten Arbeitsgängen hinsichtlich des Kostensatzes und der Kostenstruktur keine großen Unterschiede bestehen dürfen. Die einzelnen Kostensätze sollten um nicht mehr als fünf Prozent voneinander abweichen.

stenstellenleiter ist an der Kostenplanung und an der Budgetierung für seinen Bereich beteiligt und hat dann auch die eventuell auftretenden Abweichungen gegenüber der Unternehmensleitung zu vertreten und zu begründen. Dabei kann er jedoch nur für die Kostenabweichungen Verantwortung übernehmen, die er auch selbst beeinflussen kann.[6] Zum Beispiel liegen Abweichungen, die sich aufgrund von Materialpreis- oder Lohnsatzerhöhungen ergeben, außerhalb des Einflußbereiches eines Fertigungskostenstellenleiters. Mehrverbräuche bei Werkzeugen und Betriebsstoffen hat der Kostenstellenleiter hingegen durchaus zu verantworten.

3. Eine fehlerfreie Kontierung der Istkosten setzt voraus, daß sich die Kostenartenbelege den verschiedenen Kostenstellen eindeutig zuordnen lassen. Mit dem Differenzierungsgrad der Kostenstelleneinteilung erhöht sich daher nicht nur die Genauigkeit der Kalkulation und der Kostenkontrolle, sondern auch das Ausmaß, in dem Kontierungsschwierigkeiten auftreten können. Das Gehalt eines Meisters läßt sich beispielsweise ganz problemlos kontieren, wenn die von ihm betreuten Arbeitsplätze und Maschinen zu einer Kostenstelle zusammengefaßt sind. Untergliedert sich der Zuständigkeitsbereich des Meisters in mehrere Kostenstellen, so läßt sich das Meistergehalt nicht mehr einer einzelnen Kostenstelle eindeutig zuordnen. Derartige Kontierungsprobleme kann man durch die Einrichtung von sogenannten Bereichskostenstellen lösen. Einer Bereichskostenstelle werden dann sämtliche einem Kostenbereich aber nicht einer einzelnen Kostenstelle zurechenbaren Kosten belastet, beispielsweise das Meistergehalt.[7]

4. Die Wirtschaftlichkeit der Kostenrechnung insgesamt darf durch eine zu stark differenzierte Kostenstelleneinteilung nicht in Frage gestellt werden. Zwischen dem Nutzen einer feineren Kostenstellengliederung, der in einer höheren Genauigkeit der Kalkulation und der Kostenkontrolle liegt, und den durch den zusätzlichen Kontierungs- und Abrechnungsaufwand verursachten Kosten ist daher stets sorgfältig abzuwägen.[8] Darüber hinaus besteht die Gefahr, daß infolge einer zu stark differenzierten Kostenstelleneinteilung die Übersichtlichkeit verlorengeht.

Unter Berücksichtigung dieser Anforderungen orientieren sich Industrieunternehmen bei der Kostenstellenbildung in erster Linie an funktionalen Gesichtspunkten und fassen betriebliche Teilbereiche, die gleichartige Arbeitsgänge und Tätigkeiten ausführen, zu jeweils einer Kostenstelle zusammen. Die räumliche Zusammengehörigkeit der einzelnen Arbeitsplätze und Abteilungen spielt dabei eine untergeordnete Rolle. Diese Vorgehensweise führt dann

---

[6] Vgl. Horngren, Ch. T./Foster, G. (1987), S. 153–158.
[7] Vgl. Plaut, H. G. (1953), S. 349.
[8] Vgl. dazu auch Horngren, Ch. T./Foster, G. (1987), S. 6–7, die generell eine Kosten-Nutzen-Betrachtung für das Rechnungswesen fordern.

4.2 Kostenstelleneinteilung und Kostenstellenplan

typischerweise zur Einrichtung von Material-, Forschungs- und Entwicklungs-, Fertigungs-, Verwaltungs- und Vertriebskostenstellen.

In abrechnungstechnischer Hinsicht kommt der Differenzierung zwischen Haupt- und Hilfskostenstellen eine besondere Bedeutung zu. Die von den Hauptkostenstellen erbrachten Leistungen stehen in unmittelbarem Zusammenhang mit der Herstellung und dem Absatz der betrieblichen Erzeugnisse. Daher lassen sich die in den Hauptkostenstellen anfallenden Kosten mit Hilfe der Kalkulationssätze direkt auf die Kostenträger verrechnen.

Zu den Hauptkostenstellen zählen neben den unmittelbar mit der Produktion der Enderzeugnisse befaßten Fertigungshauptkostenstellen (z. B. Schleiferei) auch die Material-, Verwaltungs- und Vertriebskostenstellen, obwohl sie nicht immer direkt an der Herstellung und dem Verkauf der Produkte beteiligt sind. Wenn sich eine Kostenstelle mit Neben- oder Abfallprodukten beschäftigt, die bei einem Kuppelproduktionsprozeß zwangsläufig entstehen, handelt es sich dabei um eine Nebenkostenstelle. Haupt- und Nebenkostenstellen werden auch als primäre oder Endkostenstellen bezeichnet.

Die Kosten der Hilfskostenstellen fallen hingegen nicht unmittelbar für die Endprodukte an. Vielmehr geben die Hilfskostenstellen ihre Leistungen an Hauptkostenstellen und an andere Hilfskostenstellen ab, und ihre Kosten werden im Rahmen der innerbetrieblichen Leistungsverrechnung letztendlich den Hauptkostenstellen als sekundäre Kosten belastet. Abrechnungstechnisch handelt es sich bei den zur Überwindung der Kontierungsschwierigkeiten eingerichteten Bereichskostenstellen ebenfalls um Hilfskostenstellen. Man bezeichnet die Hilfskostenstellen auch als sekundäre oder Vorkostenstellen.

Aus der in der Praxis häufig anzutreffenden Kombination einer funktionsorientierten Kostenstelleneinteilung mit abrechnungstechnischen Aspekten resultieren hauptsächlich folgende Kostenstellentypen:

Allgemeine Hilfskostenstellen, die Leistungen an nahezu alle betriebliche Teilbereiche abgeben. Als Beispiele können die betriebseigene Reparaturwerkstatt, die sich um die Instandhaltung aller Maschinen und Anlagen eines Unternehmens kümmert, und die Kantine, die die gesamte Belegschaft mit warmem Mittagessen versorgt, angeführt werden.

Materialkostenstellen, die sich mit dem Einkauf, der Eingangskontrolle, der Lagerung und der Ausgabe von Roh-, Hilfs- und Betriebsstoffen sowie von Werkzeugen und Geräten beschäftigen. Dazu zählen zum Beispiel die Einkaufsabteilung, das Rohstofflager und die Materialausgabe.

Fertigungshilfskostenstellen, beispielsweise die Technische Leitung, die Arbeitsvorbereitung und der Formenbau, deren Leistungen ausschließlich den Fertigungskostenstellen zur Verfügung stehen.

Fertigungshauptkostenstellen, in denen die betrieblichen Erzeugnisse produziert werden. Zum Beispiel handelt es sich dabei um die Dreherei, die Härterei und die Endmontage.

Verwaltungshauptkostenstellen, die eine große Vielzahl administrativer Tätigkeiten abwickeln, beispielsweise in den Bereichen Rechnungswesen, Controlling, EDV und Personalwesen.

Vertriebskostenstellen, deren Aufgabe im Absatz der hergestellten Produkte besteht. Der Vertriebsbereich umfaßt zum Beispiel ein Fertigwarenlager,

---

Kostenstellenplan

1 Allgemeine Hilfskostenstellen

   10 Grundstücke und Gebäude
      100 Fabrikgebäude
      101 Lagerhalle
      102 Büroräume

   11 Energiekostenstellen
      110 Strom
      111 Gas
      112 Wasser

   12 Sozialkostenstellen
      120 Betriebsrat
      121 Kantine
      122 Werksarzt

   13 Reparatur- und Instandhaltung
      130 Schlosserei
      131 Elektrowerkstatt
      132 Bautrupp

   14 Transportkostenstellen
      140 Innerbetrieblicher Transport
      141 LKW-Fuhrpark
      142 PKW-Fuhrpark

2 Materialkostenstellen

   20 Einkauf
      200 Einkaufsleitung
      201 Einkauf Fertigung
      202 Einkauf Verwaltung

   21 Lager
      210 Rohstofflager
      211 Werkstattlager
      212 Materialausgabe
      213 Eingangskontrolle

3 Fertigungskostenstellen

   30 Fertigungshilfskostenstellen
      300 Technische Betriebsleitung
      301 Arbeitsvorbereitung
      302 Formenbau
      303 Konstruktion

   31 Fertigungshauptkostenstellen I
      310 Dreherei
      311 Fräserei
      312 Schleiferei
      313 Bohrerei

   32 Fertigungshauptkostenstellen II
      320 Lackiererei
      321 Endmontage I
      322 Endmontage II

4 Verwaltungskostenstellen

   40 Geschäftsleitung
      400 Geschäftsführer
      401 Sekretariat

   41 Rechnungswesen
      410 Finanzbuchhaltung
      411 Lohn- und Gehaltsbuchhaltung
      412 Kostenrechnung

   42 EDV
      420 Zentralrechner
      421 PC-Netzwerk

5 Vertriebskostenstellen

   50 Marketing
      500 Werbung
      501 Marktforschung

   51 Verkauf
      510 Verkaufsleitung
      511 Verkauf Inland
      512 Verkauf Ausland

Abbildung 4-2: Kostenstellenplan für einen Industriebetrieb

eine Versandabteilung, verschiedene Verkaufsbüros und eine Werbeabteilung. Das Ergebnis der Kostenstelleneinteilung wird in einem Kostenstellenplan dokumentiert. Ein Kostenstellenplan enthält eine systematische und unternehmensindividuelle Auflistung der Kostenstellenbezeichnungen und der zugehörigen Kostenstellennummern, wie in Abbildung 4-2 für einen Industriebetrieb beispielhaft wiedergegeben. Die erste Ziffer der Kostenstellennummer steht für den Kostenbereich, die zweite für die Kostenstellengruppe und die dritte für die eigentliche Kostenstelle.

Der Einfluß der Kostenstelleneinteilung auf die Ergebnisse der Kostenstellenrechnung und damit auch der gesamten Kostenrechnung sollte nicht unterschätzt werden. Fehler im Kostenstellenplan, die ungenaue Kalkulationssätze und eine verringerte Aussagefähigkeit der Kostenkontrolle zur Folge haben, lassen sich auch durch die ausgefeiltesten Techniken des internen Rechnungswesens nicht mehr korrigieren.[9]

4.3 Durchführung der Kostenstellenrechnung

Die Kostenstellenrechnung läßt sich auf zweierlei Weise durchführen. Einmal kann für jede Kostenstelle in den dafür freigehaltenen Kontenklassen 5 und 6 des Gemeinschaftskontenrahmens der Industrie ein Konto eingerichtet werden.[10] Den einzelnen Kostenstellenkonten sind dann nach dem Prinzip der doppelten Buchführung die durch die jeweilige Kostenstelle verursachten Kosten zu belasten und der Wert der erbrachten Leistungen gutzuschreiben.[11] Diese Vorgehensweise bewirkt die Integration der Finanzbuchhaltung und der Kostenrechnung in einen geschlossenen Abrechnungskreis. Mit dem reinen Einkreissystem ist ein hoher Buchungsaufwand verbunden, der allerdings bei einem Einsatz von EDV-Systemen für das Rechnungswesen weniger stark ins Gewicht fällt.

In der Praxis hat sich aus Gründen der Übersichtlichkeit und der flexibleren Handhabungs- und Darstellungsmöglichkeiten die statistisch-tabellarische Form der Kostenstellenrechnung durchgesetzt. Dabei wird eine als Betriebsabrechnungsbogen (BAB) bezeichnete Tabelle angelegt, in der die Kostenarten zeilenweise und die Kostenstellen spaltenweise angeordnet sind. Mit Hilfe

---

[9] Vgl. Plaut, H. G. (1987), S. 365, Medicke, W. (1983), S. 377 und Müller, H. (1988), S. 47–50, die in der Praxis häufig fehlerhafte Kostenstellenpläne vorgefunden haben.
[10] Dabei empfiehlt es sich, die Hilfskostenstellen der Klasse 5 und die Hauptkostenstellen der Klasse 6 zuzuweisen.
[11] Vgl. Kilger, W. (1987), S. 452–477 und Michel, R./Torspecken, H.-D. (1989), S. 203–219, die anhand von Beispielen erläutern, wie sich die Kostenrechnung in Kontoform durchführen läßt.

Betriebsabrechnungsbogen

	Kostenarten		Hilfskostenstellen				Hauptkostenstellen			
	Kostenartenbezeichnung	Gesamt-summe	Grundstück u. Gebäude	Reparatur-werkstatt	Arbeitsvor-bereitung	Fertigung I	Fertigung II	Material	Verwaltung	Vertrieb
	Primäre Gemeinkosten									
1	Hilfs- und Betriebsstoffe	9.500	190	1.330	-	4.275	3.705	-	-	-
2	Energiekosten	11.000	990	605	-	3.630	2.640	1.430	880	825
3	Gemeinkostenlöhne	40.000	2.000	2.800	-	11.200	13.200	5.600	-	5.200
4	Gehälter	55.000	-	3.850	6.600	3.850	2.750	3.300	13.200	21.450
5	Personalnebenkosten	66.500	1.400	4.655	4.620	10.535	11.165	6.230	9.240	18.655
6	Bürokosten	8.000	-	-	1.200	-	-	1.200	3.200	2.400
7	Kalk. Abschreibungen	24.000	2.640	960	720	7.440	5.760	2.880	1.440	2.160
8	Kalk. Zinsen	6.000	660	240	180	1.860	1.440	720	360	540
9	**Zwischensumme**	220.000	7.880	14.440	13.320	42.790	40.660	21.360	28.320	51.230
	Sekundäre Gemeinkosten									
11	Kosten der Grundstücke und Gebäude		-9.395	705	470	2.114	1.879	1.644	1.174	1.409
12	Kosten der Reparaturwerkstatt		1.515	-15.145	-	5.679	4.922	1.893	-	1.136
13	Kosten der Arbeitsvorbereitung		-	-	-13.790	5.875	7.915	-	-	-
14	**Kosten der Hauptkostenstellen**		0	0	0	56.458	55.376	24.897	29.494	53.775
15	Fertigungslöhne (Zuschlagsbasis für die Fertigungskostenstellen)					60.000	85.000			
17	Materialeinzelkosten (Zuschlagsbasis für die Materialkostenstelle)							275.000		
18	Herstellkosten (Zuschlagsbasis für die Verwaltungs- und Vertriebskostenstelle)								556.731	556.731
19	**Kalkulationssätze (Gemeinkostenzuschlagssätze)**					94,10%	65,15%	9,05%	5,30%	9,66%

Abbildung 4-3: Betriebsabrechnungsbogen einer Istkostengleichung auf Vollkostenbasis

4.3 Durchführung der Kostenstellenrechnung

des Betriebsabrechnungsbogens läßt sich die Kostenstellenrechnung schrittweise durchführen. Abbildung 4-3 stellt einen Betriebsabrechnungsbogen in verdichteter Form dar.

Im ersten Schritt werden die primären Gemeinkosten aus der Kostenartenrechnung in die zweite Spalte des BAB übernommen und denjenigen Hilfs- und Hauptkostenstellen zugeordnet, die sie verursacht haben (Zeile 1–10). Da die betrieblichen Erzeugnisse unmittelbar nur die Leistungen der Hauptkostenstellen in Anspruch nehmen, lassen sich die in der Hilfskostenstellen angefallenen Kosten auch nur über die Hauptkostenstellen auf die Kostenträger weiterverrechnen. Die Übertragung der Kosten der Hilfskostenstellen an die Hauptkostenstellen erfolgt im Rahmen der innerbetrieblichen Leistungsverrechnung. Zum Beispiel werden die Kosten der Reparaturwerkstatt den Kostenstellen, die in der Abrechnungsperiode Reparaturleistungen empfangen haben, als sekundäre Kosten belastet (Zeile 11–14).

Die Summe aus primären und sekundären Gemeinkosten ergibt die gesamten Kosten der Hauptkostenstellen (Zeile 15), die für die Ermittlung der Kalkulationssätze heranzuziehen sind. Für jede Kostenstelle wurde bereits bei der Kostenstelleneinteilung eine Bezugsgröße identifiziert, zu der sich die Kosten zumindest annähernd proportional verhalten (Zeile 16–18). Die Berechnung der Kalkulationssätze erfolgt durch Division der Kosten der einzelnen Hauptkostenstellen durch die jeweiligen Bezugsgrößen (Zeile 19). Beispielsweise werden die Kosten der Materialkostenstelle zu den Materialeinzelkosten in Beziehung gesetzt, und daraus ergibt sich ein Materialgemeinkostenzuschlagssatz. Mit Hilfe dieses Kalkulationssatzes lassen sich im Rahmen der Kostenträgerstückrechnung für jedes Erzeugnis die anteiligen Materialgemeinkosten bestimmen. Der Datenfluß innerhalb der Kostenstellenrechnung ist in Abbildung 4-4 noch einmal schematisch dargestellt.

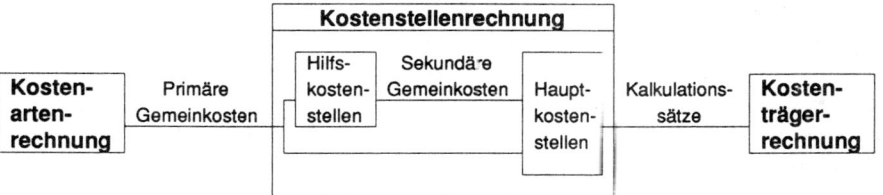

Abbildung 4-4: Datenfluß innerhalb der Kostenstellenrechnung

Darüber hinaus findet die Kostenkontrolle ebenfalls im Rahmen der Kostenstellenrechnung statt. Sie läßt sich als Zeit-, Betriebs-, oder Soll-Ist-Vergleich durchführen. Beim Zeitvergleich erfolgt die Gegenüberstellung der in der Regel monatlich für die einzelnen Kostenstellen eines Unternehmens ermittelten Istkosten mit den entsprechenden Daten vergangener Monate, zum Beispiel des Vormonats oder des Vorjahresmonats. Ergänzend zu den unternehmensinternen Vergangenheitszahlen können im Rahmen von Betriebsvergleichen auch die entsprechenden Daten von gleichgroßen Unternehmen aus derselben Branche hinzugezogen werden, sofern diese Informationen zur Verfügung stehen.

Von entscheidendem Nachteil ist jedoch, daß die bereits in den Vormonaten bzw. in anderen Unternehmen aufgetretenen Unwirtschaftlichkeiten durch Zeit- oder Betriebsvergleiche unerkannt bleiben. Beispielsweise läßt sich ein überhöhter Verbrauch an Betriebsstoffen in einer Kostenstelle anhand eines Zeitvergleiches nicht aufdecken, wenn in der Vergangenheit ebenfalls hohe Kosten für Betriebsstoffe anfielen und somit der Vergleichsmaßstab nicht frei von Unwirtschaftlichkeiten ist.[12] Eine wirksame Kostenkontrolle ermöglicht daher erst der kostenstellenweise Soll-Ist-Vergleich, der die Gegenüberstellung der Istkosten mit den aus einer analytischen Kostenplanung abgeleiteten Sollkosten vornimmt.[13]

Die einzelnen Abrechnungsschritte der Kostenstellenrechnung und die dafür einzusetzenden Techniken sollen in den folgenden Abschnitten näher erläutert werden.

4.3.1 Verrechnung der primären Gemeinkosten auf die Kostenstellen

Die Kostenstellenrechnung beschäftigt sich zuerst damit, die einzelnen Kostenstellen kostenartenweise mit den durch sie verursachten primären Gemeinkosten zu belasten. Sofern bei der Kostenstelleneinteilung der dritte Grundsatz beachtet wurde und sich sämtliche Kostenbelege den Kostenstellen eindeutig zuordnen lassen, kann die Verrechnung der Kosten auf die Kostenstellen bereits zum Zeitpunkt der Kostenerfassung im Rahmen der Kostenartenrechnung erfolgen. Das Gehalt eines Angestellten wird dann zum Beispiel bereits bei der Verbuchung auf die Kostenart ‚Gehälter' und gleichzeitig auf die Kostenstelle, in der sich der Arbeitsplatz des betreffenden Mitarbeiters befindet, kontiert. Wenn der Angestellte jedoch für mehrere Kostenstellen arbeitet, ist sein Gehalt einer eigens zu diesem Zweck eingerichteten Bereichskostenstelle zu belasten und über die innerbetriebliche Leistungsverrechnung an die dem Bereich zugehörigen Kostenstellen zu verteilen.

Die Personalnebenkosten lassen sich den Kostenstellen anhand der jeweiligen Lohn- und Gehaltssummen zuordnen. Zu diesem Zweck berechnet man

---

[12] Vgl. dazu insbesondere Schmalenbach, E. (1963), S. 438, der in diesem Zusammenhang auch immer von einem Vergleich von „Schlendrian mit Schlendrian" sprach.
[13] Die Durchführung von Soll-Ist-Vergleichen und die daran anknüpfenden Abweichungsanalysen, die in Kapitel 4.3.4 behandelt werden, setzen allerdings eine flexible Plankostenrechnung und eine kostenstellenweise Kostenplanung voraus.

durch Division der gesamten Personalnebenkosten durch die gesamten Lohn- und Gehaltskosten einen sogenannten Sozialkostenzuschlag, der dann wiederum auf die Lohn- und Gehaltssummen der einzelnen Kostenstellen zu beziehen ist. Wenn weiterhin aus der Anlagenbuchhaltung hervorgeht, in welcher Kostenstelle sich jeder einzelne Anlagegegenstand befindet, können auch die kalkulatorischen Abschreibungen und die kalkulatorischen Zinsen auf das Anlagevermögen kostenstellenweise ermittelt werden.

Grundsätzlich lassen sich durch die Aufnahme zusätzlicher Hilfskostenstellen in den Kostenstellenplan die meisten Zurechnungsprobleme vermeiden. Die daraus resultierende große Anzahl von Kostenstellen bereitet bei Einsatz einer EDV-gestützten Kostenrechnung keine Probleme mehr. Allerdings ist in der Praxis teilweise noch die Methode der indirekten Verteilung der primären Gemeinkosten mit Hilfe von Verteilungsschlüsseln anzutreffen. Dabei werden die Gesamtbeträge der einzelnen Kostenarten anhand geeigneter Verteilungsschlüssel auf die verschiedenen Kostenstellen verrechnet. Beispielsweise lassen sich die Mietkosten anhand der von den einzelnen Kostenstellen beanspruchten Quadratmetern Nutzfläche zuordnen, wenn keine gesonderte Kostenstelle für Grundstücke und Gebäude existiert. Entsprechend können auch die Kosten für fremdbezogenen Strom im Verhältnis der von den Kostenstellen verbrauchten Kilowattstunden verrechnet werden.

4.3.2 Innerbetriebliche Leistungsverrechnung

Bei der Durchführung der Kostenstellenrechnung ist zu beachten, daß die einzelnen Kostenstellen eines Unternehmens auch Leistungen erbringen, die nicht unmittelbar absatzbestimmt sind, sondern im Unternehmen verbleiben und von anderen Kostenstellen ge- bzw. verbraucht werden. Zum Beispiel handelt es sich um selbsterstellte Anlagen, Maschinen und Werkzeuge, selbst durchgeführte Reparatur- und Instandsetzungsarbeiten, Eigenerzeugung von Energie, eigene Forschungs- und Entwicklungsaktivitäten sowie soziale Dienste (Kantine, Betriebsarzt). Da die Verrechnung der Gemeinkosten auf die Kostenträger ausschließlich über die unmittelbar an der Herstellung und dem Absatz der betrieblichen Erzeugnisse beteiligten Hauptkostenstellen erfolgen kann, sind die Hauptkostenstellen demnach nicht allein mit den jeweils verursachten primären Kosten, sondern auch mit den Kosten für die in Anspruch genommenen innerbetrieblichen Leistungen zu belasten.

In Hinblick auf eine hohe Kalkulationsgenauigkeit strebt die Kostenrechnung die verursachungsgerechte Verrechnung der für die innerbetrieblichen Leistungen anfallenden Kosten an. Weiterhin geht es im Rahmen der Wirtschaftlichkeitskontrolle darum, die Kosten der Eigenerstellung der Leistungen mit denen des Fremdbezugs zu vergleichen. Unter abrechnungstechnischen Gesichtspunkten unterscheidet man zwei Arten von innerbetrieblichen Leistungen.

4.3.2.1 Kategorien von innerbetrieblichen Leistungen

Die innerbetrieblichen Leistungen der ersten Kategorie werden aufgrund ihrer Heterogenität wie Kostenträger behandelt und einzeln abgerechnet.[14] An diesen einmalig bzw. in unregelmäßigen Abständen auftretenden innerbetrieblichen Leistungen, denen in der Regel sogenannte Innenaufträge zugrundeliegen, sind vielfach mehrere Hilfs- und auch Hauptkostenstellen beteiligt.

Wenn ein Unternehmen beispielsweise eine für die Produktion der betrieblichen Erzeugnisse einzusetzende Maschine oder Anlage selbst erstellt, wird dafür in der Kontenklasse 7 des Gemeinschaftskontenrahmens der Industrie unter der Oberbezeichnung ‚Aktivierte Eigenleistungen' ein separates Konto eröffnet. An Stelle eines Kostenträgerkontos kann auch eine sogenannte Ausgliederungskostenstelle eingerichtet werden. Diesem Konto bzw. der Ausgliederungskostenstelle sind dann die in den verschiedenen Haupt- und Hilfskostenstellen des Unternehmens für das Projekt anfallenden Kosten zu belasten. Auf diese Weise lassen sich die Kosten der Eigenleistungen kontrollieren und den Kosten der entsprechenden Fremdleistungen gegenüberstellen.

Nach Fertigstellung werden für die Nutzung der Maschine oder Anlage in der jeweiligen Kostenstelle kalkulatorische Abschreibungen und Zinsen verrechnet, wobei sich die kalkulatorischen Abschreibungen und Zinsen auf der Grundlage der für die Herstellung der Maschine entstandenen Kosten ermitteln. Entsprechend sind die Kosten von Großreparaturen und umfangreichen Instandhaltungsmaßnahmen auftragsweise auf Kostenträgerkonten zu sammeln und den Kostenstellen, in denen sich bearbeitete Anlagegegenstände befinden, zuzurechnen. Erhöht sich der Wert eines Anlagegegenstands infolge einer Instandhaltungsmaßnahme, z. B. durch den Einbau einer elektronischen Steuerung in eine manuell zu bedienende Maschine, werden die Instandhaltungskosten aktiviert und in Form von kalkulatorischen Abschreibungen auf die zu erwartende Nutzungsdauer verteilt.

Zu den einzeln abzurechnenden innerbetrieblichen Leistungen zählt auch die Herstellung von im Produktionsprozeß verwendeten Werkzeugen durch die eigenen Werkzeugbau- und Fertigungskostenstellen. Da die Werkzeuge meist nicht unmittelbar, sondern erst nach einer Zwischenlagerung zum Einsatz kommen, erfolgt die Verbuchung der für die Herstellung der Werkzeuge entstehenden Kosten auf Materialbestandskonten (Kontenklasse 3 des Gemeinschaftskontenrahmens der Industrie). Anhand der Materialentnahmescheine werden die Werkzeugkosten dann auf die verbrauchenden Kostenstellen verrechnet. Hingegen sind die Kosten der speziell für bestimmte Kundenaufträge erstellten Werkzeuge diesen Kundenaufträgen als Sondereinzelkosten der Fer-

---

[14] Vgl. Wahle, O. (1989), S. 186–189, Weber, J. (1990), S. 184–185 und auch Hummel, S./Männel, W. (1986), S. 217, die die Gründe für die Einzelabrechnung innerbetrieblicher Leistungen aufzeigen.

4.3 Durchführung der Kostenstellenrechnung

tigung direkt zu belasten. Genauso ist auch mit den Kosten, die für kundenindividuelle Konstruktionszeichnungen und Musteranfertigungen anfallen, zu verfahren.

Die ausschließlich von den einzelnen Hilfskostenstellen, insbesondere den allgemeinen Hilfskostenstellen und den Fertigungshilfskostenstellen, regelmäßig erbrachten homogenen Leistungen bilden die zweite Kategorie von innerbetrieblichen Leistungen. Dazu zählen die von der Hilfskostenstelle „Grundstücke und Gebäude" bereitgestellte Nutzfläche, die von der Reparaturwerkstatt durchgeführten Wartungsarbeiten, die von der Arbeitsvorbereitung vorgenommenen Planungstätigkeiten oder die von der Stromkostenstelle bereitgestellte elektrische Energie. Diese innerbetrieblichen Leistungen werden in der Abrechnungsperiode ihrer Entstehung unmittelbar in Anspruch genommen und sind deshalb nicht zu aktivieren.

Jeweils am Ende einer Abrechnungsperiode sind im Rahmen der innerbetrieblichen Leistungsverrechnung die in den leistenden Hilfskostenstellen entstehenden Kosten den empfangenden Kostenstellen als sekundäre Gemeinkosten zu belasten. Für jede innerbetriebliche Leistung entsteht dabei eine sekundäre Kostenart. Beispielsweise werden die Kosten der Stromkostenstelle als sekundäre Stromkosten auf alle stromverbrauchenden Kostenstellen und die Kosten der Arbeitsvorbereitung auf alle Fertigungshauptkostenstellen verteilt. Letztendlich erfolgt auf diese Weise die Übertragung sämtlicher Kosten der Hilfskostenstellen auf die Hauptkostenstellen. Über die Hauptkostenstellen, die unmittelbar an der Herstellung und dem Absatz der betrieblichen Erzeugnisse beteiligt sind, lassen sich dann die Gemeinkosten mit Hilfe von Kalkulationssätzen an die Kostenträger weiterverrechnen.

Um die empfangenden Kostenstellen genau mit den Kosten, die durch die in Anspruch genommenen innerbetrieblichen Leistungen verursacht wurden, belasten zu können, sind detaillierte Informationen über den Austausch innerbetrieblicher Leistungen zwischen den Kostenstellen erforderlich. In einigen Fällen läßt sich der Leistungsverbrauch in den einzelnen Kostenstellen direkt messen, z.B. in Form von Stundenaufschreibungen der Reparaturwerkstatt oder Fahrtennachweisheften des Fuhrparks. Auch der Strom-, Gas- und Wasserverbrauch ließe sich mit Hilfe von Zählern für jede Kostenstelle exakt ermitteln. Allerdings ist es vielfach wirtschaftlich nicht vertretbar, in jeder Kostenstelle einen separaten Stromzähler zu installieren. Folglich muß man den Stromverbrauch der einzelnen Kostenstellen näherungsweise ermitteln, z.B. durch Multiplikation des Kilowatt-Anschlußwertes mit dem durchschnittlichen Lastgrad und der Laufzeit der Aggregate.

Nicht selten ist es viel zu aufwendig oder nahezu unmöglich, die von einer Hilfskostenstelle erbrachten Leistungen mengenmäßig zu erfassen. In solchen Fällen verwendet die Praxis sogenannte Verteilungsschlüssel, die einer verursachungsgerechten Verrechnung der sekundären Kosten möglichst nahekommen sollen. Beispielsweise werden die sekundären Raumkosten anhand der durch die Kostenstellen jeweils belegten Quadratmeter Nutzfläche verteilt, wobei eventuell eine Gewichtung mit dem Wert der Gebäudeflächen stattfindet.[15] Als Verteilungsgrundlage für die sekundären Sozialkosten dient in der Regel die Anzahl der Mitarbeiter in den einzelnen Kostenstellen. Die Verrechnung der sekundären Arbeitsvorbereitungskosten erfolgt zumeist nach Maßgabe der in den empfangenden Fertigungshauptkostenstellen anfallenden Fertigungslöhne. Eine Zusammenstellung der häufig eingesetzten Verteilungsschlüssel bietet die Abbildung 4-5.

Hilfskostenstelle	Verteilungsgrundlage
Grundstücke und Gebäude (Raumkostenstelle)	Quadratmeter Nutzfläche (eventuell differenziert nach der Art der Gebäude)
Sozialkostenstelle	Anzahl der Mitarbeiter, Lohn- und Gehaltssumme
Reparaturwerkstatt	geleistete Stunden
Stromkostenstelle	Kilowattstunden (näherungsweise: Kilowatt-Anschlußwert * Lastgrad * durchschnittliche Laufzeit der Aggregate)
Fuhrpark	Kilometer, Tonnenkilometer
Technische Betriebsleitung, Meisterbereichskostenstelle	Summe aus Fertigungslöhnen und kalkulatorischen Abschreibungen
Arbeitsvorbereitung	Fertigungslöhne, Anzahl der Mitarbeiter

Abbildung 4-5: *Häufig verwendete Verteilungsschlüssel für sekundäre Gemeinkosten*

4.3.2.2 Durchführung der innerbetrieblichen Leistungsverrechnung

Innerhalb des Betriebsabrechnungsbogens werden die beiden oben dargestellten Kategorien von innerbetrieblichen Leistungen nacheinander verrechnet. Es ist stets mit den einzeln abzurechnenden innerbetrieblichen Leistungen der ersten Kategorie, die Kostenträgercharakter haben, zu beginnen. Auf die dafür speziell entwickelten Verfahren soll hier jedoch nicht genauer eingegangen werden.[16] Im Detail wird allerdings die jeweils am Ende einer Abrechnungsperiode durchzuführende Verrechnung der von den Hilfskostenstellen erbrachten Leistungen in Form von sekundären Gemeinkosten behandelt. Die

---

[15] Vgl. dazu Mellerowicz, K. (1977), S. 37–38, der die Verteilungsgrundlage für die sekundären Raumkosten durch Multiplikation der effektiven Quadratmeter Nutzfläche mit Gewichtungsfaktoren errechnet und dadurch die Verschiedenartigkeit der Gebäudeflächen berücksichtigt.

[16] Die Verfahren zur Verrechnung einzelner innerbetrieblicher Leistungen sind ausführlich beschrieben bei Hummel, S./Männel, W. (1986), S. 235–246, Wahle, O. (1989), S. 189–195 und Weber, J. (1990), S. 203–207.

4.3 Durchführung der Kostenstellenrechnung

	Hilfskostenstellen		Hauptkostenstellen			Summe
	Reparatur-werkstatt	Energie-erzeugung	Material	Fertigung	Verwaltung und Vertrieb	
Primäre Gemeinkosten	DM 23.120	DM 8.250	DM 18.020	DM 56.-90	DM 33.290	DM 138.870
Innerbetriebliche Leistungen						
Reparaturwerkstatt (Stunden)	-	120 Std. 3/20	160 Std. 1/5	440 Std. 11/2C	80 Std. 1/10	800 Std.
Energieerzeugung (kWh)	5.000 kWh 1/11	-	15.000 kWh 3/11	25.000 kWh 5/11	10.000 kWh 2/11	55.000 kWh

Abbildung 4-6: Tatsächlich bestehende Leistungsbeziehungen zwischen den Kostenstellen

Sekundärkostenverrechnung kann unter Einsatz eines der nachstehend beschriebenen Verfahren besser erfolgen.

Zur Erläuterung der unterschiedlichen Verrechnungstechniken dient das folgende Zahlenbeispiel, das vereinfachend von nur fünf Kostenstellen (zwei Hilfs- und drei Hauptkostenstellen) ausgeht. Die innerhalb einer Abrechnungsperiode angefallenen primären Gemeinkosten und die in Anspruch genommenen innerbetrieblichen Leistungen sind in Abbildung 4-6 für jede Kostenstelle aufgeführt. Die Angabe der von den einzelnen Kostenstellen empfangenen Leistungen erfolgt absolut und in der darunterliegenden Zeile als Anteil an der durch die jeweilige Hilfskostenstelle insgesamt erbrachten Leistung. Beispielsweise gibt die Reparaturwerkstatt 160 Stunden, was einem Fünftel ihrer Gesamtleistung entspricht, an die Materialkostenstelle ab.

Die beiden Hilfskostenstellen tauschen untereinander Leistungen aus und stellen den drei Hauptkostenstellen Reparaturleistungen und Strom zur Verfügung. In Abbildung 4-7 sind die zwischen den Kostenstellen bestehenden Leistungsbeziehungen grafisch dargestellt.

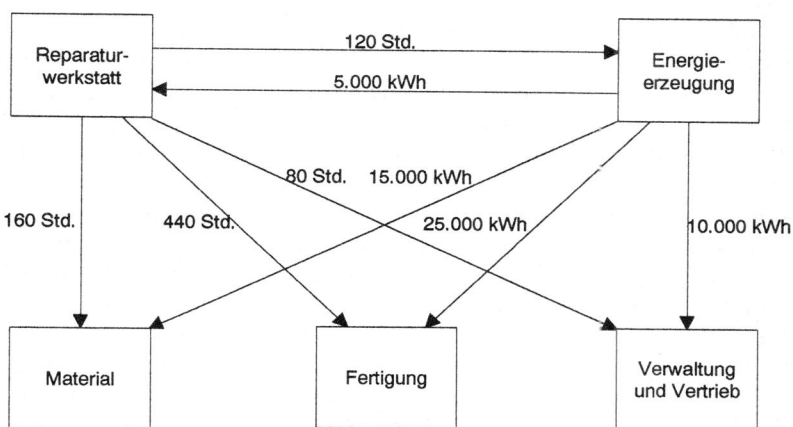

Abbildung 4-7: Grafische Darstellung der Leistungsbeziehungen zwischen den Kostenstellen

4.3.2.2.1 Anbauverfahren

Das Anbau- oder Blockverfahren ist die am einfachsten durchzuführende Methode der innerbetrieblichen Leistungsverrechnung. Der zwischen den einzelnen Hilfskostenstellen stattfindende Leistungsaustausch bleibt völlig unberücksichtigt, so daß in den Hilfskostenstellen keine sekundären Kosten entstehen. Vielmehr werden die primären Gemeinkosten der Hilfskostenstellen unmittelbar auf die Hauptkostenstellen verrechnet. Für die Durchführung des Anbauverfahrens sind somit nur die von den Hilfs- an die Hauptkostenstellen abgegebenen Leistungen von Bedeutung, wie auch aus dem an das Anbauverfahren angepaßten Zahlenbeispiel in Abbildung 4-8 hervorgeht. Da die von der Reparaturwerkstatt für die Energieerzeugung geleisteten 120 Stunden und die von der Energieerzeugung an die Reparaturwerkstatt abgegebenen 5.000 Kilowattstunden keine Berücksichtigung finden, reduziert sich die zu verrechnende Gesamtleistung bei der Reparaturwerkstatt von 800 auf 680 Stunden und bei der Energieerzeugung von 55.000 auf 50.000 Kilowattstunden. Entsprechend verändern sich auch die Anteile der von den einzelnen Hauptkostenstellen empfangenden Leistungen. Auf der Grundlage dieser Leistungsanteile erfolgt dann die innerbetriebliche Leistungsverrechnung.

	Hilfskostenstellen		Hauptkostenstellen			Summe
	Reparaturwerkstatt	Energieerzeugung	Material	Fertigung	Verwaltung und Vertrieb	
Primäre Gemeinkosten	DM 23.120	DM 8.250	DM 18.020	DM 56.190	DM 33.290	DM 138.870
Innerbetriebliche Leistungen Reparaturwerkstatt (Stunden)	-	-	160 Std. 4/17	440 Std. 11/17	80 Std. 2/17	680 Std.
Energieerzeugung (kWh)	-	-	15.000 kWh 3/10	25.000 kWh 1/2	10.000 kWh 1/5	50.000 kWh

Abbildung 4-8: Durch das Anbauverfahren berücksichtigte Leistungsbeziehungen

Im Betriebsabrechnungsbogen werden, wie Abbildung 4-9 zeigt, die primären Gemeinkosten der Hilfskostenstellen den Hauptkostenstellen als sekundäre Gemeinkosten belastet. Gleichzeitig sind die abgebenden Hilfskostenstellen um diese Beträge zu entlasten. Die sekundären Kosten ergeben sich durch Multiplikation der Kosten der Hilfskostenstelle mit dem Anteil der von der jeweiligen Hauptkostenstelle empfangenden Leistungsmenge an der insgesamt von der Hilfskostenstelle abgegebenen Leistungsmenge. Beispielsweise hat die Fertigungshauptkostenstelle 440 Reparaturstunden in Anspruch genommen. Das entspricht einem Anteil von $^{11}/_{17}$ an den insgesamt von der Reparaturwerkstatt für die drei Hauptkostenstellen geleisteten 680 Stunden. Folglich entfallen auch $^{11}/_{17}$ der Kosten der Reparaturwerkstatt (= DM 14.960) als sekundäre Reparaturkosten auf die Fertigungshauptkostenstelle. Parallel dazu sind die Kosten der Reparaturwerkstatt um diesen Betrag zu reduzieren. Im Anschluß an die innerbetriebliche Leistungsverrechnung wird in der untersten Zeile für jede Kostenstelle die Summe aus primären und sekundären Gemeinkosten ausgewiesen. Dabei ist zu beachten, daß auf den Hilfskostenstel-

4.3 Durchführung der Kostenstellenrechnung

len keine Kosten verbleiben, und daß die Summe der gesamten Gemeinkosten aller Hauptkostenstellen der Summe der primären Gemeinkosten aller Hilfs- und Hauptkostenstellen entspricht.

	Hilfskostenstellen		Hauptkostenstellen			Summe
	Reparatur-werkstatt	Energie-erzeugung	Material	Fertigung	Verwaltung und Vertrieb	
Primäre Gemeinkosten	23.120	8.250	18.020	56.190	33.290	138.870
Sekundäre Gemeinkosten						
Kosten der Reparaturwerkstatt	-23.120					
-> Material (4/17)			5.440			
-> Fertigung (11/17)				14.960		
-> Verwaltung, Vertrieb (2/17)					2.720	
Kosten der Energieerzeugung		-8.250				
-> Material (3/10)			2.475			
-> Fertigung (1/2)				4.125		
-> Verwaltung, Vertrieb (1/5)					1.650	
Gesamte Gemeinkosten	0	0	25.935	75.275	37.660	138.870

Abbildung 4-9: Innerbetriebliche Leistungsverrechnung nach dem Anbauverfahren

Alternativ kann die innerbetriebliche Leistungsverrechnung auch unter Einsatz von Verrechnungssätzen erfolgen. Für die Bildung der Verrechnungssätze sind die primären Gemeinkosten der Hilfskostenstellen auf die von der jeweiligen Hilfskostenstelle an die Hauptkostenstellen abgegebenen Leistungseinheiten zu beziehen. Die Verrechnungssätze für die beiden Kostenstellen des Zahlenbeispiels ermitteln sich wie folgt:

Verrechnungssatz für die Reparaturwerkstatt: $\dfrac{\text{DM } 23.120}{680 \text{ Stunden}} = \text{DM } 34{,}-$ pro Reparaturstunde

Verrechnungssatz für die Energieerzeugung: $\dfrac{\text{DM } 8.250}{50.000 \text{ kWh}} = \text{DM } 0{,}165$ pro Kilowattstunde

Der Verrechnungssatz gibt somit die Kosten pro Leistungseinheit an. Für die Ermittlung der einer Hauptkostenstelle zu belastenden sekundären Kosten ist der betreffende Verrechnungssatz mit der von der Kostenstelle empfangenden Leistungsmenge zu multiplizieren. Die sekundären Reparaturkosten der Fertigungshauptkostenstelle betragen somit DM 14.960 (= 440 Stunden · DM 34,– pro Stunde).

Das Zahlenbeispiel zeigt, daß sich mit Hilfe des Anbauverfahrens die Kosten der Hilfskostenstellen vollständig auf die Hauptkostenstellen verrechnen lassen. Allerdings führt das Anbauverfahren nur dann zu genauen Ergebnissen, wenn zwischen den Hilfskostenstellen keine Leistungsbeziehungen bestehen. Da in der Regel jedoch auch die Hilfskostenstellen im größeren Umfang Leistungen untereinander austauschen, würde der Einsatz des Anbauverfahrens eine zu starke Verfälschung der Kostenstellenrechnung bewirken. Auch die für das Zahlenbeispiel ermittelten Kosten der Hauptkostenstellen sind recht ungenau, was später noch gezeigt wird. Die Praxis verwendet das Anbauverfahren vorrangig für die Verrechnung der Kosten der Fertigungshilfskostenstellen auf die Fertigungshauptkostenstellen, da Fertigungshilfskostenstellen keine Leistungen an andere Hilfskostenstellen abgeben.

4.3.2.2.2 Stufenleiterverfahren

Im Gegensatz zum Anbauverfahren ist das Stufenleiterverfahren in der Lage, den zwischen den einzelnen Hilfskostenstellen stattfindenden Leistungsaustausch zumindest teilweise zu berücksichtigen. Bei dem häufig auch als Treppenverfahren bezeichneten Stufenleiterverfahren erfolgt die Verrechnung der Kosten der Hilfskostenstellen in einer bestimmten Reihenfolge. Zuerst sind die primären Gemeinkosten derjenigen Hilfskostenstelle, die im geringsten Umfang Leistungen von anderen Hilfskostenstellen empfängt, verursachungsgerecht auf die Hilfs- und Hauptkostenstellen zu verteilen. Entsprechend sollte jede folgende Hilfskostenstelle möglichst nur Leistungen von den bereits abgerechneten Hilfskostenstellen in Anspruch genommen haben und möglichst nur Leistungen an noch abzurechnende Hilfskostenstellen abgeben. Beispielsweise werden innerbetriebliche Leistungen, die von der zweiten an die erste Hilfskostenstelle fließen, beim Stufenleiterverfahren außer acht gelassen. Aus der schematischen Darstellung des Betriebsabrechnungsbogens in Abbildung 4-10 geht die stufenweise Durchführung der innerbetrieblichen Leistungsverrechnung deutlich hervor.

	Hilfskostenstelle 1	Hilfskostenstelle 2	Hilfskostenstelle 3	Hilfskostenstelle 4	Hauptkostenstelle 1	Hauptkostenstelle 2	Hauptkostenstelle 3
Primäre Gemeinkosten	☐	☐	☐	☐	☐	☐	☐
Sekundäre Gemeinkosten 1		☐	☐	☐	☐	☐	☐
Sekundäre Gemeinkosten 2			☐	☐	☐	☐	☐
Sekundäre Gemeinkosten 3				☐	☐	☐	☐
Sekundäre Gemeinkosten 4					☐	☐	☐

Abbildung 4-10: Schematische Darstellung des Stufenleiterverfahrens

Die Verrechnung der zwischen den Hilfskostenstellen bestehenden Leistungsbeziehungen findet demnach nur in einer Richtung statt. Jede Hilfskostenstelle läßt sich nur mit sekundären Kosten von bereits abgerechneten Kostenstellen belasten. Da die Realität jedoch meist durch einen wechselseitigen Leistungsaustausch zwischen den Hilfskostenstellen gekennzeichnet ist, hängt die Genauigkeit der Kostenstellenrechnung bei Einsatz des Stufenleiterverfahrens stark von der Reihenfolge ab, in der die Hilfskostenstellen abgerechnet werden.

4.3 Durchführung der Kostenstellenrechnung

Um die richtige Abrechnungsreihenfolge der Hilfskostenstellen für das Zahlenbeispiel festlegen zu können, ist zu untersuchen, welche der beiden Hilfskostenstellen innerbetriebliche Leistungen im geringeren Wert empfangen hat. Die Reparaturwerkstatt hat 5.000 von den insgesamt durch die Energieerzeugung bereitgestellten 55.000 Kilowattstunden verbraucht. Der Wert der von der Reparaturwerkstatt aufgenommenen Leistung läßt sich daher mit $^1/_{11}$ der Kosten der Energieerzeugung (DM 8.250) angeben und beträgt DM 750. Entsprechend hat die Energieerzeugung Reparaturleistungen in Wert von DM 3.468 ($^3/_{20} \cdot$ DM 23.120) in Anspruch genommen. Es zeigt sich, daß die Reparaturwerkstatt Leistungen im geringeren Wert empfangen hat und deshalb auch zuerst abzurechnen ist. Auf diese Weise wird der Fehler, der daraus resultiert, daß das Stufenleiterverfahren den gegenseitigen Leistungsaustausch zwischen Hilfskostenstellen nicht berücksichtigen kann, so gering wie möglich gehalten.

Nach der Festlegung der Abrechnungsreihenfolge lassen sich dann die für das Stufenleiterverfahren relevanten Leistungsbeziehungen in eine Tabelle eintragen, wie Abbildung 4-11 zeigt. Dabei ist zu beachten, daß die von der Energieerzeugung an die Reparaturwerkstatt abgegebenen 5.000 Kilowattstunden nicht berücksichtigt werden können, und deshalb von einer Gesamtleistung der Energieerzeugung in Höhe von 50.000 Kilowattstunden auszugehen ist.

Die eigentliche innerbetriebliche Leistungsverrechnung erfolgt dann wiederum im Betriebsabrechnungsbogen und ist in Abbildung 4-12 dargestellt. Im Unterschied zum Anbauverfahren wird jedoch die Hilfskostenstelle Energieer-

	Hilfskostenstellen		Hauptkostenstellen			Summe
	Reparatur-werkstatt	Energie-erzeugung	Material	Fertigung	Verwaltung und Vertrieb	
Primäre Gemeinkosten	DM 23.120	DM 8.250	DM 18.020	DM 56.190	DM 33.290	DM 138.870
Innerbetriebliche Leistungen						
Reparaturwerkstatt (Stunden)	-	120 Std. 3/20	160 Std. 1/5	440 Std. 11/20	80 Std. 1/10	800 Std.
Energieerzeugung (kWh)	-	-	15.000 kWh 3/10	25.000 kWh 1/2	10.000 kWh 1/5	50.000 kWh

Abbildung 4-11: Durch das Stufenleiterverfahren berücksichtigte Leistungsbeziehungen

	Hilfskostenstellen		Hauptkostenstellen			Summe
	Reparatur-werkstatt	Energie-erzeugung	Material	Fertigung	Verwaltung und Vertrieb	
Primäre Gemeinkosten	23.120	8.250	18.020	56.190	33.290	138.870
Sekundäre Gemeinkosten						
Kosten der Reparaturwerkstatt	-23.120					
-> Energieerzeugung (3/20)		3.468				
-> Material (1/5)			4.624			
-> Fertigung (11/20)				12.716		
-> Verwaltung, Vertrieb (1/10)					2.312	
Kosten der Energieerzeugung		-11.718				
-> Material (3/10)			3.515			
-> Fertigung (1/2)				5.859		
-> Verwaltung, Vertrieb (1/5)					2.344	
Gesamte Gemeinkosten	0	0	26.159	74.765	37.946	138.870

Abbildung 4-12: Innerbetriebliche Leistungsverrechnung nach dem Stufenleiterverfahren

zeugung mit sekundären Reparaturkosten belastet, und bei der Verrechnung der Kosten der Energieerzeugung ist die Summe aus primären Gemeinkosten und sekundären Reparaturkosten auf die Hauptkostenstellen zu verteilen. Nach Durchführung der innerbetrieblichen Leistungsverrechnung ist wieder darauf zu achten, daß auf den Hilfskostenstellen keine Kosten verbleiben, und daß die Summe der gesamten Gemeinkosten aller Hauptkostenstellen der Summe der primären Gemeinkosten aller Hilfs- und Hauptkostenstellen entspricht.

Auch bei Einsatz des Stufenleiterverfahrens lassen sich Verrechnungssätze für die Hilfskostenstellen bestimmen, indem die Summe aus den primären Gemeinkosten und den von einer bereits abgerechneten Hilfskostenstelle belasteten sekundären Kosten durch die insgesamt an nachgelagerte Kostenstellen abgegebene Leistungsmenge dividiert wird. Für das Zahlenbeispiel ergeben sich folgende Verrechnungssätze:

Verrechnungssatz für die Reparaturwerkstatt: $\frac{DM\ 23.120}{800\ Stunden} = DM\ 28{,}90$
pro Reparaturstunde

Verrechnungssatz für die Energieerzeugung: $\frac{DM\ 8.250 + DM\ 3.468}{50.000\ kWh}$
$= DM\ 0{,}234$ pro Kilowattstunde

Das Stufenleiterverfahren ist in der Praxis weit verbreitet, da es recht einfach zu handhaben ist und auch, sofern die innerbetriebliche Leistungsverrechnung in der richtigen Reihenfolge durchgeführt wird, im Vergleich zum Anbauverfahren eine größere Genauigkeit erreicht. Für den Fall, daß die einzelnen Hilfskostenstellen keine Leistungen an bereits abgerechnete Hilfskostenstellen abgeben, liefert das Stufenleiterverfahren sogar exakte Ergebnisse. Wenn jedoch im größeren Umfang ein gegenseitiger Leistungsaustausch zwischen den Hilfskostenstellen stattfindet, führt auch das Stufenleiterverfahren lediglich zu Näherungslösungen und damit zu Ungenauigkeiten in der Kostenstellenrechnung. Um diese mit dem Stufenleiterverfahren verbundenen Fehler in einem vertretbaren Rahmen zu halten, sollten erstens die allgemeinen Hilfskostenstellen, die Leistungen an viele, wenn nicht sogar alle Kostenstellen abgeben, grundsätzlich vor den Fertigungshilfskostenstellen, die nur an die Fertigungshauptkostenstellen leisten, abgerechnet werden. Zweitens ist anhand der oben für das Zahlenbeispiel angestellten Überlegungen eine geeignete Reihenfolge der Hilfskostenstellen festzulegen.

4.3.2.2.3 Gleichungsverfahren

Im Gegensatz zu der schrittweisen Vorgehensweise beim Anbau- und beim Stufenleiterverfahren ermöglicht das Gleichungsverfahren, das man auch als

4.3 Durchführung der Kostenstellenrechnung

mathematisches Verfahren bezeichnet, die simultane Verrechnung der innerbetrieblichen Leistungen. Dadurch lassen sich auch für die in der Praxis regelmäßig auftretenden Situationen, in denen zwischen den Hilfskostenstellen wechselseitige Leistungsverflechtungen bestehen, exakte Ergebnisse erzielen. Die innerbetriebliche Leistungsverrechnung erfolgt beim Gleichungsverfahren durch Aufstellung und Lösung eines linearen Gleichungssystems. Für jede Hilfskostenstelle wird eine mathematische Gleichung formuliert, die die Zusammensetzung der gesamten Kosten der betreffenden Hilfskostenstelle beschreibt. Die gesamten Kosten einer Hilfskostenstelle ergeben sich als Summe aus den primären Gemeinkosten und den sekundären Kosten, die der Hilfskostenstelle für die von anderen Hilfskostenstellen empfangenden Leistungen zu belasten sind. Für die beiden Hilfskostenstellen aus dem Zahlenbeispiel sind folgende Gleichungen aufzustellen:

$$\text{Gleichung 1: } R = 23.120 + {}^1/_{11} \cdot E$$
$$\text{Gleichung 2: } E = 8.250 - {}^3/_{20} \cdot R$$

Die Gesamtkosten der Reparaturwerkstatt, für die das Symbol R steht, enthalten zum einen die primären Gemeinkosten in Höhe von DM 23.120. Darüber hinaus hat die Reparaturwerkstatt 5.000 von den insgesamt erzeugten 55.000 Kilowattstunden verbraucht und ist deshalb auch mit $^1/_{11}$ der mit E bezeichneten Kosten der Energieerzeugung zu belasten. Entsprechend setzen sich die Kosten der Energieerzeugung aus den primären Gemeinkosten in Höhe von DM 8.250 und den sekundären Reparaturkosten für die empfangenden 120 Stunden zusammen. Das aus zwei Gleichungen mit zwei Unbekannten bestehende lineare Gleichungssystem läßt sich noch mit einfachen Mitteln lösen. Komplexere Gleichungssysteme können hingegen nur noch mit Hilfe der Matrizenrechnung oder durch Einsatz der EDV bewältigt werden.[17] Durch Einsetzen der zweiten in die erste Gleichung erhält man die gesamten Kosten der Reparaturwerkstatt:

$$R = 23.120 + {}^1/_{11} \cdot (8.250 + {}^3/_{20} \cdot R)$$
$$R = 23.120 + 750 + {}^3/_{220} \cdot R$$
$${}^{217}/_{220} \cdot R = 23.870$$
$$R = \underline{24.200}$$

---

[17] Vgl. die Beispiele zur Lösung von linearen Gleichungssystemen mit Hilfe der Matrizenrechnung bei Freidank, C.-Chr. (1991), S.143–147 und Schweitzer, M./Küpper, H.-U. (1986), S.177–179, sowie das Beispiel zum EDV-Einsatz bei Haberstock, L. (1987), S.146–149.

Diese erste Lösung ist dann in die zweite Gleichung einzusetzen und daraus ergeben sich die gesamten Kosten der Energieerzeugung:

$$E = 8.250 + ^3/_{20} \cdot 24.200$$
$$E = 8.250 + 3.630$$
$$E = \underline{11.880}$$

Anhand dieser Informationen lassen sich auch die exakten Verrechnungssätze für die Leistungen der Hilfskostenstellen bestimmen. Dazu sind die soeben berechneten Gesamtkosten einer Hilfskostenstelle durch deren Gesamtleistung zu dividieren.

Verrechnungssatz für die Reparaturwerkstatt: $\dfrac{DM\ 24.200}{800\ Stunden} = DM\ 30{,}25$ pro Reparaturstunde

Verrechnungssatz für die Energieerzeugung: $\dfrac{DM\ 11.880}{55.000\ kWh} = DM\ 0{,}216$ pro Kilowattstunde

Nach der Berechnung der gesamten Kosten der Hilfskostenstellen sind diese auf die Hauptkostenstellen zu verrechnen. Dazu wird wiederum der Betriebsabrechnungsbogen eingesetzt. Wie aus Abbildung 4-13 zu ersehen ist, sind die gesamten Gemeinkosten der Hilfskostenstellen den empfangenden Kostenstellen anteilig zu belasten. Dabei finden sämtliche zwischen den Kostenstellen bestehenden Leistungsverflechtungen Berücksichtigung. Die Addition der primären und der sekundären Gemeinkosten ergibt bei den Hilfskostenstellen Null, und die Summe aus primären und sekundären Gemeinkosten über alle Hauptkostenstellen stimmt mit der Summe der primären Gemeinkosten aller Kostenstellen überein.

	Hilfskostenstellen		Hauptkostenstellen			Summe
	Reparaturwerkstatt	Energieerzeugung	Material	Fertigung	Verwaltung und Vertrieb	
Primäre Gemeinkosten	23.120	8.250	18.020	56.190	33.290	138.870
Sekundäre Gemeinkosten						
Kosten der Reparaturwerkstatt	-24.200					
-> Energieerzeugung (3/20)		3.630				
-> Material (1/5)			4.840			
-> Fertigung (11/20)				13.310		
-> Verwaltung, Vertrieb (1/10)					2.420	
Kosten der Energieerzeugung		-11.880				
-> Reparaturwerkstatt (1/11)	1.080					
-> Material (3/11)			3.240			
-> Fertigung (5/11)				5.400		
-> Verwaltung, Vertrieb (2/11)					2.160	
Gesamte Gemeinkosten	0	0	26.100	74.900	37.870	138.870

Abbildung 4-13: Innerbetriebliche Leistungsverrechnung nach dem Gleichungsverfahren

4.3 Durchführung der Kostenstellenrechnung

Im Unterschied zum Anbau- und Stufenleiterverfahren kann das Gleichungsverfahren die sekundären Gemeinkosten auch dann exakt auf die Hauptkostenstellen verrechnen, wenn zwischen den einzelnen Hilfskostenstellen wechselseitige Leistungsbeziehungen bestehen. In Abbildung 4-14 sind die Ergebnisse der drei Verfahren zur innerbetrieblichen Leistungsverrechnung für das Zahlenbeispiel einander gegenübergestellt. Dabei zeigt sich, wie zu erwarten war, daß die mit Hilfe des Anbauverfahrens ermittelten Zahlen am stärksten von den durch das Gleichungsverfahren bereitgestellten exakten Daten abweichen.

	Anbau- verfahren	Stufenleiter- verfahren	Gleichungs- verfahren
Verrechnungssätze der Hilfskostenstellen			
Reparaturwerkstatt	DM 34,00/Std.	DM 28,90/Std.	DM 30,25/Std.
Energieerzeugung	DM 0,165/kWh	DM 0,234/kWh	DM 0,216/kWh
Gesamte Gemeinkosten der Hauptkostenstellen			
Material	DM 25.935	DM 26.159	DM 26.100
Fertigung	DM 75.275	DM 74.765	DM 74.900
Verwaltung und Vertrieb	DM 37.660	DM 37.943	DM 37.870

Abbildung 4-14: Gegenüberstellung der Ergebnisse von Anbau-, Stufenleiter- und Gleichungsverfahren

Mit der Genauigkeit des Gleichungsverfahrens ist allerdings auch ein höherer Rechenaufwand verbunden, der bei Einsatz der EDV jedoch kein Problem mehr darstellt. Einige Standardsoftwarepakete zur Kostenstellenrechnung setzen jedoch an Stelle des Gleichungsverfahrens das Iterationsverfahren ein, das nur geringfügig von den Ergebnissen des Gleichungsverfahrens abweichende Näherungslösungen liefert.

4.3.2.2.4 Iterationsverfahren

Beim Iterationsverfahren findet eine schrittweise Annäherung an die exakten Kosten der Hauptkostenstellen statt. Wie Abbildung 4-15 für das Zahlenbeispiel zeigt, werden im ersten Schritt die primären Gemeinkosten der Hilfskostenstellen den empfangenden Kostenstellen anteilig belastet. In der zweiten Iteration erfolgt für jede Hilfskostenstelle die Verrechnung der primären Gemeinkosten zuzüglich der jeweils durch die erste Iteration zugewiesenen sekundären Gemeinkosten für die von anderen Hilfskostenstellen erhaltenen Leistungen. Dieses Verfahren wird solange wiederholt, bis sämtliche Kosten der Hilfskostenstellen auf die Hauptkostenstellen verrechnet sind. Für das Zahlenbeispiel ergeben sich nach der sechsten Iteration die gleichen Kosten der Hauptkostenstellen, die auch das Gleichungsverfahren ermittelt hat.

118 4 Kostenstellenrechnung

		Hilfskostenstellen		Hauptkostenstellen			Summe
		Reparatur-werkstatt	Energie-erzeugung	Material	Fertigung	Verwaltung und Vertrieb	
1. Iteration	Primäre Gemeinkosten	23.120	8.250	18.020	56.190	33.290	138.870
	Sekundäre Reparaturkosten	-23.120	3.468	4.624	12.716	2.312	
	Sekundäre Energiekosten	750	-8.250	2.250	3.750	1.500	
	Gesamte Gemeinkosten	750	3.468	24.894	72.656	37.102	138.870
2. Iteration	Primäre Gemeinkosten	23.120	8.250	18.020	56.190	33.290	138.870
	Sekundäre Reparaturkosten	-23.870	3.581	4.774	13.129	2.387	
	Sekundäre Energiekosten	1.065	-11.718	3.196	5.326	2.131	
	Gesamte Gemeinkosten	315	113	25.990	74.645	37.808	138.870
3. Iteration	Primäre Gemeinkosten	23.120	8.250	18.020	56.190	33.290	138.870
	Sekundäre Reparaturkosten	-24.185	3.628	4.837	13.302	2.419	
	Sekundäre Energiekosten	1.076	-11.831	3.227	5.378	2.151	
	Gesamte Gemeinkosten	11	47	26.084	74.870	37.860	138.870
4. Iteration	Primäre Gemeinkosten	23.120	8.250	18.020	56.190	33.290	138.870
	Sekundäre Reparaturkosten	-24.196	3.629	4.839	13.308	2.420	
	Sekundäre Energiekosten	1.080	-11.878	3.239	5.399	2.160	
	Gesamte Gemeinkosten	4	1	26.098	74.897	37.870	138.870
5. Iteration	Primäre Gemeinkosten	23.120	8.250	18.020	56.190	33.290	138.870
	Sekundäre Reparaturkosten	-24.200	3.630	4.840	13.310	2.420	
	Sekundäre Energiekosten	1.080	-11.879	3.240	5.400	2.160	
	Gesamte Gemeinkosten	0	1	26.100	74.900	37.870	138.870
6. Iteration	Primäre Gemeinkosten	23.120	8.250	18.020	56.190	33.290	138.870
	Sekundäre Reparaturkosten	-24.200	3.630	4.840	13.310	2.420	
	Sekundäre Energiekosten	1.080	-11.880	3.240	5.400	2.160	
	Gesamte Gemeinkosten	0	0	26.100	74.900	37.870	138.870

Abbildung 4-15: Innerbetriebliche Leistungsverrechnung nach dem Iterationsverfahren

Bei Anwendung des Iterationsverfahrens läßt sich mit vertretbarem Aufwand eine hohe Genauigkeit der innerbetrieblichen Leistungsverrechnung erreichen. Das Iterationsverfahren kann auch bei mehreren Hilfskostenstellen noch manuell durchgeführt werden, jedoch ist der Einsatz der EDV empfehlenswert.

4.3.3 Ermittlung von Kalkulationssätzen

Aufbauend auf die Informationen aus dem Betriebsabrechnungsbogen beschäftigt sich die Kostenstellenrechnung in einem weiteren Schritt mit der Ermittlung von Kalkulationssätzen, die eine kostenstellenweise Verrechnung der Gemeinkosten auf die Kostenträger ermöglichen. Die Kalkulationssätze bilden die Schnittstelle zwischen der Kostenstellen- und der Kostenträgerrechnung. Da nur die Hauptkostenstellen unmittelbar an der Herstellung und dem Absatz der betrieblichen Erzeugnisse beteiligt sind, lassen sich die Gemeinkosten auch nur über die Hauptkostenstellen an die Kostenträger weiterverrechnen. Aus diesem Grund war es zuvor im Rahmen der innerbetrieblichen Leistungsverrechnung erforderlich, die Hauptkostenstellen mit den innerhalb einer Abrechnungsperiode entstandenen gesamten Gemeinkosten zu belasten. Für jede Hauptkostenstelle kann ein Kalkulationssatz berechnet werden, indem man die gesamten Gemeinkosten der Hauptkostenstelle durch die jeweilige Bezugsbasis dividiert:

$$\text{Kalkulationssatz} = \frac{\text{Gesamte Gemeinkosten einer Hauptkostenstelle}}{\text{Bezugsbasis der Hauptkostenstelle}}$$

Aus den Ausführungen zum ersten Grundsatz der Kostenstelleneinteilung ging bereits hervor, daß die Kalkulationsgenauigkeit wesentlich von der richtigen Bezugsgrößenwahl abhängt. Über die Bezugsbasen wird die Verbindung zwischen den Kostenstellen und den Kostenträgern aufgebaut, die für eine verursachungsgerechte Verrechnung der Gemeinkosten auf die betrieblichen Erzeugnisse erforderlich ist. Die Leistung der Kostenstellen wird in Form von Bezugsgrößen, beispielsweise in der Einheit Fertigungs- oder Maschinenstunden gemessen, und diese Kostenstellenleistung geht dann wiederum in die einzelnen Kostenträger ein.

Bei der Bezugsgrößenwahl ist weiterhin zu beachten, daß eine Ursache-Wirkungs-Beziehung zwischen der Bezugsbasis und den Kosten der betreffenden Kostenstelle besteht und daß sich die Kosten proportional zur Kostenstellenleistung verhalten.[18] Auf Veränderungen der Bezugsbasis sollten die Kosten

---

[18] Es ist durchaus möglich, daß die Kosten einer Kostenstelle durch verschiedene Faktoren beeinflußt werden, beispielsweise durch die Fertigungszeit und die Rüstzeit. In

demnach im gleichen Verhältnis reagieren. Zum Beispiel müßte ein zehnprozentiger Rückgang der in einer Kostenstelle geleisteten Fertigungsstunden eine Abnahme der Kostenstellenkosten um ebenfalls zehn Prozent bewirken. In Systemen der Vollkostenrechnung findet die Tatsache, daß sich jeweils nur der variable Anteil an den gesamten Kosten einer Kostenstelle an Leistungsmengenänderungen anpaßt, während die leistungsunabhängigen fixen Kosten konstant bleiben, allerdings keine Berücksichtigung. Vielmehr werden die gesamten Kosten einer Kostenstelle proportional zur Bezugsbasis auf die einzelnen Kostenträger verrechnet. Für die praktische Durchführung der Kostenstellenrechnung ist es weiterhin von Bedeutung, daß sich die Bezugsbasen mit vertretbarem Aufwand erfassen lassen. Die zur Bestimmung der Kalkulationssätze für die Material-, Fertigungs-, Verwaltungs- und Vertriebskostenstellen noch heute häufig verwendeten Zuschlagsbasen gehen auf die traditionelle Kostenrechnung zurück.

4.3.3.1 Kalkulationssätze für die Materialkostenstellen

Vielfach wird für alle Materialkostenstellen (Einkauf, Lager, Materialausgabe, etc.) ein einziger Kalkulationssatz ermittelt. Dazu sind die gesamten Gemeinkosten der einzelnen Materialkostenstellen, die aus dem Betriebsabrechnungsbogen hervorgehen, aufzusummieren und durch die in der betreffenden Abrechnungsperiode insgesamt angefallenen Materialeinzelkosten zu dividieren. Da es sich bei den Materialeinzelkosten um eine wertmäßige Bezugsbasis handelt, ergibt sich ein prozentualer Materialgemeinkostenzuschlagssatz:

$$\text{Materialgemeinkostenzuschlagssatz} = \frac{\text{Gesamte Gemeinkosten der Materialkostenstellen}}{\text{Materialeinzelkosten}}$$

Im Rahmen der Kostenträgerrechnung werden die Materialgemeinkosten den betrieblichen Erzeugnissen dann in Form eines prozentualen Zuschlags auf Materialeinzelkosten zugerechnet. Die Verwendung der ohnehin innerhalb der Kostenartenrechnung erfaßten Materialeinzelkosten als Bezugsbasis hat den Vorteil, daß die Bestimmung der Materialgemeinkostenzuschlagssätze mit keinem zusätzlichen Aufwand verbunden ist. Allerdings haben diese Zuschlagssätze auch Ungenauigkeiten bei der Verrechnung der Materialgemeinkosten auf die Kostenträger zur Folge. Die Höhe der in den Materialkostenstellen anfallenden Kosten hängt keineswegs ausschließlich vom Wert der verbrauchten Materialien, sondern vielmehr von der beanspruchten Lagerfläche, der Lagerdauer, der Anzahl der Einkaufsrechnungen und anderen Kosteneinflußfakto-

---

einem solchen Fall spricht man von heterogener Kostenverursachung und verwendet mehrere Bezugsgrößen für eine Kostenstelle.

ren ab. Die in den Zuschlagssätzen unterstellte eindeutige proportionale Beziehung zwischen den Materialgemeinkosten und den Materialeinzelkosten besteht demnach in der Realität nur selten. Verzerrungen ergeben sich auch, wenn der Preis für eine bestimmte Materialart ansteigt. In diesem Fall werden die Kostenträger, in die diese Materialien eingehen, automatisch mit höheren Materialgemeinkosten belastet, auch wenn sich die durch die Materialart verursachten Beschaffungs- und Lagerkosten nicht verändert haben.

Auf Grund dieser Kritik an den globalen Materialgemeinkostenzuschlagssätzen haben sich Theorie und Praxis um die Bildung genauerer Kalkulationssätze für die Materialkostenstellen bemüht. In diesem Zusammenhang sind insbesondere die Ansätze zur Logistikkostenrechnung zu nennen, die auf einer nach Kostenstellen differenzierten Erfassung der Logistikkosten und -leistungen basieren und dadurch in der Lage sind, die Materialgemeinkosten zu ihren oben erwähnten Kosteneinflußfaktoren in Beziehung zu setzen [19] Mit der Verwendung dieser Kosteneinflußfaktoren als Bezugsbasen ist allerdings ein sehr hoher Erfassungs- und Abrechnungsaufwand verbunden, so daß im Rahmen der Plankostenrechnung zunächst für unterschiedliche Materialgruppen getrennte Gemeinkostenzuschlagssätze ermittelt werden. Auf diese Weise läßt sich bereits eine wesentliche Erhöhung der Kalkulationsgenauigkeit erreichen.[20]

4.3.3.2 Kalkulationssätze für die Fertigungskostenstellen

Im Fertigungsbereich, auf den in Industrieunternehmen der größte Teil der Gemeinkosten entfällt, ist für jede Hauptkostenstelle ein eigener Kalkulationssatz festzulegen. Nicht selten werden in der Praxis noch die auf die traditionelle Kostenrechnung zurückgehenden Fertigungsgemeinkostenzuschlagssätze berechnet. Als Bezugsbasis dienen dabei die in der betreffenden Fertigungskostenstelle angefallenen Fertigungslöhne, die sich recht einfach erfassen lassen, da sie in der Regel ohnehin im Rahmen der Lohnbuchhaltung zu ermitteln sind. Ein Fertigungsgemeinkostenzuschlagssatz ergibt sich als Quotient aus den im Betriebsabrechnungsbogen ausgewiesenen gesamten Gemeinkosten einer Fertigungskostenstelle und den Fertigungslöhnen derselben Kostenstelle:

$$\text{Fertigungsgemeinkostenzuschlagssatz} = \frac{\text{Gesamte Gemeinkosen einer Fertigungskostenstelle}}{\text{Gesamte Fertigungslöhne der Fertigungskostenstelle}}$$

---

[19] Vgl. dazu insbesondere Weber, J. (1987), Männel, W. (1990), S. 22–29 und Reichmann, Th. (1989), S. 18–25.
[20] Vgl. Kilger, W. (1988), S. 493–498, der die Bildung von differenzierten Gemeinkostenzuschlagssätzen für Materialgruppen an einem Beispiel erläutert.

Mit Hilfe der Fertigungsgemeinkostenzuschlagssätze läßt sich bei ausschließlich arbeitsintensiver Produktion mit geringem Aufwand eine vielfach noch akzeptable Kalkulationsgenauigkeit erreichen.[21] Die im Zusammenhang mit den Materialgemeinkostenzuschlagssätzen aufgezeigten Kritikpunkte gelten allerdings auch für die Lohnzuschlagskalkulation. Genauso wie Materialpreisänderungen führen Veränderungen bei den Lohnsätzen zu Verzerrungen bei der Verrechnung der Gemeinkosten auf die Kostenträger. Beispielsweise hängt die Höhe der Fertigungsgemeinkosten, die für die Endmontage eines Mountain-Bikes kalkuliert werden, von dem Lohnsatz des Arbeitnehmers ab, der den 30 Minuten andauernden Arbeitsgang ausführt. Bei einem für die Kostenstelle „Endmontage" ermittelten Fertigungsgemeinkostenzuschlagssatz von 80 Prozent ergeben sich Fertigungsgemeinkosten in unterschiedlicher Höhe, wenn die Endmontage eines Montain-Bikes von Herrn Schmidt, dessen Lohnsatz DM 20,– pro Stunde beträgt, anstatt von Herrn Schulze, der einen Stundenlohn von DM 18,– bezieht, durchgeführt wird.

Endmontage des Mountain-Bikes durch Herrn Schulze:		
Fertigungslohn:	30 Minuten · DM 18,– pro Stunde =	DM 9,–
Fertigungsgemeinkosten:	DM 9,– · 80 % =	DM 7,20
Fertigungskosten:		__DM 16,20__

Endmontage des Mountain-Bikes durch Herrn Schmidt:		
Fertigungslohn:	30 Minuten · DM 20,– pro Stunde =	DM 10,–
Fertigungsgemeinkosten:	DM 10,– · 80 % =	DM 9,–
Fertigungskosten:		__DM 18,–__

In Wirklichkeit steigen die gesamten Fertigungsgemeinkosten jedoch nicht an, wenn ein Arbeitsgang von einem Arbeitnehmer mit einem höheren Stundenlohnsatz ausgeführt wird. Die Höhe der Fertigungslöhne wirkt sich lediglich auf die Personalnebenkosten aus, alle anderen in der betreffenden Kostenstelle anfallenden Gemeinkosten bleiben in der Regel unverändert. Deshalb verwendet man in lohnintensiven Kostenstellen die geleisteten Fertigungsstunden an Stelle der entstandenen Fertigungslöhne als Bezugsbasis. Dabei werden die Fertigungslöhne meist genauso wie die ebenfalls zeitabhängigen Fertigungsgemeinkosten über die Kostenstellen abgerechnet und in den Kalkulationssatz der Kostenstelle einbezogen.

Während sich der Einsatz der Lohnzuschlagskalkulation für arbeitsintensive Produktionsbereiche trotz der aufgezeigten Mängel unter Umständen noch

---

[21] Vgl. Wahle, O. (1989), S. 101.

vertreten läßt, erweist sich die Verwendung von Fertigungslöhnen als Bezugsbasis in Kostenstellen mit einem hohen Automatisierungs- und Mechanisierungsgrad als äußerst problematisch. Da bei kapitalintensiver Produktion nur ein geringer Anteil der Gesamtkosten einer Fertigungskostenstelle auf die Fertigungslöhne entfällt, ergeben sich sehr hohe Gemeinkostenzuschlagssätze, die nicht selten 1.000 Prozent erreichen oder gar überschreiten.[22] Derart hohe Gemeinkostenzuschlagssätze führen dazu, daß bereits kleine Ungenauigkeiten bei der Erfassung der Fertigungslöhne schwerwiegende Kalkulationsfehler nach sich ziehen. Das Problem besteht letztendlich darin, daß bei fortschreitender Automatisierung und Mechanisierung der Produktionsprozesse die bei der Lohnzuschlagskalkulation unterstellte proportionale Beziehung zwischen den Fertigungsgemeinkosten und den Fertigungslöhnen immer weniger der Realität entspricht. Um zu aussagefähigen Kalkulationsergebnissen zu gelangen, bedient sich die Praxis meist der Maschinenlaufzeit als Bezugsbasis für die anlagenintensiven Fertigungskostenstellen und ermittelt für die betreffenden Kostenstellen sogenannte Maschinenstundensätze, indem die maschinenabhängigen Gemeinkosten durch die geleisteten Maschinenstunden dividiert werden.

$$\text{Maschinenstundensatz} = \frac{\text{Maschinenabhängige Gemeinkosten einer Fertigungskostenstelle}}{\text{In der Fertigungskostenstelle geleistete Maschinenstunden}}$$

Parallel dazu läßt sich für die nicht maschinenabhängigen Restfertigungsgemeinkosten ein Gemeinkostenzuschlagssatz nach dem Prinzip der Lohnzuschlagskalkulation bestimmen.

$$\text{Restfertigungsgemeinkostenzuschlagssatz} = \frac{\text{Restgemeinkosten einer Fertigungskostenstelle}}{\text{Gesamte Fertigungslöhne der Kostenstelle}}$$

Die Maschinensatzkalkulation setzt somit eine Unterteilung der Gesamtkosten einer Kostenstelle in maschinenabhängige Gemeinkosten und in Restgemeinkosten voraus, wobei als maschinenabhängig insbesondere die kalkulatorischen Abschreibungen und Zinsen, die Reparatur- und Instandhaltungskosten, die Energiekosten, die Raumkosten sowie die Kosten für verbrauchte Werkzeuge und Betriebsstoffe anzusehen sind.[23]

---

[22] Vgl. Henzel, F. (1964), S. 222 und Hummel, S./Männel, W. (1986), S. 301.
[23] Vgl. Wolfstetter, G. (1984), S. 68–95, Wahle, O. (1989), S. 169–177, Michel, R./Torspecken, H.-D. (1989), S. 151–154 und Eisele, W. (1990), S. 577.

Die Kalkulationssätze für die Fertigungskosten lassen sich weiter verfeinern, indem für jede Kostenstelle eine Kosteneinflußgröße, zu der sich die Kosten der betreffenden Kostenstelle zumindest annähernd proportional verhalten, als Bezugsgröße gewählt wird. Neben den bereits angesprochenen Fertigungs- und Maschinenstunden kommen zum Beispiel auch noch die produzierten Stückzahlen oder Gewichtseinheiten als Bezugsgrößen in Frage. Wenn in einer Fertigungskostenstelle die Umrüstvorgänge einen größeren Umfang einnehmen, sollte die Rüstzeit als zweite Bezugsgröße neben der Fertigungs- oder Maschinenzeit Berücksichtigung finden. Mit mehreren Bezugsgrößen pro Kostenstelle – man spricht dann auch von heterogener Kostenverursachung – läßt sich allerdings nur im Rahmen einer Plankostenrechnung operieren.[24]

4.3.3.3 Kalkulationssätze für die Verwaltungs- und Vertriebskostenstellen

Die im Verwaltungs- und Vertriebsbereich anfallenden Kosten werden in der Regel mit Hilfe globaler Gemeinkostenzuschlagssätze auf die betrieblichen Erzeugnisse verrechnet. Als Bezugsbasis dienen die Herstellkosten des Umsatzes, die wie folgt zu ermitteln sind:

Materialeinzelkosten
+ Materialgemeinkosten
= Materialkosten
+ Fertigungslöhne
+ Fertigungsgemeinkosten
+ Sondereinzelkosten der Fertigung
= Fertigungskosten
+ / – Bestandsveränderungen bei fertigen und unfertigen Erzeugnissen
= Herstellkosten des Umsatzes

Die Herstellkosten des Umsatzes eignen sich als Bezugsbasis für die Vertriebsgemeinkosten besser als die Herstellkosten der Produktion (Summe der innerhalb einer Abrechnungsperiode angefallenen Material- und Fertigungskosten), da die Vertriebskosten für die innerhalb einer Abrechnungsperiode abgesetzten Mengen entstehen, und die Absatzmenge nicht zwingend mit der Produktionsmenge übereinstimmen muß. Wenn daher in einer Abrechnungsperiode die Lagerendbestände an fertigen und unfertigen Erzeugnissen von den Anfangsbeständen abweichen und die Produktionsmenge somit nicht der Absatzmenge entspricht, sind die anhand der nachstehenden Formel zu be-

---

[24] Vgl. Kilger, W. (1987), S. 190.

4.3 Durchführung der Kostenstellenrechnung

stimmenden Bestandsveränderungen in die Berechnung der Herstellkosten des Umsatzes einzubeziehen.

> Bestandsänderungen = (Lageranfangsbestand − Lagerendbestand) · Herstellkostensatz

Ein Lageraufbau bewirkt demnach, daß ein Teil der während einer Abrechnungsperiode produzierten Erzeugnisse zusätzlich in den Lagerendbestand eingeht und somit auch noch keine Vertriebsgemeinkosten verursacht. Deshalb sind von den in der Abrechnungsperiode insgesamt angefallenen Material- und Fertigungskosten (= Herstellkosten der Produktion) die zu Herstellkosten bewerteten Lagerbestandserhöhungen zu subtrahieren, um die Bezugsbasis für die Vertriebsgemeinkosten, die Herstellkosten des Umsatzes, zu erhalten. Für die Berechnung des Vertriebsgemeinkostenzuschlagssatzes sind dann die Gemeinkosten sämtlicher Vertriebskostenstellen aufzusummieren und durch die Herstellkosten des Umsatzes zu dividieren.

$$\text{Vertriebsgemeinkostenzuschlagssatz} = \frac{\text{Gesamte Gemeinkosten der Vertriebskostenstelle}}{\text{Herstellkosten des Umsatzes}}$$

Globale Vertriebsgemeinkostenzuschlagssätze lassen sich zwar recht einfach ermitteln, können aber eine verursachungsgerechte Verrechnung der Vertriebsgemeinkosten auf die Produkte nicht gewährleisten, da sich die Vertriebsgemeinkosten nicht immer und in vollem Umfang proportional zu den Herstellkosten des Umsatzes verhalten. Die Höhe der für die vielfältigen Vertriebs- und Marketingaktivitäten anfallenden Kosten hängt vielmehr von unterschiedlichen Faktoren, zum Beispiel von der Anzahl der Kundenaufträge, von der Absatz- und Auslieferungsmenge sowie von der Lieferentfernung, ab. Deshalb wird vorgeschlagen, den Vertriebsbereich nach Aktivitäten und Verkaufsgebieten in Kostenstellen einzuteilen und analog zum Fertigungsbereich für jede Vertriebskostenstelle einen Kalkulationssatz zu berechnen.[25] Alternativ dazu kann man auch die einzelnen Produktarten zu Produktgruppen zusammenfassen und dann für jede Produktgruppe einen eigenen Vertriebsgemeinkostenzuschlagssatz bestimmen.[26] Beide Vorgehensweisen setzen allerdings eine Plankostenrechnung voraus.

Im Verwaltungsbereich fällt es sehr schwer, Maßgrößen zu finden, zu denen die Gemeinkosten in einem ursächlichen Zusammenhang stehen. Aus Vereinfachungsgründen faßt man die in den verschiedenen Verwaltungskostenstellen

---

[25] Vgl. Hummel S./Männel, W. (1986), S. 295–299.
[26] Vgl. Kilger, W. (1988), S. 516–518.

entstandenen Gemeinkosten zu einer Summe zusammen und bildet einen globalen Verwaltungsgemeinkostenzuschlagssatz. Als Bezugsbasis werden meist die Herstellkosten des Umsatzes verwendet, damit sich gegebenenfalls ein gemeinsamer Zuschlagssatz für die Verwaltungs- und Vertriebsgemeinkosten ermitteln läßt.

$$\text{Verwaltungsgemeinkostenzuschlagssatz} = \frac{\text{Gesamte Gemeinkosten der Verwaltungskostenstelle}}{\text{Herstellkosten des Umsatzes}}$$

Die Verrechnung der Verwaltungsgemeinkosten auf die betrieblichen Erzeugnisse mit Hilfe globaler Gemeinkostenzuschlagssätze ist ebenfalls mit Mängeln behaftet, da die unterstellte proportionale Beziehung zwischen den Verwaltungsgemeinkosten und den Herstellkosten des Umsatzes nicht die Realität widerspiegelt.

4.3.3.4 Berechnung der Gemeinkostenzuschlagssätze

Im Zahlenbeispiel beliefen sich die Materialeinzelkosten der betrachteten Abrechnungsperiode auf DM 300.000 und die Fertigungslöhne betrugen DM 140.000. Auf der Grundlage der durch das Gleichungsverfahren exakt ermittelten Kosten der Hauptkostenstellen ergeben sich somit folgende Gemeinkostenzuschlagssätze:

$$\text{Materialgemeinkostenzuschlagssatz} = \frac{\text{DM } 26.100}{\text{DM } 300.000} = \underline{8{,}7\,\%}$$

$$\text{Fertigungsgemeinkostenzuschlagssatz} = \frac{\text{DM } 74.900}{\text{DM } 140.000} = \underline{53{,}5\,\%}$$

$$\text{Verwaltungs- und Vertriebsgemeinkostenzuschlagssatz} = \frac{\text{DM } 37.870}{\text{DM } 300.000 + \text{DM } 26.100 + \text{DM } 140.000 + \text{DM } 74.900}$$

$$= \frac{\text{DM } 37.870}{\text{DM } 541.000} = \underline{7{,}0\,\%}$$

Bei der Berechnung der Herstellkosten des Umsatzes wurde unterstellt, daß sich die Lagerbestände an fertigen und unfertigen Erzeugnissen in der Abrechnungsperiode nicht veränderten.

4.3.4 Kostenkontrolle

Eine aussagefähige Kostenkontrolle, die eine wirksame Überwachung der Wirtschaftlichkeit in den einzelnen betrieblichen Teilbereichen und Abteilungen gewährleistet, läßt sich, wie bereits ausgeführt wurde, nur in Form von kostenstellenweisen Soll-Ist-Vergleichen durchführen. Die Sollkosten sind der geeignete Vergleichsmaßstab, denen die innerhalb einer Abrechnungsperiode entstandenen Istkosten gegenüberzustellen sind. Dabei eventuell auftretende Abweichungen deuten auf Unwirtschaftlichkeiten in der betreffenden Kostenstelle hin, deren Ursachen gemeinsam mit dem verantwortlichen Kostenstellenleiter zu ergründen sind, um dann geeignete Gegensteuerungsmaßnahmen einleiten zu können. Allerdings setzt die Ermittlung der Sollkosten die Durchführung einer Kostenplanung für die einzelnen Kostenstellen eines Unternehmens sowie eine flexible Plankostenrechnung voraus.[27] Im Folgenden soll daher die generelle Vorgehensweise bei der Planung und Kontrolle der Kosten in vereinfachter Form am Beispiel einer Fertigungshauptkostenstelle erläutert werden. Dabei sind zunächst die durch den Rohstoffverbrauch in dieser Kostenstelle anfallenden Materialeinzelkosten zu betrachten und dann ist auf die kostenstellenweise abzurechnenden Kostenarten, zu denen in der flexiblen Plankostenrechnung auch die Fertigungslöhne gehören, einzugehen.[28]

4.3.4.1 Planung und Kontrolle der Materialeinzelkosten

Die Materialeinzelkosten sind nicht in die Kostenplanung für die einzelnen Kostenstellen einzubeziehen, sondern pro Kostenträgereinheit zu planen. Es sollte jedoch in sehr kurzen Zeitabständen eine kostenstellenweise Kontrolle der Materialeinzelkosten erfolgen, da die Wirtschaftlichkeit des Materialverbrauchs zu einem erheblichen Teil durch das Personal in den Fertigungskostenstellen beeinflußt werden kann.[29] Im folgenden wird die Vorgehensweise bei der Planung und Kontrolle der Materialeinzelkosten am Beispiel des Rohstoffs D, der in das Produkt DELTA eingeht, verdeutlicht.

Im Rahmen der Materialeinzelkostenplanung für den Rohstoff D ist zunächst die Rohstoffmenge festzulegen, die für die Produktion einer Einheit des Erzeugnisses DELTA benötigt wird. Unter Berücksichtigung der unvermeidbaren Abfallmengen ergibt sich für das Produkt DELTA eine Plan-Einzelmaterialmenge von 3,5 Kilogramm des Rohstoffs D pro Stück. Multipliziert man diese Planmenge mit dem Plan-Materialpreis von DM 2,– pro Kilogramm, ergeben sich für das Produkt DELTA Plan-Stückmaterialeinzelkosten in Höhe von DM 7,–.

---

[27] Die flexible Plankostenrechnung läßt sich grundsätzlich auf Vollkostenbasis oder auf Teilkostenbasis (Grenzplankostenrechnung) durchführen. Für die Kostenkontrolle liefert die Grenzplankostenrechnung jedoch keine zusätzlichen Erkenntnisse, so daß hier nur die Vorgehensweise bei einer flexiblen Plankostenrechnung auf Vollkostenbasis erläutert wird. Vgl. dazu auch Vormbaum, H./Rautenberg, H. G. (1985), S. 17.
[28] Vgl. zur Vertiefung die ausführlichen Darstellungen der Kostenplanung und -kontrolle bei Kilger, W. (1988), S. 241–587, Haberstock, L. (1986), S. 112–363 und Scherrer, G. (1991), S. 183–274 sowie S. 417–507.
[29] Vgl. Käfer, K. (1964), S. 138.

In der betrachteten Fertigungskostenstelle wurden innerhalb einer Woche 1.500 Einheiten des Produktes DELTA hergestellt, wobei der Verbrauch an Rohstoff D laut Materialentnahmescheinen 5.625 Kilogramm betrug. Der Ist-Materialpreis lag bei DM 2,20 pro Kilogramm.

Anhand dieser Informationen lassen sich die Soll-Materialeinzelkosten ermitteln, die bei planmäßigem Rohstoffverbrauch in der Fertigungskostenstelle für die produzierten 1.500 Einheiten des Produktes DELTA hätten anfallen dürfen.

Soll-Materialeinzelkosten = Plan-Einzelmaterialmenge · Ist-Produktionsmenge · Plan-Materialpreis
= 3,5 kg/Stück · 1.500 Stück · DM 2,–/kg
= DM 10.500

Die Soll-Materialeinzelkosten besitzen Vorgabecharakter und die jeweils verantwortlichen Leiter der materialverbrauchenden Fertigungskostenstellen sind bestrebt, diese Kostenvorgaben auch einzuhalten. Überschreitungen der Sollkosten haben die Kostenstellenleiter gegenüber der Unternehmensleitung zu begründen. Lassen sich die höheren Istkosten jedoch auf gestiegene Materialpreise zurückführen, können die Leiter der Fertigungskostenstellen dafür nicht verantwortlich gemacht werden. Um quantifizieren zu können, inwieweit Unwirtschaftlichkeiten in einer Fertigungskostenstelle zu höheren Materialeinzelkosten geführt haben, ist die Gesamtabweichung in eine Preis- und eine Verbrauchsabweichung aufzuteilen. Die Auswirkungen der Preisveränderungen auf den Beschaffungsmärkten kommen dann in der Preisabweichung zum Ausdruck und die Verbrauchsabweichungen weisen aus, daß der tatsächliche Materialverbrauch nicht mit dem für die produzierte Menge geplanten Materialverbrauch übereinstimmt. Die einzelnen Abweichungsarten lassen sich wie folgt berechnen:

Gesamtabweichung	= Ist-Materialverbrauch · Ist-Materialpreis – Sollkosten
	= 5.625 kg · DM 2,20/kg – DM 10.500
	= DM 1.875
Preisabweichung	= Ist-Materialverbrauch · (Ist-Materialpreis – Plan-Materialpreis)
	= 5.625 kg · (DM 2,20/kg – DM 2,–/kg)
	= DM 1.125
Verbrauchsabweichung	= Ist-Materialverbrauch · Plan-Materialpreis – Sollkosten
	= 5.625 kg · DM 2,–/kg – DM 10.500
	= DM 750

4.3 Durchführung der Kostenstellenrechnung

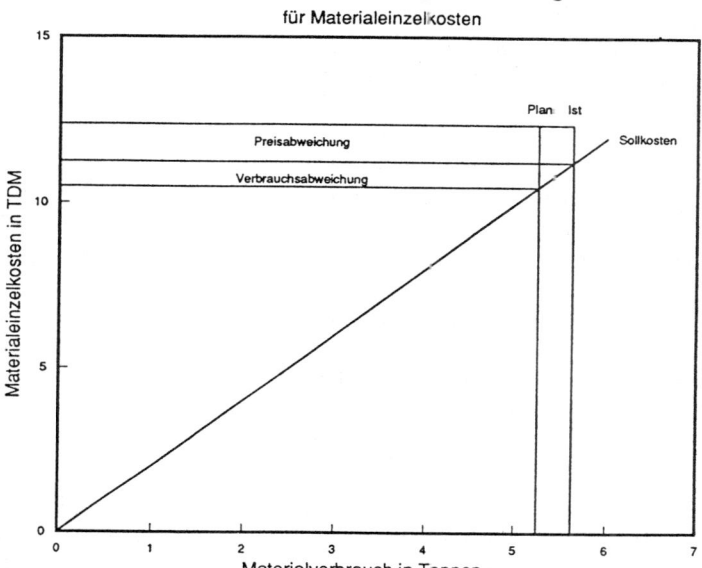

Abbildung 4-16: Grafische Abweichungsanalyse für Materialeinzelkosten am Beispiel der Kosten für Rohstoff D

Ein positives Vorzeichen vor einer Abweichung weist auf eine Überschreitung der geplanten Verbrauchsmengen bzw. der Planpreise hin und ist somit ungünstig. Umgekehrt macht eine mit einem negativen Vorzeichen versehene Abweichung auf eine günstige Entwicklung der Materialeinzelkosten aufmerksam. In Abbildung 4-16 sind die Sollkostengerade sowie die Preis- und Verbrauchsabweichung für das Beispiel grafisch dargestellt.

Zur Veranschaulichung der Abweichungsermittlung aus Istkosten und Sollkosten dient darüber hinaus die Abbildung 4-17.

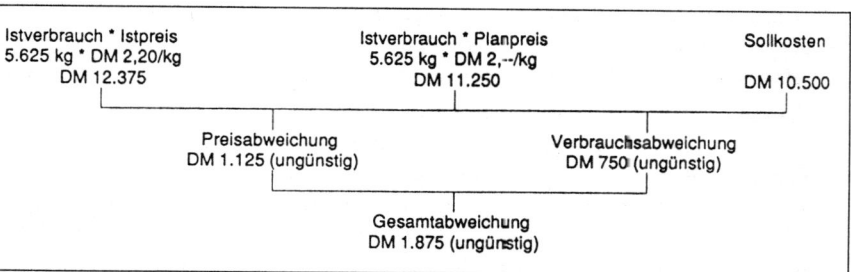

Abbildung 4-17: Abweichungsermittlung für Materialeinzelkosten am Beispiel der Kosten für den Rohstoff D

Von besonderem Interesse für ein Unternehmen sind die Verbrauchsabweichungen, da sich die Höhe des Materialverbrauchs durch den Betrieb selbst beeinflussen läßt, während auf die Materialpreise nur in geringem Maße eingewirkt werden kann. In jedem Fall sind die Ursachen der Abweichungen zu erforschen. Ein erhöhter Materialverbrauch, wie er auch für den Rohstoff D vorliegt, kann beispielsweise auf schlechte Materialqualität, Unachtsamkeit oder unzureichend qualifizierte Arbeitskräfte in den Fertigungskostenstellen zurückzuführen sein. Preisabweichungen werden teilweise auch durch Fehler der Einkaufsabteilung ausgelöst, zum Beispiel durch unwirtschaftliche Bestellmengen oder Nichtausnutzung der vom Lieferanten gewährten Skontofrist. Zu beachten sind auch die Interdependenzen zwischen den Abweichungen.[30] Ein niedriger Materialpreis bewirkt zwar günstige Preisabweichungen, kann aber unter Umständen auch ungünstige Verbrauchsabweichungen auslösen, weil Abfall und Ausschuß aufgrund der mit dem niedrigen Preis verbundenen minderen Materialqualität zunehmen.

4.3.4.2 Kostenstellenweise Kostenplanung und -kontrolle

Die Durchführung einer kostenstellenweisen Planung und Kontrolle der Gemeinkosten und der Fertigungslöhne setzt eine nach den in Kapitel 4.2 aufgeführten Grundsätzen vorgenommene Kostenstelleneinteilung voraus. Demnach ist die Kostenverantwortung an die Kostenstellenleiter zu übertragen und für jede Kostenstelle sollten sich die tatsächlich anfallenden Istkosten genau erfassen lassen. Insbesondere sind auch die Bezugsgrößen, die der Quantifizierung der Kostenstellenleistung dienen, so zu wählen, daß die Höhe der innerhalb einer Abrechnungsperiode anfallenden Kosten einer Kostenstelle von der in Bezugsgrößeneinheiten gemessenen Leistung dieser Kostenstelle abhängt. Die Tatsache, daß sich nur der variable Anteil an den Gesamtkosten einer Kostenstelle mit der Leistungsmenge verändert, während der fixe Anteil unabhängig von der Kostenstellenleistung anfällt, findet allerdings nur bei Einsatz der flexiblen Plankostenrechnung Berücksichtigung.

Die Kostenplanung wird für sämtliche Kostenstellen eines Unternehmens im Dialog zwischen der Unternehmensleitung und den verantwortlichen Kostenstellenleitern einmal jährlich für das folgende Geschäftsjahr durchgeführt. Dabei sollten die Kostenstellenleiter die geplanten Leistungen und Kosten als erreichbar ansehen, da sonst die Motivation zur Einhaltung der Pläne fehlt.

Für die zur Erläuterung der kostenstellenweisen Kostenplanung und -kontrolle betrachtete Fertigungskostenstelle wurden die Maschinenstunden als Bezugsgröße gewählt. Die Planung beginnt dann mit der Festlegung des Leistungsvolumens der Kostenstelle, das sich voraussichtlich im Monatsdurchschnitt des Planjahres erreichen läßt. Unter Berücksichtigung der vorhandenen Kapazitäten und der erwarteten Absatzmengen sowie in Abstimmung mit den

---

[30] Vgl. Horngren, Ch. T./Foster, G.(1987), S. 197–201.

4.3 Durchführung der Kostenstellenrechnung

anderen betrieblichen Teilplänen ergibt sich für die betrachtete Fertigungskostenstelle eine monatliche Planbezugsgröße von 450 Maschinenstunden.[31] Die eigentliche Kostenplanung wird kostenartenweise in drei Schritten durchgeführt.[32] Zuerst sind für jede Kostenart die zur Erreichung der monatlichen Planbezugsgröße erforderlichen Verbrauchsmengen bzw. Arbeitszeiten zu bestimmen, wobei die Daten nicht aus durchschnittlichen Vergangenheitszahlen abgeleitet, sondern durch Rechnen, Messen, Schätzen sowie internes und externes Vergleichen analytisch geplant werden sollten.[33] Unter Einbeziehung der Erwartungen über die zukünftige Preisentwicklung auf den Beschaffungsmärkten sowie über den Ausgang der Tarifverhandlungen erfolgt dann die Festlegung der Planpreise bzw. Plan-Lohnsätze für die zuvor geplanten Mengen- und Zeitgrößen. Als Produkt aus Mengen- und Preiskomponente ergeben sich die Plankosten, die im letzten Schritt noch hinsichtlich ihres Verhaltens bei Veränderungen der Planbezugsgröße zu untersuchen sind. Für die Auflösung der Plankosten in ihre variablen und fixen Bestandteile stehen verschiedene Verfahren zur Verfügung, die hier nicht im einzelnen vorgestellt werden sollen.[34] Die genauesten Ergebnisse lassen sich durch die planmäßige Kostenauflösung erzielen, indem man analytisch ermittelt, welcher Teil der Plankosten einer Kostenart in einer Kostenstelle auch dann noch anfällt, wenn die Kostenstelle nichts produziert, die Produktion aber jederzeit wieder aufnehmen könnte. Diese sogenannten Kosten der Betriebsbereitschaft einer Kostenstelle sind als fix anzusehen. Das Ergebnis der Kostenplanung für die betrachtete Fertigungskostenstelle ist in Abbildung 4-18 dargestellt.

Kostenplanung für die Fertigungskostenstelle					
Planbezugsgröße	450	Maschinenstunden			
Kostenart	Planmengen/-zeiten	Planpreise	Plankosten	variabel	fix
Fertigungslöhne	450 Stunden	DM 20,--	9.000	9.000	
Gemeinkostenlöhne	50 Stunden	DM 18,--	900	400	500
Personalnebenkosten	DM 9.900	75 Prozent	7.425	7.050	375
Hilfs- und Betriebsstoffe	60 Kilogramm	DM 8,--	480	360	120
Fremdreparaturkosten	25 Stunden	DM 55,--	1.375	1.100	275
Kalk. Abschreibungen	DM 360.000 : 5 Jahre		6.000	2.000	4.000
Kalk. Zinsen auf AV	DM 180.000	9,5 Prozent	1.710		1.710
Sekundäre Stromkosten	9.000 Kilowattstunden	DM 0,14	1.260	1.260	
Sekundäre Raumkosten	150 Quadratmeter	DM 11,--	1.650		1.650
Plankostensumme			29.800	21.170	8.630
Plankalkulationssatz pro Maschinenstunde			66,22	47,04	

Abbildung 4-18: Kostenplanung am Beispiel der Fertigungskostenstelle

---

[31] Vgl. Plaut, H.G. (1953), S. 355.
[32] Vgl. Kilger, W. (1987), S. 201–202.
[33] Vgl. Plaut, H.G./Müler, H./Medicke, W. (1973), S. 31 und Plaut, H.G. (1989), S. 235, der eine analytische Kostenplanung für die bedeutsamen Kostenarten einer Kostenstelle fordert.
[34] Zu den Verfahren der Kostenauflösung vgl. Eisele, W.(1990), S. 610–614, Haberstock, L. (1986) S. 225–235, Kilger, W. (1988), S. 352–373 Michel, R./Torspecken, H.-D. (1990), S. 54–64 und Weber, J. (1990), S. 157–163.

Die Kostenkontrolle sollte unmittelbar nach Ablauf eines Monats durchgeführt werden, damit sich die Abweichungsursachen noch möglichst genau nachvollziehen lassen und man sofort durch geeignete Maßnahmen gegensteuern kann. Als Instrumentarium dienen die kostenstellenweisen Soll-Ist-Vergleiche, die eine nach Kostenarten getrennte Gegenüberstellung der im vergangenen Monat angefallenen Istkosten mit den Sollkosten beinhalten. Unter den Sollkosten versteht man die an die Istbezugsgröße, zum Beispiel die in der Fertigungskostenstelle tatsächlich geleisteten 360 Maschinenstunden, angepaßten Plankosten. Sie geben an, welche Kosten bei planmäßigem Einsatz der Produktionsfaktoren für die erbrachte Kostenstellenleistung hätten entstehen dürfen. Wenn somit die Istbezugsgröße unter der Planbezugsgröße liegt, sind die Sollkosten niedriger als die Plankosten und umgekehrt. Bei der Sollkostenberechnung wird unterstellt, daß sich nur die variablen Bestandteile der Plankosten proportional zur Leistung einer Kostenstelle verhalten, während die fixen Plankosten leistungsunabhängig in konstanter Höhe anfallen.

$$\text{Sollkosten} = \text{fixe Plankosten} + \text{variable Plankosten} \cdot \frac{\text{Istbezugsgröße}}{\text{Planbezugsgröße}}$$
$$= \text{fixe Plankosten} + \text{variable Plankosten} \cdot \text{Beschäftigungsgrad}$$

Als Differenz zwischen den Istkosten und den Sollkosten ergeben sich die Verbrauchsabweichungen, die im Soll-Ist-Vergleich als absolute Beträge und als Prozentwerte auszuweisen sind. Sinnvoll ist darüber hinaus die Angabe der seit Jahresbeginn kumulierten Verbrauchsabweichungen, um den Ausgleich zeitlicher Schwankungen aufzuzeigen.

$$\text{Verbrauchsabweichung} = \text{Istkosten} - \text{Sollkosten}$$

Die Verbrauchsabweichungen sollen Aufschluß über eventuell bestehende Unwirtschaftlichkeiten in einer Kostenstelle geben. Dabei ist zu beachten, daß ein Kostenstellenleiter nur die Abweichungen verantworten kann, die seinem Einfluß unterliegen. Wenn beispielsweise auf einer höheren Managementebene die Anschaffung einer leistungsfähigeren Maschine für eine Fertigungskostenstelle beschlossen wird, hat der betreffende Kostenstellenleiter die mit der Investitionsentscheidung verbundene Erhöhung der kalkulatorischen Abschreibungen und Zinsen nicht zu vertreten. Um die nicht beeinflußbaren Effekte von Preis- und Lohnsatzschwankungen aus den Verbrauchsabweichungen herauszuhalten, werden die zu Planpreisen bzw. -lohnsätzen bewerteten Istverbrauchsmengen und -arbeitszeiten als Istkosten angesetzt. Die Preis- und Lohnsatzabweichungen, deren Ursachen die verantwortlichen Kostenstellenleiter nicht zu vertreten haben, sind dann im Soll-Ist-Vergleich gesondert auszuweisen.

4.3 Durchführung der Kostenstellenrechnung 133

| Preisabweichungen | = Istverbrauchsmengen · (Istpreis − Planpreis) |
| Lohnsatzabweichungen | = Istarbeitszeiten · (Istlohnsatz − Planlohnsatz) |

In Ergänzung zu den Verbrauchsabweichungen und den Preis- bzw. Lohnsatzabweichungen läßt sich im Rahmen des kostenstellenweisen Soll-Ist-Vergleichs auch noch die Beschäftigungsabweichung berechnen.

$$\text{Beschäftigungsabweichung} = \text{fixe Plankosten} \cdot \left(1 - \frac{\text{Istbezugsgröße}}{\text{Planbezugsgröße}}\right)$$

$$= \text{fixe Plankosten} \cdot (1 - \text{Beschäftigungsgrad})$$

Den Beschäftigungsabweichungen liegen keine tatsächlichen Kostenüber- oder -unterschreitungen in der betrachteten Kostenstelle zugrunde; sie ermöglichen jedoch die Analyse der Fixkosten.[35] Wenn in einer Kostenstelle die Istbezugsgröße der Planbezugsgröße entspricht, tritt keine Beschäftigungsabweichung auf. Im Falle der Unterauslastung der Kapazitäten in einer Kostenstelle (Istbezugsgröße < Planbezugsgröße) ergibt sich hingegen eine positive Beschäftigungsabweichung, die besagt, daß die zur Aufrechterhaltung der Betriebsbereitschaft dieser Kostenstelle erforderlichen Fixkosten nicht voll-

Soll-Ist-Vergleich für die Fertigungskostenstelle				
			Verbrauchsabweichung	
Kostenart	Istkosten	Sollkosten	absolut	in Prozent
Fertigungslöhne	8.000	7.200	800	11,11%
Gemeinkostenlöhne	864	820	44	5,37%
Personalnebenkosten	6.648	6.015	633	10,52%
Hilfs- und Betriebsstoffe	448	408	40	9,80%
Fremdreparaturkosten	1.430	1.155	275	23,81%
Kalk. Abschreibungen	5.600	5.600		
Kalk. Zinsen auf AV	1.710	1.710		
Sekundäre Stromkosten	1.120	1.008	112	11,11%
Sekundäre Raumkosten	1.650	1.650		
Summe	27.470	25.566	1.904	7,45%
Lohnsatzabweichung	-424			
Preisabweichung	54			
Gesamtsumme	27.100			
Planbeschäftigung	450	Maschinenstunden		
Istbeschäftigung	360	Maschinenstunden		
Beschäftigungsgrad	80,0	%		
Beschäftigungsabweichung		1.726		

Abbildung 4-19: Soll-Ist-Vergleich am Beispiel der Fertigungskostenstelle

---

[35] Vgl. Kilger, W. (1988), S. 578–582 und die dort angegebene Literatur.

ständig genutzt werden konnten. Tritt in einer Kostenstelle in mehreren aufeinanderfolgenden Monaten eine positive Beschäftigungsabweichung in beträchtlicher Höhe auf, besteht Anlaß, über die Anpassung der Kapazitäten und damit auch der fixen Kosten an das geringere Leistungsvolumen der Kostenstelle nachzudenken.

Abbildung 4-19 zeigt den Aufbau eines monatlich zu erstellenden Soll-Ist-Vergleichs am Beispiel der bereits bei der Kostenplanung betrachteten Fertigungskostenstelle. Im Folgenden werden die Fertigungslöhne und die Kosten für Hilfs- und Betriebsstoffe näher analysiert.

Bei den Fertigungslöhnen treten recht hohe Verbrauchsabweichungen auf, die auf unwirtschaftliches Arbeiten in der Kostenstelle hindeuten und deshalb genauer zu untersuchen sind. Aus der Lohnbuchhaltung geht hervor, daß im betrachteten Monat 400 Stunden geleistet wurden, wobei der Lohnsatz DM 19,- pro Stunde betrug. Den im Soll-Ist-Vergleich aufgeführten Ist-Fertigungslöhnen liegt allerdings der geplante Lohnsatz in Höhe von DM 20,- pro Stunde zugrunde, damit die Lohnsatzabweichungen nicht in die Verbrauchsabweichungen eingehen. Die ausgewiesenen Soll-Fertigungslöhne sind das Ergebnis folgender Berechnung:

$$\text{Soll-Fertigungslöhne} = \text{Plan-Fertigungslöhne} \cdot \frac{\text{Istbezugsgröße}}{\text{Planbezugsgröße}}$$

$$= \text{DM } 9.000 \cdot \frac{360 \text{ Maschinenstunden}}{450 \text{ Maschinenstunden}}$$

$$= \underline{\text{DM } 7.200}$$

Da es sich bei den Fertigungslöhnen um Einzelkosten handelt, sind sie stets in voller Höhe den variablen Kosten zuzurechnen. Die einzelnen Abweichungsarten lassen sich nach dem bereits bei den Materialeinzelkosten angewandten Schema ermitteln und untersuchen.

Abbildung 4-20 weist eine günstige Lohnsatzabweichung aus, die durch eine ungünstige Verbrauchsabweichung überkompensiert wird, so daß insgesamt die Ist-Fertigungslöhne die Sollkosten um DM 400 übersteigen. Im Rahmen der Analyse des Zahlenmaterials sind dann im Gespräch mit dem verantwortlichen Kostenstellenleiter die Ursachen für die Abweichungen aufzudecken und Überlegungen darüber anzustellen, wie sich diese Abweichungen in Zukunft vermeiden lassen. Möglicherweise wurden im betrachteten Monat zum Teil weniger qualifizierte Arbeitskräfte eingesetzt, die einen im Vergleich zum Plan niedrigeren Lohnsatz vergütet bekamen. Dadurch ließe sich auf der einen Seite die positive Lohnsatzabweichung erklären. Auf der anderen Seite könnte in der mangelnden Qualifikation der Arbeitskräfte auch der Grund für die ungünstigen Verbrauchsabweichungen liegen, weil es beispielsweise erforderlich war, einen zusätzlichen Mitarbeiter in der Kostenstelle zu beschäftigen.

4.3 Durchführung der Kostenstellenrechnung

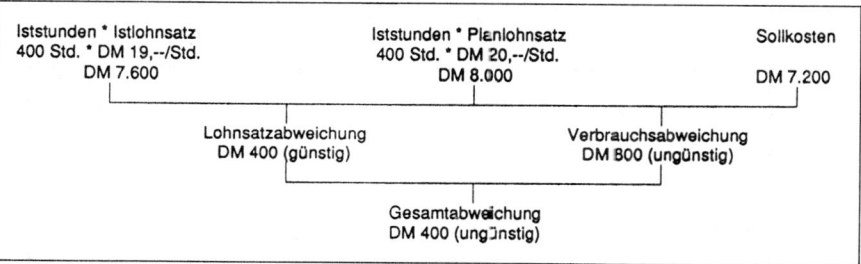

Abbildung 4-20: Abweichungsermittlung für die Fertigungslöhne der betrachteten Fertigungskostenstelle

Die Kosten für Hilfs- und Betriebsstoffe sind ebenfalls einer genauen Analyse zu unterziehen. Es handelt sich um eine Gemeinkostenart, für die sowohl variable als auch fixe Kostenbestandteile geplant wurden. Bei der Ermittlung der Sollkosten sind die variablen Plankosten an die Istbeschäftigung der Kostenstelle anzupassen.

$$\text{Sollkosten} = \text{fixe Plankosten} + \text{variable Plankosten} \cdot \frac{\text{Istbezugsgröße}}{\text{Planbezugsgröße}}$$

$$= \text{DM } 120 + \text{DM } 360 \cdot \frac{360 \text{ Maschinenstunden}}{450 \text{ Maschinenstunden}}$$

$$= \underline{\text{DM } 408}$$

Im betrachteten Monat belief sich der tatsächliche Verbrauch an Hilfs- und Betriebsstoffen auf insgesamt 56 Kilogramm. Der Istpreis betrug DM 8,50 pro Kilogramm. Die Verbrauchsabweichung für die Hilfs- und Betriebsstoffkosten ist im Soll-Ist-Vergleich explizit aufgeführt, während die Preisabweichung und die Beschäftigungsabweichung nur kumuliert für die gesamte Kostenstelle ausgewiesen werden. Für eine detaillierte Abweichungsanalyse sind daher die einzelnen Abweichungsarten zu berechnen.

Preisabweichung	$= \text{Istverbrauchsmengen} \cdot (\text{Istpreis} - \text{Planpreis})$ $= 56 \text{ kg} \cdot (\text{DM } 8,50 - \text{DM } 8,-) = \underline{\text{DM } 28}$
Verbrauchsabweichung	$= (\text{Istverbrauchsmenge} \cdot \text{Planpreis}) - \text{Sollkosten}$ $= (56 \text{ kg} \cdot \text{DM } 8,-) - \text{DM } 408 = \underline{\text{DM } 40}$
Beschäftigungs- abweichung	$= \text{fixe Plankosten} \cdot \left(1 - \frac{\text{Istbezugsgröße}}{\text{Planbezugsgröße}}\right)$ $= \text{DM } 120 \cdot \left(1 - \frac{360 \text{ Maschinenstunden}}{450 \text{ Maschinenstunden}}\right)$ $= \underline{\text{DM } 24}$

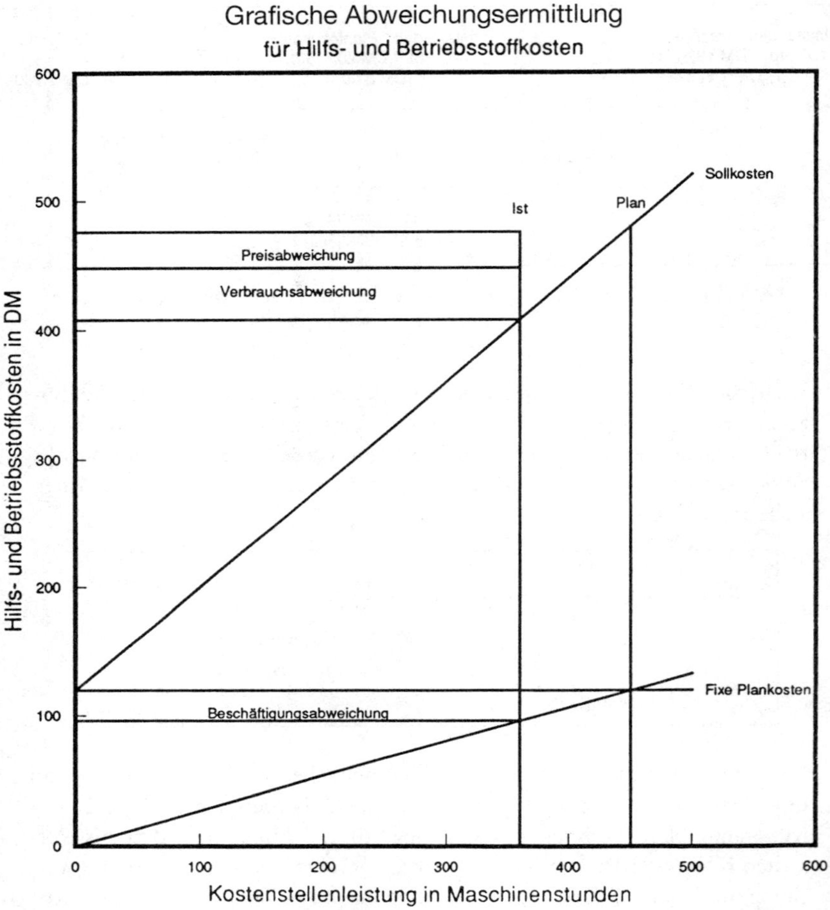

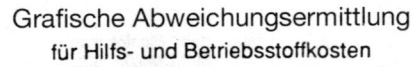

Abbildung 4-21: Grafische Abweichungsanalyse für Gemeinkosten am Beispiel der Kosten für Hilfs- und Betriebsstoffe

Zur Veranschaulichung sind die einzelnen Abweichungsarten in Abbildung 4-21 für die Hilfs- und Betriebsstoffkosten grafisch dargestellt.

Im Rahmen der Abweichungsanalyse sind insbesondere die Ursachen für die Verbrauchsabweichung zu ergründen, die der verantwortliche Kostenstellenleiter zu vertreten hat. Denkbar wäre zum Beispiel, daß der erhöhte Hilfs- und Betriebsstoffverbrauch wiederum mit der bereits bei der Abweichungsanalyse für die Fertigungslöhne angesprochenen unzureichenden Qualifikation der eingesetzten Arbeitskräfte zusammenhängt.

4.4 Übungsaufgaben zur Kostenstellenrechnung

Anhand der hier zusammengestellten Übungsaufgaben können die erworbenen Kenntnisse über die innerhalb der Kostenstellenrechnung eingesetzten Instrumente und Techniken verfestigt werden. Die Lösungen sind jeweils in Anschluß an die Aufgabenstellung abgedruckt. Weitere Aufgaben zur Kostenstellenrechnung enthalten die im siebten Kapitel zusammengestellten Übungsklausuren.

1. Übungsaufgabe

In einem Unternehmen sind in der vergangenen Abrechnungsperiode Materialeinzelkosten in Höhe von DM 360.000 und Fertigungslöhne in Höhe von DM 160.000 angefallen. Darüber hinaus stehen die aus Abbildung 4-22 ersichtlichen Informationen zur Verfügung.

	Hilfskostenstellen		Hauptkostenstellen			Summe
	Grundstücke und Gebäude	Energie- versorgung	Material	Fertigung	Verwaltung und Vertrieb	
Primäre Gemeinkosten	DM 41.400	DM 10.500	DM 30.930	DM 53.360	DM 40.730	DM 181.920
Innerbetriebliche Leistungen						
Grundstücke und Gebäude (m2)	-	1.000 m2 1/6	2.500 m2 5/12	2.000 m2 1/3	500 m2 1/12	6.000 m2
Energieversorgung (kWh)	20.000 kWh 1/5	-	12.000 kWh 3/25	60.000 kWh 3/5	8.000 kWh 2/25	100.000 kWh

Abbildung 4-22: Primäre Gemeinkosten und beanspruchte innerbetriebliche Leistungen der einzelnen Kostenstellen

Führen Sie die innerbetriebliche Leistungsverrechnung nach dem Anbau-, dem Stufenleiter-, dem Gleichungs- und dem Iterationsverfahren durch. Ermitteln Sie anschließend die Gemeinkostenzuschlagssätze.

Lösung zur 1. Übungsaufgabe

Durchführung der innerbetrieblichen Leistungsverrechnung nach dem Anbauverfahren

Das Anbauverfahren unterstellt, daß die Hilfskostenstellen ihre Leistungen ausschließlich an Hauptkostenstellen abgeben. Es können daher nur die in Abbildung 4-23 dargestellten Leistungsbeziehungen berücksichtigt werden.

	Hilfskostenstellen		Hauptkostenstellen			Summe
	Grundstücke und Gebäude	Energie- versorgung	Material	Fertigung	Verwaltung und Vertrieb	
Primäre Gemeinkosten	DM 41.400	DM 10.500	DM 30.930	DM 58.360	DM 40.730	DM 181.920
Innerbetriebliche Leistungen						
Grundstücke und Gebäude (m2)	-	-	2.500 m2 1/2	2.000 m2 2/5	500 m2 1/10	5.000 m2
Energieversorgung (kWh)	-	-	12.000 kWh 3/20	60.000 kWh 3/4	8.000 kWh 1/10	80.000 kWh

Abbildung 4-23: Durch das Anbauverfahren berücksichtigte Leistungsbeziehungen

Die primären Kosten der Hilfskostenstellen lassen sich im Betriebsabrechnungsbogen anhand der Leistungsanteile auf die Hauptkostenstellen verrechnen, wie Abbildung 4-24 zeigt.

	Hilfskostenstellen		Hauptkostenstellen			Summe
	Grundstücke und Gebäude	Energie- versorgung	Material	Fertigung	Verwaltung und Vertrieb	
Primäre Gemeinkosten	41.400	10.500	30.930	58.360	40.730	181.920
Sekundäre Gemeinkosten						
Kosten der Grundstücke, Gebäude	-41.400					
-> Material (1/2)			20.700			
-> Fertigung (2/5)				16.560		
-> Verwaltung und Vertrieb (1/10)					4.140	
Kosten der Energieversorgung		-10.500				
-> Material (3/20)			1.575			
-> Fertigung (3/4)				7.875		
-> Verwaltung und Vertrieb (1/10)					1.050	
Kosten der Hauptkostenstellen	0	0	53.205	82.795	45.920	181.920

Abbildung 4-24: *Innerbetriebliche Leistungsverrechnung nach dem Anbauverfahren*

Durchführung der innerbetrieblichen Leistungsverrechnung nach dem Stufenleiterverfahren

Zuerst ist die Abrechnungsreihenfolge der Hilfskostenstellen festzulegen. Die Hilfskostenstelle „Grundstücke und Gebäude" hat 20.000 Kilowattstunden verbraucht, was einem Fünftel der Gesamtleistung der Energieversorgungskostenstelle entspricht. Der Wert dieser Leistung beträgt DM 2.100 ($= {}^1/_5 \cdot$ DM 10.500). Demgegenüber hat die Hilfskostenstelle „Grundstücke und Gebäude" an die Energieversorgung Leistungen im Wert von DM 6.900 ($= {}^1/_6 \cdot$ DM 41.400) abgegeben. Es zeigt sich, daß die Hilfskostenstelle „Grundstücke und Gebäude" innerbetriebliche Leistungen im geringeren Wert empfangen hat als die Energieversorgungskostenstelle und deshalb auch zuerst abzurechnen ist. Die durch das Stufenleiterverfahren berücksichtigten Leistungsbeziehungen zwischen den Kostenstellen sind in Abbildung 4.25 dargestellt.

	Hilfskostenstellen		Hauptkostenstellen			Summe
	Grundstücke und Gebäude	Energie- versorgung	Material	Fertigung	Verwaltung und Vertrieb	
Primäre Gemeinkosten	DM 41.400	DM 10.500	DM 30.930	DM 58.360	DM 40.730	DM 181.920
Innerbetriebliche Leistungen						
Grundstücke und Gebäude (m2)	-	1.000 m2 1/6	2.500 m2 5/12	2.000 m2 1/3	500 m2 1/12	6.000 m2
Energieversorgung (kWh)	-	-	12.000 kWh 3/20	60.000 kWh 3/4	8.000 kWh 1/10	80.000 kWh

Abbildung 4-25: *Durch das Stufenleiterverfahren berücksichtigte Leistungsbeziehungen*

Auf der Grundlage dieser Leistungsbeziehungen kann die innerbetriebliche Leistungsverrechnung schrittweise im Betriebsabrechnungsbogen durchgeführt werden, wie aus Abbildung 4-26 hervorgeht.

4.4 Übungsaufgaben zur Kostenstellenrechnung

	Hilfskostenstellen		Hauptkostenstellen			Summe
	Grundstücke und Gebäude	Energieversorgung	Material	Fertigung	Verwaltung und Vertrieb	
Primäre Gemeinkosten	41.400	10.500	30.930	58.360	40.730	181.920
Sekundäre Gemeinkosten						
Kosten der Grundstücke, Gebäude	-41.400					
-> Energieversorgung (1/6)		6.900				
-> Material (5/12)			17.250			
-> Fertigung (1/3)				13.800		
-> Verwaltung und Vertrieb (1/12)					3.450	
Kosten der Energieversorgung		-17.400				
-> Material (3/20)			2.610			
-> Fertigung (3/4)				13.050		
-> Verwaltung und Vertrieb (1/10)					1.740	
Kosten der Hauptkostenstellen	0	0	50.790	85.210	45.920	181.920

Abbildung 4-26: *Innerbetriebliche Leistungsverrechnung nach dem Stufenleiterverfahren*

Durchführung der innerbetrieblichen Leistungsverrechnung nach dem Gleichungsverfahren

Bezeichnet man die gesamten Kosten der Hilfskostenstelle „Grundstücke und Gebäude" mit G und die gesamten Kosten der Hilfskostenstelle „Energieversorgung" mit E, läßt sich folgendes Gleichungssystem aufstellen:

$$\text{Gleichung 1: } G = 41.400 + \tfrac{1}{5} \cdot E$$
$$\text{Gleichung 2: } E = 10.500 + \tfrac{1}{6} \cdot G$$

Durch Einsetzen der zweiten in die erste Gleichung erhält man:

$$G = 41.400 + \tfrac{1}{5} \cdot (10.500 + \tfrac{1}{6} \cdot G)$$
$$G = 41.400 + 2.100 + \tfrac{1}{30} \cdot G$$
$$\tfrac{29}{30} \cdot G = 43.500$$
$$G = \underline{45.000}$$

Das Ergebnis in die zweite Gleichung eingesetzt ergibt:

$$E = 10.500 + \tfrac{1}{6} \cdot 45.000$$
$$E = 10.500 + 7.500$$
$$E = \underline{18.000}$$

Anhand der durch Lösung der Gleichungssysteme bestimmten Gesamtkosten der Hilfskostenstellen läßt sich nun die innerbetriebliche Leistungsverrechnung im Betriebsabrechnungsbogen durchführen, wie Abbildung 4-27 zeigt.

4 Kostenstellenrechnung

	Hilfskostenstellen		Hauptkostenstellen			Summe
	Grundstücke und Gebäude	Energieversorgung	Material	Fertigung	Verwaltung und Vertrieb	
Primäre Gemeinkosten	41.400	10.500	30.930	58.360	40.730	181.920
Sekundäre Gemeinkosten						
Kosten der Grundstücke, Gebäude	-45.000					
-> Energieversorgung (1/6)		7.500				
-> Material (5/12)			18.750			
-> Fertigung (1/3)				15.000		
-> Verwaltung und Vertrieb (1/12)					3.750	
Kosten der Energieversorgung		-18.000				
-> Grundstücke, Gebäude (1/5)	3.600					
-> Material (3/25)			2.160			
-> Fertigung (3/5)				10.800		
-> Verwaltung und Vertrieb (2/25)					1.440	
Kosten der Hauptkostenstellen	0	0	51.840	84.160	45.920	181.920

Abbildung 4-27: Innerbetriebliche Leistungsverrechnung nach dem Gleichungsverfahren

Durchführung der innerbetrieblichen Leistungsverrechnung nach dem Iterationsverfahren

Wie in Abbildung 4-28 dargestellt, erfolgt bei Anwendung des Iterationsverfahrens im ersten Schritt die Verrechnung der primären Gemeinkosten der Hilfskostenstellen auf die empfangenden Kostenstellen. In den nachfolgenden Iterationen werden dann die primären Gemeinkosten der Hilfskostenstellen zuzüglich der im Rahmen der ersten Iteration für erhaltene innerbetriebliche Leistungen belasteten sekundären Gemeinkosten verteilt. Nach sieben Iterationen betragen die Kosten der Hilfskostenstellen DM 0 und die Gesamtkosten der Hauptkostenstellen entsprechen den mit Hilfe des Gleichungsverfahrens errechneten Zahlen.

Ermittlung der Gemeinkostenzuschlagssätze

Bei der Ermittlung der Gemeinkostenzuschlagssätze ist von den mit Hilfe des Gleichungsverfahrens exakt berechneten Kosten der Hauptkostenstellen auszugehen.

Materialgemeinkostenzuschlagssatz $= \dfrac{DM\ 51.840}{DM\ 360.000} = \underline{14,4\ \%}$

Fertigungsgemeinkostenzuschlagssatz $= \dfrac{DM\ 84.160}{DM\ 160.000} = \underline{52,6\ \%}$

Verwaltungs- und Vertriebsgemeinkostenzuschlagssatz $= \dfrac{DM\ 45.920}{DM\ 360.000 + DM\ 51.840 + DM\ 160.000 + DM\ 84.160}$

$= \dfrac{DM\ 45.920}{DM\ 656.000} = \underline{7,0\ \%}$

2. Übungsaufgabe

Das interne Rechnungswesen eines Industriebetriebs weist für den vergangenen Monat Materialeinzelkosten in Höhe von DM 410.000 aus und stellt

4.4 Übungsaufgaben zur Kostenstellenrechnung

		Hilfskostenstellen			Hauptkostenstellen			Summe
		Grundstücke und Gebäude	Energie-erzeugung	Material	Fertigung	Verwaltung und Vertrieb		
1. Iteration	Primäre Gemeinkosten	41.400	10.500	30.930	58.360	40.730		181.920
	Sekundäre Raumkosten	-41.400	6.900	17.250	13.800	3.450		
	Sekundäre Energiekosten	2.100	-10.500	1.260	6.300	840		
	Gesamte Gemeinkosten	2.100	6.900	49.440	78.460	45.020		181.920
2. Iteration	Primäre Gemeinkosten	41.400	10.500	30.930	58.360	40.730		181.920
	Sekundäre Raumkosten	-43.500	7.250	18.125	14.500	3.625		
	Sekundäre Energiekosten	3.480	-17.400	2.088	10.440	1.392		
	Gesamte Gemeinkosten	1.380	350	51.143	83.300	45.747		181.920
3. Iteration	Primäre Gemeinkosten	41.400	10.500	30.930	58.360	40.730		181.920
	Sekundäre Raumkosten	-44.880	7.480	18.700	14.960	3.740		
	Sekundäre Energiekosten	3.550	-17.750	2.130	10.650	1.420		
	Gesamte Gemeinkosten	70	230	51.760	83.970	45.890		181.920
4. Iteration	Primäre Gemeinkosten	41.400	10.500	30.930	58.360	40.730		181.920
	Sekundäre Raumkosten	-44.950	7.492	18.729	14.983	3.746		
	Sekundäre Energiekosten	3.596	-17.980	2.158	10.788	1.438		
	Gesamte Gemeinkosten	46	12	51.817	84.131	45.914		181.920
5. Iteration	Primäre Gemeinkosten	41.400	10.500	30.930	58.360	40.730		181.920
	Sekundäre Raumkosten	-44.996	7.499	18.748	14.999	3.750		
	Sekundäre Energiekosten	3.598	-17.992	2.159	10.795	1.439		
	Gesamte Gemeinkosten	2	7	51.837	84.154	45.919		181.920
6. Iteration	Primäre Gemeinkosten	41.400	10.500	30.930	58.360	40.730		181.920
	Sekundäre Raumkosten	-44.998	7.500	18.749	14.999	3.750		
	Sekundäre Energiekosten	3.600	-18.000	2.160	10.799	1.440		
	Gesamte Gemeinkosten	2	1	51.839	84.158	45.920		181.920
7. Iteration	Primäre Gemeinkosten	41.400	10.500	30.930	58.360	40.730		181.920
	Sekundäre Raumkosten	-45.000	7.500	18.750	15.000	3.750		
	Sekundäre Energiekosten	3.600	-18.000	2.160	10.800	1.440		
	Kosten der Hauptkostenstellen	0	0	51.840	84.160	45.920		181.920

Abbildung 4-28: Innerbetriebliche Leistungsverrechnung nach dem Iterationsverfahren

4 Kostenstellenrechnung

darüber hinaus das in Abbildung 4-29 aufgeführte Zahlenmaterial über die Kostenstellen zur Verfügung.

	Hilfskostenstellen			Hauptkostenstellen				Summe
	Grundstücke u. Gebäude	Soziale Dienste	Arbeitsvorbereitung	Fertigung I	Fertigung II	Material	Verwaltung u. Vertrieb	
Primäre Gemeinkosten	DM 33.720	DM 6.480	DM 21.770	DM 131.940	DM 197.170	DM 30.560	DM 148.360	DM 570.000
Innerbetriebliche Leistungen Grundstücke und Gebäude (Quadratmeter)	-	100 m2 1/30	50 m2 1/60	900 m2 3/10	1.200 m2 2/5	450 m2 3/20	300 m2 1/10	3.000 m2
Soziale Dienste (Anzahl der Mitarbeiter)	1 Mitarb. 1/81	-	3 Mitarb. 1/27	25 Mitarb. 25/81	36 Mitarb. 4/9	4 Mitarb. 4/81	12 Mitarb. 4/27	81 Mitarb.
Arbeitsvorbereitung (Fertigungslöhne in DM)	-	-	-	DM 90.000 3/7	DM 120.000 4/7	-	-	DM 210.000

Abbildung 4-29: Primäre Gemeinkosten und beanspruchte innerbetriebliche Leistungen der einzelnen Kostenstellen

Führen Sie die innerbetriebliche Leistungsverrechnung nach dem Stufenleiterverfahren durch und ermitteln Sie die Gemeinkostenzuschlagssätze.

Lösung zur 2. Übungsaufgabe

Durchführung der innerbetrieblichen Leistungsverrechnung nach dem Stufenleiterverfahren

Im ersten Schritt wird die Abrechnungsreihenfolge der drei Hilfskostenstellen bestimmt. Da die Fertigungshilfskostenstelle „Arbeitsvorbereitung" keine Leistungen für andere Hilfskostenstellen erbringt, ist sie zuletzt abzurechnen. Die Kosten der Hilfskostenstelle „Soziale Dienste" verteilen sich auf die insgesamt 81 Mitarbeiter des Unternehmens. Auf die Hilfskostenstelle „Grundstücke und Gebäude", die einen Mitarbeiter beschäftigt, entfallen demnach DM 80 ($= {}^1/_{81} \cdot$ DM 6.480). Umgekehrt nutzt die Hilfskostenstelle „Soziale Dienste" 100 von insgesamt 3.000 Quadratmetern Gebäudefläche und hat somit von der Hilfskostenstelle „Grundstücke und Gebäude" Leistungen im Wert von DM 1.124 ($= {}^1/_{30} \cdot$ DM 33.720) bezogen. Es zeigt sich, daß die Hilfskostenstelle „Grundstücke und Gebäude" innerbetriebliche Leistungen im geringeren Wert empfangen hat als die Hilfskostenstelle „Soziale Dienste" und deshalb auch zuerst abzurechnen ist. Die durch das Stufenleiterverfahren berücksichtigten Leistungsbeziehungen zwischen den Kostenstellen sind in Abbildung 4-30 dargestellt.

	Hilfskostenstellen			Hauptkostenstellen				Summe
	Grundstücke u. Gebäude	Soziale Dienste	Arbeitsvorbereitung	Fertigung I	Fertigung II	Material	Verwaltung u. Vertrieb	
Primäre Gemeinkosten	DM 33.720	DM 6.480	DM 21.770	DM 131.940	DM 197.170	DM 30.560	DM 148.360	DM 570.000
Innerbetriebliche Leistungen Grundstücke und Gebäude (Quadratmeter)	-	100 m2 1/30	50 m2 1/60	900 m2 3/10	1.200 m2 2/5	450 m2 3/20	300 m2 1/10	3.000 m2
Soziale Dienste (Anzahl der Mitarbeiter)	-	-	3 Mitarb. 3/80	25 Mitarb. 5/16	36 Mitarb. 9/20	4 Mitarb. 1/20	12 Mitarb. 3/20	80 Mitarb.
Arbeitsvorbereitung (Fertigungslöhne in DM)	-	-	-	DM 90.000 3/7	DM 120.000 4/7	-	-	DM 210.000

Abbildung 4-30: Durch das Stufenleiterverfahren berücksichtigte Leistungsbeziehungen zwischen den einzelnen Kostenstellen

4.4 Übungsaufgaben zur Kostenstellenrechnung

Anhand dieser Leistungsbeziehungen läßt sich die innerbetriebliche Leistungsverrechnung im Betriebsabrechnungsbogen schrittweise durchführen, wie Abbildung 4-31 zeigt.

	Hilfskostenstellen			Hauptkostenstellen				Summe
	Grundstücke u. Gebäude	Soziale Dienste	Arbeitsvor- bereitung	Fertigung I	Fertigung II	Material	Verwaltung u. Vertrieb	
Primäre Gemeinkosten	33.720	6.480	21.770	131.940	197.170	30.560	148.360	570.000
Sekundäre Gemeinkosten								
Sekundäre Raumkosten	-33.720							
-> Soziale Dienste (1/30)		1.124						
-> Arbeitsvorbereitung (1/60)			562					
-> Fertigung I (3/10)				10.116				
-> Fertigung II (2/5)					13.488			
-> Material (3/20)						5.058		
-> Verwaltung u. Vertrieb (1/10)							3.372	
Sekundäre Sozialkosten		-7.604						
-> Arbeitsvorbereitung (3/80)			285					
-> Fertigung I (5/16)				2.376				
-> Fertigung II (9/20)					3.422			
-> Material (1/20)						380		
-> Verwaltung u. Vertrieb (3/20)							1.141	
Kosten der Arbeitsvorbereitung			-22.617					
-> Fertigung I (3/7)				9.693				
-> Fertigung II (4/7)					12.924			
Kosten der Hauptkostenstellen	0	0	0	154.125	227.004	35.998	152.873	570.000

Abbildung 4-31: Innerbetriebliche Leistungsverrechnung nach dem Stufenleiterverfahren

Ermittlung der Gemeinkostenzuschlagssätze

Für die beiden Fertigungshauptkostenstellen ist je ein Gemeinkostenzuschlagssatz zu berechnen.

$$\text{Materialgemeinkostenzuschlagssatz} = \frac{\text{DM } 35.998}{\text{DM } 410.000} = \underline{8,78\,\%}$$

$$\text{Fertigungsgemeinkostenzuschlagssatz I} = \frac{\text{DM } 154.125}{\text{DM } 90.000} = \underline{171,25\,\%}$$

$$\text{Fertigungsgemeinkostenzuschlagssatz II} = \frac{\text{DM } 227.004}{\text{DM } 120.000} = \underline{189,17\,\%}$$

Als Zuschlagsbasis für die Verwaltungs- und Vertriebsgemeinkosten dienen die Herstellkosten, die sich durch Aufsummierung der gesamten Material- und Fertigungskosten ergeben.

Herstellkosten = DM 410.000 + DM 35.998 + DM 90.000 + DM 154.125
+ DM 120.000 + DM 227.004
= <u>DM 1.037.127</u>

Die Kosten der Verwaltungs- und Vertriebskostenstelle sind dann auf die Herstellkosten zu beziehen.

Verwaltungs- und Vertriebsgemeinkostenzuschlagssatz = $\frac{DM\ 152.873}{DM\ 1.037.127}$
= 14,74 %

3. Übungsaufgabe

Innerhalb der Kostenrechnung eines Unternehmens wurden für den gerade abgelaufenen Monat die in Abbildung 4-32 aufgeführten Daten zusammengestellt.

	Hilfskostenstellen		Hauptkostenstellen			Summe
	Energie-erzeugung	Instand-haltung	Material	Fertigung	Verwaltung und Vertrieb	
Primäre Gemeinkosten	DM 10.000	DM 20.000	DM 9.000	DM 41.000	DM 25.000	DM 105.000
Innerbetriebliche Leistungen						
Energieerzeugung (kWh)	-	8.000 kWh	6.000 kWh	26.000 kWh	10.000 kWh	50.000 kWh
	-	4/25	3/25	13/25	1/5	
Instandhaltung (Stunden)	150 Std.	-	120 Std.	240 Std.	90 Std.	600 Std.
	1/4	-	1/5	2/5	3/20	

Abbildung 4-32: Primäre Gemeinkosten und beanspruchte innerbetriebliche Leistungen der einzelnen Kostenstellen

a) Führen sie die innerbetriebliche Leistungsverrechnung nach dem Gleichungs- und nach dem Iterationsverfahren durch.

b) Die Materialeinzelkosten betrugen im betrachteten Monat DM 205.000 und die Fertigungslöhne beliefen sich auf DM 159.000. In der Fertigungskostenstelle wurden 160 Maschinenstunden geleistet und die Kosten der Fertigungskostenstelle sind zu 57,6 % maschinenabhängig. Ermitteln Sie die Kalkulationssätze.

c) Es wurden in der Abrechnungsperiode 77.000 Produkteinheiten zum Preis von DM 6,20 abgesetzt. Ermitteln Sie den Break-even-Punkt unter der Annahme, daß die Gemeinkosten zu 20 % variabel sind.

Lösung zur 3. Übungsaufgabe

zu a) Durchführung der innerbetrieblichen Leistungsverrechnung nach dem Gleichungsverfahren

Bei der Aufstellung der Gleichungen steht E für die gesamten Kosten der Hilfskostenstelle „Energieerzeugung" und I für die gesamten Kosten der Hilfskostenstelle „Instandhaltung".

Gleichung 1: $E = 10.000 + \frac{1}{4} \cdot I$
Gleichung 2: $I = 20.000 + \frac{4}{25} \cdot E$

4.4 Übungsaufgaben zur Kostenstellenrechnung

Durch Einsetzen der zweiten in die erste Gleichung erhält man:

$$E = 10.000 + 1/4 \cdot (20.000 + 4/25 \cdot I)$$
$$E = 10.000 + 5.000 + 1/25 \cdot E$$
$$24/25 \cdot E = 15.000$$
$$E = \underline{\underline{15.625}}$$

Das Ergebnis in die zweite Gleichung eingesetzt ergibt:

$$I = 20.000 + 4/25 \cdot 15.625$$
$$I = 20.000 + 2.500$$
$$I = \underline{\underline{22.500}}$$

Innerhalb des in Abbildung 4-33 dargestellten Betriebsabrechnungsbogens werden dann die gesamten Kosten der Hilfskostenstellen auf die empfangenden Kostenstellen verrechnet.

	Hilfskostenstellen		Hauptkostenstellen			Summe
	Energie-erzeugung	Instand-haltung	Material	Fertigung	Verwaltung und Vertrieb	
Primäre Gemeinkosten	10.000	20.000	9.000	41.000	25.000	105.000
Sekundäre Gemeinkosten						
Kosten der Energieerzeugung	-15.625					
-> Instandhaltung (4/25)		2.500				
-> Material (3/25)			1.875			
-> Fertigung (13/25)				8.125		
-> Verwaltung und Vertrieb (1/5)					3.125	
Kosten der Instandhaltung		-22.500				
-> Energieerzeugung (1/4)	5.625					
-> Material (1/5)			4.500			
-> Fertigung (2/5)				9.000		
-> Verwaltung und Vertrieb (3/20)					3.375	
Kosten der Hauptkostenstellen	0	0	15.375	58.125	31.500	105.000

Abbildung 4-33: Innerbetriebliche Leistungsverrechnung nach dem Gleichungsverfahren

zu a2) Durchführung der innerbetrieblichen Leistungsverrechnung nach dem Iterationsverfahren

Wie in Abbildung 4-34 dargestellt, erfolgt bei Anwendung des Iterationsverfahrens im ersten Schritt die Verrechnung der primären Gemeinkosten der Hilfskostenstellen auf die empfangenden Kostenstellen. In den nachfolgenden Iterationen werden dann die primären Gemeinkosten der Hilfskostenstellen zuzüglich der im Rahmen der ersten Iteration für erhaltene innerbetriebliche Leistungen belasteten sekundären Gemeinkosten verteilt. Nach sieben Iterationen betragen die Kosten der Hilfskostenstellen DM 0 und die Gesamtkosten der Hauptkostenstellen entsprechen den mit Hilfe des Gleichungsverfahrens errechneten Zahlen.

146 4 Kostenstellenrechnung

		Hilfskostenstellen		Hauptkostenstellen			Summe
		Energie-erzeugung	Instand-haltung	Material	Fertigung	Verwaltung und Vertrieb	
1. Iteration	Primäre Gemeinkosten	10.000	20.000	9.000	41.000	25.000	105.000
	Sekundäre Energiekosten	-10.000	1.600	1.200	5.200	2.000	
	Sekundäre Instandhaltungskosten	5.000	-20.000	4.000	8.000	3.000	
	Gesamte Gemeinkosten	5.000	1.600	14.200	54.200	30.000	105.000
2. Iteration	Primäre Gemeinkosten	10.000	20.000	9.000	41.000	25.000	105.000
	Sekundäre Energiekosten	-15.000	2.400	1.800	7.800	3.000	
	Sekundäre Instandhaltungskosten	5.400	-21.600	4.320	8.640	3.240	
	Gesamte Gemeinkosten	400	800	15.120	57.440	31.240	105.000
3. Iteration	Primäre Gemeinkosten	10.000	20.000	9.000	41.000	25.000	105.000
	Sekundäre Energiekosten	-15.400	2.464	1.848	8.008	3.080	
	Sekundäre Instandhaltungskosten	5.600	-22.400	4.480	8.960	3.360	
	Gesamte Gemeinkosten	200	64	15.328	57.968	31.440	105.000
4. Iteration	Primäre Gemeinkosten	10.000	20.000	9.000	41.000	25.000	105.000
	Sekundäre Energiekosten	-15.600	2.496	1.872	8.112	3.120	
	Sekundäre Instandhaltungskosten	5.616	-22.464	4.493	8.986	3.370	
	Gesamte Gemeinkosten	16	32	15.365	58.098	31.490	105.000
5. Iteration	Primäre Gemeinkosten	10.000	20.000	9.000	41.000	25.000	105.000
	Sekundäre Energiekosten	-15.616	2.499	1.874	8.120	3.123	
	Sekundäre Instandhaltungskosten	5.624	-22.496	4.499	8.998	3.374	
	Gesamte Gemeinkosten	8	3	15.373	58.118	31.497	105.000
6. Iteration	Primäre Gemeinkosten	10.000	20.000	9.000	41.000	25.000	105.000
	Sekundäre Raumkosten	-15.624	2.500	1.875	8.124	3.125	
	Sekundäre Energiekosten	5.625	-22.499	4.500	9.000	3.375	
	Gesamte Gemeinkosten	1	1	15.375	58.124	31.500	105.000
7. Iteration	Primäre Gemeinkosten	10.000	20.000	9.000	41.000	25.000	105.000
	Sekundäre Raumkosten	-15.625	2.500	1.875	8.125	3.125	
	Sekundäre Energiekosten	5.625	-22.500	4.500	9.000	3.375	
	Kosten der Hauptkostenstellen	0	0	15.375	58.125	31.500	105.000

zu b) Ermittlung der Kalkulationssätze

Für die Fertigungskostenstelle sind zwei Kalkulationssätze zu bilden, ein Maschinenstundensatz und ein Restgemeinkostenzuschlagssatz. Die maschinenabhängigen Fertigungsgemeinkosten werden zu den geleisteten Maschinenstunden und die Restfertigungsgemeinkosten zu den Fertigungslöhnen in Beziehung gesetzt. Für die Kosten der Material- sowie der Verwaltungs- und Vertriebskostenstelle lassen sich Gemeinkostenzuschlagssätze bestimmen.

Materialgemeinkostenzuschlagssatz
$$= \frac{DM\ 15.375}{DM\ 205.000} = \underline{7,5\ \%}$$

Maschinenstundensatz
$$= \frac{DM\ 58.125 \cdot 0{,}576}{160\ \text{Maschinenstd.}} = \frac{DM\ 33.480}{160\ \text{Maschinenstd.}}$$
$$= \underline{DM\ 209{,}25}$$

Restfertigungsgemeinkostenzuschlagssatz
$$= \frac{DM\ 58.125 \cdot 0{,}424}{DM\ 159.000} = \frac{DM\ 24.645}{DM\ 159.000} = \underline{15{,}5\ \%}$$

Verwaltung- und Vertriebsgemeinkostenzuschlagssatz
$$= \frac{DM\ 31.500}{DM\ 205.000 + DM\ 15.375 + DM\ 159.000 + DM\ 58.125}$$
$$= \frac{DM\ 31.500}{DM\ 437.500} = \underline{7{,}2\ \%}$$

c) Ermittlung des Break-even-Punktes

Zuerst ist durch Division der gesamten variablen Kosten durch die Absatzmenge der variable Kostensatz k_v zu bestimmen.

$$\text{Variabler Kostensatz} = \frac{\text{Variable Kosten}}{\text{Absatzmenge}}$$
$$= \frac{DM\ 205.000 + DM\ 159.000 + DM\ 105.000 \cdot 0{,}2}{77.000\ \text{Produkteinheiten}}$$
$$= \frac{DM\ 385.000}{77.000\ \text{Stück}} = \underline{DM\ 5{,}-\ \text{pro Stück}}$$

Der Break-even-Punkt läßt sich dann folgendermaßen ermitteln:

$$\text{Break-even-Punkt} = \frac{\text{Fixe Kosten}}{\text{Preis} - \text{variabler Kostensatz}} = \frac{DM\ 105.000 \cdot 0{,}8}{DM\ 6{,}20 - DM\ 5{,}-}$$
$$= \frac{DM\ 84.000}{DM\ 1{,}20} = \underline{70.000\ \text{Stück}}$$

4. Übungsaufgabe

Betrachten Sie noch einmal die in Abbildung 4-18 dargestellte Kostenplanung für die Fertigungskostenstelle.

a) Ermitteln Sie die Sollkosten für die Position ‚Gemeinkostenlohn'. Gehen Sie dabei von 405 tatsächlich geleisteten Maschinenstunden im hier betrachteten Monat aus.

b) In der Lohnbuchhaltung wurden für den betrachteten Monat 49 Gemeinkostenlohnstunden und ein Lohnsatz von DM 17,50 erfaßt. Berechnen Sie die einzelnen Abweichungsarten für den Gemeinkostenlohn.

Lösung zur 4. Übungsaufgabe

zu a) Ermittlung der Sollkosten

$$\text{Sollkosten} = \text{fixe Plankosten} + \text{variable Plankosten} \cdot \frac{\text{Istbezugsgröße}}{\text{Planbezugsgröße}}$$

$$= \text{DM } 500 + \text{DM } 400 \cdot \frac{405 \text{ Maschinenstunden}}{450 \text{ Maschinenstunden}}$$

$$= \underline{\text{DM } 860}$$

zu b) Ermittlung der Lohnsatz-, Verbrauchs- und Beschäftigungsabweichung

Lohnsatzabweichung	= Iststunden · (Istlohnsatz − Planlohnsatz) = 49 Std. · (DM 17,50 − DM 18,−) = $\underline{-\text{DM } 24{,}50}$
Verbrauchsabweichung	= (Iststunden · Planlohnsatz) − Sollkosten = (49 Std. · DM 18,−) − DM 860 = $\underline{\text{DM } 22}$
Beschäftigungsabweichung	= fixe Plankosten · $\left(1 - \frac{\text{Istbezugsgröße}}{\text{Planbezugsgröße}}\right)$ = DM 500 · $\left(1 - \frac{405 \text{ Maschinenstunden}}{450 \text{ Maschinenstunden}}\right)$ = $\underline{\text{DM } 50}$

5 Kostenträgerrechnung

Im Rahmen der Kostenträgerrechnung erfolgt die Verrechnung der Kosten auf die betrieblichen Erzeugnisse, die auch als Kostenträger bezeichnet werden. Zu den Kostenträgern zählen, wie aus Abbildung 5-1 hervorgeht, sowohl die absatzbestimmten Produkte und Dienstleistungen als auch die für den Einsatz im Unternehmen bestimmten sogenannten innerbetrieblichen Leistungen. Bei den absatzbestimmten Erzeugnissen unterscheidet man zwischen den auf der Basis von Kundenaufträgen und den auf Lager produzierten Produkteinheiten. Dabei kann es sich einerseits um Fertigerzeugnisse und andererseits um Zwischenprodukte handeln. Die innerbetrieblichen Leistungen, auf die bereits in Kapitel 4.3.2 ausführlich eingegangen wurde, unterteilt man in aktivierbare und nicht aktivierbare Leistungen.

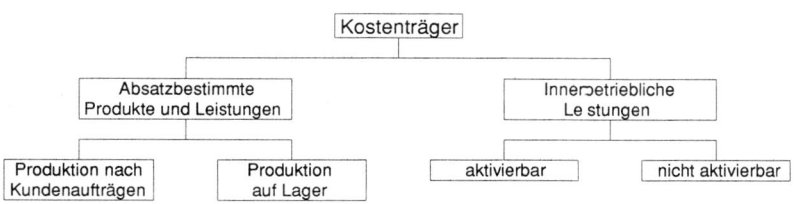

Abbildung 5-1: Einteilung der Kostenträger

Die Kostenträgerrechnung greift auf das durch die Kostenarten- und die Kostenstellenrechnung vorbereitete Zahlenmaterial zurück. Sie läßt sich einerseits stückbezogen in Form einer Kostenträgerstückrechnung und andererseits periodenbezogen in Form einer Kostenträgerzeitrechnung durchführen. Im Rahmen der Kostenträgerstückrechnung, die man auch als Kalkulation bezeichnet, werden die für die Herstellung und den Absatz einer Erzeugniseinheit jeweils anfallenden Kosten ermittelt. Hingegen beschäftigt sich die Kostenträgerzeitrechnung mit der Bestimmung der Kosten, die innerhalb einer Abrechnungsperiode insgesamt auf die verschiedenen Produktarten entfallen sind. Diese Kosten gehen dann in die Betriebsergebnisrechnung ein und sind dort den erwirtschafteten Erlösen gegenüberzustellen. Daher wird die Kostenträgerzeitrechnung im Zusammenhang mit der Betriebsergebnisrechnung im sechsten Kapitel behandelt. In diesem Kapitel steht die Kalkulation im Vordergrund.

5.1 Ziele und Aufgaben der Kostenträgerstückrechnung

Die Kalkulation dient in erster Linie der Ermittlung der Herstell- und der Selbstkosten, die pro Erzeugniseinheit bzw. pro Auftrag anfallen. Obwohl die Ausgestaltung der Kalkulation stark vom Produktionsprogramm und von den eingesetzten Fertigungsprozessen abhängt, sind die im sogenannten Grundschema der Kalkulation aufgeführten Positionen Bestandteil jeder Kalkulation.[1] Das Grundschema kann deshalb als allgemeingültige Strukturierungshilfe für sämtliche Kalkulationsaufgaben angesehen werden. Es gibt an, welche Kostenpositionen in welcher Reihenfolge zu berücksichtigen sind, allerdings ohne zu zeigen, wie sich diese Kosten, zum Beispiel die Fertigungsgemeinkosten, im konkreten Einzelfall ermitteln lassen.

Grundschema der Kalkulation
Materialeinzelkosten + Materialgemeinkosten
= Materialkosten
+ Fertigungslöhne + Fertigungsgemeinkosten + Sondereinzelkosten der Fertigung
= Fertigungskosten
= Herstellkosten
+ Verwaltungsgemeinkosten + Vertriebsgemeinkosten + Sondereinzelkosten des Vertriebs
= Selbstkosten

Abbildung 5-2: Grundschema der Kalkulation

Die für die in das Kalkulationsobjekt eingehenden Rohstoffe, Werkstoffe, Teile und Baugruppen anfallenden Materialeinzelkosten werden stets als erstes kalkuliert. Dazu sind die Abfall und Ausschuß einbeziehenden Materialverbrauchsmengen aus Stücklisten, Rezepturen oder Konstruktionszeichnungen abzuleiten und mit den jeweiligen Materialpreisen zu bewerten. Die Ermittlung der anteilig für Einkauf und Lagerung auf das Kalkulationsobjekt entfal-

---

[1] Vgl. Kilger, W. (1987), S. 266–267.

5.1 Ziele und Aufgaben der Kostenträgerstückrechnung

lenden Materialgemeinkosten erfolgt meist durch Multiplikation der gesamten Materialeinzelkosten mit einem globalen Gemeinkostenzuschlagssatz oder mit nach Materialgruppen differenzierten Zuschlagssätzen.

Im Anschluß an die Materialkosten werden die Fertigungskosten, die sich aus den Fertigungslöhnen, den Fertigungsgemeinkosten und den Sondereinzelkosten der Fertigung zusammensetzen, kalkuliert. Wenn eine differenzierte Kostenstellenrechnung existiert, sind die Fertigungslöhne und -gemeinkosten für jede Kostenstelle, die das Kalkulationsobjekt bei seiner Herstellung durchläuft, getrennt auszuweisen.[2] Dabei ergeben sich die Fertigungslöhne als Produkt aus den Arbeitszeiten, die für die in einer Kostenstelle auszuführenden Arbeitsgänge erforderlich sind, und den Lohnsätzen der Fertigungsarbeiter. Die Fertigungsgemeinkosten lassen sich dann mit Hilfe der Kalkulationssätze aus der Kostenstellenrechnung bestimmen. Bei der Lohnzuschlagskalkulation wird der Fertigungsgemeinkostenzuschlagssatz einer Kostenstelle prozentual auf den Fertigungslohn der Kostenstelle bezogen. Liegen hingegen auf direkten Bezugsgrößen basierende Kalkulationssätze wie beispielsweise Maschinenstundensätze vor, sind die durch das Kalkulationsobjekt in Anspruch genommenen Bezugsgrößeneinheiten, zum Beispiel die Maschinenstunden bzw. die Maschinenminuten, mit dem entsprechenden Kalkulationssatz zu multiplizieren.

Zu den gesamten Fertigungslöhnen und -gemeinkosten müssen dann noch die Sondereinzelkosten der Fertigung hinzuaddiert werden. Die Sondereinzelkosten der Fertigung beinhalten insbesondere die bei der Herstellung des Kalkulationsobjektes entstehenden Kosten für Modelle, Spezialwerkzeuge und -vorrichtungen sowie die Lizenzgebühren. Da sich Modelle und Spezialwerkzeuge, wie zum Beispiel Formen, mehrfach einsetzen lassen, sind die jeweils auf eine Produkteinheit entfallenden Kosten zu bestimmen, indem man die Herstellkosten einer Form durch die voraussichtliche Produktionsmenge dividiert. Die durch das Kalkulationsobjekt verursachten Konstruktions- sowie anteilige Forschungs- und Entwicklungskosten können entweder unter den Sondereinzelkosten der Fertigung oder unter einer zusätzlich in das Grundschema der Kalkulation aufzunehmenden Position aufgeführt werden.

Auf die Kalkulation der Fertigungskosten folgt der Ausweis der Herstellkosten, die sich als Summe aus den gesamten Material- und den gesamten Fertigungskosten ergeben. Damit stehen die für die Herstellung einer Erzeugniseinheit kalkulierten Kosten fest. Hinzu kommen noch die anteilig auf das

---

[2] Auf den getrennten Ausweis von Fertigungslöhnen und Fertigungsgemeinkosten pro Kostenstelle kann verzichtet werden, wenn die Fertigungslöhne in die Kostenstellenrechnung eingehen und dann in den Kalkulationssätzen der Fertigungskostenstellen Berücksichtigung finden. Das setzt allerdings voraus, daß sich die Fertigungslöhne proportional zu der jeweiligen Bezugsgröße verhalten.

Kalkulationsobjekt zu verrechnenden Verwaltungs- und Vertriebskosten, die sich aus den Verwaltungsgemeinkosten, den Vertriebsgemeinkosten und den Sondereinzelkosten des Vertriebs zusammensetzen. Die Verwaltungs- und Vertriebsgemeinkosten werden in der Praxis noch häufig mit Hilfe von globalen, auf die Herstellkosten bezogenen Gemeinkostenzuschlagssätzen berechnet. Während die Verwendung eines einzigen Zuschlagssatzes für die Kalkulation der Verwaltungsgemeinkosten vertretbar ist, führt sie bei den Vertriebsgemeinkosten zu erheblichen Kalkulationsungenauigkeiten. Um die unterschiedliche Inanspruchnahme der Vertriebskostenstellen durch die verschiedenen Produktarten berücksichtigen zu können, sollten daher die Vertriebsgemeinkosten auf der Grundlage von nach Produktgruppen differenzierten Gemeinkostenzuschlagssätzen kalkuliert werden.

Die Sondereinzelkosten des Vertriebs umfassen in erster Linie die Verpackungsmaterialkosten, die Verkaufsprovisionen und, sofern den Kunden nicht gesondert in Rechnung gestellt, die Ausgangsfrachten. Durch Addition der Verwaltungsgemeinkosten, der Vertriebsgemeinkosten und der Sondereinzelkosten des Vertriebs zu den Herstellkosten ergeben sich die insgesamt für eine Produkteinheit anfallenden Kosten, die man als Selbstkosten bezeichnet.

Mit der Ermittlung von stückbezogenen Herstell- und Selbstkosten werden unterschiedliche Ziele verfolgt. Traditionell dient die Kalkulation in erster Linie der Bereitstellung von Informationen für preispolitische Entscheidungen. Darüber hinaus gehen die Selbstkosten auch in die nach Produktarten differenzierte Betriebsergebnisrechnung ein. Dort erfolgt die Multiplikation der Stückselbstkosten mit den jeweiligen Absatzmengen der einzelnen Erzeugnisarten. Die Herstellkosten sind im Rahmen der Aufstellung des Jahresabschlusses für die Bewertung der Lagerbestände an fertigen und unfertigen Erzeugnissen sowie der selbsterstellten Anlagegegenstände von Bedeutung.

Bereitstellung von Informationen für preispolitische Entscheidungen

Die Kalkulationsunterlagen können die unternehmerische Preispolitik auf folgenden drei Gebieten unterstützen:[3]

1. Bestimmung der Preisuntergrenzen für den Verkauf der betrieblichen Erzeugnisse sowie Festlegung der Angebotspreise für öffentliche Aufträge.

2. Ableitung der Preisobergrenzen für die Beschaffung von Rohstoffen und Materialien sowie Aufbereitung der Daten für die Entscheidung über Eigenfertigung oder Fremdbezug.

3. Ermittlung von internen Verrechnungspreisen für die zwischen einzelnen betrieblichen Teilbereichen bzw. zwischen verbundenen Unternehmen ausgetauschten Leistungen.

---

[3] Vgl. Vormbaum, H. (1977), S. 27–30.

5.1 Ziele und Aufgaben der Kostenträgerstückrechnung 153

zu 1. In einer Marktwirtschaft bilden sich die Absatzpreise durch Angebot und Nachfrage und lassen sich im allgemeinen nicht durch Berechnung eines prozentualen Gewinnaufschlags auf die Selbstkosten ermitteln. Nur wenn keine Marktpreise existieren, beispielsweise bei neuen Produkten und bei Spezialaufträgen, dienen die Selbstkosten als Anhaltspunkt für die Preisgestaltung. Bei öffentlichen Aufträgen gelten in diesem Zusammenhang die „Leitsätze für die Preisermittlung auf Grund von Selbstkosten" (LSP) vom 1.1.1954, in denen gesetzlich festgeschrieben ist, wie sich die Selbstkosten und der kalkulatorische Gewinn zusammenzusetzen haben. Liegen hingegen Marktpreise vor, kann eine zu stark an den Selbstkosten orientierte Preisgestaltung zur Folge haben, daß sich ein Unternehmen einerseits durch zu hohe Verkaufspreise aus dem Markt kalkuliert oder daß es andererseits durch zu niedrige Preise das Erlöspotential nicht voll ausschöpft. Trotz dieser Gefahren spielen in der Praxis die Kosten bei der Preisfindung nach wie vor eine wichtige Rolle, was nicht zuletzt auch dadurch zum Ausdruck kommt, daß die Unternehmen Preiserhöhungen in der Regel mit einem Anstieg der Kosten begründen.

Wenn sich die Verkaufspreise auch nicht unmittelbar aus den Selbstkosten ableiten lassen, so liefert die Kalkulation dennoch bedeutsame Informationen für die unternehmerische Preispolitik. Aus den Kalkulationsunterlagen gehen die Preisuntergrenzen für die betrieblichen Erzeugnisse hervor, deren Unterschreitung negative Auswirkungen auf das Betriebsergebnis hat. Aus welchen Kostenbestandteilen sich die Preisuntergrenze zusammensetzt, hängt allerdings von der jeweiligen Entscheidungssituation ab. Wenn sich beispielsweise die Frage stellt, ob bei unterausgelasteten Kapazitäten kurzfristig ein Zusatzauftrag angenommen werden soll, stellen die variablen Selbstkosten die Preisuntergrenze dar. Zusätzlich durch den Auftrag ausgelöste Fixkosten finden ebenfalls in der Preisuntergrenze Berücksichtigung. Stehen jedoch für die Ausführung des Sonderauftrags an einem Arbeitsplatz nicht mehr genügend freie Produktionskapazitäten zur Verfügung, müßte der Betrieb einen anderen Auftrag aufgeben. In diesem Fall sind bei der Bestimmung der Preisuntergrenze neben den variablen Selbstkosten auch Opportunitätskosten in Höhe des entgangenen Gewinns für den verdrängten Auftrag einzubeziehen.

Die absolute Preisuntergrenze bilden in der Kurzfristbetrachtung demnach die variablen Selbstkosten, die in Abhängigkeit von der jeweiligen Entscheidungssituation um Opportunitätskosten oder relevante Fixkosten zu ergänzen sind. Langfristig kann ein Unternehmen jedoch nur bestehen, wenn durch die am Markt erzielten Erlöse auch die gesamten Fixkosten gedeckt werden. Um eine möglichst exakte Ermittlung der langfristigen Preisuntergrenze für die einzelnen Produkte und Leistungen bemüht sich die im Rahmen der Prozeßkostenrechnung durchzuführende strategische Kalkulation.[4]

zu 2. Neben Anhaltspunkten für die Gestaltung der Absatzpreise liefern die Kalkulationsunterlagen auch Informationen über die Preisobergrenzen für die zu beschaffenden Rohstoffe und Materialien. Wenn der Verkaufspreis bekannt ist, kann man den Preis, der für eine bestimmte Materialart höchstens bezahlt werden darf, anhand der Kalkulationsdaten bestimmen. Darüber hinaus lassen sich auch die Kosten der Eigenfertigung für einzelne, in die betrieblichen Erzeugnisse eingehende Teile kalkulieren und dem jeweiligen Fremdbezugspreis gegenüberstellen. Stehen für die Eigenfertigung genügend freie Produktionskapazitäten zur Verfügung, sind nur die variablen Eigenfertigungskosten entscheidungsrelevant und mit dem Fremdbezugspreis zu vergleichen. Wenn allerdings für die Eigenfertigung neue Kapazitäten aufgebaut bzw. andere Produktionsaufträge verdrängt werden müssen, ist es erforderlich, auch die dadurch entstehenden fixen Kosten bzw. die Opportunitätskosten zu berücksichtigen.

zu 3. Die Kalkulation dient auch der Ermittlung interner Verrechnungspreise für die innerhalb eines Unternehmens oder eines Unternehmensverbunds ausgetauschten Leistungen. Die häufig stark kostenorientierten internen Verrechnungspreise werden

– für die von allgemeinen Hilfskostenstellen, zum Beispiel der Reparatur und Instandhaltung oder der zentralen EDV-Abteilung an andere betriebliche Teilbereiche abgegebenen Leistungseinheiten (Reparaturstunden, CPU-Zeiten),

– für die durch Fertigungskostenstellen für den Einsatz im betrieblichen Leistungserstellungsprozeß produzierten Werkzeuge und

– in Großunternehmen für die in einem Werk oder Unternehmensbereich hergestellten Zwischenprodukte, deren Weiterverarbeitung in einem anderen Werk oder Unternehmensbereich erfolgt,

bestimmt.

Bewertung der Lagerbestände an fertigen und unfertigen Erzeugnissen sowie der selbsterstellten Anlagegegenstände

Auf die Kalkulationsunterlagen wird auch bei der Bewertung der Lagerbestände an fertigen und unfertigen Erzeugnissen sowie der selbsterstellten Anlagegegenstände aufgebaut. Im Rahmen der auf die interne Erfolgsermittlung und -beurteilung ausgerichteten Betriebsergebnisrechnung kann die Bewertung zu den

---

[4] Vgl. dazu insbesondere Cooper, R./Kaplan, R.S.(1988a), S.20–27, Cooper, R./Kaplan, R.S.(1988b), S.96–103, Johnson, H.T./Kaplan, R.S.(1987), S.233–247, Horvath, P. (1990), S.500–506 und Horvath, P./Mayer, R. (1989), S.214–219.

5.1 Ziele und Aufgaben der Kostenträgerstückrechnung

durch die Kalkulation ermittelten Herstellkosten erfolgen. Bei der Aufstellung der Handels- und der Steuerbilanz ist zu den durch das Handelsrecht (§ 255 HGB) und das Steuerrecht (Abschnitt 33 EStR) definierten Herstellungskosten zu bewerten. Obwohl sich die Herstellungskosten von den Herstellkosten der Kostenrechnung unterscheiden, sind die Kalkulationsunterlagen für deren Ermittlung sehr hilfreich. Die Herstellkosten der Kostenrechnung sind allerdings an einigen Stellen zu modifizieren.[5] Da kalkulatorische Kosten in den Herstellungskosten nicht enthalten sein dürfen, sind die Zusatzkosten, in erster Linie die kalkulatorischen Eigenkapitalzinsen und der kalkulatorische Unternehmerlohn, aus den Herstellkosten herauszurechnen und die Anderskosten, insbesondere die kalkulatorischen Abschreibungen und die kalkulatorischen Fremdkapitalzinsen, durch die entsprechenden Zweckaufwendungen, die bilanziellen Abschreibungen und die Zinsaufwendungen, zu ersetzen.

Die handelsrechtlichen Herstellungskosten müssen zumindest die Materialeinzelkosten, die Fertigungslöhne einschließlich der direkt zurechenbaren Personalnebenkosten und die Sondereinzelkosten der Fertigung umfassen. Darüber hinaus können die für die Entstehung des zu bewertenden Erzeugnisses erforderlichen Material-, Fertigungs- und Verwaltungsgemeinkosten in angemessenem Umfang einbezogen werden, wenn sie im Zeitraum der Herstellung entstanden sind. Für Vertriebskosten einschließlich der Sondereinzelkosten des Vertriebs besteht ein Aktivierungsverbot. Der Ansatz von Forschungs- und Entwicklungskosten ist nur zulässig, wenn ein unmittelbarer Bezug zum Erzeugnis vorliegt.

In die steuerlichen Herstellungskosten sind neben den Material- und Fertigungseinzelkosten zwingend auch die für die Herstellung der zu bewertenden Erzeugnisse erforderlichen Material- und Fertigungsgemeinkosten einzubeziehen. Die Verwaltungskosten, die Gewerbeertragsteuer sowie die Aufwendungen für freiwillige Sozialleistungen und die betriebliche Altersversorgung können ebenfalls angesetzt werden. Keine Berücksichtigung dürfen hingegen Vertriebskosten und, von einigen Ausnahmen abgesehen, Fremdkapitalzinsen sowie Forschungs- und Entwicklungskosten finden.

Im Gegensatz zum Handelsrecht läßt das Steuerrecht die Bewertung zu variablen Kosten nicht zu. In Unternehmen, die Teilkostenrechnungssysteme einsetzen, ist deshalb parallel eine Kalkulation auf Vollkostenbasis durchzuführen bzw. sind die fixen Kosten durch ein mit dem zuständigen Finanzamt abgestimmten vereinfachten Verfahren zu berücksichtigen.[6] Die bei der Ableitung aus dem Grundschema der Kalkulation auftretenden Unterschiede zwischen den handels- und steuerrechtlichen Herstellungskosten sind in Abbildung 5-3 dargestellt.

---

[5] Vgl. Eisele, W. (1990), S. 464 und 465.
[6] Vgl. Wahle, O. (1989), S. 137–139.

Kostenposition	Aktivierung gemäß	
	Handelsrecht	Steuerrecht
Materialeinzelkosten	muß	muß
Fertigungslöhne	muß	muß
Sondereinzelkosten der Fertigung	muß	muß
Variable Materialgemeinkosten	kann	muß
Variable Fertigungsgemeinkosten	kann	muß
Fixe Materialgemeinkosten	kann	muß
Fixe Fertigungsgemeinkosten	kann	muß
Verwaltungsgemeinkosten	kann	kann
Vertriebsgemeinkosten	darf nicht	darf nicht
Sondereinzelkosten des Vertriebs	darf nicht	darf nicht

Abbildung 5-3: Ableitung der handels- und steuerrechtlichen Herstellungskosten aus dem Grundschema der Kalkulation

5.2 Kalkulationsarten

Bei der Ermittlung der Herstell- und Selbstkosten einer Erzeugniseinheit oder eines Auftrags unterscheidet man, wie in Abbildung 5-4 dargestellt, drei Kalkulationsarten:[7]

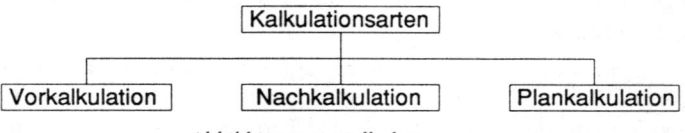

Abbildung 5-4: Kalkulationsarten

Unternehmen mit Einzel- und Auftragsfertigung führen Vor- und Nachkalkulationen durch, um die kundenauftragsspezifischen Besonderheiten in Hinsicht auf die Produktgestaltung und -zusammensetzung kostenmäßig richtig abbilden zu können. Jeder einzelne Kundenauftrag bzw. jedes Projekt ist individuell zu kalkulieren. Unternehmen, die standardisierte, über eine längere Zeitspanne im Angebotsprogramm verbleibende Erzeugnisse in größeren Stückzahlen herstellen und absetzen, können hingegen auf auftragsbezogene Vor- und Nachkalkulationen verzichten. Im Rahmen einer Plankostenrechnung lassen sich stattdessen über einen längeren Zeitraum gültige Plankalkulationen für die verschiedenen Produktarten aufstellen.

Vorkalkulation

Die vor allem in Betrieben mit Einzel- und Auftragsfertigung anzutreffende Vorkalkulation findet zeitlich jeweils vor der Ausführung eines individuellen

---

[7] Vgl. Kilger, W. (1987), S. 290.

5.2 Kalkulationsarten

Kundenauftrags statt. Sie dient primär der Gewinnung von Informationen über die voraussichtliche Höhe und Zusammensetzung der Selbstkosten, die für die Preisverhandlungen mit den Kunden, für die Festlegung des Angebotspreises und für die Entscheidung über Annahme oder Ablehnung eines Auftrags von Bedeutung sind. Wenn es sich bei den Kalkulationsobjekten um größere und langandauernde Projekte handelt, wie es beispielsweise im Anlagen- und Schiffsbau sowie in der Luftfahrt- und Bauindustrie der Fall ist, stehen zum Zeitpunkt der Abgabe eines Angebots in der Regel nicht alle für die Anfertigung genauer Kalkulationsunterlagen erforderlichen Daten zur Verfügung. Aus Termin- und Kostengründen fehlen häufig insbesondere die spezifischen Konstruktionszeichnungen, Stücklisten und Arbeitspläne. Da lediglich aus einem verhältnismäßig kleinen Anteil der Kundenanfragen auch tatsächlich Aufträge resultieren, ist die recht aufwendige Erstellung dieser detaillierten Fertigungsunterlagen nur möglich, wenn der Kunde die dafür anfallenden Kosten trägt.

Die Vorkalkulation wird deshalb vielfach in zwei Schritten durchgeführt. Auf eine Kundenanfrage folgt zunächst eine Angebotsvorkalkulation, die auf mit vertretbarem Aufwand ermittelten Erfahrungs- und Schätzwerten basiert. Die voraussichtlichen Herstellkosten lassen sich vielfach aus den in der Vergangenheit für vergleichbare Aufträge erstellten Vor- und Nachkalkulationen ableiten, wobei Preis- und Lohnsatzerhöhungen sowie Kostenstrukturveränderungen zu berücksichtigen sind. Darüber hinaus ist es teilweise auch erforderlich, auf der Grundlage erster Skizzen Kostenschätzungen vorzunehmen. Verwaltungs- und Vertriebsgemeinkosten werden mit Hilfe globaler Gemeinkostenzuschlagssätze auf die Herstellkosten kalkuliert. Zusätzlich sind auch kalkulatorische Wagniskosten, beispielsweise zur Abdeckung der besonderen Gewährleistungsrisiken bei Neukonstruktionen und der Währungsrisiken bei Auslandsgeschäften, sowie Finanzierungskosten für langfristige Projekte anzusetzen.

Nach dem Auftragseingang werden dann im zweiten Schritt die Konstruktionszeichnungen, Stücklisten und Arbeitspläne erstellt und daraus ergibt sich ein detailliertes Mengengerüst, auf das die Auftragsvorkalkulation aufbauen kann. Anhand dieser Daten lassen sich die Herstellkosten für jedes einzelne zu fertigende Teil exakt kalkulieren. Der Genauigkeitsgrad ist bei der Auftragsvorkalkulation somit wesentlich höher als bei der Angebotsvorkalkulation.

Nachkalkulation

Im Rahmen der Nachkalkulation werden jeweils nach Abschluß der Leistungserstellung die tatsächlich auf eine Erzeugniseinheit bzw. einen Kundenauftrag entfallenden Herstell- und Selbstkosten ermittelt. Das setzt die nach Kostenträgern differenzierte Erfassung der Verbrauchsmengen und Arbeitszeiten sowie die Durchführung einer Istkostenrechnung voraus. Als vergangenheitsbezogene Auswertung ermöglicht die auftragsweise Nachkalkulation die Gegenüberstellung der tatsächlich für einen einzelnen Auftrag angefallenen Kosten mit den Daten der Vorkalkulation. Darüber hinaus läßt sich für jeden einzelnen Auftrag feststellen, inwieweit die erzielten Erlöse die tatsächlich angefallenen Kosten übersteigen. Die in Nachkalkulationsunterlagen zusammengestellten Daten können wiederum unter Umständen zu einem späteren Zeitpunkt als Informationsgrundlage für die Erstellung von Angebotsvorkalkulationen für ähnliche Aufträge dienen.

Bei langfristiger Einzel- und Auftragsfertigung werden vor dem Projektende für die bereits fertiggestellten Teile eines Gesamtauftrags zu bestimmten Zeitpunkten Nachkalkulationen durchgeführt, die man in diesem Zusammenhang als Zwischenkalkulationen bezeichnet. Durch den Vergleich mit den entsprechenden Positionen aus der Vorkalkulation lassen sich auf diese Weise auch langfristig ausgelegte Großprojekte, zum Beispiel der Anlagen- oder Schiffsbau, kostenmäßig überwachen. Die in den Zwischenkalkulationen ausgewiesenen Herstellkosten dienen darüber hinaus auch der Bewertung der unfertigen Erzeugnisse für die Betriebsergebnisrechnung und, nach der Modifikation einiger Positionen, auch für den Jahresabschluß.

In Unternehmen, die über eine Plankostenrechnung verfügen, besteht die Möglichkeit, die Nachkalkulation in Form einer Standard-Nachkalkulation durchzuführen. Bei diesem Verfahren werden die erfaßten Istverbrauchsmengen und Istarbeitszeiten zu den entsprechenden Planpreisen und Plankalkulationssätzen bewertet und gleichzeitig die jeweils entstandenen Preis-, Lohnsatz- und Kostenstellenabweichungen den einzelnen Aufträgen belastet. Standard-Nachkalkulationen zeigen somit auf, inwieweit Abweichungen der Istkosten von den vorkalkulierten Kosten auf Veränderungen der Preiskomponente zurückzuführen sind.[8]

Plankalkulation[9]

Als Plankalkulation bezeichnet man die auf der Basis eines detailliert geplanten Mengengerüsts im Rahmen einer Plankostenrechnung ermittelten Stückherstell- und -selbstkosten für verschiedene Produktarten. Plankalkulationen kommen ausschließlich in Unternehmen, die standardisierte Erzeugnisse über einen längeren Zeitraum in größeren Stückzahlen herstellen und deshalb auf auftragsweise Vor- und Nachkalkulationen verzichten können, zum Einsatz. Sie behalten ihre Gültigkeit für ein gesamtes Planjahr, sofern sich das Angebotsprogramm des Unternehmens nicht in kürzeren Zyklen verändert, wie es beispielsweise in der Modebranche der Fall ist. Eventuell auftretende gravierende Veränderungen bei den Preisen oder Lohnsätzen sowie die Umstellung oder der Wechsel eines verwendeten Fertigungsverfahrens lassen sich in Form von ergänzend zu erstellenden Alternativkalkulationen berücksichtigen.

---

[8] Vgl. Plaut, H.G./Müller, H./Medicke, W. (1973), S. 115.
[9] Vgl. auch die ausführliche und durch zahlreiche Beispiele ergänzte Abhandlung zur Plankalkulation bei Kilger, W. (1988), S. 605–648.

5.2 Kalkulationsarten

Die Erstellung von Plankalkulationen setzt eine differenzierte Planung der Materialeinzelkosten sowie eine kostenstellenweise Kostenartenplanung voraus.[10] Aus der Materialeinzelkostenplanung lassen sich die für eine Erzeugniseinheit geplanten Materialverbrauchsmengen sowie die entsprechenden Planpreise für die verschiedenen Materialarten und Teile entnehmen. Zum Beispiel gehen laut Plan in eine Einheit des Produktes DELTA 3,5 Kilogramm des Rohstoffs D ein. Bei einem Planpreis von DM 2,– pro Kilogramm betragen die Plan-Materialeinzelkosten dann DM 7,– pro Stück. Die Kalkulation der stückbezogenen Fertigungskosten erfolgt durch Multiplikation der durch einen einzelnen Kostenträger von einer Fertigungskostenstelle beanspruchten Bezugsgrößeneinheiten (zum Beispiel Maschinenminuten) mit dem entsprechenden Plankalkulationssatz.

Die Ermittlung der Plankalkulationssätze vollzieht sich im Rahmen der kostenstellenweisen Kostenplanung, indem zum Beispiel die Summe der Plankosten einer Fertigungskostenstelle durch die Planbezugsgröße dividiert wird. Da die Praxis Plankalkulationen in der Regel parallel auf Voll- und auf Teilkostenbasis durchführt, sind Plankalkulationssätze sowohl für die gesamten Plankosten als auch für die variablen Plankosten zu bestimmen. Das erfordert die Division der gesamten und der variablen Plankosten der einzelnen Kostenstellen durch die jeweiligen Planbezugsgrößen. Im Fall der Fertigungskostenstelle, für die in Kapitel 4.3.4 eine detaillierte Kostenplanung durchgeführt wurde, ergeben sich die in Abbildung 5-5 ausgewiesenen Plankalkulationssätze pro Maschinenstunde und pro Maschinenminute.

Kostenplanung für die Fertigungskostenstelle			
Planbezugsgröße	450	Maschinenstunden	
Kostenart	Plankosten	variabel	fix
Fertigungslöhne	9.000	9.000	
Gemeinkostenlöhne	900	400	500
Personalnebenkosten	7.425	7.050	375
Hilfs- und Betriebsstoffe	480	360	120
Fremdreparaturkosten	1.375	1.100	275
Kalk. Abschreibungen	6.000	2.000	4.000
Kalk. Zinsen auf AV	1.710		1.710
Sekundäre Stromkosten	1.260	1.260	
Sekundäre Raumkosten	1.650		1.650
Summe der Plankosten	29.800	21.170	8.630
Plankalkulationssätze			
- pro Maschinenstunde	66,22	47,04	
- pro Maschinenminute	1,10	0,73	

Abbildung 5-5: Plankosten und Plankalkulationssätze der Fertigungskostenstelle aus Kapitel 4.3.4

---

[10] Vgl. die Erläuterungen und Beispiele zur Planung der Materialeinzelkosten und zur kostenstellenweisen Kostenartenplanung in Kapitel 4.3.4.

Die Materialgemeinkosten sowie die Verwaltungs- und Vertriebsgemeinkosten lassen sich mit Hilfe der im Rahmen der Kostenplanung ermittelten Plan-Gemeinkostenzuschlagssätze kalkulieren. Der Aufbau der Plankalkulation entspricht dem Grundschema der Kalkulation und ist in Abbildung 5-6 beispielhaft dargestellt.

Plankalkulation						
Produkt: DELTA					**Stückkosten**	
Materialart	Menge	Maßeinheit	Planpreis		Gesamt	Variabel
Rohstoff D	3,5	Kilogramm	2,00		7,00	7,00
Bauteil H	1	Stück	14,40		14,40	14,40
Rohstoff K	2,8	Kilogramm	3,15		8,82	8,82
Summe der Plan-Materialeinzelkosten					30,22	30,22
			Plan-Zuschlagssatz		**Stückkosten**	
			Gesamt	Variabel	Gesamt	Variabel
Plan-Materialgemeinkosten			9,05%	3,52%	2,73	1,06
Summe der Plan-Materialkosten					32,95	31,28
Fertigungs-	Bezugsgröße		Plankalkulationssatz		**Stückkosten**	
kostenstelle	Menge	Bezeichnung	Gesamt	Variabel	Gesamt	Variabel
Fertigung 1	11,0	Masch.-Min.	1,10	0,78	12,10	8,58
Fertigung 2	16,5	Fertig.-Min.	0,77	0,63	12,71	10,40
Fertigung 3	7,0	Masch.-Min.	1,25	0,98	8,75	6,86
Summe der Plan-Fertigungslöhne und -gemeinkosten					33,56	25,84
Geplante Sondereinzelkosten der Fertigung					2,10	2,10
Summe der Plan-Fertigungskosten					35,66	27,94
Plan-Herstellkosten					68,61	59,22
			Plan-Zuschlagssatz		**Stückkosten**	
			Gesamt	Variabel	Gesamt	Variabel
Plan-Verwaltungsgemeinkosten			10,47%	1,86%	7,18	1,10
Plan-Vertriebsgemeinkosten			19,09%	9,73%	13,10	5,76
Geplante Sondereinzelkosten des Vertriebs					3,40	3,40
Summe der Plan-Verwaltungs- und Vertriebskosten					23,68	10,26
Plan-Selbstkosten					92,29	69,48

Abbildung 5-6: Plankalkulation für das Produkt DELTA

5.3 Kalkulationsverfahren

Als Kalkulationsverfahren bezeichnet man die unterschiedlichen Rechentechniken, die bei der Ermittlung der stückbezogenen Herstell- und Selbstkosten zum Einsatz kommen. Die rechnerische Durchführung der Kalkulation erfolgt stets in Anlehnung an das Grundschema der Kalkulation und ist unabhängig von der Kalkulationsart und vom Kostenrechnungssystem. Grundsätzlich lassen sich die verschiedenen Kalkulationsverfahren für Vor-, Nach- und Plankalkulationen auf Voll- und auf Teilkostenbasis anwenden. Welches Kalkulationsverfahren ein Industrieunternehmen konkret für die Bestim-

5.3 Kalkulationsverfahren

mung der Kosten einer Erzeugniseinheit einsetzen sollte, richtet sich nach der Erzeugnisvielfalt im Angebotsprogramm, nach dem Fertigungstyp und nach der Anzahl der Produktionsstufen. Darüber hinaus ist zu beachten, daß sich ein bestimmtes Kalkulationsverfahren nur dann anwenden läßt, wenn die Kostenstellenrechnung die jeweils erforderlichen Daten bereitstellen kann. Abbildung 5-7 stellt die zwischen der Erzeugnisvielfalt, den Fertigungstypen und den Kalkulationsverfahren bestehenden Zusammenhänge vereinfacht dar.

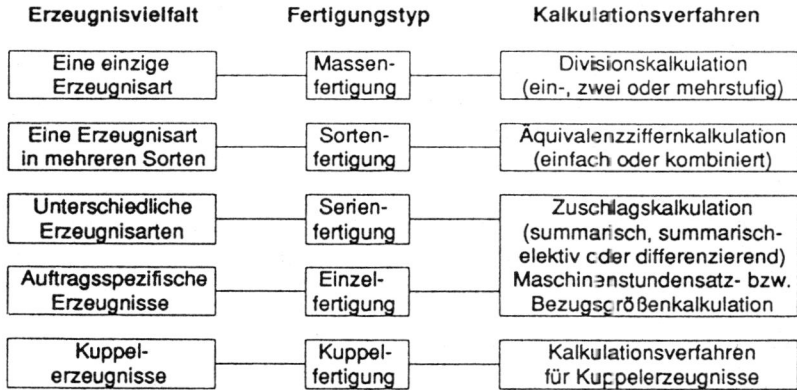

Abbildung 5-7: *Zusammenhang zwischen der Erzeugnisvielfalt, den Fertigungstypen und den Kalkulationsverfahren*

Massenfertigung liegt vor, wenn ein einziges Erzeugnis über einen langen Zeitraum in großen Stückzahlen hergestellt wird. Als typische Beispiele sind die Stromerzeugung, die Trinkwasseraufbereitung oder die Zementproduktion zu nennen. Bei diesem Fertigungstyp kommt in der Praxis im allgemeinen die *Divisionskalkulation* zum Einsatz, die sich in Abhängigkeit von der Anzahl der Produktionsstufen als ein- oder mehrstufige Rechnung durchführen läßt.

Sortenfertigung ist dadurch gekennzeichnet, daß verschiedene Varianten oder Sorten einer Erzeugnisart produziert werden, beispielsweise unterschiedliche Biersorten in Brauereien oder Holz in verschiedenen Abmessungen in Sägewerken. Obwohl hinsichtlich des Materialeinsatzes und der Beanspruchung der Produktionskapazitäten Unterschiede bestehen, weisen die einzelnen Sorten in der Regel eine sehr ähnliche Kostenstruktur auf. Unternehmen mit Sortenfertigung bedienen sich daher in den meisten Fällen der *Äquivalenzziffernkalkulation*, einer verfeinerten Form der Divisionskalkulation. Divisions- oder Zuschlagskalkulationen sind in der Praxis seltener anzutreffen.

Bei *Serienfertigung* umfaßt das Produktionsprogramm verschiedenartige Erzeugnisse, die über einen vielfach längeren Zeitraum wiederholt in bestimmten Stückzahlen hergestellt werden. Als charakteristisches Beispiel für diesen Fertigungstyp gilt die Automobilproduktion. Die Ermittlung der Herstell- und Selbstkosten für die einzelnen Erzeugniseinheiten erfolgt unter Anwendung der *Zuschlagskalkulation* bzw. – wenn die Zuschlagskalkulation ungenaue Ergebnisse liefert – der Maschinensatz- oder der Bezugsgrößenkalkulation.[11]

Von *Einzelfertigung* spricht man zum Beispiel im Anlagen- oder Schiffsbau, wo eine auftragsspezifische Produktion vorliegt. Jeder einzelne Kundenauftrag unterscheidet sich von den vorherigen in wesentlichen Punkten und erfordert daher eine individuelle Ausführung. Als geeignete Kalkulationsverfahren bieten sich, wie bei der Serienfertigung, die Zuschlags-, die Maschinensatz- oder die Bezugsgrößenkalkulation an.

Neben diesen vier grundlegenden Fertigungstypen existiert noch der Spezialfall der *Kuppelproduktion*. Darunter sind Produktionsprozesse zu verstehen, aus denen auf Grund natürlicher und technischer Gegebenheiten zwangsläufig verschiedenartige Erzeugnisse hervorgehen. Zum Beispiel erzeugt die Eisen- und Stahlindustrie im Hochofen neben Roheisen auch Schlacke und Gichtgas, die petrochemische Industrie gewinnt aus Rohöl Benzin, schweres und leichtes Heizöl, Bitumen und Gase, und Schlachthöfe zerlegen Tiere in verschiedene Fleischsorten, Knochen, Häute und Fette. Für die Kalkulation der Kuppelprodukte stehen spezielle Verfahren zur Verfügung.

Die einzelnen Kalkulationsverfahren und die dazugehörigen Rechentechniken werden im folgenden vorgestellt und jeweils anhand von Beispielen erläutert.

5.3.1 Divisionskalkulation

Von allen Kalkulationsverfahren läßt sich die Divisionskalkulation am einfachsten durchführen. Sie basiert auf der grundsätzlichen Überlegung, die Kosten einer Erzeugniseinheit mittels Division der während einer Abrechnungsperiode in einem betrieblichen Teilbereich bzw. im gesamten Unternehmen entstandenen Kosten durch die entsprechende Leistungsmenge zu ermitteln. Dabei muß es sich stets um in Stückzahlen oder anderen Mengeneinheiten (zum Beispiel Tonnen oder Kilowattstunden) gemessene, gleichartige Leistungen handeln, so daß die Divisionskalkulation nur in Einproduktunternehmen oder in Betrieben, die unterschiedliche Erzeugnisse unabhängig voneinander in separaten Fertigungseinrichtungen produzieren, zum Einsatz kommen kann. Wenn parallel operierende Produktionsbereiche existieren, bereitet die Verrechnung der Verwaltungs- und Vertriebskosten auf die verschiedenen Erzeugniseinheiten allerdings Schwierigkeiten.[12]

Die Divisionskalkulation läßt sich als einstufige, zweistufige und mehrstufige Rechnung durchführen. Welche Variante in einer konkreten Situation anzu-

---

[11] Die aus der Anwendung der Zuschlagskalkulation resultierenden Kalkulationsungenauigkeiten wurden bereits in Kapitel 4.3.3 ausführlich behandelt.
[12] Vgl. Hummel, S./Männel, W. (1986), S. 269.

wenden ist, hängt in erster Linie davon ab, ob in der betrachteten Abrechnungsperiode Lagerbestandsveränderungen bei fertigen und unfertigen Erzeugnissen zu verzeichnen waren.

5.3.1.1 Einstufige Divisionskalkulation

Bei der einstufigen Divisionskalkulation ergeben sich die Stückselbstkosten als Quotient aus den während einer Abrechnungsperiode im Unternehmen oder in einem betrieblichen Teilbereich insgesamt angefallenen Kosten und der Produktionsmenge.

$$\text{Stückselbstkosten} = \frac{\text{Gesamtkosten}}{\text{Produktionsmenge}} = \frac{K}{X}$$

Für diese einfache Berechnung ist die getrennte Erfassung von Einzel- und Gemeinkosten nicht erforderlich. Auf die Durchführung einer Kostenstellenrechnung kann ebenfalls verzichtet werden, da die Gesamtkosten bereits aus der Kostenartenrechnung hervorgehen. Allerdings ist die Anwendbarkeit der einstufigen Divisionskalkulation an die drei folgenden Voraussetzungen geknüpft:

1. Das Unternehmen oder der betriebliche Teilbereich stellt nur gleichartige Erzeugnisse in einheitlicher Massenfertigung her.
2. Bei unfertigen Erzeugnissen treten keine Lagerbestandsveränderungen auf. Das bedeutet, daß entweder in einem einstufigen Produktionsprozeß gefertigt wird oder die Bestände in den Lägern zwischen den einzelnen Produktionsstufen konstant bleiben.
3. Lagerbestandsveränderungen bei fertigen Erzeugnissen treten ebenfalls nicht auf, so daß die Absatzmenge der Produktionsmenge entspricht.

Beispiel:

Die Firma August Bruchsicher KG stellt ausschließlich gleichartige Kunststoffgefäße in Massenfertigung her. Im Verlauf einer Abrechnungsperiode wurden insgesamt 800.000 Stück produziert. Lagerbestandsveränderungen bei fertigen und unfertigen Erzeugnissen traten nicht auf.

Die Kostenartenrechnung weist die innerhalb der Abrechnungsperiode insgesamt angefallenen Kosten nach Kostenarten getrennt aus:

Materialkosten	DM	701.320
Personalkosten	DM	680.800
Kalkulatorische Kosten	DM	40.880
Sonstige Kosten	DM	57.000
Gesamtkosten	DM	1.480.000

Anhand dieser Informationen lassen sich die Stückselbstkosten für ein Kunststoffgefäß ermitteln:

$$\text{Stückselbstkosten} = \frac{\text{Gesamtkosten}}{\text{Produktionsmenge}} = \frac{K}{X} = \frac{DM\ 1.480.000}{800.000\ \text{Stück}}$$

$$= \underline{DM\ 1{,}85\ \text{pro Stück}}$$

Im Rahmen von Zusatzauswertungen können darüber hinaus die Anteile der einzelnen Kostenarten bzw. Kostenartengruppen an den Stückselbstkosten absolut und in Prozent angegeben werden:

$$\text{Personalkosten pro Stück} = \frac{\text{Gesamte Personalkosten}}{\text{Produktionsmenge}} = \frac{DM\ 680.800}{800.000\ \text{Stück}}$$

$$= \underline{DM\ 0{,}851\ \text{pro Stück}}$$

$$\text{Personalkosten in Prozent} = \frac{DM\ 680.800}{DM\ 1.480.000} = \underline{46{,}0\,\%}$$

Weiterhin läßt sich das Stückergebnis als Differenz aus den Nettostückerlösen und den Stückselbstkosten ermitteln. Die Nettostückerlöse ergeben sich aus den folgenden Erlösdaten.

Bruttoumsatzerlös	DM 2.000.000
Rabattsatz	4,0 %
Skontosatz	2,5 %

$$\text{Bruttostückerlös} = \frac{\text{Bruttoumsatzerlös}}{\text{Absatzmenge}} = \frac{DM\ 2.000.000}{800.000\ \text{Stück}} = \underline{DM\ 2{,}50\ \text{pro Stück}}$$

Brottostückerlös	DM 2,50
– 4,0 % Rabatt	DM 0,10
	DM 2,40
– 2,5 % Skonto	DM 0,06
= Nettostückerlös	DM 2,34

Stückergebnis = Nettostückerlös-Stückselbstkosten = DM 2,34-DM 1,85
= $\underline{DM\ 0{,}49}$

5.3.1.2 Zweistufige Divisionskalkulation

In Unternehmen, die lagerfähige Produkte herstellen, ist die oben genannte dritte Voraussetzung für die Anwendung der einstufigen Divisionskalkulation häufig nicht erfüllt. Wenn Produktions- und Absatzmenge jedoch nicht übereinstimmen, dürfen bei der Bestimmung der Stückselbstkosten nicht die Gesamtkosten sondern nur die Herstellkosten durch die Produktionsmenge divi-

5.3 Kalkulationsverfahren

diert werden. Die Verwaltungs- und Vertriebskosten sind hingegen auf die Absatzmenge zu beziehen, wie es die zweistufige Divisionskalkulation vorsieht.

$$\text{Stückselbstkosten} = \frac{\text{Herstellkosten}}{\text{Produktionsmenge}} + \frac{\text{Verwaltungs- und Vertriebskosten}}{\text{Absatzmenge}}$$

$$= \frac{K_H}{X_P} + \frac{K_{v+v}}{X_A}$$

Auch die zweistufige Divisionskalkulation setzt Einproduktunternehmen und konstante Lagerbestände bei unfertigen Erzeugnissen voraus. Eine getrennte Erfassung der Einzel- und Gemeinkosten ist nicht erforderlich. Für die Durchführung der zweistufigen Divisionskalkulation muß die Kostenstellenrechnung allerdings Informationen über die Höhe der Herstellkosten sowie der Verwaltungs- und Vertriebskosten liefern können.

Beispiel:

Die Lagerbestände an Kunststoffgefäßen, dem einzigen Erzeugnis der Firma August Bruchsicher KG, haben sich innerhalb einer Abrechnungsperiode wie folgt entwickelt:

Anfangsbestand	300.000
+ Produktionsmenge	800.000
– Endbestand	100.000
Absatzmenge	1.000.000

Bei unfertigen Erzeugnissen haben sich die Lagerbestände nicht verändert. Aus der Kostenstellenrechnung gehen folgende Informationen hervor:

Herstellkosten	DM 1.280.000
Verwaltungs- und Vertriebskosten	DM 200.000
Gesamtkosten	DM 1.480.000

Diese Daten bilden die Basis für die Durchführung der zweistufigen Divisionskalkulation.

$$\text{Stückselbstkosten} = \frac{\text{Herstellkosten}}{\text{Produktionsmenge}} + \frac{\text{Verwaltungs- und Vertriebskosten}}{\text{Absatzmenge}}$$

$$= \frac{\text{DM } 1.280.000}{800.000 \text{ Stück}} + \frac{\text{DM } 200.000}{1.000.000 \text{ Stück}} = \text{DM } 1{,}60 + \text{DM } 0{,}20$$

$$= \underline{\text{DM } 1{,}80 \text{ pro Stück}}$$

5.3.1.3 Mehrstufige Divisionskalkulation

In mehrstufigen Produktionsprozessen werden die von einer Fertigungsstufe insgesamt hervorgebrachten Zwischenprodukte häufig nicht unmittelbar in der nächsten Fertigungsstufe weiterverarbeitet. In vielen Fällen verbleibt ein Teil der unfertigen Erzeugnisse in einem Zwischenlager. Diesen Sachverhalt berücksichtigt die mehrstufige Divisionskalkulation, die für jede einzelne Fertigungsstufe die Stückherstellkosten ermittelt, indem sie die während einer Abrechnungsperiode in den Fertigungsstufen entstandenen Herstellkosten durch die entsprechenden Produktionsmengen dividiert.

$$\text{Stückselbstkosten} = \sum_{i=1}^{n} \frac{K_{H_i}}{X_{P_i}} + \frac{K_{V+V}}{X_A}$$

Mit der Komplexität der Divisionskalkulation steigen auch die Anforderungen an das Datenmaterial aus den vorgelagerten Teilgebieten der Kostenrechnung. Insbesondere die in die Berechnungsformel eingehenden Kosten der einzelnen Fertigungsstufen lassen sich nur aus einer differenzierten Kostenstellenrechnung entnehmen.

Im Rahmen der mehrstufigen Divisionskalkulation werden die Material- und die Fertigungskosten vielfach getrennt kalkuliert. Man spricht dann auch von einer Veredelungskalkulation.

$$\text{Stückselbstkosten} = \text{Stückmaterialkosten} + \sum_{i=1}^{n} \frac{K_{Fert_i}}{X_{P_i}} + \frac{K_{V+V}}{X_A}$$

Beispiel:

Die Firma August Bruchsicher KG stellt ausschließlich Kunststoffgefäße in einem zweistufigen Produktionsprozeß her. Innerhalb einer Abrechnungsperiode wurden in der ersten Fertigungsstufe 1.200.000 Kunststoffgefäße geformt, wofür Fertigungskosten in Höhe von DM 288.000 anfielen. Die zweite Fertigungsstufe, die Färberei, durchliefen 1.100.000 Stück. Die Kosten der Färberei betrugen DM 110.000. Abgesetzt wurden 1.000.000 Stück und im Verwaltungs- und Vertriebsbereich entstanden Kosten in Höhe von DM 200.000.

Aus der Materialabrechnung gehen folgende Daten hervor:

Materialverbrauch	140 Tonnen
Materialpreis	DM 6.000
Materialgemeinkostenzuschlagssatz	5,0 %

5.3 Kalkulationsverfahren

Die Stückmaterialeinzelkosten ergeben sich durch Division der gesamten Materialeinzelkosten durch die in der Fertigungsstufe I (Formen) bearbeiteten Erzeugnisse.

$$\text{Stückmaterialeinzelkosten} = \frac{140 \text{ Tonnen} \cdot \text{DM } 6.000 \text{ pro Tonne}}{1.200.000 \text{ Stück}}$$

$$= \frac{\text{DM } 840.000}{1.200.000 \text{ Stück}} = \underline{\text{DM } 0{,}70 \text{ pro Stück}}$$

Mit Hilfe des Materialgemeinkostenzuschlagssatzes lassen sich dann die Stückmaterialkosten berechnen.

$$\text{Stückmaterialkosten} = \text{Stückmaterialeinzelkosten} \cdot \left(1 + \frac{\text{Materialgemein-kostenzuschlagssatz}}{100}\right)$$

$$= \text{DM } 0{,}70 \text{ pro Stück} \cdot 1{,}05 = \underline{\text{DM } 0{,}735 \text{ pro Stück}}$$

Die für die Berechnung der Stückfertigungskosten sowie der Stückverwaltungs- und -vertriebskosten erforderlichen Informationen sind in der folgenden Tabelle nochmals zusammengefaßt.

Bereich	Ausbringungsmenge	Gesamtkosten
Fertigungsstufe I (Formen)	1.200.000 Stück	DM 288.000
Fertigungsstufe II (Färben)	1.100.000 Stück	DM 110.000
Verwaltung und Vertrieb	1.000.000 Stück	DM 200.000

Stückselbstkosten = DM 0,735 pro Stück

$$+ \frac{\text{DM } 288.000}{1.200.000 \text{ Stück}} + \frac{\text{DM } 110.000}{1.100.000 \text{ Stück}} + \frac{\text{DM } 200.000}{1.000.000 \text{ Stück}}$$

$$= \text{DM } 0{,}735 + \text{DM } 0{,}24 + \text{DM } 0{,}10 + \text{DM } 0{,}20$$

$$= \underline{\text{DM } 1{,}275 \text{ pro Stück}}$$

Die einzelnen Rechenschritte und die Ergebnisse der mehrstufigen Divisionskalkulation lassen sich auch tabellarisch darstellen.

Bereich	Gesamtkosten	Menge in Stück	Stückkosten
Material-Einzelkosten	DM 840.000	1.200.000	DM 0,70
Material-Gemeinkosten	DM 42.000	1.200.000	DM 0,035
Fertigungsstufe I (Formen)	DM 288.000	1.200.000	DM 0,24
Fertigungsstufe II (Färben)	DM 110.000	1.100.000	DM 0,10
Verwaltung und Vertrieb	DM 200.000	1.000.000	DM 0,20
Summe	DM 1.480.000		DM 1,275

Auf die differenziert ausgewiesenen Stückherstellkosten kann dann auch bei der Bewertung der Lagerbestandserhöhungen an fertigen und unfertigen Erzeugnissen zurückgegriffen werden. Im Beispiel wurden von den 1.200.000 Erzeugniseinheiten, die die Fertigungsstufe I durchliefen, 1.100.000 Stück in der Fertigungsstufe II weiterverarbeitet. Die verbleibenden 100.000 Stück stellen eine Lagerbestandserhöhung bei unfertigen Erzeugnissen dar und sind zu der Summe aus den Materialkosten und den Kosten der Fertigungsstufe I zu bewerten. Der Lagerbestand bei fertigen Erzeugnissen hat sich ebenfalls um 100.000 Produkteinheiten erhöht und ist zu Herstellkosten zu bewerten.

Bestandsveränderungen bei unfertigen Erzeugnissen	100.000 Stück · 0,975 = DM 97.500
Bestandsveränderungen bei fertigen Erzeugnissen	100.000 Stück · 1,075 = DM 107.500
Summe	DM 205.000

Das bisher dargestellte Verfahren der mehrstufigen Divisionskalkulation ist in der Lage, die Veränderungen der Lagerbestände an unfertigen Erzeugnissen zwischen den einzelnen Fertigungsstufen zu berücksichtigen. Unbeachtet bleiben jedoch die während der Produktion auftretenden Mengengewinne und -verluste, die durch zusätzliche Materialbeimischungen, Abfall, Ausschuß oder Gewichtsverluste als Folge von Verdunstung und Abrieb entstehen. Diese Mengenveränderungen lassen sich in Form von sogenannten Einsatzfaktoren in die mehrstufige Divisionskalkulation einbeziehen. Dazu sind für jede Fertigungsstufe jeweils die eingehenden durch die hervorgebrachten Mengen zu dividieren.[13]

$$\text{Einsatzfaktor der Fertigungsstufe } i = \frac{\text{Einsatzmenge der Fertigungsstufe } i}{\text{Ausbringungsmenge der Fertigungsstufe } i}$$

In eine Fertigungsstufe mit dem Einsatzfaktor 1,1 müssen 110 Mengeneinheiten eines Zwischenprodukts eingesetzt werden, um 100 Mengeneinheiten herstellen zu können. Bei der Ermittlung der Stückkosten für die von der betrachteten Fertigungsstufe hervorgebrachten 100 Mengeneinheiten des weiterverarbeiteten Erzeugnisses sind dann die für 110 Einheiten des Zwischenprodukts kalkulierten Stückkosten mit dem Einsatzfaktor zu multiplizieren. Unter Einbeziehung der Einsatzfaktoren (Symbol e) in die Berechnung der

---

[13] Vgl. Kilger, W. (1987), S. 308–310 und die dort angegebene Literatur.

5.3 Kalkulationsverfahren

Stückfertigungskosten für die einzelnen Produktionsstufen ergibt sich die nachstehende modifizierte Kalkulationsformel der mehrstufigen Divisionskalkulation:

$$\text{Stückselbstkosten} = \text{Stückmaterialkosten} + \sum_{i=1}^{n} \frac{K_{Fert}}{X_{P_i}} \cdot e_{i+1} + \frac{K_{V+V}}{X_A}$$

Treten während des Produktionsprozesses Mengenveränderungen auf, sind im Rahmen der Kalkulation jeweils die Stückfertigungskosten einer Fertigungsstufe mit den Einsatzfaktoren der nachfolgenden Produktionsstufe zu multiplizieren.

5.3.2 Äquivalenzziffernkalkulation

Bei der Äquivalenzziffernkalkulation handelt es sich um eine verfeinerte Form der Divisionskalkulation, die für den Einsatz in Mehrproduktunternehmen bestimmt ist. Die unterschiedlichen Erzeugnisse sollten allerdings untereinander einen hohen Verwandtschaftsgrad und damit auch eine ähnliche Kostenstruktur aufweisen. Diese Bedingung erfüllen insbesondere die Unternehmen mit Sortenfertigung, zum Beispiel Brauereien, Sägewerke, Webereien und Blechwalzwerke, die mehrere Sorten oder Varianten einer Produktart in gleichartigen Fertigungsprozessen herstellen. Die einzelnen Sorten unterscheiden sich beispielsweise hinsichtlich der in eine Erzeugniseinheit eingehenden Rohstoffmengen oder der für die Herstellung einer Produkteinheit erforderlichen Fertigungs- oder Maschinenzeiten. Die daraus resultierende unterschiedliche Kostenverursachung wird im Rahmen der Äquivalenzziffernkalkulation mit Hilfe von Gewichtungsfaktoren, die man als Äquivalenzziffern bezeichnet, zum Ausdruck gebracht.

Das Grundprinzip der Äquivalenzziffernkalkulation besteht darin, die Kosten der verschiedenen Sorten zu den Kosten einer Einheitssorte in Beziehung zu setzen. Zu diesem Zweck ist zuerst eine Einheitssorte, häufig die Sorte mit der höchsten Produktionsmenge, festzulegen und ihr die Äquivalenzziffer 1 zuzuordnen. Anhand der daraufhin zu bestimmenden Äquivalenzziffern für die anderen Sorten läßt sich dann angeben, in welchem Verhältnis die Kosten dieser Sorten zu den Kosten der Einheitssorte stehen. Für eine Sorte mit der Äquivalenzziffer 1,2 fallen um 20 Prozent höhere Kosten an als für die Einheitssorte und eine Äquivalenzziffer von 0,9 besagt, daß die betreffende Sorte 10 Prozent weniger Kosten als die Einheitssorte verursacht.

Der Ermittlung geeigneter Äquivalenzziffern kommt eine zentrale Bedeutung zu, da sie die Höhe der auf die einzelnen Erzeugniseinheiten der verschiedenen Sorten verrechneten bzw. zu verrechnenden Kosten maßgeblich beeinflussen. Trotzdem bestimmt die Praxis die Äquivalenzziffern vielfach auf der Basis von Erfahrungswerten und teilweise recht groben Schätzungen. Im Hinblick auf eine hohe Kalkulationsgenauigkeit sollten die Äquivalenzziffern jedoch analytisch aus betrieblichen Daten (Bezugsgrößen) abgeleitet werden, die den unterschiedlichen Kostenanfall bei den Sorten widerspiegeln und zu denen sich die Kosten proportional verhalten. In erster Linie bieten sich hierfür technische Produktmerkmale, zum Beispiel Länge, Durchmesser, Oberfläche, Volumen oder Gewicht, sowie Produktionsdaten, beispielsweise Materialverbrauchsmengen, Fertigungs-, Maschinen-, Rüst- bzw. Durchlaufzeiten, an. Auf Marktpreise und andere monetäre Größen ist nur zurückzugreifen, wenn keine technischen Informationen über die Erzeugnisse und die Produktionsprozesse vorliegen.

Wie die Divisionskalkulation läßt sich auch die Äquivalenzziffernkalkulation als ein-, zwei- oder mehrstufige Rechnung durchführen. Dabei können in den einzelnen Stufen unterschiedliche Äquivalenzziffernreihen zur Anwendung kommen. Zusätzlich unterscheidet man zwischen der einfachen und der kombinierten Äquivalenzziffernkalkulation. Die einfache Äquivalenzziffernkalkulation unterstellt eine proportionale Beziehung der Gesamtkosten bzw. der Kosten einer Stufe zu einer einzigen Äquivalenzziffernreihe und damit auch zu einer einzigen Kosteneinflußgröße. Wenn die Kosten hingegen von mehreren Faktoren abhängen, sind durch multiplikative Verknüpfung kombinierte Äquivalenzziffernreihen aufzustellen.

5.3.2.1 Einfache Äquivalenzziffernkalkulation

Die generelle Vorgehensweise bei der Äquivalenzziffernkalkulation läßt sich am Beispiel der einstufigen, einfachen Rechnung am besten verdeutlichen. Dabei wird unterstellt, daß Lagerbestandsveränderungen weder bei fertigen noch bei unfertigen Erzeugnissen auftreten und daß sich die Gesamtkosten proportional zu einer Äquivalenzziffernreihe verhalten. Unter diesen Voraussetzungen lassen sich die Stückselbstkosten der Einheitssorte bestimmen, indem man die Gesamtkosten einer Abrechnungsperiode durch die Summe aus den mit den entsprechenden Äquivalenzziffern gewichteten Produktionsmengen aller Sorten dividiert. Allgemein ergeben sich die Stückselbstkosten einer beliebigen Sorte anhand folgender Grundformel der Äquivalenzziffernkalkulation:

$$\text{Stückselbstkosten der Sorte i} = \frac{\text{Gesamtkosten} \cdot \text{Äquivalenzziffer der Sorte i}}{\Sigma \, \text{Produktionsmenge}_i \cdot \text{Äquivalenzziffer}_i}$$

$$= \frac{K \cdot \ddot{a}_i}{\Sigma \, x_i \cdot \ddot{a}_i}$$

5.3 Kalkulationsverfahren

Beispiel:

Die Firma August Bruchsicher KG stellt Kunststoffgefäße in drei verschiedenen Größen her. Dafür fielen innerhalb einer Abrechnungsperiode Gesamtkosten in Höhe von DM 1.480.000 an.

Sorte	Durchmesser	Produktionsmenge
MINI	14,4 cm	100.000 Stück
STANDARD	24,0 cm	425.000 Stück
EXTRA	38,4 cm	275.000 Stück

1. Schritt: Bestimmung der Äquivalenzziffern

Die Sorte STANDARD wird zur Einheitssorte bestimmt und mit der Äquivalenzziffer 1 versehen, da sie die höchste Produktionsmenge aufweist. Unter der Annahme, daß die unterschiedliche Kostenverursachung bei den drei Sorten auf den Durchmesser der Gefäße zurückzuführen ist, lassen sich die Äquivalenzziffern für MINI und EXTRA durch Division der jeweiligen Durchmesser durch den Durchmesser der Einheitssorte ermitteln.

Sorte STANDARD: $ä_1 = \underline{1,0}$ (Einheitssorte)

Sorte MINI: $ä_2 = \dfrac{14,4 \text{ cm}}{24,0 \text{ cm}} = \underline{0,6}$

Sorte EXTRA: $ä_3 = \dfrac{38,4 \text{ cm}}{24,0 \text{ cm}} = \underline{1,6}$

2. Schritt: Ermittlung der Stückselbstkosten

Die Ermittlung der Stückselbstkosten für die drei Sorten erfolgt mittels der Grundformel der Äquivalenzziffernkalkulation. Dabei wird vorausgesetzt, daß sich die Lagerbestände an fertigen und unfertigen Erzeugnissen in der betrachteten Abrechnungsperiode nicht verändern.

$$\text{Stückselbstkosten der Sorte STANDARD} = \dfrac{\text{DM } 1.480.000 \cdot 1{,}0}{100.000 \cdot 0{,}6 + 425.000 \cdot 1{,}0 + 275.000 \cdot 1{,}6}$$

$$= \dfrac{\text{DM } 1.480.000}{925.000} = \underline{\text{DM } 1{,}60 \text{ pro Stück}}$$

$$\text{Stückselbstkosten der Sorte MINI} = \dfrac{\text{DM } 1.480.000 \cdot 0{,}6}{100.000 \cdot 0{,}6 + 425.000 \cdot 1{,}0 + 275.000 \cdot 1{,}6}$$

$$= \dfrac{\text{DM } 880.000}{925.000} = \underline{\text{DM } 0{,}96 \text{ pro Stück}}$$

$$\text{Stückselbstkosten der Sorte EXTRA} = \dfrac{\text{DM } 1.480.000 \cdot 1{,}6}{100.000 \cdot 0{,}6 + 425.000 \cdot 1{,}0 + 275.000 \cdot 1{,}6}$$

$$= \dfrac{\text{DM } 2.268.000}{925.000} = \underline{\text{DM } 2{,}56 \text{ pro Stück}}$$

Die Rechenschritte und Ergebnisse dieser einfachen Äquivalenzziffernkalkulation lassen sich auch in Form einer Tabelle darstellen.

Sorte	Produktionsmenge	Äquivalenzziffer	Recheneinheiten	Stückselbstkosten	Gesamtkosten
MINI	100.000	0,6	60.000	DM 0,96	DM 96.000
STANDARD	425.000	1,0	425.000	DM 1,60	DM 680.000
EXTRA	275.000	1,6	440.000	DM 2,56	DM 704.000
Summe	800.000		925.000		DM 1.480.000

Da die einstufige Äquivalenzziffernkalkulation voraussetzt, daß die Lagerbestände an fertigen und unfertigen Erzeugnissen keinen Schwankungen unterliegen, kommt sie in der Praxis nur selten zum Einsatz. Bei nicht übereinstimmenden Produktions- und Absatzmengen wird die Äquivalenzziffernkalkulation als zweistufige Rechnung durchgeführt. Wenn zusätzlich auch zwischen den einzelnen Fertigungsstufen Lagerbewegungen zu verzeichnen sind, bietet sich die mehrstufige Äquivalenzziffernkalkulation an. Dabei erfolgt die Ermittlung der in den einzelnen Stufen für eine bestimmte Sorte anfallenden Stückkosten anhand der Grundformel der Äquivalenzziffernkalkulation. Die Stückselbstkosten ergeben sich als Summe aus den Stückherstellkosten, die gegebenenfalls noch in die Stückmaterialkosten und die Stückfertigungskosten der einzelnen Produktionsstufen untergliedert sind, und den stückbezogenen Verwaltungs- und Vertriebskosten. Die zwei- bzw. die mehrstufige Äquivalenzziffernkalkulation stellt jedoch auch höhere Anforderungen an die Kostenstellenrechnung, da sie den kostenbereichs- bzw. kostenstellenweisen Ausweis der Kosten voraussetzt.

In jeder Stufe kann mit einer anderen Äquivalenzziffernreihe gerechnet werden, damit die jeweils in einer Stufe wirksamen Kosteneinflußfaktoren in die Kalkulation eingehen.[14] Beispielsweise arbeitet die zweistufige Äquivalenzziffernkalkulation in der Regel mit einer Äquivalenzziffernreihe für die Herstellkosten und einer weiteren für die Verwaltungs- und Vertriebskosten, um die unterschiedliche Kostenverursachung in den Bereichen zu berücksichtigen. Man spricht in diesem Zusammenhang auch von mehrreihigen Verfahren.

Wie die mehrstufige Divisionskalkulation, läßt sich die mehrstufige Äquivalenzziffernkalkulation darüber hinaus durch die Einbeziehung von Einsatzfaktoren, die Mengengewinne und -verluste innerhalb einer Fertigungsstufe abbilden, verfeinern. In der Praxis dient die Äquivalenzziffernkalkulation in erster Linie der Ermittlung der Stückfertigungskosten. Bei den Materialeinzel-

---

[14] Vgl. Hummel, S./Männel, W. (1986), S. 280 und 281.

5.3 Kalkulationsverfahren

kosten erfolgt häufig eine direkte Zuordnung zu den einzelnen Sorten und die Material-, Verwaltungs- und Vertriebsgemeinkosten werden meist in Form von prozentualen Zuschlagssätzen auf die Materialeinzelkosten bzw. die Herstellkosten verrechnet.

5.3.2.2 Kombinierte Äquivalenzziffernkalkulation

Die kombinierte Äquivalenzziffernkalkulation kommt zum Einsatz, wenn mehrere Kosteneinflußgrößen zu berücksichtigen sind. Das ist insbesondere dann der Fall, wenn sich die einzelnen Sorten hinsichtlich mehrerer Merkmale voneinander unterscheiden. Da die Ermittlung der Stückselbstkosten wiederum anhand der Grundformel der Äquivalenzziffernkalkulation erfolgt, sind die einzelnen Gewichtungsfaktoren durch multiplikative Verknüpfung zu einer Äquivalenzziffernreihe zusammenzufassen.

Beispiel:

Die Firma August Bruchsicher KG stellt Plastikgefäße in drei unterschiedlichen Größen (MINI, STANDARD und EXTRA) und zwei verschiedenen Farbdekoren (einfarbig und gemustert) her. Die jeweiligen Produktionsmengen für die sechs möglichen Produktvarianten sowie die Äquivalenzziffern für die Größe und den Farbdekor sind in nachstehender Tabelle zusammengestellt.

Sorte	MINI	STANDARD	EXTRA	
einfarbig	50.000	217.000	100.000	1,0
gemustert	50.000	208.000	175.000	1,5
	0,6	1,0	1,6	

In der betrachteten Abrechnungsperiode sind Gesamtkosten in Höhe von DM 1.480.000 angefallen. Lagerbestandsveränderungen bei fertigen und unfertigen Erzeugnissen traten nicht auf.

1. Schritt: Ermittlung der Äquivalenzziffern

Die Äquivalenzziffern für die sechs Sorten ergeben sich durch Multiplikation der Äquivalenzziffern, welche die durch die Größe der Kunststoffgefäße bedingten Unterschiede in der Kostenverursachung ausdrücken, mit den Gewichtungsfaktoren für die beiden Farbdekore.

	MINI	STANDARD	EXTRA
einfarbig	0,6	1,0	1,6
gemustert	0,9	1,5	2,4

2. Schritt: Ermittlung der Stückselbstkosten

Auf der Basis dieser Informationen lassen sich nun die Stückselbstkosten der sechs verschiedenen Sorten mit Hilfe der Grundformel der Äquivalenzziffernkalkulation bestimmen. Beispielsweise ergeben sich die Stückselbstkosten der Einheitssorte, STANDARD – einfarbig, anhand der folgenden Berechnung:

$$\text{Stückselbstkosten für die Sorte STANDARD-einfarbig} = \frac{K \cdot \ddot{a}_i}{\sum x_i \cdot \ddot{a}_i}$$

$$= \frac{\text{DM } 1.480.000 \cdot 1{,}0}{1.184.000} = \underline{\underline{\text{DM } 1{,}25 \text{ pro Stück}}}$$

In den Nenner der Formel gehen die mit den entsprechenden Äquivalenzziffern gewichteten Produktionsmengen der sechs Sorten ein:

$\sum x_i \cdot \ddot{a}_i = 50.000 \cdot 0{,}6 + 217.000 \cdot 1{,}0 + 100.000 \cdot 1{,}6 + 50.000 \cdot 0{,}9$
$+ 208.000 \cdot 1{,}5 + 175.000 \cdot 2{,}4 = \underline{1.184.000}$

Die Bestimmung der Stückselbstkosten für die anderen fünf Sorten erfolgt nach dem gleichen Prinzip. In der nachstehenden Tabelle sind sämtliche Rechenschritte und Ergebnisse zusammenfassend aufgeführt.

Sorte	Dekor	Produktionsmenge	Äquivalenzziffer	Recheneinheiten	Stückselbstkosten	Gesamtkosten
MINI	einfarbig	50.000	0,6	30.000	DM 0,75	DM 37.500
	gemustert	50.000	0,9	45.000	DM 1,125	DM 56.250
STANDARD	einfarbig	217.000	1,0	217.000	DM 1,25	DM 271.250
	gemustert	208.000	1,5	312.000	DM 1,875	DM 390.000
EXTRA	einfarbig	100.000	1,6	160.000	DM 2,–	DM 200.000
	gemustert	175.000	2,4	420.000	DM 3,–	DM 525.000
Summe		800.000		1.184.000		DM 1.480.000

Wie die einfache läßt sich auch die kombinierte Äquivalenzziffernkalkulation als zwei- oder mehrstufige Rechnung durchführen, wenn die Annahme über unveränderte Lagerbestände bei fertigen und unfertigen Erzeugnissen aufgehoben wird. Für die Verfeinerung der kombinierten Äquivalenzziffernkalkulation sind jedoch wiederum stärker differenzierte Informationen aus der Kostenstellenrechnung erforderlich.

5.3.3 Zuschlagskalkulation

Da die Äquivalenzziffernkalkulation voraussetzt, daß sämtliche Produkte zumindest annähernd die gleiche Kostenstruktur aufweisen, ist ihr Einsatz auf Betriebe mit Sortenfertigung beschränkt. Unternehmen, die heterogene

5.3 Kalkulationsverfahren

Erzeugnisse in Serien- oder Einzelfertigung herstellen, wenden hingegen traditionell die Zuschlagskalkulation an. Das Grundprinzip der Zuschlagskalkulation besteht darin, den einzelnen Kostenträgern die Einzelkosten (Materialeinzelkosten, Fertigungslöhne, Sondereinzelkosten der Fertigung und des Vertriebs) direkt zu belasten und die Gemeinkosten, die für alle oder zumindest mehrere Erzeugnisse gemeinsam anfallen, mit Hilfe prozentualer Zuschlagssätze zu verrechnen. Im Unterschied zur Divisions- und zur Äquivalenzziffernkalkulation differenziert die Zuschlagskalkulation zwischen Einzel- und Gemeinkosten und baut auf die kostenträgerweise Erfassung der Einzelkosten auf. Die für die verursachungsgerechte Verrechnung der Gemeinkosten auf die betrieblichen Erzeugnisse erforderlichen Gemeinkostenzuschlagssätze lassen sich durch Division der Gemeinkosten durch eine geeignete Zuschlagsbasis ermitteln.

$$\text{Gemeinkostenzuschlagssatz} = \frac{\text{Gemeinkosten}}{\text{Zuschlagsbasis}}$$

Die Festlegung der Zuschlagsbasis ist dabei von besonderer Bedeutung, da die Zuschlagskalkulation eine proportionale Beziehung zwischen den zu verrechnenden Gemeinkosten und der jeweiligen Zuschlagsbasis unterstellt. Wenn die Zuschlagsbasis nicht in einem ursächlichen Zusammenhang zur Entstehung der Gemeinkosten steht, sind Kalkulationsungenauigkeiten die unmittelbare Folge.[15]

In Hinsicht auf die Gliederungstiefe innerhalb der Kostenstellenrechnung unterscheidet man drei Varianten der Zuschlagskalkulation.[16] Unternehmen, die keine Kostenstellenrechnung durchführen, verrechnen im Rahmen der summarischen Zuschlagskalkulation die gesamten Gemeinkosten einer Abrechnungsperiode anhand eines einzigen Gemeinkostenzuschlagssatzes auf die betrieblichen Erzeugnisse. Wenn Informationen über die Höhe der im Material-, im Fertigungs-, sowie im Verwaltungs- und Vertriebsbereich angefallenen Gemeinkosten vorliegen, läßt sich mit Hilfe der summarisch-elektiven Zuschlagskalkulation für jeden Bereich ein gesonderter Gemeinkostenzuschlagssatz ermitteln. Die differenzierende Zuschlagskalkulation greift hingegen auf die aus der Kostenstellenrechnung hervorgehenden Gemeinkosten der Hauptkostenstellen zurück und bestimmt insbesondere im Fertigungsbereich für jede Hauptkostenstelle einen eigenen Gemeinkostenzuschlagssatz.

5.3.3.1 Summarische Zuschlagskalkulation

Die summarische Zuschlagskalkulation baut unmittelbar auf die Informationen aus der Kostenartenrechnung auf, so daß auf die Durchführung der Ko-

---

[15] Vgl. die Ausführungen zur Ermittlung von Kalkulationssätzen in Kapitel 4.4.3.
[16] Vgl. dazu auch die Systematik von Kosiol, E. (1979), S. 230.

stenstellenrechnung verzichtet werden kann. Es ist lediglich die Summe der innerhalb einer Abrechnungsperiode angefallenen Gemeinkosten zu bilden und auf eine Zuschlagsbasis, in der Regel die Materialeinzelkosten, die Fertigungslöhne oder die gesamten Einzelkosten, zu beziehen. Um der geforderten Proportionalität zwischen den Gemeinkosten und der gewählten Zuschlagsbasis zumindest ansatzweise zu genügen, sollten grundsätzlich in arbeitsintensiven Unternehmen die Fertigungslöhne und in materialintensiven Betrieben die Materialeinzelkosten als Zuschlagsbasis verwendet werden.[17]

Beispiel:

Bei einem Fahrradhersteller sind innerhalb einer Abrechnungsperiode folgende Kosten angefallen:

Mateialeinzelkosten	DM 250.000
Fertigungslöhne	DM 150.000
Gemeinkosten	DM 468.000
Gesamtkosten	DM 868.000

In Abhängigkeit von der Wahl der Zuschlagsbasis lassen sich alternativ drei verschiedene Gemeinkostenzuschlagssätze berechnen.

1. Materialeinzelkosten als Zuschlagsbasis

$$\text{Gemeinkostenzuschlagssatz} = \frac{\text{Gesamte Gemeinkosten}}{\text{Materialeinzelkosten}} = \frac{\text{DM } 468.000}{\text{DM } 250.000} = \underline{187{,}2\,\%}$$

2. Fertigungslöhne als Zuschlagsbasis

$$\text{Gemeinkostenzuschlagssatz} = \frac{\text{Gesamte Gemeinkosten}}{\text{Fertigungslöhne}} = \frac{\text{DM } 468.000}{\text{DM } 150.000} = \underline{312\,\%}$$

3. Summe aus Materialeinzelkosten und Fertigungslöhnen als Zuschlagsbasis

$$\text{Gemeinkostenzuschlagssatz} = \frac{\text{Gesamte Gemeinkosten}}{\text{Gesamte Einzelkosten}} = \frac{\text{DM } 468.000}{\text{DM } 400.000} = \underline{117\,\%}$$

Auf der Basis eines Gemeinkostenzuschlagssatzes erfolgt dann die Kalkulation der Stückselbstkosten für ein Erzeugnis, beispielsweise für ein Tourenrad, das Stückmaterialeinzelkosten in Höhe von DM 150,- und Stückfertigungslöhne in Höhe von DM 120,- verursacht. Zu Vergleichszwecken werden die Kalkulationsdaten, die sich anhand der drei verschiedenen Gemeinkostenzuschlagssätze ergeben, einander gegenübergestellt.

---

[17] Vgl. Hummel, S./Männel,W. (1986), S. 287.

5.3 Kalkulationsverfahren

Zuschlagsbasis	Material-einzelkosten	Fertigungs-löhne	Gesamte Einzelkosten
Materialeinzelkosten Fertigungslöhne	DM 150,- DM 120,-	DM 150,- DM 120,-	DM 150,- DM 120,-
Gesamte Einzelkosten	DM 270,-	DM 270,-	DM 270,-
Gemeinkosten: 187,2 % bezogen auf die Materialeinzelkosten 312 % bezogen auf die Fertigungslöhne 117 % bezogen auf die gesamten Einzelkosten	DM 280,80	DM 374,40	DM 315,90
Selbstkosten	DM 550,80	DM 644,40	DM 585,90

Offensichtlich beeinflußt die Wahl der Zuschlagsbasis die Kalkulationsergebnisse in nicht unerheblichem Ausmaß, denn die Stückselbstkosten weichen im Beispiel um bis zu 17 Prozent voneinander ab. Diese Ungenauigkeiten sind darauf zurückzuführen, daß bei der summarischen Zuschlagskalkulation die gesamten Gemeinkosten zu einer einzigen Kosteneinflußgröße in Beziehung gesetzt werden, obwohl in der Realität vielfältige Abhängigkeiten bestehen. Probleme treten insbesondere dann auf, wenn die Anteile der Materialeinzelkosten und der Fertigungslöhne an den Gesamtkosten bei unterschiedlichen Kostenträgern voneinander abweichen.[18] Dieses Verfahren, dessen Vorzug zweifellos in der einfachen Anwendbarkeit liegt, ist deshalb allenfalls für kleine Handwerksbetriebe geeignet, in denen Material-, Verwaltungs- und Vertriebsgemeinkosten nur in geringem Umfang entstehen und ohnehin nur ein verhältnismäßig kleiner Anteil der Gesamtkosten auf die Gemeinkosten entfällt.

5.3.3.2 Summarisch-elektive Zuschlagskalkulation

Genauere Kalkulationsergebnisse lassen sich mit der summarisch-elektiven Zuschlagskalkulation erreichen, die auf einer Untergliederung des Gemeinkostenblocks in verschiedene Gruppen basiert und somit mehrere Gemeinkostenzuschlagssätze mit unterschiedlichen Zuschlagsbasen gleichzeitig berücksichtigen kann. Bereits ohne eine differenzierte Kostenstellenrechnung kann man eine Aufteilung der gesamten Gemeinkosten in Material-, Fertigungs- sowie Verwaltungs- und Vertriebskosten vornehmen. Dadurch eröffnet sich insbesondere die Möglichkeit, die materialabhängigen Gemeinkosten auf die Materialeinzelkosten und die lohnabhängigen Gemeinkosten auf die

---

[18] Vgl. Wahle, O. (1989), S. 163.

Fertigungslöhne zu beziehen. Als Zuschlagsbasis für die Verwaltungs- und Vertriebsgemeinkosten dienen in der Regel die Herstellkosten.

Beispiel:
Bei einem Fahrradhersteller liegen folgende Informationen über die Zusammensetzung der während einer Abrechnungsperiode angefallenen Einzel- und Gemeinkosten vor:

Einzelkosten:	
Materialeinzelkosten	DM 250.000
Fertigungslöhne	DM 150.000
Gemeinkosten:	
Materialgemeinkosten	DM 22.500
Fertigungsgemeinkosten	DM 277.500
Verwaltungs- und Vertriebsgemeinkosten	DM 168.000
Gesamtkosten	DM 868.000

Aufbauend auf dieses in erster Linie von der Kostenartenrechnung zur Verfügung gestellte Zahlenmaterial lassen sich ein Material-, ein Fertigungs- sowie ein Verwaltungs- und Vertriebsgemeinkostenzuschlagssatz ermitteln.

$$\text{Materialgemeinkostenzuschlagssatz} = \frac{\text{Materialgemeinkosten}}{\text{Materialeinzelkosten}}$$
$$= \frac{\text{DM 22.500}}{\text{DM 250.000}}$$
$$= \underline{9\,\%}$$

$$\text{Fertigungsgemeinkostenzuschlagssatz} = \frac{\text{Fertigungsgemeinkosten}}{\text{Fertigungslöhne}}$$
$$= \frac{\text{DM 277.500}}{\text{DM 150.000}}$$
$$= \underline{185\,\%}$$

$$\text{Verwaltungs- und Vertriebsgemeinkostenzuschlagssatz} = \frac{\text{Verwaltungs- und Vertriebsgemeinkosten}}{\text{Herstellkosten}}$$
$$= \frac{\text{DM 168.000}}{\text{DM 250.000} + \text{DM 150.000} + \text{DM 22.500} + \text{DM 277.500}}$$
$$= \frac{\text{DM 168.000}}{\text{DM 700.000}}$$
$$= \underline{24\,\%}$$

5.3 Kalkulationsverfahren

In die Kalkulation gehen neben den Gemeinkostenzuschlagssätzen auch die stückbezogenen Materialeinzelkosten und Fertigungslöhne der drei von dem betrachteten Unternehmen hergestellten Fahrradtypen ein. Die Stückeinzelkosten ergeben sich durch Multiplikation der in Stücklisten und Arbeitsplänen hinterlegten Materialverbrauchsmengen und Arbeitszeiten mit den entsprechenden Materialpreisen bzw. Lohnsätzen.

Fahrradtyp	Tourenrad	Rennrad	Mountain-Bike
Materialeinzelkosten	DM 150,–	DM 250,–	DM 220,–
Fertigungslöhne	DM 120,–	DM 115,–	DM 110,–

Die Ermittlung der Stückselbstkosten für die betrieblichen Erzeugnisse erfolgt bei der summarisch-elektiven Zuschlagskalkulation in enger Anlehnung an das Grundschema der Kalkulation.

Fahrradtyp	Tourenrad	Rennrad	Mountain-Bike
Materialeinzelkosten	DM 150,–	DM 250,–	DM 220,–
Materialgemeinkosten (9 % bezogen auf die Materialeinzelkosten)	DM 13,50	DM 22,50	DM 19,80
Materialkosten	DM 163,50	DM 272,50	DM 239,80
Fertigungslöhne	DM 120,–	DM 115,–	DM 110,–
Fertigungsgemeinkosten (185 % bezogen auf die Fertigungslöhne)	DM 222,–	DM 212,75	DM 203,50
Fertigungskosten	DM 342,–	DM 327,75	DM 313,50
Herstellkosten	DM 505,50	DM 600,25	DM 553,30
Verwaltungs- und Vertriebskosten (24 % bezogen auf die Herstellkosten)	DM 121,32	DM 144,06	DM 132,79
Selbstkosten	DM 626,82	DM 744,31	DM 686,09

Obwohl die summarisch-elektive Zuschlagskalkulation, die man auch als kumulative Lohnzuschlagskalkulation bezeichnet, die Gemeinkosten auf der Grundlage mehrerer Zuschlagsbasen und nicht mehr allein anhand eines einzigen Gemeinkostenzuschlagssatzes auf die Kostenträger verrechnet, ist ihr Anwendungsbereich doch auf kleinere Betriebe, die Erzeugnisse mit homogener Kostenstruktur in einstufigen Produktionsprozessen herstellen, beschränkt. Wenn bei mehrstufiger Fertigung heterogene Erzeugnisse die einzelnen Produktionsstufen unterschiedlich stark in Anspruch nehmen, liefert die summarisch-elektive Zuschlagskalkulation ungenaue Ergebnisse und ist deshalb zu einer differenzierenden Zuschlagskalkulation weiterzuentwikkeln.

5.3.3.3 Differenzierende Zuschlagskalkulation

Die differenzierende Zuschlagskalkulation führt die Verrechnung der Gemeinkosten auf die betrieblichen Erzeugnisse anhand von kostenstellenbezogenen Gemeinkostenzuschlagssätzen durch. Aufbauend auf die Ergebnisse einer zuvor durchgeführten Kostenstellenrechnung ist für jede Hauptkostenstelle ein gesonderter Gemeinkostenzuschlagssatz zu ermitteln, indem die im Betriebsabrechnungsbogen ausgewiesenen gesamten Gemeinkosten der jeweiligen Kostenstelle durch eine geeignete Zuschlagsbasis dividiert werden. Die Praxis berechnet kostenstellenbezogene Gemeinkostenzuschlagssätze in erster Linie im Fertigungsbereich, um so die unterschiedliche Inanspruchnahme der Fertigungshauptkostenstellen durch die einzelnen Kostenträger abbilden zu können, und erreicht dadurch eine erhöhte Genauigkeit bei der Verrechnung der Fertigungsgemeinkosten.[19] Als Zuschlagsbasis bieten sich die in den einzelnen Fertigungshauptkostenstellen angefallenen Fertigungslöhne an. Im Material- sowie im Verwaltungs- und Vertriebsbereich bildet man aus Vereinfachungsgründen vielfach die Summe über die Gemeinkosten aller Materialkostenstellen sowie über die Gemeinkosten aller Verwaltungs- und Vertriebskostenstellen und bezieht diese auf die Materialeinzelkosten bzw. auf die Herstellkosten.

Beispiel:

Aus der Kostenstellenrechnung eines Fahrradherstellers geht hervor, wie sich die innerhalb einer Abrechnungsperiode angefallenen Gemeinkosten auf die fünf Hauptkostenstellen des Unternehmens, die Materialkostenstelle, die Fertigungskostenstelle 1 (Rahmenfertigung), die Fertigungskostenstelle 2 (Endmontage) sowie die Verwaltungs- und Vertriebskostenstelle, verteilen. Die Kostenartenrechnung weist die Materialeinzelkosten und die Fertigungslöhne aus, wobei die Fertigungslöhne für die beiden Fertigungshauptkostenstellen getrennt erfaßt wurden.

---

[19] Dabei wird vorausgesetzt, daß bei der Einteilung des Unternehmens in Kostenstellen die in Kapitel 4.2 aufgeführten Grundsätze beachtet wurden.

5.3 Kalkulationsverfahren

Einzelkosten:	
Materialeinzelkosten	DM 250.000
Fertigungslöhne 1	DM 55.000
Fertigungslöhne 2	DM 95.000
Gemeinkosten:	
Materialkostenstelle	DM 22.500
Fertigungskostenstelle 1	DM 185.350
Fertigungskostenstelle 2	DM 92.150
Verwaltungs- und Vertriebskostenstelle	DM 168.000
Gesamtkosten	DM 868.000

Auf der Grundlage der zur Verfügung stehenden Daten lassen sich die Gemeinkostenzuschlagssätze für die Hauptkostenstellen des Fahrradherstellers wie folgt berechnen.

$$\text{Materialgemeinkostenzuschlagssatz} = \frac{\text{Materialgemeinkosten}}{\text{Materialeinzelkosten}} = \frac{\text{DM } 22.500}{\text{DM } 250.000} = \underline{9\,\%}$$

$$\text{Fertigungsgemeinkostenzuschlagssatz 1} = \frac{\text{Fertigungsgemeinkosten 1}}{\text{Fertigungslöhne 1}} = \frac{\text{DM } 185.350}{\text{DM } 55.000} = \underline{337\,\%}$$

$$\text{Fertigungsgemeinkostenzuschlagssatz 2} = \frac{\text{Fertigungsgemeinkosten 2}}{\text{Fertigungslöhne 2}} = \frac{\text{DM } 92.150}{\text{DM } 95.000} = \underline{97\,\%}$$

$$\text{Verwaltungs- und Vertriebsgemeinkostenzuschlagssatz} = \frac{\text{Verwaltungs- und Vertriebsgemeinkosten}}{\text{Herstellkosten}} = \frac{\text{DM } 168.000}{\text{DM } 700.000} = \underline{24\,\%}$$

Für die Ermittlung der Stückselbstkosten sind darüber hinaus Informationen über die pro Kostenträgereinheit entstandenen Einzelkosten erforderlich. Die Stückfertigungslöhne sind für jede Fertigungshauptkostenstelle gesondert anzugeben.

Fahrradtyp	Tourenrad	Rennrad	Mountain-Bike
Materialeinzelkosten	DM 150,–	DM 250,–	DM 220,–
Fertigungslöhne 1	DM 35,–	DM 45,–	DM 50,–
Fertigungslöhne 2	DM 85,–	DM 70,–	DM 60,–

Nach der Aufbereitung des Zahlenmaterials kann die differenzierende Zuschlagskalkulation für die drei Fahrradtypen durchgeführt werden.

Fahrradtyp	Tourenrad	Rennrad	Mountain-Bike
Materialeinzelkosten	DM 150,-	DM 250,-	DM 220,-
Materialgemeinkosten (9 % bezogen auf die Materialeinzelkosten)	DM 13,50	DM 22,50	DM 19,80
Materialkosten	DM 163,50	DM 272,50	DM 239,80
Fertigungslöhne 1	DM 35,-	DM 45,-	DM 50,-
Fertigungsgemeinkosten 1 (337 % bezogen auf die Fertigungslöhne 1)	DM 117,95	DM 151,65	DM 168,50
Fertigungslöhne 2	DM 85,-	DM 70,-	DM 60,-
Fertigungsgemeinkosten 2 (97 % bezogen auf die Fertigungslöhne 2)	DM 82,45	DM 67,90	DM 58,20
Fertigungskosten	DM 320,40	DM 334,55	DM 336,70
Herstellkosten	DM 483,90	DM 607,05	DM 576,50
Verwaltungs- und Vertriebskosten (24 % bezogen auf die Herstellkosten)	DM 116,14	DM 145,69	DM 138,36
Selbstkosten	DM 600,04	DM 752,74	DM 714,86

Im Gegensatz zur summarisch-elektiven Zuschlagskalkulation berücksichtigt die differenzierende Zuschlagskalkulation, daß die Endmontage eines Tourenrads auf Grund der zusätzlich anzuschraubenden Schutzbleche, Gepäckträger usw. länger dauert als die eines Rennrads oder Mountain-Bikes, und daß umgekehrt die Rahmenfertigung bei Rennrädern und Mountain-Bikes aufwendiger ist als bei Tourenrädern. Deshalb resultieren aus beiden Verfahren auch unterschiedliche Stückkosten für die drei Fahrradtypen.

Insgesamt liefert die differenzierende Zuschlagskalkulation in Betrieben mit lohnintensiver Fertigung verläßliche Kalkulationsdaten. Wenn allerdings der gesamte Produktionsbereich oder einzelne Fertigungskostenstellen durch einen hohen Mechanisierungs- und Automatisierungsgrad gekennzeichnet sind, führt das Rechnen mit Gemeinkostenzuschlagssätzen zu schwerwiegenden Ungenauigkeiten bei der Verrechnung der Gemeinkosten auf die einzelnen Kostenträger.[20] Bei anlagenintensiver Fertigung sollte deshalb zur Maschinenstundensatz- bzw. zur Bezugsgrößenkalkulation übergegangen werden.

---

[20] Vgl. die in Kapitel 4.3.3 und der dort angegebenen Literatur geäußerten Kritik an der Lohnzuschlagskalkulation.

5.3.4 Maschinenstundensatzkalkulation

Bei der Maschinenstundensatzkalkulation erfolgt die Gemeinkostenverrechnung auf der Basis der durch den zu kalkulierenden Kostenträger in Anspruch genommenen Maschinenzeit. Zu diesem Zweck sind im Rahmen der Kostenstellenrechnung die Gemeinkosten der anlagenintensiven Fertigungskostenstellen in maschinenabhängige Gemeinkosten und in Restgemeinkosten zu untergliedern und getrennt auszuweisen. Wenn sich die zu einer Kostenstelle zusammengefaßten Maschinen hinsichtlich ihrer Kostenverursachung stark unterscheiden, ist eine nach einzelnen Maschinen oder Maschinengruppen differenzierte Erfassung der maschinenabhängigen Gemeinkosten vorzunehmen. Zu den maschinenabhängigen Gemeinkosten zählen in erster Linie folgende Kostenarten:

> Kalkulatorische Abschreibungen
> Kalkulatorische Zinsen auf das Anlagevermögen
> Reparatur- und Instandhaltungskosten
> Werkzeugkosten
> Energiekosten
> Raumkosten

Pro Kostenstelle bzw. pro Maschinengruppe läßt sich dann ein Maschinenstundensatz ermitteln, indem die maschinenabhängigen Gemeinkosten durch die geleisteten Maschinenstunden dividiert werden.

$$\text{Maschinenstundensatz} = \frac{\text{Maschinenabhängige Fertigungsgemeinkosten}}{\text{Geleistete Maschinenstunden}}$$

Wenn für die unterschiedlichen Maschinenarbeitsplätze im Fertigungsbereich differenzierte Maschinenstundensätze zur Verfügung stehen, gelingt es, die einzelnen betrieblichen Erzeugnisse mit den durch die Beanspruchung bestimmter Maschinen während des Herstellungsprozesses verursachten Kosten zu belasten.[21] Dazu werden die für die Herstellung einer Kostenträgereinheit erforderlichen Maschinenzeiten an den verschiedenen Automaten mit den entsprechenden Maschinenstunden- bzw. Maschinenminutensätzen multipliziert.

Die maschinenunabhängigen Gemeinkosten der Fertigungshauptkostenstellen gehen in Form von auf die Fertigungslöhne bezogenen Restgemeinkostenzuschlagssätzen in die Kalkulation ein. Obwohl die Lohnzuschlagskalkulation grundsätzlich kritisch zu beurteilen ist, treten auf Grund der vergleichsweise

---

[21] Vgl. Kloock, J./Sieben, G./Schildbach, Th. (1987), S. 146.

geringen Restgemeinkostenzuschlagssätze in der Regel keine bedeutsamen Kalkulationsfehler bei der Verrechnung der Restgemeinkosten auf.[22]

Beispiel:

In Folge der gestiegenen Anlagenintensität in der Fertigungskostenstelle 1 (Rahmenfertigung) des Fahrradherstellers, die den Fertigungsgemeinkostenzuschlagssatz auf 337 Prozent steigen ließ, ist man dazu übergegangen, maschinenabhängige Gemeinkosten und Restgemeinkosten für die Kostenstelle getrennt auszuweisen.

Kostenart	Maschinenabhängige Gemeinkosten	Restgemeinkosten
Gemeinkostenlöhne		DM 28.500
Personalnebenkosten		DM 21.375
Hilfsstoffkosten		DM 725
Werkzeugkosten	DM 36.400	
Reparaturkosten	DM 10.900	
Kalk. Abschreibungen	DM 43.800	
Kalk. Zinsen auf AV	DM 13.200	
Sekundäre Stromkosten	DM 22.550	
Sekundäre Raumkosten	DM 7.900	
Summe	DM 134.750	DM 50.600

Für die Fertigungskostenstelle 1 lassen sich dann zwei Kalkulationssätze, ein Maschinenstundensatz und ein Restgemeinkostenzuschlagssatz ermitteln. Die Berechnung basiert auf einer effektiven Gesamtmaschinenlaufzeit von 2.500 Stunden in der betrachteten Abrechnungsperiode sowie auf insgesamt angefallenen Fertigungslöhnen in Höhe von DM 55.000.

$$\text{Maschinenstundensatz} = \frac{\text{Maschinenabhängige Gemeinkosten}}{\text{Geleistete Maschinenstunden}}$$

$$= \frac{\text{DM } 134.750}{2.500 \text{ Maschinenstunden}}$$

$$= \underline{\text{DM } 53{,}90 \text{ pro Maschinenstunde}}$$

$$\text{Restfertigungsgemeinkostenzuschlagssatz} = \frac{\text{Restfertigungsgemeinkosten}}{\text{Fertigungslöhne}}$$

$$= \frac{\text{DM } 50.600}{\text{DM } 55.000}$$

$$= \underline{92\,\%}$$

---

[22] Vgl. Mellerowicz, K. (1977), S. 29.

5.3 Kalkulationsverfahren

Aus den Fertigungsunterlagen geht hervor, daß in der Fertigungskostenstelle 1 für ein Tourenrad 1,5 Maschinenstunden, für ein Rennrad zwei und für ein Mountain-Bike 2,4 Maschinenstunden aufgewendet werden müssen. Weiterhin sind auch die in der Fertigungskostenstelle 1 angefallenen Stückfertigungslöhne bekannt, die DM 35,- für ein Tourenrad, DM 45,- für ein Rennrad und DM 50,- für ein Mountain-Bike betragen. Diese Informationen fließen zusammen mit dem Maschinenstundensatz und dem Restgemeinkostenzuschlagssatz in die Kalkulation der kostenstellenbezogenen Stückfertigungskosten für die drei Fahrradtypen ein.

Fahrradtyp	Tourenrad	Rennrad	Mountain-Bike
Fertigungslöhne 1	DM 35,-	DM 45,-	DM 50,-
Maschinenabhängige Gemeinkosten (1,5/2,0/2,4 Stunden · DM 53,90)	DM 80,85	DM 107,80	DM 129,36
Restfertigungsgemeinkosten (92 % bezogen auf die Fertigungslöhne 1)	DM 32,20	DM 41,40	DM 46,-
Fertigungskosten (Fertigungskostenstelle 1)	DM 148,05	DM 194,20	DM 225,36

Im Vergleich zur differenzierenden Zuschlagskalkulation liefert die Maschinenstundensatzkalkulation bei anlagenintensiver Fertigung genauere Kalkulationsergebnisse, da die Verrechnung der Gemeinkosten auf einen Kostenträger nach Maßgabe der in Anspruch genommenen Kostenstellenleistung erfolgt. Dabei wird unterstellt, daß sich die Gemeinkosten proportional zu den Maschinenstunden verhalten. Neben der Maschinenlaufzeit existieren insbesondere im Fertigungsbereich jedoch weitere Maßgrößen der Kostenverursachung und der Kostenstellenleistung, sogenannte Bezugsgrößen, zu denen die Kosten einer Kostenstelle insgesamt oder teilweise in proportionaler Beziehung stehen. Als typische Beispiele sind Fertigungszeiten, Rüstzeiten, Stückzahlen oder Gewichtsmaße zu nennen. Durch die Festlegung geeigneter Bezugsgrößen für jede Kostenstelle werden demnach die Voraussetzungen für eine verursachungsgerechte Verrechnung der maschinenunabhängigen Gemeinkosten auf die betrieblichen Erzeugnisse und für den Ausbau der Maschinensatzkalkulation zur Bezugsgrößenkalkulation geschaffen.[23] Die dafür er-

---

[23] „Die richtige Bezugsgrößenwahl ist eine notwendige Voraussetzung für die Ermittlung genauer Kalkulationssätze..." Kilger, W. (1988), S. 324. Bei heterogener Kostenverursachung, beispielsweise bei unterschiedlichen Bedienungsverhältnissen, sind mehrere Bezugsgrößen pro Kostenstelle erforderlich.

forderlichen Kalkulationssätze lassen sich berechnen, indem man die Kosten einer Kostenstelle oder eines Arbeitsplatzes durch die entsprechenden Bezugsgrößeneinheiten dividiert.

Die Bezugsgrößenkalkulation wird in erster Linie von Unternehmen, die eine Plankostenrechnung durchführen, angewendet und ist meist auf den Fertigungsbereich beschränkt. Die in Abbildung 5-6 beispielhaft dargestellte Plankalkulation für das Produkt Delta enthält eine parallel auf Voll- und Teilkostenbasis durchgeführte Bezugsgrößenkalkulation für die Fertigungskosten eines Unternehmens. Auch im Material- sowie im Verwaltungs- und Vertriebsbereich lassen sich zwar geeignete Bezugsgrößen identifizieren, zum Beispiel die Anzahl der Materialbestellungen oder die Anzahl der Kundenaufträge. Es fehlt jedoch eine direkte Beziehung zu den erzeugten Kostenträgereinheiten und man kalkuliert deshalb auf der Grundlage von nach Materialarten differenzierten Materialgemeinkostenzuschlagssätzen bzw. nach Produktarten differenzierten Verwaltungs- und Vertriebsgemeinkostenzuschlagssätzen.[24]

5.3.5 Verfahren zur Kalkulation von Kuppelprodukten

Die vor allem in der chemischen Industrie vielfach anzutreffenden Kuppelproduktionsprozesse bringen zwangsläufig mehrere verschiedenartige Erzeugnisse hervor. Dabei läßt sich das Verhältnis der Ausbringungsmengen zueinander entweder überhaupt nicht oder nur innerhalb bestimmter Grenzen variieren. Wer beispielsweise aus Kohle Gas herstellen möchte, muß gezwungenermaßen auch Koks, Teer und Ammoniak produzieren. Vom kostenrechnerischen Standpunkt aus betrachtet, besteht bei der Kuppelproduktion das Problem, daß sich die bei einem Kuppelproduktionsprozeß enstehenden Herstellkosten nicht verursachungsgerecht auf die verschiedenen Kuppelprodukte verrechnen lassen. Aus diesem Grund wurden spezielle Kalkulationsverfahren entwickelt, die eine Aufteilung der Gesamtkosten des Kuppelproduktionsprozesses auf die einzelnen Kuppelprodukte nach dem Kostentragfähigkeitsprinzip oder dem Durchschnittsprinzip ermöglichen.[25]

5.3.5.1 Restwertrechnung

Die Restwertrechnung kommt zur Anwendung, wenn ein Kuppelproduktionsprozeß in erster Linie der Herstellung eines einzigen Hauptproduktes dient und dabei zwangsläufig auch noch ein oder mehrere Neben- bzw. Ab-

---

[24] Vgl. dazu die Ausführungen zur Ermittlung der Material-, Verwaltungs- und Vertriebsgemeinkostenzuschlagssätze in Kapitel 4.3.3. und die dort angegebene Literatur.
[25] Dem Kostentragfähigkeitsprinzip liegt die Überlegung zugrunde, daß umsatzstarke Produkte auch mit relativ hohen Kosten belastet werden können.

5.3 Kalkulationsverfahren

fallprodukte anfallen. Beispielsweise steht beim Hochofenprozeß die Erzeugung von Roheisen eindeutig im Vordergrund und den Kuppelprodukten Gichtgas und Schlacke kommt nur eine geringe Bedeutung zu. Dem Hauptprodukt werden bei der Restwertrechnung die gesamten Material- und Fertigungskosten des Kuppelproduktionsprozesses belastet, abzüglich der Erlöse, die aus dem Verkauf der Nebenprodukte resultieren, und zuzüglich sämtlicher durch die Weiterverarbeitung und den Absatz der Nebenprodukte sowie die Beseitigung und Vernichtung der Abfallprodukte ausgelösten Kosten. An dieser Stelle wird deutlich, daß die Anwendung der Restwertrechnung nur sinnvoll ist, wenn die Erlöse aus der Verwertung der Nebenprodukte die Gesamtkosten des Kuppelproduktionsprozesses nicht übersteigen. Anderenfalls würden keine Kuppelproduktionskosten auf das Hauptprodukt entfallen.

Die Restkosten des Kuppelkalkulationsprozesses sind als durch das Hauptprodukt noch zu deckende Kosten und nicht als dem Hauptprodukt verursachungsgerecht zugerechnete Kosten zu interpretieren.[26] Addiert man zu diesen Restkosten die bei der Weiterverarbeitung des Hauptproduktes anfallenden Kosten sowie die anteiligen Verwaltungs- und Vertriebskosten und dividiert die Summe durch die Produktionsmenge, ergeben sich die Stückselbstkosten, die einen Anhaltspunkt für die langfristige Preisuntergrenze abgeben.

Beispiel:[27]

In einem Hochofenprozeß, der Gesamtkosten in Höhe von DM 8.160.000 verursachte, wurden 4.500 t Roheisen, 168.000 m³ Gichtgas und 720 t Schlacke erzeugt. Die Kosten der Weiterverarbeitung beliefen sich auf DM 1.035.000 für Roheisen und betrugen DM 1.200 für Gichtgas. Für die Beseitigung der Schlacke fielen DM 54.000 an und das Gichtgas wurde zu DM −,15 pro m³ verkauft.

Nach der Restwertmethode lassen sich die Herstellkosten pro Tonne Roheisen wie folgt bestimmen:

Gesamtkosten des Kuppelproduktionsprozesses	DM 8.160.000
− Verkaufserlöse (Gichtgas) (168.000 m³ · DM −,15 pro m³)	DM 25.200
+ Kosten der Weiterverarbeitung (Gichtgas)	DM 1.200
+ Kosten der Abfallbeseitigung (Schlacke)	DM 54.000
= Vom Hauptprodukt (Roheisen) zu deckende Restkosten des Kuppelproduktionsprozessen	DM 8.190.000
+ Kosten der Weiterverarbeitung (Roheisen)	DM 1.035.000
= Herstellkosten des Hauptproduktes (Roheisen)	DM 9.225.000

---

[26] Vgl. Hummel, S./Männel, W. (1986), S. 309 und 310.
[27] In Anlehnung an Eisele, W. (1990), S. 604.

$$\text{Herstellkosten pro t Roheisen} = \frac{\text{DM } 9.225.000}{4.500 \text{ t}} = \underline{\text{DM } 2.050 \text{ pro t}}$$

Die Verwaltungs- und Vertriebsgemeinkosten sind in Form eines prozentualen Zuschlags auf die Herstellkosten zu berücksichtigen.

5.3.5.2 Verteilungsrechnung

Wenn aus einem Kuppelproduktionsprozeß mehrere gleichwertige Erzeugnisse hervorgehen oder eine Differenzierung in Haupt- und Nebenprodukte nicht möglich ist, erfolgt die Kalkulation der Kuppelprodukte unter Anwendung der Verteilungsrechnung. Bei dieser Methode werden die Gesamtkosten des Kuppelkalkulationsprozesses zuzüglich eventuell anfallender Beseitigungs- oder Vernichtungskosten auf der Grundlage von Äquivalenzziffern auf die einzelnen Kuppelerzeugnisse verrechnet. Die dafür erforderlichen Äquivalenzziffern lassen sich einerseits aus den physikalischen oder chemischen Eigenschaften der Kuppelprodukte, zum Beispiel aus Molekulargewichten oder Heizwerten, und andererseits aus den Marktpreisen oder Verwertungsüberschüssen der Kuppelerzeugnisse ableiten. In der Praxis orientieren sich die Äquivalenzziffern häufig an den Marktpreisen bzw., wenn es sich bei den Kuppelerzeugnissen um Zwischenprodukte handelt, an den um die Kosten der Weiterverarbeitung sowie die anteiligen Verwaltungs- und Vertriebskosten verminderten Verkaufspreise der Endprodukte.

Da methodisch kein Unterschied zur Vorgehensweise der Äquivalenzziffernrechnung bei der Sortenfertigung besteht, wird die Berechnung für Kuppelprodukte ebenfalls anhand der Grundformel der Äquivalenzziffernkalkulation durchgeführt.[28] Allerdings erfolgt die Verteilung der Gesamtkosten eines Kuppelproduktionsprozesses auf die Kuppelerzeugnisse nicht nach dem Kostenverursachungs- sondern nach dem Kostentragfähigkeitsprinzip.

Beispiel:

Ein Chemieunternehmen stellt in einem Kuppelproduktionsprozeß, der Kosten in Höhe von insgesamt DM 73.100 verursacht, die drei Produkte ALPHA, BETA und GAMMA her.

---

[28] Vgl. die Erläuterungen zur rechnerischen Durchführung der Äquivalenzziffernkalkulation in Kapitel 5.3.2.1.

5.4 Übungsaufgabe zur Kostenträgerstückrechnung

Kuppelprodukt	Produktionsmenge in kg	Marktpreis in DM/kg
ALPHA	4.800	11,–
BETA	1.600	14,–
GAMMA	1.200	9,–

Die Äquivalenzziffern werden unmittelbar aus den Marktpreisen abgeleitet und durch Einsetzen der Zahlen in die Grundformel der Äquivalenzziffernkalkulation lassen sich die Kosten pro Kilogramm für die drei Kuppelprodukte bestimmen. Die Ergebnisse der Berechnungen sind in nachstehender Tabelle zusammengefaßt.

Kuppelprodukt	Produktionsmenge in kg	Äquivalenzziffer	Recheneinheiten	Gesamtkosten	Kosten in DM/kg
ALPHA	4.800	1,1	5.280	44.880	9,35
BETA	1.600	1,4	2.240	19.040	11,90
GAMMA	1.200	0,9	1.080	9.180	7,65
Summe			8.600	73.100	

5.4 Übungsaufgabe zur Kostenträgerstückrechnung

Die Firma Dampf & Pfeiff stellt Teekessel in zwei verschiedenen Ausführungen, STANDARD und DE LUXE, her.

Die in der abgelaufenen Abrechnungsperiode angefallenen Materialeinzelkosten in Höhe von DM 1.230.000 wurden größtenteils durch den Verbrauch von Aluminium verursacht, wobei 500 g Aluminium in einen STANDARD-Teekessel und 700 g Aluminium in einen DE LUXE-Teekessel eingehen. Für die Materialgemeinkosten ist ein Zuschlag von 5 Prozent auf die Materialeinzelkosten anzusetzen.

Die Fertigung erfolgt in zwei Stufen. In der Fertigungsstufe I (Formen) werden 40.000 STANDARD- und 30.000 DE LUXE-Modelle bearbeitet. Davon verbleiben 10.000 Einheiten STANDARD und 5.000 Stück DE LUXE im Zwischenlager. Der Rest geht unmittelbar in die Fertigungsstufe II (Lackieren) ein. Die Kosten betragen DM 1.056.000 für Fertigungsstufe I und DM 561.000 für Fertigungsstufe II.

Die Fertigungskosten I (Formen) eines DE LUXE-Teekessels betragen das 1,6-fache der Fertigungskosten I eines STANDARD-Teekessels, während sich die Stückfertigungskosten II (Lackieren) der Produkte STANDARD und DE LUXE wie 0,7 zu 1,2 verhalten.

a) Errechnen Sie für die beiden Teekesselmodelle die insgesamt und pro Stück anfallenden Materialeinzelkosten und Fertigungskosten (getrennt für Fertigungsstufe I und II).
b) Kalkulieren Sie die Stückherstellkosten der beiden Modelle.
c) Bewerten Sie die Lagerbestandsveränderungen bei unfertigen Erzeugnissen.

Lösungen

zu a1) Ermittlung der Äquivalenzziffern für die Materialeinzelkosten

Teekessel STANDARD: $ä_1 = \underline{1{,}0}$

Teekessel DE LUXE: $ä_2 = \dfrac{700\text{ g}}{500\text{ g}} = \underline{1{,}4}$

zu a2) Ermittlung der Stückmaterialeinzelkosten und der gesamten Materialeinzelkosten für beide Modelle

Gesamt-Materialeinzelkosten : DM 1.230.000
Produktionsmenge STANDARD : 40.000 Teekessel
Produktionsmenge DE LUXE : 30.000 Teekessel

$$\text{Stückmaterialeinzelkosten des Modells i} = \frac{\text{DM } 1.230.000 \cdot ä_i}{40.000 \cdot 1{,}0 + 30.000 \cdot 1{,}4} = \frac{\text{DM } 1.230.000 \cdot ä_i}{82.000}$$

Teekessel STANDARD: $\dfrac{\text{DM } 1.230.000 \cdot 1{,}0}{82.000} = \underline{\text{DM } 15{,}-}$

Teekessel DE LUXE : $\dfrac{\text{DM } 1.230.000 \cdot 1{,}4}{82.000} = \underline{\text{DM } 21{,}-}$

zu a3) Ermittlung der gesamten Materialeinzelkosten für beide Modelle

Teekessel STANDARD : 40.000 Stück · DM 15,– pro Stück = DM   600.000
Teekessel DE LUXE : 30.000 Stück · DM 21,– pro Stück = DM   630.000
                                                       DM 1.230.000

zu a4) Ermittlung der Stückfertigungskosten I und der gesamten Fertigungskosten I für beide Modelle

Gesamt-Fertigungskosten I: DM 1.056.000

Modell	Äquivalenzziffer	Produktionsmenge
STANDARD	1,0	40.000
DE LUXE	1,6	30.000

$$\text{Stückfertigungskosten I des Modells i} = \frac{\text{DM } 1.056.000 \cdot ä_i}{40.000 \cdot 1{,}0 + 30.000 \cdot 1{,}6} = \frac{\text{DM } 1.056.000 \cdot ä_i}{88.000}$$

5.4 Übungsaufgabe zur Kostenträgerstückrechnung

Modell	Stückfertigungskosten I	Gesamte Fertigungskosten I
STANDARD	DM 12,–	DM 480.000
DE LUXE	DM 19,20	DM 576.000
		DM 1.056.000

zu a5) Ermittlung der Stückfertigungskosten II und der gesamten Fertigungskosten II für beide Modelle

Gesamt-Fertigungskosten II: DM 561.000

Modell	Äquivalenzziffer	Produktionsmenge
STANDARD	0,7	30.000
DE LUXE	1,2	25.000

$$\text{Stückfertigungskosten II des Modells i} = \frac{\text{DM } 561.000 \cdot ä_i}{30.000 \cdot 0,7 + 25.000 \cdot 1,2} = \frac{\text{DM } 561.000 \cdot ä_i}{51.000}$$

Modell	Stückfertigungskosten II	Gesamte Fertigungskosten II
STANDARD	DM 7,70	DM 231.000
DE LUXE	DM 13,20	DM 330.000
		DM 561.000

zu b) Kalkulation der Stückherstellkosten für beide Modelle

Materialgemeinkosten = 5 % auf die Materialeinzelkosten

	STANDARD	DE LUXE
Materialeinzelkosten	DM 15,–	DM 21,–
Materialgemeinkosten	DM 0,75	DM 1,05
Materialkosten	DM 15,75	DM 22,05
Fertigungskosten I	DM 12,–	DM 19,20
Fertigungskosten II	DM 7,70	DM 13,20
Fertigungskosten	DM 19,70	DM 32,40
Herstellkosten	DM 35,45	DM 54,45

zu c) Bewertung der Lagerbestandsveränderungen bei unfertigen Erzeugnissen für beide Modelle

Teekessel STANDARD : 10.000 Stück · DM 27,75 pro Stück = DM 277.500
Teekessel DE LUXE : 5.000 Stück · DM 41,25 pro Stück = DM 206.250
DM 483.750

6 Betriebsergebnisrechnung

Die Betriebsergebnisrechnung, die vielfach auch als kurzfristige Erfolgsrechnung oder als Kostenträgerzeitrechnung bezeichnet wird, baut auf das im Rahmen der Kostenrechnung und der Erlösrechnung aufbereitete Zahlenmaterial auf. Im Unterschied zur Kostenträgerstückrechnung handelt es sich um eine periodenbezogene Auswertung, die das Betriebsergebnis als Differenz zwischen den Erlösen und Kosten einer Abrechnungsperiode ermittelt.

> Betriebsergebnis = Erlöse – Kosten

Die vorangegangenen Kapitel behandelten ausschließlich die Konzeption und die Techniken der Kostenrechnung. Im Anschluß an die Erläuterung der Aufgaben und Ziele der Betriebsergebnisrechnung sowie einer kurzen Vorstellung der Verfahren ist deshalb in diesem Kapitel zunächst noch auf die Erlösrechnung einzugehen.

6.1 Ziele und Aufgaben der Betriebsergebnisrechnung

Die Betriebsergebnisrechnung liefert Informationen über den Erfolg, den ein Unternehmen innerhalb eines bestimmten Zeitraums erzielt hat bzw. voraussichtlich erwirtschaften wird. Mit der Erfolgsermittlung beschäftigt sich auch das externe Rechnungswesen im Rahmen der Aufstellung des Jahresabschlusses. Die gesetzlich vorgeschriebene Gewinn- und Verlustrechnung stellt die in der Finanzbuchhaltung erfaßten Erträge und Aufwendungen eines Geschäftsjahres gegenüber und vermittelt externen Adressaten so einen Einblick in die Ertragslage eines Unternehmens. Für die unternehmensinterne Erfolgsanalyse sowie die Planung, Steuerung und Kontrolle des Geschäftsverlaufs erweist sich die Gewinn- und Verlustrechnung jedoch aus mehreren Gründen als ungeeignet.

1. In den Jahreserfolg der Gewinn- und Verlustrechnung gehen auch neutrale Erträge und Aufwendungen ein, die nicht unmittelbar durch den betrieblichen Leistungserstellungsprozeß ausgelöst wurden und daher für Steuerungszwecke weniger bedeutsam sind.
2. Die Ausnutzung der durch handels- und steuerrechtliche Rechnungslegungsvorschriften eingeräumten Bewertungswahlrechte bei der Aufstel-

lung des Jahresabschlusses beeinflußt auch Aufwands- und Ertragspositionen. Daher können die in der Gewinn- und Verlustrechnung ausgewiesenen Aufwendungen und Erträge teilweise bilanzpolitisch begründeten Manipulationen unterliegen.

3. Der Gewinn- und Verlustrechnung liegt mit dem gesamten Geschäftsjahr eine zu lange Abrechnungsperiode zugrunde. Da die Gewinn- und Verlustrechnung für das abgelaufene Geschäftsjahr frühestens zu Beginn des Folgejahres vorliegt, besteht keine Möglichkeit, Fehlentwicklungen rechtzeitig zu erkennen, deren Ursachen zu erforschen und geeignete Gegensteuerungsmaßnahmen zu ergreifen.

4. Das in der Praxis am häufigsten anzutreffende Gliederungsschema der Gewinn- und Verlustrechnung läßt eine differenzierte Erfolgsanalyse nicht zu.[1] Da die Erträge nach Erzeugnisarten und die Aufwendungen nach der Art der verbrauchten Produktionsfaktoren gegliedert sind, ist nicht ersichtlich, welchen Beitrag die einzelnen Produkte bzw. Produktgruppen zum Gesamterfolg leisten.

5. Als Bestandteil des Jahresabschlusses enthält die Gewinn- und Verlustrechnung keine Planzahlen. Dadurch wird eine wirksame Erfolgskontrolle, die eine vergleichende Gegenüberstellung von Plan- und Istdaten voraussetzt, erschwert.

Aus diesen Defiziten läßt sich unmittelbar die Forderung ableiten, neben der jährlichen Gewinn- und Verlustrechnung monatlich oder in noch kürzeren Zeitabständen eine Betriebsergebnisrechnung zu erstellen. Dadurch ist die Bereitstellung aktuellen Zahlenmaterials über die Ergebnisentwicklung, die für eine erfolgreiche Unternehmensführung unverzichtbar ist, gewährleistet. Für die Erfolgsbeurteilung erweist es sich darüber hinaus als vorteilhaft, daß das auf der Grundlage von Erlösen und Kosten ermittelte Betriebsergebnis nicht durch neutrale Erfolgskomponenten und bilanzpolitisch begründete Manipulationen verzerrt wird.[2]

Die Betriebsergebnisrechnung sollte jedoch nicht nur auf den Gesamterfolg des Unternehmens abstellen, sondern auch über die Zusammensetzung des Betriebsergebnisses informieren und dadurch eine detaillierte Erfolgsanalyse ermöglichen. Die differenzierte Betrachtung erfordert einen nach Produkten, bei großer Erzeugnisvielfalt nach Produktgruppen, untergliederten Ausweis der Erlöse und Kosten. Einige Unternehmen ermitteln den Erfolg auch getrennt nach Kunden bzw. Kundengruppen, Verkaufsgebieten oder Profit-Centern.[3] Aus der differenzierten Betriebsergebnisrechnung läßt sich dann

---

[1] Die meisten Unternehmen führen die Gewinn- und Verlustrechnung nach wie vor nach dem Gesamtkostenverfahren durch, auch wenn seit 1986 gemäß § 275 HGB sowohl das Gesamt- als auch das Umsatzkostenverfahren zulässig sind.
[2] Vgl. Kloock, J./Sieben, G./Schildbach, Th. (1987), S. 161.
[3] Unter einem Profit-Center versteht man einen organisatorisch abgegrenzten betrieb-

beispielsweise ablesen, wieviel die einzelnen Produktarten oder Kunden zum Gesamtergebnis beitragen. Diese Informationen sind nicht nur für die Erfolgsanalyse sondern auch für die zukünftige Sortimentsgestaltung von Bedeutung, da sie zum Beispiel Hinweise auf besonders zu forcierende und auf eliminationsverdächtige Produkte enthalten. Aufbauend auf das Datenmaterial aus der Ist-Betriebsergebnisrechnung können demnach Vorschauplanungen über die zukünftige Ergebnisentwicklung aufgestellt werden. Letztendlich ermöglicht erst die Gegenüberstellung von tatsächlich realisierten und erwarteten Größen eine wirksame Erfolgsüberwachung.

Neben der Ermittlung, Analyse, Planung und Kontrolle des Periodenerfolgs gehört die Bereitstellung relevanter Daten für spezifische unternehmerische Entscheidungen ebenfalls zu den Aufgaben der Betriebsergebnisrechnung. Beispielsweise orientiert sich die Praxis bei der Entscheidung über die zukünftigen Verkaufspreise vielfach an den Zahlen aus der Betriebsergebnisrechnung. Auch in die Planungsrechnung zur Festlegung des optimalen Produktionsprogramms bei einem Engpaß oder bei mehreren Engpässen gehen die Erfolgsdaten der einzelnen Erzeugnisse ein.

6.2 Verfahren der Betriebsergebnisrechnung

Grundsätzlich läßt sich das Betriebsergebnis entweder nach dem Gesamt- oder nach dem Umsatzkostenverfahren ermitteln.[4] Die beiden Verfahren unterscheiden sich vor allem in Bezug auf die jeweils zugrundeliegende Untergliederung der Kosten.

6.2.1 Gesamtkostenverfahren

Die nach dem Gesamtkostenverfahren durchgeführte Betriebsergebnisrechnung weist, wie aus Abbildung 6-1 hervorgeht, die während einer Abrechnungsperiode insgesamt angefallenen Kosten nach Kostenarten gegliedert aus. Den Gesamtkosten werden die in dem betrachteten Zeitraum realisierten Umsatzerlöse, die eventuell um zu Herstellkosten bewertete Lagerbestandsveränderungen und Eigenleistungen zu korrigieren sind, gegenübergestellt.[5] Bestandserhöhungen bei fertigen und unfertigen Erzeugnissen sowie selbster-

---

lichen Teilbereich, dessen Leiter sowohl für die angefallenen Kosten als auch für die realisierten Erlöse verantwortlich ist.

[4] Vgl. Beste, Th. (1962), S. 277, der in diesem Zusammenhang von direkter und indirekter Erfolgsrechnung spricht.

[5] Um die in den Lagerbestandsveränderungen enthaltenen Erfolgsbestandteile jeweils der Periode der Herstellung zuordnen zu können, wird vorgeschlagen, abweichend vom für das externe Rechnungswesen verbindlichen Realisationsprinzip, in der unternehmensinternen Betriebsergebnisrechnung zu erzielbaren Marktpreisen zu bewerten. Vgl. dazu Eisele, W. (1990), S. 655 und Haberstock, L. (1982), S. 144–145.

stellte Sachanlagen und immaterielle Vermögensgegenstände lassen die Erlöse ansteigen und bewirken somit die Neutralisierung desjenigen Teils der Gesamtkosten, der für innerhalb der betrachteten Abrechnungsperiode nicht verwertete Leistungen angefallen ist. Hingegen verringern sich im Falle eines Lagerabbaus die Erlöse um die bereits in vorangegangenen Abrechnungsperioden entstandenen Herstellkosten.

Betriebsergebnisrechnung nach dem Gesamtkostenverfahren	
	Umsatzerlöse
+ / –	Bestandserhöhungen/-verminderungen bei fertigen und unfertigen Erzeugnissen (bewertet zu Herstellkosten)
+	selbsterstellte Sachanlagen und immaterielle Vermögensgegenstände (bewertet zu Herstellkosten)
=	Gesamterlöse
– – – –	Materialkosten Personalkosten Kalkulatorische Kosten Sonstige Kosten
=	Gesamtkosten
	Betriebsergebnis

Abbildung 6-1: Aufbau der Betriebsergebnisrechnung nach dem Gesamtkostenverfahren

Als Vorteil des Gesamtkostenverfahrens wird vielfach angeführt, daß sich die Betriebsergebnisrechnung nach dieser Methode auf relativ einfache Weise durchführen läßt. Die Gesamtkosten lassen sich direkt aus der Kostenartenrechnung, beispielsweise der Kontenklasse 4 des Gemeinschaftskontenrahmens der Industrie, übernehmen, und die Umsatzerlöse gehen unmittelbar aus der Finanzbuchhaltung (Kontenklasse 8 GKR) hervor. Wenn allerdings die Lagerbestände bei fertigen und unfertigen Erzeugnissen schwanken oder selbsterstellte Anlagegegenstände vorliegen, kann auf eine Kostenstellen- und eine Kostenträgerrechnung dennoch nicht verzichtet werden, da die Bestandsveränderungen und die Eigenleistungen zu den jeweiligen Herstellkosten zu bewerten sind. Neben den stückbezogenen Herstellkosten sind auch die mengenmäßigen Bestandsveränderungen zu ermitteln, was eine am Ende jeder Abrechnungsperiode durchzuführende Inventur bzw. eine produktionsbegleitende Bestandsführung voraussetzt.

Der wesentliche Nachteil des Gesamtkostenverfahrens besteht jedoch in der eingeschränkten Aussagekraft der Betriebsergebnisrechnung. Auf Grund des nach Kostenarten differenzierten Ausweises der Gesamtkosten läßt sich zwar ablesen, wie sich Änderungen der Beschaffungspreise und Tarifabschlüsse auf das Betriebsergebnis auswirken.[6] Jedoch gibt die nach dem Gesamtkostenverfahren erstellte Betriebsergebnisrechnung keinerlei Auskunft über den Beitrag, den die einzelnen Produktarten und Produktgruppen zum Betriebsergebnis leisten. Eine differenzierte Erfolgsanalyse und -beurteilung, aus der sich Anhaltspunkte für die zukünftige Sortimentsgestaltung und die kurzfristige Verkaufssteuerung sowie Hinweise auf zu ergreifende absatzpolitische Maßnahmen ableiten lassen, ist somit unmöglich. Die Betriebsergebnisrechnung nach dem Gesamtkostenverfahren bietet sich daher in erster Linie für Einproduktunternehmen an.[7]

6.2.2 Umsatzkostenverfahren

Das Umsatzkostenverfahren ermittelt das Betriebsergebnis als Differenz zwischen den innerhalb einer Abrechnungsperiode realisierten Umsatzerlösen und den Selbstkosten der abgesetzten Erzeugniseinheiten, wobei die Erlöse und Kosten für die einzelnen Produktarten bzw. Produktgruppen gesondert ausgewiesen werden.[8] Im Gegensatz zum Gesamtkostenverfahren führt das in Abbildung 6-2 dargestellte Umsatzkostenverfahren somit eine differenzierte Erfolgsermittlung durch und stellt produktspezifische Ergebnisinformationen bereit, die die Grundlage für eine aussagefähige Erfolgsanalyse und -beurteilung bilden.

Betriebsergebnisrechnung nach dem Umsatzkostenverfahren					
Produktart	Produkt 1	Produkt 2	...	Produkt n	Summe
Umsatzerlöse – Selbstkosten					
= Betriebsergebnis					

Abbildung 6-2: Aufbau der Betriebsergebnisrechnung nach dem Umsatzkostenverfahren

---

[6] Vgl. Thaler, G./Eging, W. (1979), S. 169.
[7] Vgl. Kilger, W. (1962), S. 33.
[8] Die Selbstkosten der während einer Abrechnungsperiode insgesamt abgesetzten Erzeugniseinheiten stimmen mit den Gesamtkosten, die in der nach dem Gesamtkostenverfahren erstellten Betriebsergebnisrechnung aufgeführt sind, nur überein, wenn in der betrachteten Abrechnungsperiode keine Lagerbestandsveränderungen bei fertigen und unfertigen Erzeugnissen auftreten und weder Sachanlagen noch immaterielle Vermögensgegenstände selbst erstellt werden. Sofern allerdings die Bewertung der Bestandsveränderungen und der Eigenleistungen zu Herstellkosten erfolgt, weisen Gesamt- und Umsatzkostenverfahren ein gleichhohes Betriebsergebnis aus.

Die produktbezogenen Umsatzerlöse bzw. Selbstkosten der innerhalb einer Abrechnungsperiode abgesetzten Einheiten ergeben sich jeweils durch Multiplikation der Absatzmenge mit den Stückerlösen bzw. den kalkulierten Stückselbstkosten. Deshalb setzt die Betriebsergebnisrechnung nach dem Umsatzkostenverfahren stets die Durchführung einer Kostenstellen- und einer Kostenträgerrechnung voraus. Auf monatliche Inventuren und die Bewertung der mengenmäßigen Lagerbestandsveränderungen kann hingegen verzichtet werden; es müssen lediglich produktbezogene Informationen über die innerhalb einer Abrechnungsperiode abgesetzten Mengen vorliegen. Mit Hilfe des Umsatzkostenverfahrens läßt sich das Betriebsergebnis daher in der Regel wesentlich schneller ermitteln.

Die Betriebsergebnisrechnung nach dem Umsatzkostenverfahren, die vielfach auch als Artikelergebnisrechnung bezeichnet wird, basiert jedoch nicht allein auf einer aussagefähigen Kostenrechnung, aus der die Stückselbstkosten der einzelnen Produktarten hervorgehen, sondern setzt darüber hinaus auch eine genaue Erfassung und Verrechnung der Erlöse voraus. Exakte und nach Produktarten bzw. Produktgruppen differenzierte Erlösinformationen vermag allerdings nicht die Finanzbuchhaltung, sondern nur eine Erlösrechnung bereitzustellen. Bevor die Aufstellung der Betriebsergebnisrechnung nach dem Umsatzkostenverfahren konkret behandelt wird, ist daher auf die Grundzüge der Erlösrechnung einzugehen.

6.3 Erlösrechnung

Die Aussagekraft der Betriebsergebnisrechnung hängt entscheidend von der Qualität des durch die Kosten- und die Erlösrechnung bereitgestellten Zahlenmaterials ab. Auf die Ausgestaltung der Kostenrechnung und die vielfältigen Methoden zur Gewinnung differenzierter Kosteninformationen wurde bereits in den Kapiteln 3 bis 5 ausführlich eingegangen. Der Erlösrechnung haben Theorie und Praxis in der Vergangenheit allerdings nur eine vergleichsweise geringe Bedeutung beigemessen, obwohl auch von der Erlösseite ein beträchtlicher Einfluß auf das Betriebsergebnis ausgeht, wie die folgenden beiden Beispiele verdeutlichen.

- In einem Großhandelsunternehmen mit einem Jahresumsatz von DM 120 Millionen und jährlichen Personalkosten in Höhe von DM 8 Millionen würde die Steigerung der Handelsspanne um ein Prozent, die sich beispielsweise durch geringere Rabattgewährung erreichen ließe, ebenso eine Ergebnisverbesserung um DM 1,2 Millionen bewirken, wie die Reduktion der Personalkosten um 15 Prozent.[9]

---

[9] Vgl. Kropfberger, D. (1983), S. 117.

6.3 Erlösrechnung

– Bei der Aral AG in Bochum hat man festgestellt, daß eine Preiserhöhung um einen halben Pfennig je Liter im gesamten Tankstellennetz der Bundesrepublik den gleichen positiven Effekt auf das Betriebsergebnis hat, wie der Abbau von 600 Mitarbeitern bzw. 20 Prozent der Belegschaft.[10]

6.3.1 Bedeutung und Ausgestaltung der Erlösrechnung

Da der unternehmerische Handlungsspielraum auf der Kostenseite durch den zunehmenden Anteil der fixen Kosten an den Gesamtkosten und die zum großen Teil bereits ausgeschöpften Rationalisierungspotentiale eingeschränkt ist, bieten sich vielfach nur noch auf der Erlösseite Möglichkeiten zur Verbesserung des Betriebsergebnisses.[11] Darüber hinaus erhöhen die ansteigende Wettbewerbsintensität und die fortschreitende Globalisierung der Märkte die Komplexität der Absatzbedingungen und damit auch die Anzahl der auf die Erlöse einwirkenden Faktoren.[12] Für eine erfolgreiche Unternehmensführung reicht es daher nicht mehr aus, die Erlöse als Produkt aus Absatzmenge und Absatzpreis aufzufassen, wie es zum großen Teil noch in betriebswirtschaftlichen Entscheidungsmodellen geschieht.[13] Vielmehr ist die Praxis auf differenzierte Informationen über die bei der Erlösentstehung wirksamen Zusammenhänge angewiesen und bedarf zu deren Gewinnung eines ausgebauten Instrumentariums.

Eine entscheidungsorientierte Erlösrechnung sollte sich jedoch nicht auf die reine Dokumentation beschränken, sondern auch die Analyse, Planung und Kontrolle der Erlöse beinhalten. Erst durch die systematische Gegenüberstellung von geplanten und tatsächlich realisierten Erlösen werden Unternehmen in die Lage versetzt, Fehlentwicklungen auf der Erlösseite frühzeitig zu erkennen und sich schnell und adäquat an veränderte Marktbedingungen anzupassen. Die in der Vergangenheit ergriffenen Marketingmaßnahmen sind unter wirtschaftlichen Gesichtspunkten zu beurteilen, um daraus Erkenntnisse für die zukünftige Verkaufssteuerung ableiten zu können.

Analog zur Kostenrechnung beschäftigt sich die Erlösrechnung mit der Erfassung der einzelnen Erlöspositionen und deren Verrechnung auf die Erlösträger. Daher bietet sich auch bei der Erlösrechnung eine Untergliederung in die Teilgebiete Erlösarten-, Erlösstellen- und Erlösträgerrechnung an. Die kalkulatorischen Erlöse sind in den meisten Fällen nicht Gegenstand der Erlösrechnung, da die Bewertung der Lagerbestandserhöhungen bei fertigen und unfertigen Erzeugnissen sowie der selbsterstellten Sachanlagen und immateriellen Vermögensgegenstände in der Praxis meist zu der durch die Kosten-

---

[10] Vgl. Marquart, K. (1977), S. 74.
[11] Vgl. Engelhardt, W. H. (1977), S. 11.
[12] Vgl. Laßmann, G. (1979), S. 135.
[13] Vgl. Männel, W. (1983a), S. 56.

rechnung ermittelten Herstellkosten erfolgt. Somit konzentriert sich die Erlösrechnung auf die Umsatzerlöse.

Um im Rahmen der Betriebsergebnisrechnung die Erlöse und Kosten differenziert gegenüberstellen zu können, müssen Kosten- und Erlösträger identisch sein. Ferner sollten nur die effektiv durch den Absatz der betrieblichen Erzeugnisse realisierten Nettoumsatzerlöse, die bereits um gewährte Preisnachlässe und andere Abschläge vermindert sind, in die Betriebsergebnisrechnung eingehen.

6.3.2 Vorgehensweise bei der Erfassung und Verrechnung der Erlöse

Innerhalb der Erlösrechnung ist zunächst eine grobe Unterteilung der Erlöse in eine Preis- und eine Mengenkomponente vorzunehmen, wobei die Preiskomponente noch weiter zu untergliedern ist. Das Mengengerüst bilden die Absatzmengen der unterschiedlichen Produkte bzw. Produktgruppen, deren Erfassung in der Regel keine größeren Schwierigkeiten bereitet. Als zentrales Problem der Erlösrechnung stellt sich jedoch die für die Ermittlung des Netto(stück)erlöses erforderliche Verrechnung der diversen Erlöszuschläge und Erlösschmälerungen auf die einzelnen Erzeugnisarten dar.

Basiserlös
+ Erlöszuschläge
= Bruttoerlös
− Erlösschmälerungen
= Nettoerlös

Der häufig als Basiserlös bezeichnete Grund- oder Listenpreis eines Erzeugnisses ist um Erlöszuschläge, die beispielsweise für Mindermengen, Sonderausführungen, spezielle Versandverpackungen, frachtfreie Anlieferung oder andere Zusatzleistungen angesetzt werden, zu erweitern. Als Summe aus dem Basiserlös und den Erlöszuschlägen, die bereits zum Zeitpunkt der Rechnungsstellung feststehen, ergibt sich der Bruttoerlös. Um den Nettoerlös zu erhalten, sind dann vom Bruttoerlös die Erlösschmälerungen abzuziehen. Bei den Erlösschmälerungen handelt es sich um Abzugs- und Korrekturposten zu den Erlösen, denen kein Güterverbrauch zugrunde liegt, und die deshalb auch keinen Kostencharakter besitzen.[14] Die Erfassung und Verrechnung der Erlösschmälerungen erfolgt somit innerhalb der Erlösrechnung, wobei eine schrittweise Vorgehensweise vorgeschlagen wird:[15]

---

[14] Vgl. Männel, W. (1975), S. 14, der eine eindeutige begriffliche Abgrenzung der Erlösschmälerungen von den Kosten für erforderlich hält.
[15] Vgl. Männel, W. (1983b), S. 132 und insbesondere auch die Abbildung auf S. 133.

6.3 Erlösrechnung

1. Vom Bruttoerlös sind zunächst die bei Rechnungstellung bereits bekannten Erlösschmälerungen zu subtrahieren und es läßt sich ein vorläufiger Nettoerlös bestimmen. Zu den Erlösschmälerungen zählen zum Beispiel die vielfach als absatzpolitische Instrumente eingesetzten auftragsbezogenen Mengenrabatte, Aktionsrabatte und andere Sofortrabatte. Einige Unternehmen gewähren ihren Kunden für die Übernahme bestimmter Absatzmittlerfunktionen zusätzlich sogenannte Funktionsrabatte. Beispielsweise erhält ein Großhandelsunternehmen dann einen höheren Preisnachlaß als ein Einzelhandelsbetrieb. Die Erfassung und Verrechnung der unmittelbar beim Verkauf eingeräumten Rabatte auf die einzelnen Erlösträger erweist sich als relativ unproblematisch.

2. Der vorläufige Nettoerlös kann im Zeitraum zwischen der Rechnungstellung und dem Zahlungseingang beispielsweise auf Grund von Mängelrügen und Gewährleistungsansprüchen sowie bei Auslandsgeschäften infolge von Wechselkursschwankungen weiter geschmälert werden. Insbesondere ist, soweit in den Zahlungsbedingungen vorgesehen, Skonto zu gewähren, wenn ein Kunde seine Rechnung sofort oder innerhalb eines gesetzten Zeitraums, zum Beispiel innerhalb von 10 Tagen, begleicht.

Um eine erlösträgerbezogene Erfassung und Verrechnung der Skonti zu gewährleisten, müßten für jede einzelne Rechnungsposition die vorläufigen Nettoerlöse um die in Anspruch genommenen Skonti vermindert werden. Auf Grund des damit verbundenen hohen Buchungsaufwands begnügen sich viele Unternehmen damit, die Skonti anhand von Standardsätzen unmittelbar bei Rechnungstellung auf die Erlösträger zu verrechnen. Wenn ein Unternehmen erfahrungsgemäß für zwei Drittel des gesamten Umsatzvolumens 3 Prozent Skonto einräumt, wird ein Standardskontosatz von 2 Prozent angesetzt.[16] Buchhalterisch sind die gewährten Skonti, wie in der Praxis allgemein üblich, auf einem Sammelkonto zu erfassen. Im Rahmen der Erlöskontrolle lassen sich dann der Saldo des Sammelkontos und die Summe der innerhalb der Erlösrechnung auf der Grundlage von Standardsätzen verrechneten Skonti vergleichen.

3. In welcher Höhe Boni sowie andere periodenbezogene Rabatte an die Kunden ausgeschüttet werden, richtet sich nach den jeweils erzielten Jahresumsätzen. Beispielsweise beträgt der Bonussatz gemäß der mit einem Kunden getroffenen Vereinbarung 2 Prozent, wenn der jährliche Umsatz zwischen DM 500.000 und DM 1.000.000 lag, und 3 Prozent bei einem Jahresumsatz von über einer Million. Da die nachträgliche Korrektur sämtlicher einem Kunden im Verlauf eines Geschäftsjahres belasteten Rechnungsbeträge viel zu aufwendig wäre, bietet es sich an, auch die Boni in Form von Standardsätzen unmittelbar bei Rechnungstellung den einzelnen Erlösträgern zu belasten.

---

[16] Vgl. Weber, J. (1990), S. 140.

Die innerhalb einer Abrechnungsperiode erzielten Nettoumsatzerlöse der einzelnen Produktarten bzw. Produktgruppen, die in die nach dem Umsatzkostenverfahren erstellte Betriebsergebnisrechnung eingehen, ergeben sich jeweils durch Multiplikation der Netto(stück)erlöse mit der Absatzmenge.

6.4 Durchführung der Betriebsergebnisrechnung

Die Betriebsergebnisrechnung nach dem Umsatzkostenverfahren basiert auf dem differenzierten Zahlenmaterial, das aus einem funktionierenden Kosten- und Erlösrechnungsinstrumentarium hervorgeht. Für den Aufbau und die Aussagefähigkeit der Betriebsergebnisrechnung ist dabei von wesentlicher Bedeutung, ob ihr ein Voll- oder ein Teilkostenrechnungssystem zugrunde liegt. Man unterscheidet daher zwischen dem Umsatzkostenverfahren auf Vollkostenbasis und auf Teilkostenbasis.

6.4.1 Mangelnde Aussagefähigkeit der Vollkostenrechnung

In Vollkostenrechnungssystemen findet im Rahmen der Kalkulation die Verrechnung der während einer Abrechnungsperiode insgesamt angefallenen Kosten auf die einzelnen Erzeugniseinheiten statt. Aus der Kostenträgerstückrechnung gehen somit die vollen Stückselbstkosten der Produktarten hervor, die im Rahmen der nach dem Umsatzkostenverfahren auf Vollkostenbasis erstellten Betriebsergebnisrechnung mit den jeweils abgesetzten Mengen zu multiplizieren und den Nettoumsatzerlösen gegenüberzustellen sind.

Beispiel:

Ein Fahrradhersteller, der mit einer Vollkostenrechnung arbeitet, hat die Stückselbstkosten seiner drei Fahrradmodelle mit Hilfe der differenzierenden Zuschlagskalkulation und der Maschinenstundensatzkalkulation ermittelt.[17] Darüber hinaus stehen die in nachstehender Tabelle aufgeführten Absatz- und Erlösdaten zur Verfügung. Der Bruttoabsatzpreis beinhaltet bereits die jeweiligen Erlöszuschläge.

Fahrradtyp	Tourenrad	Rennrad	Mountain-Bike
Absatzmenge	600	200	500
Bruttoabsatzpreis	DM 625,-	DM 700,-	DM 850,-
Erlösschmälerungen	4,0 %	3,0 %	2,0 %
Stückselbstkosten	DM 593,96	DM 749,70	DM 723,37

---

[17] Vgl. das Zahlenbeispiel in Kapitel 5.3.3.3 und 5.3.4.

6.4 Durchführung der Betriebsergebnisrechnung

Für die Berechnung der stückbezogenen Erlösschmälerungen sind die angegebenen Prozentsätze auf die jeweiligen Bruttoabsatzpreise zu beziehen. Durch Subtraktion der Erlösschmälerungen von den Bruttoabsatzpreisen ergeben sich dann die Nettostückerlöse der drei Fahrradmodelle. Davon sind wiederum die Stückselbstkosten abzuziehen, um die Stückergebnisse zu erhalten.

Fahrradtyp	Tourenrad	Rennrad	Mountain-Bike
Bruttoabsatzpreis	625,–	700,–	850,–
Erlösschmälerungen	25,–	21,–	17,–
Nettostückerlöse	600,–	679,–	833,–
Stückselbstkosten	593,96	749,70	723,37
Stückergebnis	6,04	-70,70	109,63

Durch Multiplikation der Stückerlöse und -kosten mit den Absatzmengen der drei Fahrradmodelle läßt sich die stückbezogene Ergebnisrechnung zu einer periodenbezogenen Betriebsergebnisrechnung ausbauen, die in einer Summenspalte das Betriebsergebnis als Differenz zwischen Nettoumsatzerlösen und vollen Selbstkosten der insgesamt abgesetzten Fahrräder ermittelt.

Fahrradtyp	Tourenrad	Rennrad	Mountain-Bike	Summe
Bruttoumsatzerlöse	375.000	140.000	425.000	940.000
Erlösschmälerungen	15.000	4.200	8.500	27.700
Nettoumsatzerlöse	360.000	135.800	416.500	912.300
Volle Selbstkosten	356.376	149.941	361.683	868.000
Produkt-/Betriebsergebnis	3.624	-14.141	54.817	44.300

Die differenzierten Ergebnisinformationen versetzen die Unternehmensleitung in die Lage, die einzelnen Fahrradtypen nach wirtschaftlichen Gesichtspunkten zu beurteilen und die förderungswürdigen sowie die eliminationsverdächtigen Produktarten zu identifizieren. Das positive Stückergebnis des Fahrradtyps „Mountain-Bike" sollte den Fahrradhersteller beispielsweise dazu veranlassen, den Absatz von Mountain-Bikes durch gezielte Marketingaktivitäten zu forcieren. Da für den Fahrradtyp „Rennrad" andererseits ein negatives Ergebnis ausgewiesen wird, erscheint es ratsam in Zukunft keine Rennräder mehr herzustellen und zu vertreiben. Durch jedes weniger produzierte und abgesetzte Rennrad müßte sich das Betriebsergebnis kurzfristig um DM 70,70 verbessern und die komplette Elimination des Modells „Rennrad" aus dem Produktions- und Angebotsprogramm würde einen Anstieg des Betriebsergebnisses um DM 14.141 bewirken.

Diese Argumentation entspricht jedoch nicht der Realität, da als Folge der Elimination des Fahrradtyps „Rennrad" zwar die gesamten Nettoumsatzerlöse, nicht aber die gesamten dieser Produktart zugerechneten Selbstkosten entfallen. Ein Teil dieser Kosten, insbesondere im Verwaltungs- und Vertriebsbereich, entsteht auch, wenn keine Rennräder mehr hergestellt und abgesetzt werden. Beispielsweise erhalten der Buchhalter und die Sekretärin der Geschäftsleitung weiterhin ihre vollen Gehälter, die dann anteilig auf die beiden verbleibenden Fahrradmodelle zu verrechnen sind. Aus diesem Grund würde die Elimination des Fahrradtyps „Rennrad" zu einer Verschlechterung des Betriebsergebnisses und sogar zu einem negativen Produktergebnis für die Tourenräder führen.

Fahrradtyp	Tourenrad	Mountain-Bike	Summe
Bruttoumsatzerlöse	375.000	425.000	800.000
Erlösschmälerungen	15.000	8.500	23.500
Nettoumsatzerlöse	360.000	416.500	776.500
Volle Selbstkosten	380.961	384.039	765.000
Produkt-/Betriebsergebnis	−20.961	32.461	11.500

Der Grund für diese Ergebnisentwicklung ist darin zu sehen, daß die für den Fahrradtyp „Rennrad" ausgewiesenen Selbstkosten fixe Bestandteile enthalten, deren Höhe von längerfristigen Entscheidungen über die betrieblichen Kapazitäten und nicht von kurzfristigen Schwankungen des Leistungsvolumens oder Veränderungen in der Zusammensetzung des Produktionsprogramms abhängt. Die fixen Gemeinkosten reagieren somit nur auf einen Abbau oder eine Erweiterung der Kapazitäten und lassen sich den einzelnen Erzeugniseinheiten nicht verursachungsgerecht zuordnen.

Vollkostenrechnungssysteme verrechnen jedoch die Gesamtkosten einer Abrechnungsperiode und damit auch die fixen Kostenbestandteile auf die einzelnen Kostenträger, obwohl die fixen Kosten in keinem ursächlichen Zusammenhang zur Herstellung und zum Absatz einzelner Erzeugniseinheiten stehen. Somit sind in den Stückselbstkosten der Produktarten, die im Rahmen der nach dem Umsatzkostenverfahren auf Vollkostenbasis durchgeführten Betriebsergebnisrechnung mit den entsprechenden Absatzmengen multipliziert werden, sowohl variable als auch fixe Kostenbestandteile enthalten. Dadurch entsteht dann der falsche Eindruck, daß nicht nur die variablen Kosten, wie beispielsweise Materialeinzelkosten, Fertigungslöhne und Energiekosten, sondern auch die fixen Kostenbestandteile durch einzelne Leistungseinheiten ausgelöst werden und sich letztendlich proportional zur produzierten und abgesetzten Menge verhalten.

Bereits bei der Ermittlung der Kalkulationssätze in der Kostenstellenrechnung unterstellt die Istkostenrechnung auf Vollkostenbasis jeweils eine proportiona-

6.4 Durchführung der Betriebsergebnisrechnung

le Beziehung zwischen den gesamten Gemeinkosten einer Kostenstelle und der verwendeten Bezugsbasis, obwohl die fixen Kostenbestandteile nicht mit der Kostenstellenleistung variieren. Diese Vorgehensweise steht im Widerspruch zum Verursachungsprinzip und führt dazu, daß die einzelnen Erzeugniseinheiten mit anteilig höheren Fixkostenbestandteilen belastet werden, wenn die Kapazitäten des Betriebs schlecht ausgelastet sind. Beispielsweise erhöht sich bei einem Rückgang der in einer Fertigungskostenstelle geleisteten Maschinenstunden der Maschinenstundensatz, weil die Division der in unveränderter Höhe anfallenden fixen Kosten durch eine niedrigere Bezugsbasis erfolgt.[18]

Das zentrale Problem der nach dem Umsatzkostenverfahren auf Vollkostenbasis aufgestellten Betriebsergebnisrechnung besteht somit in der durch die Vollkostenrechnung vorgenommenen Proportionalisierung der fixen Kosten, die eine betriebswirtschaftlich korrekte Erfolgsanalyse und -beurteilung nicht zuläßt und sogar zu gravierenden Fehlentscheidungen führen kann. Insbesondere ist nicht ersichtlich, wie sich die Elimination einer Produktart, deren volle Selbstkosten nicht durch die Nettoumsatzerlöse gedeckt werden, auf das Betriebsergebnis auswirkt. Da die Einstellung der Produktion eines Erzeugnisses, beispielsweise des Fahrradtyps „Rennrad", nicht den Abbau der insgesamt auf das Produkt verrechneten Selbstkosten, sondern lediglich der variablen Kostenbestandteile zur Folge hat, sind Vollkosteninformationen für die Entscheidungsfindung unbrauchbar.

Im Rahmen einer Teilkostenrechnung kann diesem Defizit durch den getrennten Ausweis von variablen und fixen Kostenbestandteilen begegnet werden. Die im folgenden zu behandelnde Betriebsergebnisrechnung nach dem Umsatzkostenverfahren auf Teilkostenbasis, die häufig auch als Deckungsbeitragsrechnung bezeichnet wird, liefert entscheidungsorientiertes Zahlenmaterial, aus dem sich Hinweise für die zukünftige Sortimentsgestaltung und andere unternehmerische Entscheidungen ableiten lassen.

6.4.2 Deckungsbeitragsrechnung

Die mangelnde Aussagefähigkeit der Vollkostenrechnung hat zur Entwicklung von Teilkostenrechnungssystemen geführt, die das Betriebsergebnis anhand von Deckungsbeitragsrechnungen ermitteln. Um die Proportionalisierung der fixen Kosten zu vermeiden und entscheidungsorientierte Daten bereitstellen zu können, verzichtet die Teilkostenrechnung auf eine Verrechnung der fixen Kosten auf die Kostenträger.[19] Im Unterschied zur Vollkosten-

---

[18] Wenn andererseits der Rückgang der Stückkosten darauf zurückzuführen ist, daß ein konstanter Fixkostenbetrag infolge einer verbesserten Kapazitätsauslastung durch eine höhere Leistungsmenge dividiert wird, spricht man von Fixkostendegression.
[19] Bereits Schmalenbach, E. (1963) und später Rummel, K. (1967) erkannten, daß eine verursachungsgerechte Verrechnung der fixen Kosten auf die Kostenträger nicht möglich ist und lehnten deshalb die Vollkostenrechnung ab. Als Lösung für das Fix-

rechnung ist deshalb, wie Abbildung 6-3 zeigt, eine Aufspaltung der Kosten in ihre fixen und variablen Bestandteile vorzunehmen.[20] Nur die variablen Gemeinkostenbestandteile, die in proportionaler Beziehung zur jeweiligen Kostenstellenleistung stehen und sich somit auch verursachungsgerecht auf die einzelnen Erzeugniseinheiten verrechnen lassen, durchlaufen die Kostenstellenrechnung, während die fixen Gemeinkosten unmittelbar in die Betriebsergebnisrechnung eingehen. Die im Rahmen der Kostenträgerstückrechnung kalkulierten variablen Stückselbstkosten entsprechen den für jede produzierte und verkaufte Erzeugniseinheit anfallenden Kosten. Beispielsweise geben die durch eine Kalkulation auf Teilkostenbasis für den Fahrradtyp „Rennrad" ermittelten DM 515,- die Höhe der durch die Herstellung und den Absatz eines einzelnen Rennrads ausgelösten Kosten an. In der Betriebsergebnisrechnung werden den einzelnen Produktarten bzw. Produktgruppen nur die variablen Selbstkosten belastet und den Nettoumsatzerlösen gegenübergestellt. Der Ausweis der fixen Kosten erfolgt entweder global in einer Summe oder differenziert in mehreren Stufen. In Abhängigkeit von der Behandlung der fixen Kosten unterscheidet man daher zwischen ein- und mehrstufigen Deckungsbeitragsrechnungen.

6.4.2.1 Einstufige Deckungsbeitragsrechnung

Beim in den USA entwickelten Direct Costing, das unter der Bezeichnung „einstufige Deckungsbeitragsrechnung" auch Eingang in die deutsche Kostenrechnung gefunden hat, werden die gesamten Fixkosten einer Abrechnungsperiode als ein Block in der Betriebsergebnisrechnung aufgeführt.

Beispiel:

Der Fahrradhersteller führt parallel zur Betriebsergebnisrechnung nach dem Umsatzkostenverfahren auf Vollkostenbasis eine Deckungsbeitragsrechnung für die betrachtete Abrechnungsperiode durch. Auf die Ermittlung der Kalkulationssätze und die Kalkulation der variablen Stückselbstkosten im Rahmen eines Teilkostenrechnungssystems soll an dieser Stelle nicht konkret eingegangen werden.[21] Die variablen Kosten der verschiedenen Fahrradtypen ergeben

---

kostenproblem schlugen sie die Betriebswert- bzw. die Blockkostenrechnung vor. In den USA führte die Kritik an der Vollkostenrechnung (Absorption Costing) zur Entwicklung des Direct Costing. Vgl. dazu insbesondere Harris, J. N. (1936), S. 501–527.

[20] Die Vorgehensweise bei der Aufspaltung der Kosten in ihre variablen und fixen Bestandteile wurde bereits im Zusammenhang mit der kostenstellenweisen Planung der Kostenarten in Kapitel 4.3.4.2 erläutert. Zu den Verfahren der Kostenauflösung vgl. auch Eisele, W. (1990), S. 610–614, Haberstock, L. (1986), S. 225–235, Kilger, W. (1988), S. 352–373, Michel, R./Torspecken, H.-D. (1990), S. 54–64 und Weber, J. (1990), S. 157–163.

[21] Hinsichtlich der Bestimmung und des Ausweises der Nettoumsatzerlöse bestehen keine Unterschiede zwischen der Deckungsbeitragsrechnung und der Betriebsergebnisrechnung nach dem Umsatzkostenverfahren auf Vollkostenbasis.

6.4 Durchführung der Betriebsergebnisrechnung

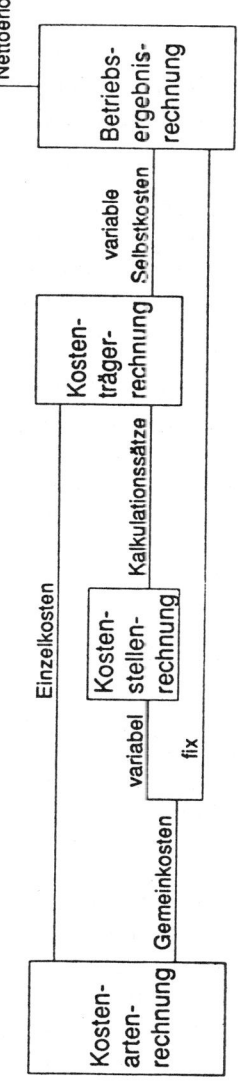

Abbildung 6-3: Schematische Darstellung der Zusammenhänge in Teilkostenrechnungssystemen

sich durch Multiplikation der variablen Stückselbstkosten mit den jeweiligen Absatzmengen.

Im Beispiel weisen die nach dem Umsatzkostenverfahren auf Vollkostenbasis erstellte Betriebsergebnisrechnung und die Deckungsbeitragsrechnung ein gleichhohes Betriebsergebnis aus, weil die Produktionsmengen der drei Fahrradtypen mit den Absatzmengen übereinstimmen. Treten jedoch Lagerbestandsveränderungen bei fertigen und unfertigen Erzeugnissen auf, errechnen sich unterschiedliche Betriebsergebnisse, da die Bewertung der Lagerbestandsveränderungen in der Vollkostenrechnung zu vollen Herstellkosten und in der Teilkostenrechnung zu variablen Herstellkosten erfolgt.[22] Wenn während einer Abrechnungsperiode ein Lagerabbau stattfindet, weist die Dekkungsbeitragsrechnung ein höheres Betriebsergebnis aus, weil für die in vorangegangenen Abrechnungsperioden produzierten Erzeugniseinheiten lediglich variable Herstellkosten angesetzt werden.[23]

Im Unterschied zur Betriebsergebnisrechnung nach dem Umsatzkostenverfahren auf Vollkostenbasis ermöglicht die Deckungsbeitragsrechnung eine entscheidungsorientierte und differenzierte Analyse des Periodenerfolgs. Die förderungswürdigen und die eliminationsverdächtigen Produktarten lassen sich anhand der produktweise ausgewiesenen Deckungsbeiträge, die sich als Differenz zwischen Nettoumsatzerlösen und variablen Kosten ergeben, identifizieren.

> Deckungsbeitrag = Nettoumsatzerlöse − variable Kosten

Der Deckungsbeitrag dient der Erfolgsbeurteilung und gibt an, welchen Beitrag eine Produktart bzw. eine Produktgruppe zur Deckung der gesamten fixen Kosten und zum Betriebsergebnis leistet. Erzeugnisse, deren variable Selbstkosten die Nettoumsatzerlöse übersteigen, sind als eliminationsverdächtig einzustufen, da sie nicht zur Deckung der fixen Kosten beitragen und ihre Entfernung aus dem Produktionsprogramm sich somit positiv auf das Betriebsergebnis auswirken würde. Trotz des durch das Umsatzkostenverfahren auf Vollkostenbasis ermittelten negativen Produktergebnisses wäre es deshalb ein Fehler, die Herstellung und den Absatz von Rennrädern aufzugeben. Da der Fahrradtyp „Rennrad" einen positiven Deckungsbeitrag erwirtschaftet, würde sich das Betriebsergebnis durch die Elimination dieser Produktart verschlechtern.

---

[22] Die Bewertung der Lagerbestände an fertigen und unfertigen Erzeugnissen zu variablen Herstellkosten ist jedoch in der Steuerbilanz unzulässig. Vgl. dazu die Abbildung 5-3. Da viele Unternehmen in der Handels- und in der Steuerbilanz die gleichen Wertansätze zugrunde legen möchten, wird auch in der Handelsbilanz häufig zu vollen Herstellkosten bewertet. Unternehmen, die mit einem Teilkostenrechnungssystem arbeiten, müssen deshalb für die externe Bewertung zusätzlich auch Vollkostenkalkulationen durchführen.

[23] Zur Vertiefung vgl. Haberstock, L. (1982), S. 148–151 und Horngren, Ch. T./Foster, G. (1987), S. 252–256.

6.4 Durchführung der Betriebsergebnisrechnung 209

Fahrradtyp	Tourenrad	Rennrad	Mountain-Bike	Summe
Bruttoumsatzerlöse	375.000	140.000	425.000	940.000
Erlösschmälerungen	15.000	4.200	8.500	27.700
Nettoumsatzerlöse	360.000	135.800	416.500	912.300
Variable Kosten	244.419	103.000	240.196	587.615
Deckungsbeitrag	115.581	32.800	176.304	324.685
Ertragsstärke (DBU)	32,11 %	24,15 %	42,33 %	35,59 %
Erfolgsbeitrag	35,60 %	10,10 %	54,30 %	
Fixe Kosten				280.385
Betriebsergebnis				44.300

Die Deckungsbeiträge lassen sich auch pro Erzeugniseinheit ermitteln. Dazu sind die variablen Stückselbstkosten einer Produktart von den entsprechenden Nettostückerlösen zu subtrahieren. Anhand der Stückdeckungsbeiträge lassen sich dann die Auswirkungen, die von einer Erhöhung oder Verminderung der Absatzmenge um eine Einheit auf das Betriebsergebnis ausgehen, quantifizieren. Beispielsweise würde sich das Betriebsergebnis durch die Herstellung und den Absatz eines zusätzlichen Rennrads um DM 164,– (= DM 679,– – DM 515,–) erhöhen. Eine derartige Ergebnisvorschau war auf der Grundlage der durch die Vollkostenrechnung ermittelten Stückergebnisse nicht durchführbar.[24]

6.4.2.1.1 Ausweis von Kennzahlen

Ergänzend zu den Deckungsbeiträgen können für die Erfolgsanalyse und die Beurteilung der einzelnen Produktarten bzw. -gruppen zwei Kennzahlen herangezogen werden. Dabei handelt es sich um die Ertragsstärke und den Erfolgsbeitrag.[25] Unter der Ertragsstärke, die man häufig auch als DBU-Koeffizienten bezeichnet, versteht man das als Prozentzahl angegebene Verhältnis des Deckungsbeitrags zum Nettoumsatzerlös. Sie gibt an, wieviel DM Deckungsbeitrag pro 100 DM Nettoumsatz durch ein Erzeugnis erwirtschaftet werden. In der Summenspalte der Deckungsbeitragsrechnung ist die durchschnittliche Ertragsstärke, das Verhältnis des Gesamtdeckungsbeitrags zu den gesamten Nettoumsatzerlösen, ausgewiesen. In der betrachteten Abrechnungsperiode erreicht lediglich der Fahrradtyp „Mountain-Bike" mit 42,33 Prozent eine überdurchschnittliche Ertragsstärke.

$$\text{Ertragsstärke} = \frac{\text{Deckungsbeitrag}}{\text{Nettoumsatzerlös}}$$

---

[24] Vgl. Hummel, S./Männel, W. (1983), S. 25–26.
[25] Vgl. Gabele, E./Sahm, B./Fischer, Ph. (1987), S. 28.

Als zweite Kennzahl gibt der Erfolgsbeitrag den prozentualen Anteil des durch eine Erzeugnisart bzw. -gruppe erwirtschafteten Deckungsbeitrags am Gesamtdeckungsbeitrag der Abrechnungsperiode an. Beispielsweise ist der Fahrradtyp „Mountain-Bike" auf Grund seines Erfolgsbeitrags von 54,3 Prozent für den Fahrradhersteller besonders bedeutsam. Gravierende Umsatzeinbrüche bei diesem Fahrradtyp würden dem Unternehmen erhebliche Probleme bereiten.

$$\text{Erfolgsbeitrag} = \frac{\text{Deckungsbeitrag}}{\text{Gesamtdeckungsbeitrag}}$$

Ertragsstärke und Erfolgsbeitrag liefern wertvolle Hinweise für die zukünftige Sortimentsgestaltung. Für die Beurteilung der einzelnen Produktarten ist stets auf beide Kennzahlen zurückzugreifen, denn die Ertragsstärke allein ist kein hinreichendes Kriterium für die Förderungswürdigkeit einer Erzeugnisart oder -gruppe. Zum Beispiel leistet ein sehr ertragsstarkes Produkt, mit dem sich jedoch nur ein geringer Umsatz erwirtschaften läßt, einen relativ geringen Beitrag zur Deckung der fixen Kosten und zum Betriebsergebnis. Ein zweites, ertragsschwaches Erzeugnis kann auf Grund beträchtlicher Nettoumsatzerlöse unter Umständen einen höheren Deckungsbeitrag und damit auch Erfolgsbeitrag erreichen.

6.4.2.1.2 Ergänzende Break-even Analyse[26]

Auf der Grundlage des in der Betriebsergebnisrechnung nach dem Umsatzkostenverfahren auf Teilkostenbasis zusammengestellten Zahlenmaterials läßt sich auch eine Break-even Analyse durchführen. Für Mehrproduktunternehmen wie beispielsweise den Fahrradhersteller ist allerdings die Absatzmenge, bei der die gesamten Kosten durch die Umsatzerlöse gerade abgedeckt sind, nicht eindeutig bestimmbar. Der Break-even Punkt kann vielmehr durch eine Vielzahl von Absatzmengenkombinationen der unterschiedlichen Produktarten erreicht werden.[27] Aus diesem Grund ist bei der Break-even Analyse von einer gleichbleibenden Sortimentszusammensetzung auszugehen. Um die Vergleichbarkeit herzustellen, sollten die Absatzmengen der unterschiedlichen Erzeugnisse darüber hinaus durch geeignete Faktoren gewichtet werden, denn die Verschiedenartigkeit der Produktarten verbietet die einfache additive Verknüpfung.[28] Als Gewichtungsfaktoren kommen häufig die Verkaufspreise zum Einsatz, so daß im Rahmen der Break-even Analyse für Mehrproduktunternehmen an Stelle der Deckungsabsatzmenge der Break-even Umsatz ermittelt wird.

---

[26] Vgl. dazu insbesondere Gabele, E./Sahm, B./Fischer, Ph. (1987), S. 46–56.
[27] Vgl. Kilger, W. (1988), S. 709.
[28] Vgl. Dean, J. (1952), S. 203–206 und Schweitzer, M./Troßmann, E. (1986), S. 107–110.

6.4 Durchführung der Betriebsergebnisrechnung

Der bei gegebener Sortimentszusammensetzung (sales mix) zur Kostendeckung führende Break-even Umsatz ergibt sich als Quotient aus den gesamten Fixkosten einer Abrechnungsperiode und dem durchschnittlichen DBU-Koeffizienten, der das prozentuale Verhältnis des Gesamtdeckungsbeitrags zu den gesamten Nettoumsatzerlösen und damit die durchschnittliche Ertragsstärke ausdrückt.

$$\text{Break-even Umsatz} = \frac{\text{Fixe Kosten}}{\text{DBU} - \text{Koeffizient}} = \frac{\text{DM } 280.385}{35{,}59\%} = \underline{\underline{\text{DM } 787.825{,}85}}$$

Für die Erfolgsanalyse und -planung ist neben dem Break-even Umsatz eine weitere Kennzahl von besonderem Interesse. Dabei handelt es sich um den Sicherheitskoeffizienten, der sich berechnen läßt, indem man die Differenz aus den effektiven bzw. geplanten Nettoumsatzerlösen und dem Break-even Umsatz durch die effektiven bzw. geplanten Nettoumsatzerlöse dividiert. Der Sicherheitskoeffizient gibt an, um wieviel Prozent die effektiven bzw. die geplanten Nettoumsatzerlöse maximal zurückgehen dürfen, ohne daß daraus ein negatives Betriebsergebnis resultiert.[29]

$$\text{Sicherheitskoeffizient} = \frac{\text{Eff. Nettoumsatz} - \text{Break-even Umsatz}}{\text{Eff. Nettoumsatz}}$$
$$= \frac{\text{DM } 912.300 - \text{DM } 787.825{,}85}{\text{DM } 912.300} = \underline{\underline{13{,}64\%}}$$

Da Break-even Umsätze in Mehrproduktunternehmen aussagefähiger als Deckungsabsatzmengen sind, werden im Break-even Schaubild an der Abzisse an Stelle der Absatzmengen die Nettoumsatzerlöse abgetragen. An beiden Achsen des in Abbildung 6-4 dargestellten Diagramms sind somit Geldeinheiten abgetragen, was zur Folge hat, daß die Erlösgerade stets als Winkelhalbierende (45°-Linie) zwischen den Achsen verläuft. Ihre Lage läßt sich somit nicht verändern, so daß Änderungen der Nettostückerlöse und Umsatzanteile einzelner Produktarten nur indirekt über eine Drehung der Linie der variablen Kosten und damit auch der Gesamtkostenkurve vorgenommen werden können. Die Steigung der die variablen Kosten abbildenden Geraden ist durch das Verhältnis der Summe der variablen Kosten zu den gesamten Nettoumsatzerlösen gegeben.

Da die von der Erlös- und der Kostenseite ausgehenden Einflüsse im Break-even Diagramm für Mehrproduktunternehmen sich nicht mehr differenziert darstellen lassen, erscheint es sinnvoll, die Erlösgerade und die Linie der vari-

---

[29] Vgl Horngren, Ch. T./Foster, G. (1987), S. 54. Den Sicherheitskoeffizienten findet man in der englischsprachigen Literatur unter der Bezeichnung „margin of safety".

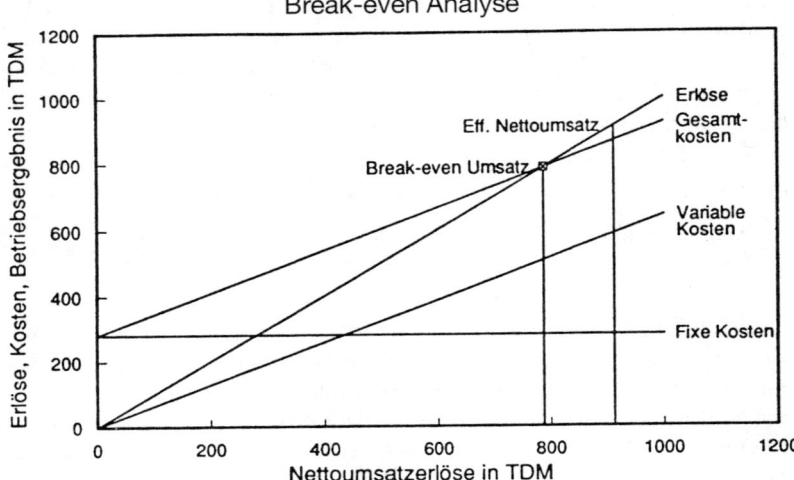

Abbildung 6-4: *Break-even Diagramm mit Erlös- und Kostengeraden*

ablen Kosten in einem veränderten Schaubild zu einer Deckungsbeitragsgeraden zusammenzufassen. Zu diesem Zweck sind die Erlösgerade und die Linie der variablen Kosten gleichzeitig solange im Uhrzeigersinn zu drehen, bis sich die Gerade der variablen Kosten mit der Abzisse deckt. Durch die Drehung wird die Erlösgerade zur Deckungsbeitragsgeraden, denn der Tangens des Winkels zwischen dieser Linie und der Abzisse, der die Steigung der Deckungsbeitragsgeraden angibt, entspricht dem durchschnittlichen DBU-Koeffizienten. Der Break-even Punkt ergibt sich in dieser Darstellung als Schnittpunkt der Deckungsbeitragsgeraden mit der Fixkostenlinie. An diesem Punkt sind, wie Abbildung 6-5 zeigt, die gesamten Fixkosten durch die erwirtschafteten Deckungsbeiträge gedeckt.

Eine verbesserte Darstellungsform läßt sich durch die Parallelverschiebung der Deckungsbeitragsgeraden um den Betrag der fixen Kosten nach unten erreichen. Anhand der in Abbildung 6-6 dargestellten Betriebsergebnisgeraden kann für jede Kombination aus Nettoumsatzerlösen und Deckungsbeiträgen die Höhe des Betriebsergebnisses direkt abgelesen werden. Bei ausbleibenden Umsatzerlösen entsteht ein negatives Betriebsergebnis in Höhe der fixen Kosten und die oberhalb des Break-even Punktes erwirtschafteten Deckungsbeiträge geben die Höhe des positiven Betriebsergebnisses an. Der Break-even Punkt liegt somit auf der Nullinie des Diagramms, die auch als Break-even Linie bezeichnet wird.

Der Vorteil dieses Schaubilds ist vor allem darin zu sehen, daß unterschiedliche Datenkonstellationen in einem Diagramm dargestellt und hinsichtlich der Break-even Umsätze und der Betriebsergebnisse miteinander verglichen wer-

6.4 Durchführung der Betriebsergebnisrechnung 213

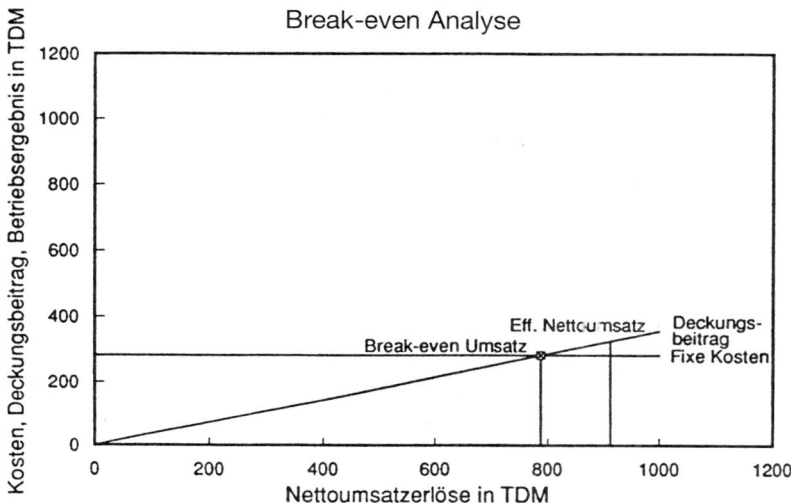

Abbildung 6-5: Break-even Diagramm mit der Deckungsbeitragsgeraden

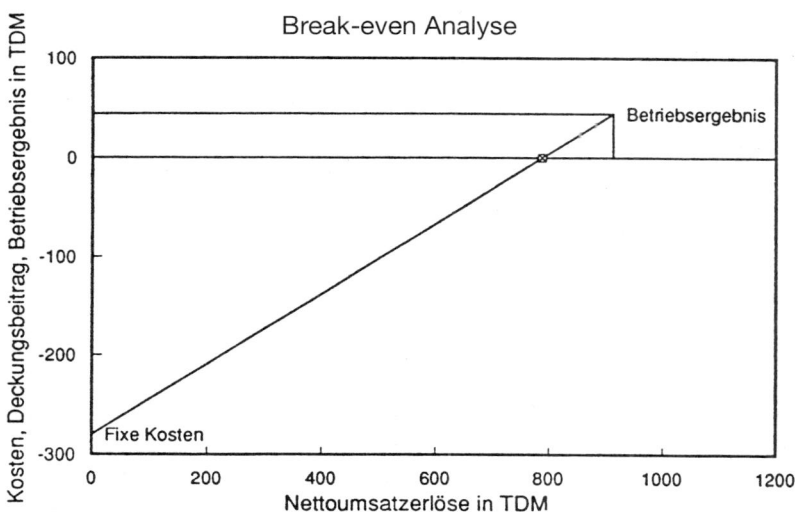

Abbildung 6-6: Break-even Diagramm mit der Betriebsergebnisgeraden

den können. Durch Parallelverschiebung der Betriebsergebnisgeraden lassen sich Fixkostenänderungen sichtbar machen, und Veränderungen des Umsatzanteils, des Nettostückerlöses und der variablen Kosten bei einzelnen Erzeugnissen kommen in der Höhe des durchschnittlichen DBU-Koeffizienten und damit in der Steigung der Geraden zum Ausdruck.

Dabei ist zu beachten, daß sich die Veränderungen der Daten bei unterschiedlichen Produktarten gegenseitig kompensieren können und somit im Break-even Diagramm nicht sichtbar werden. Für differenzierte absatzpolitische Planungen und Analysen sowie für Fragen der Sortimentsgestaltung ist deshalb nur ein Diagramm, das die Beiträge der einzelnen Produktarten zur Deckung der fixen Kosten und zum Betriebsergebnis aufzeigt, als geeignetes Hilfsmittel anzusehen. Eine solche, die Sortimentsstruktur abbildende, Break-even Darstellung ermöglicht das hip roof chart.[30] Zusätzlich zu der Betriebsergebnisgeraden, deren Steigung durch den durchschnittlichen DBU-Koeffizienten bestimmt ist, werden in mehrfach geknickten Kurvenzügen die Deckungsbeiträge und Nettoumsatzerlöse der einzelnen Produktarten in das Break-even Schaubild eingezeichnet. Die Reihenfolge, in der die unterschiedlichen Erzeugnisse im Schaubild erscheinen, ergibt sich durch die nachstehend aufgeführte Sortierung nach der Ertragsstärke.

Fahrrad-typ	Netto-umsatzerlöse	Variable Kosten	Deckungs-beitrag	DBU-Koeffizient
Mountain-Bike	416.500	240.196	176.304	42,33 %
Tourenrad	360.000	244.419	115.581	32,11 %
Rennrad	135.800	103.000	32.800	24,15 %
Summe	912.300	587.615	324.685	35,59 %

In das Break-even Schaubild werden, wie Abbildung 6-7 zeigt, drei Kurvenzüge eingezeichnet, die alle denselben Ausgangs- und Endpunkt aufweisen, aber die Break-even Linie in drei unterschiedlichen Punkten schneiden. Den Ausgangspunkt bildet die Summe der fixen Kosten, die an der Ordinate als negativer Wert angetragen wird. Am Endpunkt kann die Höhe des Betriebsergebnisses abgelesen werden, das sich bei den effektiv erzielten bzw. bei den geplanten Nettoumsatzerlösen ergibt. Bei der den Anfangs- und den Endpunkt verbindenden Geraden handelt es sich um die Betriebsergebnisgerade, deren Steigung dem durchschnittlichen DBU-Koeffizienten (35,59 %) entspricht. Aus den beiden anderen Kurven geht hervor, welche Beiträge die einzelnen Produktarten zur Deckung der fixen Kosten und zum Betriebsergebnis leisten. Sie bilden somit die Sortimentsstruktur ab. Die Steigungen der Kurvenabschnitte drücken das Verhältnis von Deckungsbeiträgen zu Nettoumsatzerlösen bei den Erzeugnissen aus. Je steiler eine Teilstrecke ansteigt, umso ertragsstärker ist die betreffende Produktart.

Der nach oben gewölbte Kurvenverlauf entsteht dadurch, daß die Nettoumsatzerlöse und die Deckungsbeiträge der einzelnen Produktarten in der durch

---

[30] Da die Kurvenzüge in diesem Break-even Schaubild Ähnlichkeit mit Walmdächern aufweisen, wurde in der amerikanischen Literatur die Bezeichnung „hip roof chart" gewählt. Vgl. dazu Anderson, L. K. (1975), S. 30–32.

6.4 Durchführung der Betriebsergebnisrechnung 215

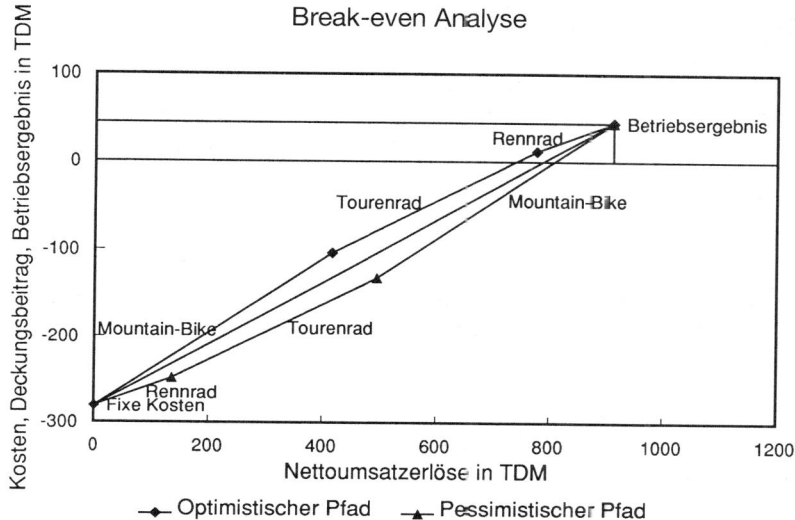

Abbildung 6-7: Break-even Diagramm mit optimistischem und pessimistischem Pfad

die zuvor durchgeführte Sortierung nach der Höhe des DBU-Koeffizienten festgelegten Reihenfolge eingezeichnet werden. Damit ist die Vorstellung verbunden, daß vorrangig der Verkauf der ertragsstarken Produktarten erfolgt. Den resultierenden Kurvenzug bezeichnet man als optimistischen Pfad, da auf Grund der unterstellten Forcierung der ertragsstarken Erzeugnisse die zur Deckung der fixen Kosten erforderlichen Nettoumsatzerlöse unterhalb des für die durchschnittliche Sortimentszusammensetzung berechneten Break-even Umsatzes in Höhe von DM 787.825,85 liegen. Auf der nach unten gewölbten Kurve sind die Erzeugnisse in umgekehrter Reihenfolge angeordnet. Dahinter steht die Annahme, daß zuerst die ertragsschwachen Produkte verkauft werden. Da bei diesem Kurvenverlauf höhere Nettoumsatzerlöse zur Deckung der fixen Kosten erforderlich sind, spricht man vom pessimistischen Pfad.[31]

Der Break-even Umsatz liegt somit in einem Intervall, dessen Ober- und Untergrenze durch die Schnittpunkte des optimistischen und des pessimistischen Pfads mit der Break-even Linie bestimmt sind. Im betrachteten Beispiel kann der Break-even Umsatz zwischen DM 740.680,96 und DM 807.645,82 variieren. Die Intervallbreite wird entscheidend durch die Ertragsstruktur des Sortiments beeinflußt. Je stärker sich die einzelnen Produktarten hinsichtlich ihrer DBU-Koeffizienten unterscheiden, desto stärker sind die Kurven gewölbt und desto weiter liegen in der Regel auch Schnittpunkte der Pfade mit der Break-even Linie auseinander. Zusätzlich zu der als horizontale Analyse

---
[31] Vgl. Anderson, L. K. (1975), S. 32, der von einem „optimistic path" und einem „pessimistic path" spricht.

bezeichneten Festlegung eines Schwankungsintervalls für den Break-even Umsatz läßt sich im Rahmen einer vertikalen Analyse ein Variationsbereich für das Betriebsergebnis bei einem bestimmten Umsatzniveau ermitteln.[32] Beispielsweise kann das Betriebsergebnis bei Nettoumsatzerlösen von DM 775.000 zwischen DM 11.018,41 und − DM 14.199,91 schwanken.

6.4.2.1.3 Zusatzauswertungen

Die nach Umsatzkostenverfahren auf Teilkostenbasis durchgeführte Betriebsergebnisrechnung ermöglicht nicht allein die differenzierte Planung, Kontrolle und Analyse des Periodenerfolgs, sondern stellt neben den bereits erwähnten Hinweisen für die zukünftige Sortimentsgestaltung und Absatzpolitik auch Daten bereit, die für die Lösung spezieller unternehmerischer Entscheidungsprobleme von Bedeutung sind. Insbesondere lassen sich aus der Deckungsbeitragsrechnung Informationen ableiten, die bei der Bestimmung marktgerechter Absatzpreise und für die kurzfristige Produktionsprogrammplanung bei Vorliegen eines Engpasses Berücksichtigung finden.

Absatzpreisfindung

Da die Preisbildung in marktwirtschaftlichen Systemen durch Angebot und Nachfrage erfolgt, besteht keine eindeutige Abhängigkeit der Marktpreise von den kalkulierten Stückselbstkosten.[33] Trotzdem sollten der Vertriebsabteilung die Absatzpreise bekannt sein, die durch den Verkauf der betrieblichen Erzeugnisse am Markt erzielt werden müssen, um die insgesamt im Unternehmen anfallenden Kosten zu decken. Diese marktgerechten Absatzpreise lassen sich für standardisierte Erzeugnisse bestimmen, indem man die durch eine Plankalkulation auf Teilkostenbasis ermittelten variablen Stückselbstkosten um sogenannte Soll-Deckungsbeiträge ergänzt.[34]

$$\text{Absatzpreis} = \text{Variable Stückselbstkosten} + \frac{\text{Soll-Deckungsbeitrag}}{\text{Absatzmenge}}$$

Die Festlegung der Soll-Deckungsbeiträge für die einzelnen Produktarten erfolgt im Rahmen der jährlichen Absatzplanung. Als Grundlage dienen die im vorangegangenen Geschäftsjahr jeweils erwirtschafteten Ist-Deckungsbeiträge, die hinsichtlich erwarteter Veränderungen der Absatzbedingungen und in Hinblick auf das gesetzte Ergebnisziel zu korrigieren sind. Beispielsweise werden für Produktarten, bei denen sämtliche Marktdaten auf einen Umsatzrückgang hindeuten, Soll-Deckungsbeiträge angesetzt, die unter dem Vorjahresniveau liegen. Für die neu in das Angebotsprogramm aufgenommenen Erzeugnisse sind die Soll-Deckungsbeiträge zu schätzen. Die unter Einbezie-

---

[32] Vgl. Anderson, L. K. (1975), S. 32.
[33] Vgl. dazu die Ausführungen in Kapitel 5.1.
[34] Vgl. Kilger, W. (1988), S. 766–784.

hung der Soll-Deckungsbeiträge ermittelten Absatzpreise decken nicht immer zwangsläufig auch die durch ein Vollkostenrechnungssystem kalkulierten Selbstkosten einer Erzeugniseinheit. Wenn jedoch sämtliche auf dieser Basis geplanten Verkaufspreise am Markt durchgesetzt werden können, ist die Deckung der fixen Kosten und das Ergebnisziel erreicht.

Kurzfristige Produktionsprogrammplanung

Auf der Grundlage der Informationen aus der Deckungsbeitragsrechnung läßt sich auch die kurzfristige Planung des optimalen Produktionsprogramms durchführen. Dabei sind die Produktionsmengen für die einzelnen Erzeugnisarten so festzulegen, daß das höchstmögliche Betriebsergebnis erzielt wird. Im Rahmen der Rechnung ist darauf zu achten, daß die geplanten Produktionsmengen die maximal zu erwartenden Absatzzahlen nicht überschreiten und daß bestehende Engpässe Berücksichtigung finden. Ein Engpaß liegt vor, wenn ein bestimmter, in mehrere Erzeugnisarten eingehender Rohstoff nur in vergleichsweise begrenzter Menge zur Verfügung steht, oder wenn die Kapazität einer Fertigungskostenstelle, die von mehreren Produktarten in Anspruch genommen wird, verhältnismäßig gering ist. Solange weder Rohstoffknappheit besteht noch die vorhandenen Produktionskapazitäten voll ausgelastet sind, setzt sich das optimale Produktionsprogramm aus den voraussichtlichen Absatzhöchstmengen der Produktarten zusammen, die einen positiven Deckungsbeitrag aufweisen.

Bei Auftreten eines Engpasses können jedoch nicht mehr sämtliche Produktarten in den maximal absetzbaren Stückzahlen hergestellt werden. Daher ist es erforderlich, Prioritäten unter den Erzeugnissen zu vergeben. Die Rangfolge, die zur Erreichung des höchstmöglichen Betriebsergebnisses führt, wird nicht allein nach dem Kriterium der Stückdeckungsbeiträge der einzelnen Produktarten aufgestellt. Zusätzlich ist zu berücksichtigen, wie stark die unterschiedlichen Erzeugnisse den Engpaß in Anspruch nehmen, beispielsweise wieviel Kilogramm eines knappen Rohstoffs jeweils in eine Produkteinheit eingehen. Es lassen sich engpaßbezogene Deckungsbeiträge berechnen, indem die Stückdeckungsbeiträge durch die pro Erzeugniseinheit beanspruchten Engpaßeinheiten dividiert werden.

$$\text{Engpaßbezogener Deckungsbeitrag} = \frac{\text{Stückdeckungsbeitrag}}{\text{Engpaßbeanspruchung}}$$

Beispiel:

Ein Unternehmen stellt vier Produktarten in einem mehrstufigen Produktionsprozeß her. Bei ausreichenden Kapazitäten könnten die nach den Erkenntnissen der Marktforschung maximal absetzbaren Erzeugnismengen gefertigt werden. Dabei würde sich ein monatlicher Gesamtdeckungsbeitrag in Höhe von DM 199.500 ergeben. In einer Fertigungsstufe, die alle vier Erzeugnisarten durchlaufen müssen, stehen im kommenden Monat allerdings lediglich 550 Maschinenstunden zur Verfügung. Da die Kapazitätsgrenze unterhalb der für die Herstellung der erwarteten Absatzhöchstmengen erforderlichen 750 Maschinenstunden liegt, ist die Fertigungsstufe als Engpaß anzusehen.

	Produkt A	Produkt B	Produkt C	Produkt D
Maximal absetzbare Menge	340 Stück	400 Stück	500 Stück	300 Stück
Stückdeckungsbeitrag	DM 75,–	DM 180,–	DM 120,–	DM 140,–
Beanspruchte Maschinenminuten pro Stück	25 Min./St.	40 Min./St.	20 Min./St.	35 Min./St.
Deckungsbeitrag pro Maschinenminute	DM 3,–	DM 4,50	DM 6,–	DM 4,–
Rangfolge	IV.	II.	I.	III.

Für die Bestimmung der Mengen, die von den einzelnen Erzeugnisarten herzustellen sind, um bei einem Engpaß das höchstmögliche Betriebsergebnis zu erzielen, werden zunächst die engpaßbezogenen Deckungsbeiträge ermittelt. Dazu sind die Stückdeckungsbeiträge durch die jeweils für eine Erzeugniseinheit in der Engpaßfertigungsstufe beanspruchten Maschinenminuten zu dividieren. Den höchsten Deckungsbeitrag pro Maschinenminute erwirtschaftet Produkt C, das somit vorrangig in das optimale Produktionsprogramm eingeht. Die Herstellung der maximal absetzbaren 500 Stück von Erzeugnis C nimmt 10.000 Maschinenminuten in Anspruch. Durch Subtraktion dieser 10.000 Maschinenminuten von den insgesamt zur Verfügung stehenden 33.000 Maschinenminuten ergibt sich die für die Herstellung der drei anderen Produktarten verbleibende Restkapazität. Von Produkt B, das den zweithöchsten engpaßbezogenen Deckungsbeitrag aufweist, kann ebenfalls die erwartete Absatzhöchstmenge (400 Stück) gefertigt werden.

Gesamtkapazität der Engpaßfertigungsstufe:	33.000 Maschinenminuten
– Produkt C: 500 Stück · 20 Maschinenminuten pro Stück	= 10.000 Maschinenminuten
= Restkapazität:	23.000 Maschinenminuten
– Produkt B: 400 Stück · 40 Maschinenminuten pro Stück	= 16.000 Maschinenminuten
= Restkapazität	7.000 Maschinenminuten

Für die Herstellung der maximal absetzbaren 300 Stück von Produkt D, das den dritten Rang einnimmt, wären 10.500 Maschinenminuten erforderlich. Da nach der Fertigung der Absatzhöchstmengen von Produkt C und B nur noch 7.000 Maschinenminuten zu Verfügung stehen, können nur noch 200 Stück von Erzeugnis D produziert werden.

$$\text{Produkt D:} \frac{7.000 \text{ Maschinenminuten}}{35 \text{ Maschinenminuten pro Stück}} = 200 \text{ Stück}$$

Das optimale Produktionsprogramm setzt sich somit aus 500 Stück von Produkt C, 400 Stück von Produkt B und 200 Stück von Produkt D zusammen, wie auch aus der grafischen Darstellung in Abbildung 6-3 hervorgeht.

Für das optimale Produktionsprogramm ergibt sich ein Gesamtdeckungsbeitrag in Höhe von DM 160.000, der um die monatlichen Fixkosten von DM 125.000 zu vermindern ist, um das Betriebsergebnis zu erhalten.

	Produkt B	Produkt C	Produkt D	Summe
Produktionsmenge	400 Stück	500 Stück	200 Stück	
Stückdeckungs-				
beitrag	DM 180,-	DM 120,-	DM 140,-	
Deckungsbeitrag	DM 72.000	DM 60.000	DM 28.000	DM 160.000
Fixe Kosten				DM 125.000
Betriebsergebnis				DM 35.000

6.4.2.2 Mehrstufige Deckungsbeitragsrechnung

In der einstufigen Deckungsbeitragsrechnung des Fahrradherstellers werden die fixen Kosten in einer Summe vom Gesamtdeckungsbeitrag abgezogen. Die undifferenzierte Behandlung der fixen Kosten ist kennzeichnend für das Direct Costing. Allerdings läßt sich die Aussagekraft der Betriebsergebnisrechnung durch eine Aufgliederung des Fixkostenblocks weiter erhöhen.

Wie die Kritik an der Vollkostenrechnung gezeigt hat, ist eine verursachungsgerechte Verrechnung der fixen Kosten auf die einzelnen Erzeugniseinheiten nicht möglich. Dennoch können bestimmte Teile der fixen Kosten einzelnen Produktarten, Produktgruppen, Unternehmensbereichen oder anderen Bezugsobjekten zugeordnet werden. Dabei handelt es sich zum Beispiel um Marketingkosten, die speziell für eine Produktart anfallen, oder um die Fixkosten einer Produktionsanlage, die nur die einer bestimmten Produktgruppe angehörenden Erzeugnisse in Anspruch nehmen.

Diese Fixkosten sollten sinnvollerweise den jeweiligen Produktarten oder Produktgruppen, zu denen sie in Beziehung stehen, belastet werden, anstatt

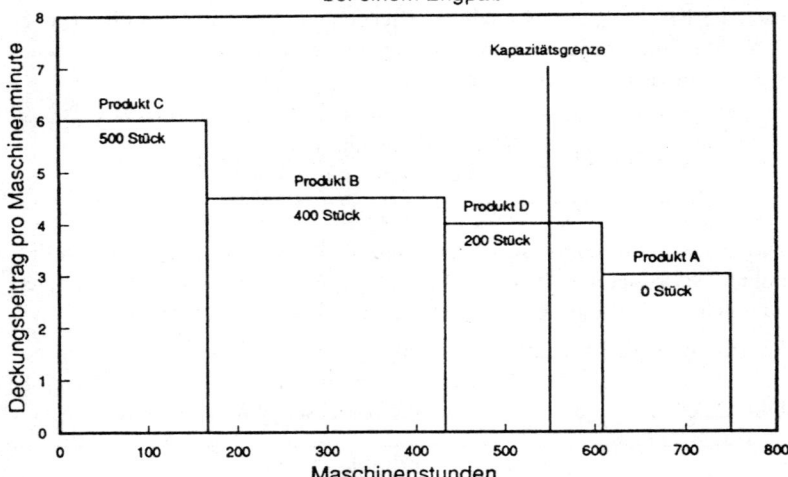

Abbildung 6-8: *Kurzfristige Planung des optimalen Produktionsprogramms bei einem Engpaß*

sie mit den allgemeinen Unternehmensfixkosten, wie beispielsweise dem Gehalt der Chefsekretärin, zu einer Summe zusammenzufassen. Zu diesem Zweck sind die den einzelnen Bezugsobjekten direkt zurechenbaren Fixkosten von dem globalen Fixkostenblock abzuspalten und in der Betriebsergebnisrechnung abgestuft auszuweisen. Eine differenzierte Behandlung der fixen Kosten ermöglicht die in Abbildung 6-9 dargestellte mehrstufige Deckungsbeitragsrechnung.[35]

Während das Direct Costing die fixen Kosten en bloc dem Gesamtdeckungsbeitrag gegenüberstellt, wird in der mehrstufigen Deckungsbeitragsrechnung im allgemeinen zwischen Produkt-, Produktgruppen-, Bereichs- und Unternehmensfixkosten unterschieden.[36] Zu den *Produktfixkosten* zählen insbeson-

---

[35] Die mehrstufige Deckungsbeitragsrechnung, die auch als stufenweise Fixkostendeckungsrechnung bezeichnet wird, geht auf Agthe und Mellerowicz zurück. Vgl. dazu Agthe, K. (1959a), S. 404–418, Agthe, K. (1959b), S. 742–748 und Mellerowicz, K. (1977), S. 169–249.

[36] In der ursprünglichen, von Agthe und Mellerowicz entwickelten Konzeption der mehrstufigen Deckungsbeitragsrechnung finden die Kostenstellenfixkosten als zusätzliche Stufe zwischen den Erzeugnisgruppen- und Bereichsfixkosten Berücksichtigung. Da sich jedoch der überwiegende Teil der fixen Kosten den Kostenstellen zurechnen läßt, ergeben sich Abgrenzungsprobleme zu den anderen Fixkostenstufen, insbesondere den Erzeugnisgruppen- und den Bereichsfixkosten.

Einstufige Deckungsbeitragsrechnung

Produktart	A	B	C	D	E	F	G	H	Summe
Bruttoumsatzerlöse	311	245	736	151	263	384	299	611	3.000
- Erlösschmälerungen	21	17	45	10	22	26	20	39	200
= Nettoumsatzerlöse	290	228	691	141	241	358	279	572	2.800
- Variable Kosten	148	86	339	125	248	277	253	474	1.950
= Deckungsbeitrag	142	142	352	16	-7	81	26	98	850
- Fixkosten									750
= Beriebsergebnis									100

Mehrstufige Deckungsbeitragsrechnung

Unternehmensbereich	1					2			
Produktgruppe	I			II			III		
Produktart	A	B	C	D	E	F	G	H	Summe
Bruttoumsatzerlöse	311	245	736	151	263	384	299	611	3.000
- Erlösschmälerungen	21	17	45	10	22	26	20	39	200
= Nettoumsatzerlöse	290	228	691	141	241	358	279	572	2.800
- Variable Kosten	148	86	339	125	248	277	253	474	1.950
= Deckungsbeitrag 1	142	142	352	16	-7	81	26	98	850
- Produktfixkosten	12	17	51	16	13	18	28	25	180
= Deckungsbeitrag 2	130	125	301	0	-20	63	-2	73	670
	556			-20		134			
- Produktgruppenfixkosten	78			19		53			150
= Deckungsbeitrag 3	478			-39		81			520
	439					81			
- Bereichsfixkosten	183					97			280
= Deckungsbeitrag 4	256					-16			240
- Unternehmensfixkosten									140
= Beriebsergebnis									100

Abbildung 6-9: Ausbau der einstufigen zur mehrstufigen Deckungsbeitragsrechnung

dere die für einzelne Produktarten innerhalb einer Abrechnungsperiode anfallenden Marketing- und Verkaufsförderungskosten sowie Patentgebühren und Kosten für die bei der Herstellung eingesetzten Spezialwerkzeuge.

Die *Produktgruppenfixkosten* umfassen die Kosten, die sich nicht einer einzigen sondern mehreren zu einer Produktgruppe zusammengefaßten Erzeugnisarten zurechnen lassen. Als typisches Beispiel gelten die fixen Kosten, die in ausschließlich durch eine bestimmte Produktgruppe genutzten Fertigungsabteilungen entstehen, sowie auch erzeugnisgruppenspezifische Marketing- und Vertriebskosten.

Wenn ein Unternehmen in selbständige Teilbereiche untergliedert ist, die jeweils die Herstellung und den Absatz unterschiedlicher Produktgruppen zum Ziel haben, können beispielsweise die Gehälter der technischen und kaufmännischen Bereichsleiter sowie unter Umständen auch die Raumkosten als *Bereichsfixkosten* aufgefaßt werden. Die verbleibenden Fixkosten, die sich keinem Bezugsobjekt zuordnen lassen, wie beispielsweise die Geschäftsführergehälter oder der kalkulatorische Unternehmerlohn, bezeichnet man als allgemeine *Unternehmensfixkosten*.

Auf der Grundlage eines Teilkostenrechnungssystems ergeben sich in der mehrstufigen Deckungsbeitragsrechnung die Deckungsbeiträge 1 der einzelnen Produktarten als Differenz zwischen den Nettoumsatzerlösen und den variablen Kosten. Im Unterschied zum Direct Costing erfolgt der Ausweis der fixen Kosten in mehreren Stufen. Zunächst sind die jeweiligen Produktfixkosten von den Deckungsbeiträgen 1 zu subtrahieren. Die daraus resultierenden Deckungsbeiträge 2 geben an, inwieweit die einzelnen Produktarten in der Lage sind, die ihnen direkt zurechenbaren Fixkosten abzudecken und darüber hinaus noch einen Beitrag zur Deckung der allgemeinen Fixkosten und zum Betriebsergebnis zu leisten.

Ein negativer Deckungsbeitrag 2 deutet jedoch nicht zwangsläufig auf die Eliminationsverdächtigkeit einer Produktart hin. Vielmehr ist es denkbar, daß ein Erzeugnis einen positiven Deckungsbeitrag 1 erwirtschaftet, der nur auf Grund falscher Verkaufsförderungskonzepte nicht zur Deckung der direkt zurechenbaren Marketingkosten ausreicht. Anhand der Deckungsbeiträge 2 lassen sich somit auch die für einzelne Produktarten ergriffenen absatzpolitischen Maßnahmen beurteilen. Beispielsweise fallen für die Produktart G höhere Produktfixkosten an als für die mehr als den doppelten Umsatz erzielende Produktart H. Da beide Produktarten einen positiven Deckungsbeitrag 1 aufweisen, könnte die Ursache für den negativen Deckungsbeitrag 2 der Produktart G somit durchaus in überhöhten Verkaufsförderungskosten liegen.

Faßt man dann jeweils die Deckungsbeiträge 2 sämtlicher zu einer Produktgruppe gehörenden Erzeugnisarten zusammen und vermindert diese um die Produktgruppenfixkosten, erhält man die Deckungsbeiträge 3, die der Beurteilung des durch die Produktgruppen erwirtschafteten Erfolgs dienen. Als Überschuß der Deckungsbeiträge 3 eines Unternehmensbereichs über die Bereichsfixkosten ergeben sich die Deckungsbeiträge 4. Um das Betriebsergebnis zu erhalten, sind schließlich vom Gesamtdeckungsbeitrag 4 noch die allgemeinen Unternehmensfixkosten zu subtrahieren.

Durch den differenzierten Ausweis der fixen Kosten gewährt die mehrstufige Deckungsbeitragsrechnung einen tieferen Einblick in die Erfolgsstruktur eines Unternehmens und ist daher als sinnvolle Weiterentwicklung des Direct Costing anzusehen. Die stufenweise ausgewiesenen und um die dem jeweiligen Bezugsobjekt direkt zurechenbaren Fixkosten verminderten Deckungsbeiträge geben an, wieviel einzelne Produktarten, Produktgruppen oder Unternehmensbereiche zur Deckung der nicht unmittelbar durch sie verursachten Fixkosten und zum Betriebsergebnis beitragen.

Im Rahmen einer detaillierten Erfolgsanalyse lassen sich gezielte Hinweise auf förderungswürdige und eliminationsverdächtige Produktarten bzw. Produktgruppen einerseits sowie auf stillzulegende und durch Erweiterungsinvestitionen auszubauende betriebliche Teilbereiche andererseits ableiten. Das durch die mehrstufige Deckungsbeitragsrechnung bereitgestellte Zahlenmaterial eignet sich insbesondere für die mittel- bis längerfristige Betrachtung. Bei Eliminations- oder Stillegungsentscheidungen sind jedoch zusätzliche Informationen über den Zeitraum, in dem sich die fixen Kosten abbauen lassen, erforderlich.[37] Wenn langfristige Arbeits-, Miet- und Leasingverträge bestehen, zählen beispielsweise Gehälter, Mietkosten und Leasinggebühren zu den kurzfristig nicht abbaufähigen Fixkosten. Diese nur langsam abbaubaren Fixkosten eines betrieblichen Teilbereiches müssen bei dessen Stillegung von den verbleibenden Unternehmensbereichen mit abgedeckt werden, wodurch sich das Betriebsergebnis verschlechtert.

Anhand einer als Vorschaurechnung durchgeführten mehrstufigen Deckungsbeitragsrechnung können die Auswirkungen von geplanten absatzpolitischen Maßnahmen und geplanten Investitionen auf das Betriebsergebnis untersucht werden. Zum Beispiel besteht sinnvollerweise die Möglichkeit, in die Entscheidung über die Aufnahme einer neuen Produktart in das Produktions- und Absatzprogramm auch die voraussichtlich anfallenden Produktfixkosten einzubeziehen. Weiterhin läßt sich analysieren, ob sich die Ergreifung zusätzlicher Werbemaßnahmen, die mit einem Anstieg der direkten Marketingkosten verbunden ist, für eine bestimmte Produktart lohnt.

Eine wirksame Verkaufssteuerung darf nicht bei der Beurteilung der einzelnen Produktarten und Produktgruppen stehenbleiben. Daher sind in Ergänzung zu den produktbezogenen Deckungsbeiträgen auch Informationen über die Beiträge, die einzelne Kunden, Kundengruppen, Vertriebsgebiete und Vertreter zur Deckung der fixen Kosten und zum Betriebsergebnis leisten, erforderlich. Zu diesem Zweck ist die mehrstufige Deckungsbeitragsrechnung parallel als Artikelergebnisrechnung in der dargestellten Form, als Kundendeckungsbeitragsrechnung und als Gebietserfolgsrechnung durchzuführen.[38]

6.5 Übungsaufgaben zur Betriebsergebnisrechnung

Anhand von zwei Übungsaufgaben können die Kenntnisse über die Durchführung und Interpretation der Betriebsergebnisrechnung sowie über die Erstellung von Zusatzauswertungen überprüft werden. Die Lösungen sind jeweils in Anschluß an die Aufgabenstellung abgedruckt. Weitere Aufgaben zur Betriebsergebnisrechnung befinden sich in den Übungsklausuren des 7. Kapitels.

---

[37] Vgl. Seicht, G. (1963), S. 693–709 und Wille, F. (1959), S. 737–741, insbesondere S. 740, die eine zusätzliche Differenzierung der fixen Kosten nach ihrer Abbaufähigkeit fordern.
[38] Vgl. dazu Deyhle, A. (1985), S. 167–173, Schröder, E. F. (1986), S. 61–71 und Witt, F.-J. (1991), S. 171–179.

1. Übungsaufgabe

Eine Schreinerei stellt Spanplatten in drei verschiedenen Größen her. Die Zuschneidemaschine, deren freie Kapazität 3.000 Maschinenminuten pro Monat beträgt, wird je nach Plattengröße unterschiedlich lange beansprucht.

Größe	geschätzte Nachfrage	Stückdeckungsbeitrag	Beanspruchte Maschinenminuten pro Stück
1	300 Stück	DM 20,–	4,0
2	100 Stück	DM 18,–	9,0
3	400 Stück	DM 30,–	10,0

Welche Mengen sollten von Größe 1, 2 und 3 produziert werden, um den höchstmöglichen Gesamtdeckungsbeitrag zu erreichen?

Lösung zur 1. Übungsaufgabe

Im ersten Schritt sind die engpaßbezogenen Deckungsbeiträge (Deckungsbeiträge pro Maschinenminute) für die drei Größen zu ermitteln:

Größe 1: $\dfrac{\text{DM 20,– pro Stück}}{\text{4,0 Maschinenminuten pro Stück}} = \text{DM 5,– pro Maschinenminute}$

Größe 2: $\dfrac{\text{DM 18,– pro Stück}}{\text{9,0 Maschinenminuten pro Stück}} = \text{DM 2,– pro Maschinenminute}$

Größe 3: $\dfrac{\text{DM 30,– pro Stück}}{\text{10,0 Maschinenminuten pro Stück}} = \text{DM 3,– pro Maschinenminute}$

Größe 1 weist den höchsten Deckungsbeitrag pro Maschinenminute auf und ist daher vorrangig zu produzieren.

Die Herstellung von 300 voraussichtlich absetzbaren Spanplatten der Größe 1 beansprucht

300 Spanplatten · 4,0 Maschinenminuten pro Stück
= 1.200 Maschinenminuten.

Für die Größen 2 und 3 verbleiben somit 3.000 – 1.200
= 1.800 Maschinenminuten.

Von der den zweithöchsten engpaßbezogenen Deckungsbeitrag erwirtschaftenden Größe 3 können daher noch

$\dfrac{\text{1.800 Maschinenminuten}}{\text{10,0 Maschinenminuten pro Stück}} = \underline{\text{180 Spanplatten}}$

produziert werden

Der höchstmögliche Gesamtdeckungsbeitrag ergibt sich bei der Herstellung von 300 Spanplatten der Größe 1 und 180 Spanplatten der Größe 3.

Gesamtdeckungsbeitrag = 300 Stück · DM 20,– pro Stück
+ 180 Stück · DM 30,– pro Stück = <u>DM 11.400</u>

2. Übungsaufgabe

Der Unternehmensleitung eines Industriebetriebes liegen nachstehende Kosten- und Erlösinformationen über die drei Produkte vor:

	Produkt A	Produkt B	Produkt C
Monatliche Absatzmenge in Stück	5.000	20.000	30.000
Nettostückerlös	DM 10,-	DM 5,-	DM 4,-
Stückmaterialeinzelkosten	DM 3,-	DM 1,70	DM 1,50
Stückfertigungslöhne	DM 2,-	DM 1,15	DM 1,-
Variable Gemeinkosten pro Stück	DM 1,-	DM 0,55	DM 0,50
Gesamte Kosten in DM pro Monat	48.000	110.000	111.000

Analysen der Verkaufsabteilung haben ergeben, daß monatlich folgende Mengen abgesetzt werden könnten, wenn Produktionskapazitäten in ausreichendem Maße zur Verfügung stehen.

Produkt	Nachfragepotential in Stück
A	5.400
B	38.000
C	37.500

Der Engpaß besteht an einer Fertigungskostenstelle, die eine Maximalkapazität von nur 110.000 Maschinenminuten aufweist und von allen drei Produkten in Anspruch genommen wird.

Produkt	Beanspruchte Maschinenminuten pro Stück
A	4,0
B	2,5
C	1,25

a) Erstellen Sie eine stück- und eine periodenbezogene Ergebnisrechnung nach dem Umsatzkostenverfahren auf Vollkostenbasis und ermitteln Sie das Betriebsergebnis.
b) Welche Schlußfolgerungen würden Sie aus der unter a) aufgestellten Rechnung ziehen? Begründen Sie Ihre Antwort kurz!
c) Führen Sie eine Betriebsergebnisrechnung nach dem Umsatzkostenverfahren auf Teilkostenbasis durch. Ermitteln Sie dabei auch den Stückdeckungsbeitrag, die Ertragsstärke und den Erfolgsbeitrag für jedes Produkt.
d) Wieviele Einheiten sollten von den Produkten A, B und C produziert und abgesetzt werden, damit das höchstmögliche Betriebsergebnis erzielt wird? Wie hoch ist das Betriebsergebnis in diesem Fall?

e) Auf welches Niveau würde sich das Betriebsergebnis durch die Ausweitung der Kapazität um 10.000 Maschinenminuten steigern lassen?

Lösungen zur 2. Übungsaufgabe

zu a1) Ermittlung der Stückselbstkosten

$$\text{Stückselbstkosten} = \frac{\text{Gesamtkosten}}{\text{Absatzmenge}}$$

Produkt A: $\frac{DM\ 48.000}{5.000} = \underline{DM\ 9{,}60}$

Produkt B: $\frac{DM\ 110.000}{20.000} = \underline{DM\ 5{,}50}$

Produkt C: $\frac{DM\ 111.000}{30.000} = \underline{DM\ 3{,}70}$

zu a2) Betriebsergebnisrechnung nach dem Umsatzkostenverfahren auf Vollkostenbasis

	Produkt A		Produkt B		Produkt C		Summe
	Gesamt	Stück	Gesamt	Stück	Gesamt	Stück	
Umsatzerlöse	50.000	10,–	100.000	5,–	120.000	4,–	270.000
Selbstkosten	48.000	9,60	110.000	5,50	111.000	3,70	269.000
Ergebnis	2.000	0,40	–10.000	–0,50	9.000	0,30	1.000

zu b) Interpretation der Betriebsergebnisrechnung nach dem Umsatzkostenverfahren auf Vollkostenbasis

Für das Produkt B wird ein negatives Ergebnis ausgewiesen und es liegt daher nahe, dieses Erzeugnis aus dem Angebotsprogramm des Unternehmens zu eliminieren. Dabei ist jedoch zu beachten, daß durch die Elimination des Produktes B nicht die gesamten, dem Produkt B zugerechneten Kosten abgebaut werden können. Die fixen Gemeinkosten, beispielsweise Meistergehälter sowie kalkulatorische Abschreibungen und Zinsen, fallen unabhängig davon an, ob das Produkt B hergestellt wird oder nicht. Für die Entscheidung über eine Produktelimination ist zu ermitteln, ob das Produkt B einen Beitrag zur Deckung der fixen Kosten leistet. Wenn das der Fall ist, so ist das Produkt B im Sortiment zu belassen, da sich das Betriebsergebnis durch seine Elimination nur verschlechtern würde.

zu c1) Ermittlung der Fixkosten

Fixkosten = Gesamtkosten – variable Kosten
= DM 48.000 + DM 110.000 + DM 111.000
– (5.000 · DM 6,– + 20.000 · DM 3,40 + 30.000 · DM 3,–)
Fixkosten = <u>DM 81.000</u>

zu c2) Betriebsergebnisrechnung nach dem Umsatzkostenverfahren auf Teilkostenbasis (Deckungsbeitragsrechnung)

	Produkt A		Produkt B		Produkt C		Summe
	Gesamt	Stück	Gesamt	Stück	Gesamt	Stück	
Umsatzerlöse	50.000	10,–	100.000	5,–	120.000	4,–	270.000
Variable Kosten	30.000	6,–	68.000	3,40	90.000	3,–	188.000
Deckungsbeitrag	20.000	4,–	32.000	1,60	30.000	1,–	82.000
Ertragsstärke Erfolgsbeitrag	40 % 24,39 %		32 % 39,02 %		25 % 36,58 %		30,37 %
Fixkosten							81.000
Betriebsergebnis							1.000

zu d1) Bestimmung des optimalen Produktionsprogramms mit Hilfe der engpassbezogenen Deckungsbeitragsrechnung

	Produkt A	Produkt B	Produkt C
Stückdeckungsbeitrag	DM 4,–	DM 1,60	DM 1,–
Beanspruchte Maschinenminuten pro Stück	4,0	2,5	1,25
Deckungsbeitrag pro Maschinenminute	DM 1,–	DM 0,64	DM 0,80
Rangfolge	I.	III.	II.

Produkt	Stückzahl	Maschinenminuten pro Stück	Maschinenminuten
A	5.400	4,0	110.000 (Anfangskapazität) 21.600
C	37.500	1,25	88.400 (Restkapazität) 46.875
			41.525 (Restkapazität für Produkt B)

Produkt B: $\dfrac{41.525 \text{ Maschinenminuten}}{2,5 \text{ Maschinenminuten pro Stück}} = \underline{16.610 \text{ Stück}}$

zu d2) Betriebsergebnis des optimalen Produktionsprogramms

	Produkt A	Produkt B	Produkt C	Summe
Stückzahl	5.400	16.610	37.500	
Stückdeckungsbeitrag	4,–	1,60	1,–	
Gesamtdeckungsbeitrag	21.600	26.576	37.500	85.676
Fixkosten				81.000
Betriebsergebnis				4.676

zu e) Betriebsergebnis bei Kapazitätsausweitung von 10.000 Maschinenminuten

Die zusätzliche Kapazität wird für die Produktion von B eingesetzt.

   41.525 Maschinenminuten (Restkapazität für Produkt B)
<u>+ 10.000 Maschinenminuten (Kapazitätsausweitung)</u>
  <u>51.525</u> Maschinenminuten stehen für Produkt B zur Verfügung

$$\frac{51.525 \text{ Maschinenminuten}}{2,5 \text{ Maschinenminuten pro Stück}} = \underline{20.610 \text{ Stück}} \text{ können von Produkt B hergestellt werden.}$$

   20.610 Stück (Produktionsmenge von Produkt B bei
                120.000 Maschinenminuten)
<u>– 16.610 Stück (Produktionsmenge von Produkt B bei
                110.000 Maschinenminuten)</u>
    <u>4.000 Stück</u>

Auf Grund der Kapazitätserweiterung können 4.000 Einheiten mehr von Produkt B hergestellt werden. Durch Multiplikation dieser Stückzahl mit dem Stückdeckungsbeitrag von Produkt B ergibt sich die erreichbare Betriebsergebniserhöhung.

Betriebsergebniserhöhung: 4.000 Stück · DM 1,60 pro Stück = <u>DM 6.400</u>

Das Betriebsergebnis würde sich um DM 6.400 verbessern.

7 Übungsklausuren

Für die gezielte Prüfungsvorbereitung sind in diesem Kapitel drei zweistündige Übungsklausuren zusammengestellt. Jede Klausur enthält sowohl Fragen zu den theoretischen Konzepten der Kosten- und Erlösrechnung als auch Aufgaben, die sich durch die Anwendung der in diesem Lehrbuch vorgestellten Techniken lösen lassen. Es empfiehlt sich, jede einzelne Übungsklausur innerhalb der dafür vorgesehenen 120 Minuten komplett zu bearbeiten. Eine Kontrolle der eigenen Ergebnisse wird durch die im achten Kapitel abgedruckten Musterlösungen ermöglicht.

7.1 1. Übungsklausur

Bearbeitungshinweise:
- Die Klausur besteht aus zwei Teilen, die beide zu bearbeiten sind.
- Der erste Teil umfaßt 12 Multiple-choice-Fragen. Für jede Frage ist die Antwort, die Ihrer Meinung nach am besten zutrifft, in dem dafür vorgesehenen Kästchen anzukreuzen.
- Der zweite Teil setzt sich aus drei Aufgaben zusammen, die unter Einsatz der Techniken und Verfahren der Kosten- und Erlösrechnung zu bearbeiten sind.
- Insgesamt sind 100 Punkte erreichbar, 40 Punkte für die richtige Beantwortung der Multiple-choice-Fragen des ersten Teils und 60 Punkte für die korrekten Lösungen zu den Aufgaben des zweiten Teils. Die auf die einzelnen Aufgaben entfallenden Punkte sind angegeben.
- Die offizielle Bearbeitungszeit beträgt 120 Minuten.
- Als Hilfsmittel sind nur Taschenrechner zugelassen.

TEIL I: Multiple-choice-Fragen (40 Punkte)

Kreuzen Sie bei jeder Frage diejenige Antwort an, die Ihrer Meinung nach am besten zutrifft. (Pro Frage nur ein Kreuz!)

1. In Zeiten kontinuierlich ansteigender Preise
   - ☐ a) wird der mengenmäßige Materialbestand am Ende einer Abrechnungsperiode unter Einsatz des LIFO-Verfahrens höher bewertet als mit der FIFO-Methode

- [ ] b) werden das HIFO- und das LIFO-Verfahren dem Streben nach Substanzerhaltung am besten gerecht
- [ ] c) führt der Einsatz des HIFO-Verfahrens zu höheren Materialkosten als sich bei Verwendung der LIFO-Methode ergeben würden
- [ ] d) sind die gewogenen Durchschnittspreise als feste Verrechnungspreise für die Bewertung der Materialverbrauchsmengen anzusetzen
- [ ] e) treffen alle Aussagen zu!

2. Versucht ein Unternehmer, sich durch Überstunden an ein gestiegenes Auftragsvolumen anzupassen, so ist

- [ ] a) mit einem sprunghaften Anstieg der fixen Kosten
- [ ] b) mit einem unterproportionalen Anstieg der variablen Kosten
- [ ] c) mit einem überproportionalen Anstieg der variablen Kosten
- [ ] d) mit einem linearen Anstieg der Gesamtkosten
- [ ] e) mit unveränderten Kostenverläufen

zu rechnen.

3. Welchem nachstehend aufgeführten Kriterium kommt bei der Einteilung des Unternehmens in Kostenstellen nur eine untergeordnete Bedeutung zu?

- [ ] a) Kostenstellenbildung nach Funktionsbereichen
- [ ] b) Kostenstellenbildung nach Verantwortungsbereichen
- [ ] c) proportionale Beziehung zwischen Kosten und Leistungen der Kostenstelle
- [ ] d) Kostenstellenbildung nach räumlichen Gesichtspunkten
- [ ] e) Alle Kriterien sind wichtig für die Kostenstellenbildung.

4. Welche der nachstehend aufgeführten Positionen gehen nicht in die Kostenartenrechnung ein?

- [ ] a) Verpackungsentwurfkosten der eigenen Werbeabteilung
- [ ] b) Hilfslöhne für Aushilfskräfte im Materiallager
- [ ] c) Umsatzprovisionen der Außendienstmitarbeiter
- [ ] d) Leasinggebühren für eine Spezialmaschine
- [ ] e) Alle aufgeführten Positionen gehen in die Kostenartenrechnung ein!

5. Bei welcher der folgenden Angaben handelt es sich um eine Erlösposition in einem Produktionsunternehmen?

- [ ] a) Einnahmen aus Wertpapierverkäufen
- [ ] b) Einnahmen aus dem Verkauf eines Anlagegegenstandes
- [ ] c) Körperschaftsteuerrückerstattung

7.1 1. Übungsklausur

☐ d) Leistung einer Versicherungsgesellschaft nach einem Wasserschaden
☐ e) Bei keiner Angabe handelt es sich um eine Erlösposition!

6. Für welche der nachfolgenden Aufgaben kann die Kostenrechnung keine Informationen liefern?

☐ a) Festlegung der Preisuntergrenze
☐ b) Ermittlung der optimalen Losgröße
☐ c) Bewertung von Pensionsrückstellungen
☐ d) Entscheidung über Eigenfertigung oder Fremdbezug
☐ e) Für alle aufgeführten Aufgaben!

7. Wenn ein Unternehmen in einer Periode den Lagerbestand an Fertigerzeugnissen abbaut, dann

☐ a) führen Betriebsergebnisrechnungen nach dem Umsatzkostenverfahren auf Vollkostenbasis und auf Teilkostenbasis zum gleichen Betriebsergebnis
☐ b) weist das Umsatzkostenverfahren auf Vollkostenbasis ein höheres Betriebsergebnis aus als das Umsatzkostenverfahren auf Teilkostenbasis
☐ c) weist das Umsatzkostenverfahren auf Vollkostenbasis ein niedrigeres Betriebsergebnis aus als das Umsatzkostenverfahren auf Teilkostenbasis
☐ d) bleibt dieses in der Betriebsergebnisrechnung nach dem Umsatzkostenverfahren unberücksichtigt, da nur von der Produktionsmenge ausgegangen wird
☐ e) trifft keine der vorstehenden Aussagen zu!

8. Nicht zu den Anforderungen an eine aussagefähige Kostenkontrolle zählen

☐ a) Durchführung von Zeit- und Betriebsvergleichen
☐ b) nach Verantwortungsbereichen getrennte Kostenausweise
☐ c) Beeinflußbarkeit der Kosten durch die Verantwortlichen
☐ d) Gegenüberstellung von Soll- und exakt ermittelten Ist-Kosten
☐ e) Alles sind Anforderungen an eine aussagefähige Kostenkontrolle.

9. Bei welcher der nachfolgenden Positionen handelt es sich um Anderskosten?

☐ a) Beratungskosten
☐ b) kalkulatorischer Unternehmerlohn
☐ c) Darlehenstilgungen

☐ d) kalkulatorische Abschreibungen auf den Fuhrpark
☐ e) Bei keiner Position handelt es sich um Anderskosten!

10. Unechte Gemeinkosten

☐ a) sind stets variabel
☐ b) gehören zu den fixen Kosten
☐ c) enthalten sowohl variable als auch fixe Bestandteile
☐ d) lassen sich nicht direkt auf die Kostenträger weiterverrechnen
☐ e) Keine der vorstehenden Aussagen ist richtig!

11. Ein Hersteller von Backmischungen hat noch 500 t der Zutat X, die in die Produkte A, B und C eingeht, auf Lager und kann vor Ende der Abrechnungsperiode keine Zulieferung mehr erhalten. Folgende Informationen stehen zur Verfügung:

Produkt	Geschätzte Nachfrage in Tonnen	Stück-Deckungsbeitrag	Gewichtsanteil der Zutat X in %
A	1.800	DM 28,–	25 %
B	900	DM 20,–	20 %
C	1.400	DM 12,–	10 %

Welche Mengen von Produkt A, B und C sollten produziert werden, damit der höchstmögliche Deckungsbeitrag erreicht wird?

☐ a) 720 Tonnen von A, 900 Tonnen von B und 1.400 Tonnen von C
☐ b) 1.800 Tonnen von A und 500 Tonnen von C
☐ c) 1.280 Tonnen von A und 900 Tonnen von B
☐ d) 1.440 Tonnen von A und 1.400 Tonnen von C
☐ e) Keine der aufgeführten Kombinationen!

12. Eine Maschine wurde im Jahr 1 zu DM 200.000 angeschafft. Die Nutzungsdauer schätzte man auf 5 Jahre. Zur Ermittlung des Wiederbeschaffungswertes orientiert man sich an folgenden Preisindizes:

Jahr	1	2	3
Preisindex	100	105	115

Die kumulierte kalkulatorische Abschreibung am Ende des 3. Jahres beträgt:

☐ a) DM 120.000
☐ b) DM 138.000

☐ c) DM 128.000
☐ d) DM 126.000
☐ e) Keine der Summen ist richtig!

TEIL II: Aufgaben (60 Punkte)

Aufgabe 1 (20 Punkte)

Ein Unternehmen möchte ein neues Produkt einführen, das sowohl mit einem kapitalintensiven als auch mit einem arbeitsintensiven Produktionsprozeß gefertigt werden kann. Folgende Kosteninformationen über die beiden Fertigungsverfahren liegen vor:

	Kapitalintensiver Prozeß	Arbeitsintensiver Prozeß
Materialeinzelkosten pro Produkteinheit	DM 5,–	DM 5,60
Fertigungslöhne pro Produkteinheit	DM 6,–	DM 7,20
Sonstige variable Fertigungskosten pro Produkteinheit	DM 3,–	DM 4,80
Fixe Fertigungskosten	DM 2.440.000	DM 1.820.000

Die Vertriebsabteilung liefert folgende, vom Fertigungsprozeß unabhängige Daten:

Absatzpreis pro Produkteinheit	DM 30,–
Variable Vertriebskosten pro Produkteinheit	DM 2,–
Fixe Vertriebskosten	DM 500.000

a) Ermitteln Sie den Break-even Punkt und den Break-even Umsatz für die alternativen Produktionsprozesse.

b) Wie viele Einheiten des neuen Produktes müßten bei den beiden alternativen Produktionsprozessen verkauft werden, um das geplante Betriebsergebnis in Höhe von DM 364.000 zu erreichen?

c) Wo liegt der Indifferenzpunkt zwischen den beiden Alternativen „kapitalintensiver Prozeß" und „arbeitsintensiver Prozeß", d. h. bei welcher Absatzmenge führen beide Alternativen zum gleichen Betriebsergebnis?

d) Wie hoch ist das Betriebsergebnis für beide Alternativen bei Absatzmengen von 250.000 bzw. 350.000 Einheiten des neuen Produktes?

e) Wie verändert sich das Ergebnis der arbeitsintensiven Alternative bei einer geplanten Absatzmenge von 250.000 Einheiten des neuen Produktes, wenn ab einer Menge von 200.000 die Fertigungslöhne infolge von Überstundenzuschlägen um DM 1,– pro Produktionseinheit steigen?

Aufgabe 2 (25 Punkte)

Nach abgeschlossener Verteilung der primären Gemeinkosten auf die fünf Kostenstellen (2 Hilfs- und 3 Hauptkostenstellen) zeigt sich folgende Situation:

Kostenstelle		Primäre Gemeinkosten
Hilfskostenstellen:	Instandhaltung	DM 3.400
	Grundstücke und Gebäude	DM 5.200
Hauptkostenstellen:	Material	DM 3.700
	Fertigung	DM 17.100
	Verwaltung und Vertrieb	DM 7.600
Summe der primären Gemeinkosten		DM 37.000

In dem Unternehmen bestehen folgende Leistungsbeziehungen:

	Instandhaltung	Grundstücke/ Gebäude	Material	Fertigung	Verwaltung/ Vertrieb	Summe
Empfangene Reparaturstunden	–	32	16	96	16	160
Beanspruchte Fläche in m²	80	–	160	440	120	800

a) Führen Sie die innerbetriebliche Leistungsverrechnung nach dem Gleichungsverfahren durch!

Als Zuschlagsbasen für die Hauptkostenstellen werden verwendet:

Hauptkostenstelle	Zuschlagsbasis	Zahlen aus der Kostenartenrechnung
Material	Materialeinzelkosten	DM 42.400
Fertigung	Fertigungslöhne	DM 38.000
Verwaltung und Vertrieb	Herstellkosten	–

b) Ermitteln Sie die Gemeinkostenzuschlagssätze für die drei Hauptkostenstellen!

c) Kalkulieren Sie die Selbstkosten eines Produktes A, auf das Materialeinzelkosten von DM 8,– und Fertigungslöhne von DM 5,– entfallen! In der Fertigungshauptkostenstelle fallen maschinenabhängige Gemeinkosten in Höhe von DM 13.300 an. Es werden 9.500 Maschinenminuten geleistet.

d) Kalkulieren Sie die Fertigungskosten des Produktes A, das 2 Maschinenminuten beansprucht, mit Hilfe der Maschinensatzkalkulation!

Aufgabe 3 (15 Punkte)

Ein Unternehmen bietet drei Sorten seines Produktes an. Im gerade abgelaufenen Monat wurden folgende Mengen produziert und abgesetzt:

Sorte	A	B	C
Menge	4.000	10.000	16.000

Die gesamten Materialkosten betrugen DM 525.600. Aus Erfahrung weiß man, daß die Sorte A 1,2 mal und die Sorte C 0,9 mal soviel Material wie die Sorte B verbraucht.

a) Ermitteln Sie die Stückmaterialeinzelkosten für die drei Sorten!

Aus der Kosten- und Erlösrechnung des Unternehmens sind weiterhin folgende Daten bekannt:

	Sorte A	Sorte B	Sorte C
Nettostückerlös	DM 62,–	DM 51,–	DM 45,–
Variable Stückkosten (inkl. Materialeinzelkosten)	DM 54,–	DM 45,–	DM 40,50

Im betrachteten Monat fielen Fixkosten in Höhe von DM 120.000 an.

b) Stellen Sie eine Betriebsergebnisrechnung nach dem Umsatzkostenverfahren auf Teilkostenbasis auf, und ermitteln Sie für die drei Sorten Ertragsstärke und Erfolgsbeitrag!

7.2 2. Übungsklausur

Bearbeitungshinweise:

– Die Klausur besteht aus zwei Teilen, die beide zu bearbeiten sind.
– Der erste Teil umfaßt 12 Multiple-choice-Fragen. Für jede Frage ist die Antwort, die Ihrer Meinung nach am besten zutrifft, in dem dafür vorgesehenen Kästchen anzukreuzen.

- Der zweite Teil setzt sich aus drei Aufgaben zusammen, die unter Einsatz der Techniken und Verfahren der Kosten- und Erlösrechnung zu bearbeiten sind.

- Insgesamt sind 100 Punkte erreichbar, 40 Punkte für die richtige Beantwortung der Multiple-choice-Fragen des ersten Teils und 60 Punkte für die korrekten Lösungen zu den Aufgaben des zweiten Teils. Die auf die einzelnen Aufgaben entfallenden Punkte sind angegeben.

- Die offizielle Bearbeitungszeit beträgt 120 Minuten.

- Als Hilfsmittel sind nur Taschenrechner zugelassen.

TEIL I: Multiple-choice-Fragen (40 Punkte)

Kreuzen Sie bei jeder Frage diejenige Antwort an, die Ihrer Meinung nach am besten zutrifft. (Pro Frage nur ein Kreuz!)

1. Welche der nachstehend aufgeführten Positionen ist nicht den Zusatzkosten zuzurechnen?

    ☐ a) kalkulatorische Eigenkapitalzinsen
    ☐ b) kalkulatorische Abschreibungen
    ☐ c) Opportunitätskosten
    ☐ d) kalkulatorischer Unternehmerlohn
    ☐ e) Bei allen Posten handelt es sich um Zusatzkosten.

2. Welches der nachfolgenden Kalkulationsverfahren setzt eine Kostenstellenrechnung voraus?

    ☐ a) einstufige Divisionskalkulation
    ☐ b) kombinierte Äquivalenzziffernkalkulation
    ☐ c) mehrstufige Divisionskalkulation
    ☐ d) Maschinenstundensatzkalkulation
    ☐ e) Keines der aufgeführten Verfahren.

3. Bei welcher nachstehenden Position handelt es sich nicht um eine Erlösart?

    ☐ a) Umsatzprovision
    ☐ b) Großhandelsrabatt
    ☐ c) Umsatzrückvergütung
    ☐ d) Gutschriften für zurückgenommene Absatzprodukte
    ☐ e) Bei allen aufgeführten Posten handelt es sich um Erlösarten.

4. Die Break-even Analyse

    ☐ a) berücksichtigt verschiedene Kosteneinflußfaktoren
    ☐ b) läßt sich für Mehrproduktunternehmen durchführen

7.2 2. Übungsklausur

- ☐ c) ermittelt die gewinnoptimale Absatzmenge
- ☐ d) unterstellt konstante Absatzpreise
- ☐ e) Alle Aussagen treffen zu.

5. Der überproportionale Anstieg der variablen Kosten läßt sich durch
- ☐ a) die Einrichtung einer Produktionsplanungsabteilung
- ☐ b) die Durchführung einer zusätzlichen Werbekampagne
- ☐ c) die Umstellung auf einen kapitalintensiven Fertigungsprozeß
- ☐ d) die Unterauslastung der Kapazitäten
- ☐ e) keinen der genannten Gründe

erklären.

6. Kalkulatorische Erlöse
- ☐ a) entsprechen den neutralen Erträgen
- ☐ b) sind ertragsgleiche Erlöse
- ☐ c) und Umsatzerlöse bilden zusammen die gesamten Erlöse
- ☐ d) werden in derselben Abrechnungsperiode einnahmewirksam
- ☐ e) Keine der vorstehenden Aussagen ist richtig.

7. Die Vollkostenrechnung kann zu Fehlentscheidungen führen, da
- ☐ a) Einzel- und Gemeinkosten getrennt abgerechnet werden
- ☐ b) unechte Gemeinkosten den Kostenträgern nicht direkt zugerechnet werden
- ☐ c) fixe Gemeinkosten proportionalisiert werden
- ☐ d) kalkulatorische Kosten nicht berücksichtigt werden
- ☐ e) alle genannten Punkte zu den Mängeln der Vollkostenrechnung zählen.

8. Welche Abweichungen treten in der Regel bei der Verwendung von minderwertigen Rohmaterialien auf
- ☐ a) günstige Preisabweichungen
- ☐ b) ungünstige Verbrauchsabweichungen
- ☐ c) ungünstige Beschäftigungsabweichungen
- ☐ d) günstige Preisabweichungen und ungünstige Verbrauchsabweichungen
- ☐ e) günstige Preisabweichungen, ungünstige Verbrauchsabweichungen und ungünstige Beschäftigungsabweichungen?

9. Die kalkulatorischen Zinsen
- ☐ a) setzen sich in der Regel aus Anderskosten und aus Zusatzkosten zusammen

☐ b) sind stets den variablen Gemeinkosten zuzurechnen

☐ c) ergeben sich als Summe der kalkulatorischen Eigenkapitalzinsen und der in der Finanzbuchhaltung erfaßten Zinsaufwendungen

☐ d) werden für jede Kapitalposition getrennt ermittelt

☐ e) Keine der Aussagen ist richtig.

10. Die Äquivalenzziffernkalkulation

☐ a) läßt sich nur in einstufigen Fertigungsprozessen einsetzen

☐ b) kann Lagerbestandsveränderungen bei Fertigerzeugnissen berücksichtigen

☐ c) trennt automatisch zwischen Einzel- und Gemeinkosten

☐ d) ist eine spezielle Variante der Zuschlagskalkulation

☐ e) Alle Aussagen sind falsch.

11. Aus der Materialbuchhaltung eines Fertigungsunternehmens gehen folgende Informationen hervor:

Materialart: A Monat: Oktober 1989	Menge	Preis
Anfangsbestand 1.10. 1989	400 kg	DM 6,–
Zugang 4.10. 1989	1.000 kg	DM 5,–
Zugang 13.10. 1989	700 kg	DM 8,–
Zugang 25.10. 1989	900 kg	DM 7,–
Endbestand 31.10. 1989	300 kg	

Im Oktober 1989 wurde Material von der Materialart A im Wert von

☐ a) insgesamt DM 16.900 unter Verwendung der FIFO-Methode

☐ b) insgesamt DM 17.500 unter Verwendung der HIFO-Methode

☐ c) insgesamt DM 17.500 unter Verwendung der LIFO-Methode

☐ d) insgesamt DM 19.300 unter Verwendung des gewogenen arithmetischen Mittels der Anschaffungspreise

☐ e) keine Antwort ist richtig

verbraucht.

12. Ein Fahrradhersteller bezieht Fahrradlenker von einem Lieferanten zu einem Stückpreis von DM 11,–. Die Eigenfertigung der Fahrradlenker würde variable Stückkosten in Höhe von DM 7,– verursachen. Die monatlichen Fixkosten (Abschreibung, Zinsen, Instandhaltung) für eine zusätzlich erforderliche Maschine werden auf DM 2.480 geschätzt.
Wieviele Fahrradlenker müßten monatlich wenigstens produziert werden, damit sich die Eigenfertigung lohnt?

☐ a) Mindestens 354 Fahrradlenker
☐ b) Mehr als 620 Fahrradlenker
☐ c) Die Eigenfertigung ist immer günstiger.
☐ d) Der Fremdbezug ist immer günstiger.
☐ e) Es liegen nicht alle Informationen zur Bestimmung der entscheidungsrelevanten Kosten vor.

TEIL II: Aufgaben (60 Punkte)

Aufgabe 1 (20 Punkte)

In einem Fertigungsunternehmen sind in einer Abrechnungsperiode Materialeinzelkosten in Höhe von DM 32.000 und Fertigungslöhne in Höhe von DM 24.000 angefallen. Die primären Gemeinkosten der Abrechnungsperiode verteilen sich wie folgt auf die sechs Kostenstellen des Unternehmens:

Hilfskostenstellen:	
Reparatur und Instandhaltung	DM 2.500
Grundstücke und Gebäude	DM 5.100
Energieerzeugung	DM 7.800
Hauptkostenstellen:	
Material	DM 2.310
Fertigung	DM 12.260
Verwaltung und Vertrieb	DM 9.030
Primäre Gemeinkosten	DM 39.000

Die von den drei Hilfskostenstellen in der Abrechnungsperiode erbrachten Leistungen und die Inanspruchnahme dieser Leistungen sind in nachstehender Matrix abgebildet:

	Reparatur und Inst.halt.	Grundst. und Gebäude	Energieerzeugung	Material	Fertigung	Verwaltung und Vertrieb	Summe
Empfangene Reparaturstunden	–	40	16	20	120	4	200
bereitgestellte Fläche in m²	–	–	50	75	275	100	500
Energieverbrauch in kWh	–	–	–	4.000	32.000	4.000	40.000

a) Führen Sie die innerbetriebliche Leistungsverrechnung nach dem Stufenleiterverfahren durch!

b) Ermitteln Sie die Gemeinkostenzuschlagssätze für die drei Hauptkostenstellen!

c) In der Fertigungskostenstelle wurden 1.600 Fertigungsstunden geleistet. Laut Plan hätten für die produzierten Erzeugnisse 1.500 Fertigungsstunden anfallen sollen. Der geplante Lohnsatz liegt bei DM 15,50 pro Stunde. Ermitteln Sie die Preisabweichung, die Verbrauchsabweichung und die Gesamtabweichung für die Fertigungslöhne der Kostenstelle.

Aufgabe 2 (15 Punkte)

Eine Schreinerwerkstatt stellt Regalbretter aus Holz in einem zweistufigen Fertigungsprozeß her. In der vergangenen Abrechnungsperiode wurde Fertigungsmaterial im Wert von DM 58.000 verbraucht. Die Materialgemeinkosten betrugen DM 7.250. In der ersten Fertigungsstufe wurden 25.000 Regalbretter zugeschnitten. Dafür fielen Fertigungskosten in Höhe von DM 24.000 an. In der zweiten Fertigungsstufe wurden 22.500 Regalbretter geschliffen, was Fertigungskosten in Höhe von DM 32.400 verursachte. Am Ende der Abrechnungsperiode wurde ein Bestand an fertigen Regalbrettern in Höhe von 3.500 festgestellt. Die Verwaltungs- und Vertriebsgemeinkosten betrugen DM 41.800.

a) Ermitteln Sie die Selbstkosten für ein Regalbrett. Berücksichtigen Sie dabei die Materialgemeinkosten in Form eines Zuschlags auf das Fertigungsmaterial.

b) Bewerten Sie die Lagerbestandsveränderungen bei fertigen und unfertigen Erzeugnissen.

c) Angenommen, 24.000 Regalbretter wären in der Abrechnungsperiode zugeschnitten und geschliffen worden. Berechnen Sie die Selbstkosten eines Regalbrettes unter der Annahme, daß alle anderen Daten unverändert geblieben sind.

d) Wie hoch wäre unter der in c) getroffenen Annahme die Lagerbestandsveränderung bei fertigen Erzeugnissen anzusetzen?

Aufgabe 3 (25 Punkte)

Die Kosten- und Erlösrechnung eines Fertigungsunternehmens liefert am Ende einer Abrechnungsperiode folgende Daten:

	Produkt X	Produkt Y	Produkt Z
Absatzmenge (in Stück)	12.000	19.000	7.000
Bruttoabsatzpreis	DM 10,–	DM 8,–	DM 15,–
Rabattsatz	1,5 %	2,5 %	2,0 %
Stückmaterialeinzelkosten	DM 3,30	DM 3,10	DM 4,40
Stückfertigungslöhne	DM 2,90	DM 2,60	DM 3,80
Fertigungsgemeinkosten	DM 19.140	DM 27.170	DM 14.630
Andere Gemeinkosten	DM 11.460	DM 18.430	DM 7.070

a) Erstellen Sie eine Betriebsergebnisrechnung nach dem Umsatzkostenverfahren auf Vollkostenbasis. Ermitteln Sie auch das Stückergebnis für die drei Artikel.
Eine ebenfalls durchgeführte Teilkostenrechnung stellt nachstehende Informationen bereit:

Produkt	Variable Gemeinkosten pro Stück
X	DM 1,55
Y	DM 0,90
Z	DM 3,40

b) Erstellen Sie eine Betriebsergebnisrechnung nach dem Umsatzkostenverfahren auf Teilkostenbasis. Ermitteln Sie sowohl perioden- als auch stückbezogene Deckungsbeiträge.

In der folgenden Abrechnungsperiode möchte das Unternehmen einen moderneren Produktionsprozeß einsetzen. Es wird von folgenden Plandaten ausgegangen:

Produkt	Absatzpotential in Stück	Stückdeckungsbeitrag	Beanspruchte Maschinenkapazität in Masch. Min.
X	12.000	DM 5,20	4,0
Y	19.000	DM 2,10	1,5
Z	10.000	DM 7,70	7,0

Die Maschine hat eine Kapazität von 80.000 Maschinenminuten pro Abrechnungsperiode.

c) Ermitteln Sie die Mengen, die von den drei Produkten produziert und abgesetzt werden sollten, um den maximalen Gesamtdeckungsbeitrag zu erwirtschaften und errechnen Sie diesen Deckungsbeitrag.

7.3 3. Übungsklausur

Bearbeitungshinweise:
- Die Klausur besteht aus zwei Teilen, die beide zu bearbeiten sind.
- Der erste Teil umfaßt 12 Multiple-choice-Fragen. Für jede Frage ist die Antwort, die Ihrer Meinung nach am besten zutrifft, in dem dafür vorgesehenen Kästchen anzukreuzen.

- Der zweite Teil setzt sich aus vier Aufgaben zusammen, die unter Einsatz der Techniken und Verfahren der Kosten- und Erlösrechnung zu bearbeiten sind.
- Insgesamt sind 100 Punkte erreichbar, 40 Punkte für die richtige Beantwortung der Multiple-choice-Fragen des ersten Teils und 60 Punkte für die korrekten Lösungen zu den Aufgaben des zweiten Teils. Die auf die einzelnen Aufgaben entfallenden Punkte sind angegeben.
- Die offizielle Bearbeitungszeit beträgt 120 Minuten.
- Als Hilfsmittel sind nur Taschenrechner zugelassen.

TEIL I: Multiple-choice-Fragen (40 Punkte)

Kreuzen Sie bei jeder Frage diejenige Antwort an, die Ihrer Meinung nach am besten zutrifft. (Pro Frage nur ein Kreuz!)

1. Ein Unternehmen mit auftragsweiser Einzelfertigung sollte für die Kalkulation seiner Erzeugnisse

   ☐ a) die mehrstufige Divisionskalkulation

   ☐ b) die differenzierte Zuschlagskalkulation

   ☐ c) die Bezugsgrößenkalkulation

   ☐ d) die kombinierte Äquivalenzziffernkalkulation

   ☐ e) ein Verfahren zur Kalkulation von Kuppelprodukten

   einsetzen.

2. Akkordlöhne

   ☐ a) sind Gemeinkosten

   ☐ b) werden stets den variablen Kosten zugerechnet

   ☐ c) werden in der Praxis in der Regel nicht über Kostenstellen abgerechnet

   ☐ d) sind kurzfristig abbaubar

   ☐ e) Alle genannten Aussagen sind richtig.

3. Kalkulatorische Abschreibungen

   ☐ a) sind Zusatzkosten

   ☐ b) setzen sich aus variablen und fixen Kostenbestandteilen zusammen

   ☐ c) errechnen sich als Summe aus bilanziellen Abschreibungen und Anlagewagnissen

   ☐ d) gehen direkt in die Betriebsergebnisrechnung ein

   ☐ e) Keine der vorstehenden Aussagen ist richtig.

4. Die Ermittlung der Materialmengen nach der Rückrechnungsmethode setzt voraus, daß

   ☐ a) eine monatliche Inventur durchgeführt wird

   ☐ b) Materialentnahmescheine eingesetzt werden

- c) der erwartete Materialverbrauch im voraus geschätzt wurde
- d) Stücklisten bzw. Rezepturen vorliegen
- e) Alle genannten Voraussetzungen müssen erfüllt sein.

5. Opportunitätserlöse sind
- a) Kosten, die wegfallen, weil eine vergleichsweise ungünstige Alternative nicht realisiert wird
- b) Gewinnzuwächse, die durch eine optimale Engpaßausnutzung erwirtschaftet werden
- c) Gewinneinbußen, die durch Belastung eines Engpasses mit einer vergleichsweise ungünstigen Alternative entstehen
- d) Kosten, die aufgrund bestehender Ressourcenknappheit zusätzlich anfallen
- e) Keine der vorstehenden Aussagen ist richtig.

6. Welche nachstehend aufgeführte Position geht in die Kostenartenrechnung des Monats Juli 1991 ein?
- a) Instandsetzungskosten der betriebseigenen Reparaturwerkstatt
- b) Allgemeine Unternehmerwagniskosten
- c) Buchverluste, die aus dem Verkauf von Anlagegegenständen resultieren
- d) Kfz-Versicherungsbeitrag für das 2. Halbjahr 1991
- e) Keine der genannten Positionen geht in die Kostenartenrechnung des Monats Juli ein.

7. Der Erfolgsbeitrag eines Produktes gibt an
- a) wieviel das Produkt zur Deckung der gesamten Fixkosten des Unternehmens und zum Betriebsergebnis beiträgt
- b) in welcher Höhe das Produkt einen Beitrag zum Betriebsergebnis liefert
- c) welchen Anteil am Gesamtdeckungsbeitrag das Produkt erwirtschaftet
- d) wieviel Deckungsbeitrag pro D-Mark Umsatz mit dem Produkt erzielt wird
- e) inwieweit das Produkt die vollen Selbstkosten deckt.

8. Die Betriebsergebnisrechnung nach dem Umsatzkostenverfahren auf Vollkostenbasis
- a) weist die Bestandsveränderungen bei fertigen und unfertigen Erzeugnissen für jede Produktart aus
- b) erlaubt eine differenzierte Erfolgsermittlung und -beurteilung

- c) gibt Aufschluß über die zu eliminierenden bzw. zu forcierenden Produkte
- d) kann durch den Ausweis der Kennzahlen Erfolgsbeitrag und Ertragsstärke ergänzt werden
- e) weist stets ein gleich hohes Betriebsergebnis wie die Betriebsergebnisrechnung nach dem Gesamtkostenverfahren aus.

9. Eine hinreichende Kalkulationsgenauigkeit setzt voraus:
- a) Identität von Kostenstelle und Verantwortungsbereich
- b) Durchführung einer kostenstellenweisen Kostenplanung
- c) Bestehende proportionale Beziehungen zwischen den Kosten und Leistungen in einer Kostenstelle
- d) Beeinflussbarkeit aller in einer Kostenstelle anfallenden Kosten durch den Kostenverantwortlichen
- e) Alle aufgeführten Aspekte sind Voraussetzungen für eine hinreichende Kalkulationsgenauigkeit.

10. Darlehenstilgungen sind
- a) Zusatzkosten
- b) Neutrale Aufwendungen
- c) Auszahlungen und zugleich Ausgaben
- d) Auszahlungen und nicht Ausgaben
- e) Keine der vorstehenden Aussagen ist richtig.

11. Für die Ermittlung der kalkulatorischen Zinsen nach der Durchschnittswertmethode stehen folgende Daten zur Verfügung:

Nicht abnutzbares Anlagevermögen	DM 700.000
Abnutzbares Anlagevermögen (Anschaffungswert)	DM 1.200.000
Geringwertige Wirtschaftsgüter (Anschaffungswert)	DM 60.000
Umlaufvermögen (Durchschnittsbestand)	DM 400.000
– davon zu Spekulationszwecken gehaltene Wertpapiere	DM 30.000
Fremdkapital	DM 1.400.000
– davon Verbindlichkeiten aus Lieferungen und Leistungen	DM 200.000

Der marktübliche Zinssatz für langfristige Anleihen beträgt 10 %. Die monatlichen kalkulatorischen Zinsen betragen:
- a) DM 150.000
- b) DM 17.750

☐ c) DM 12.500
☐ d) DM 10.833
☐ e) DM 130.000

12. Ein Unternehmen stellt drei Sorten eines Produktes her, die sich hinsichtlich ihres Gewichtes unterscheiden. Die Hauptsorte X wiegt 1.200 g, die Sorte Y 1.560 g und die Sorte Z 960 g. Von Sorte X werden 18.000 Stück, von Sorte Y 12.000 Stück und von Sorte Z 8.000 Stück hergestellt. Die gesamten Herstellkosten der Periode betragen DM 200.000.

☐ a) Die gesamten Herstellkosten für Sorte Y betragen DM 78.000.
☐ b) Die gesamten Herstellkosten für Sorte Z betragen DM 40.000.
☐ c) Die Stückherstellkosten für Sorte Y betragen DM 5,–.
☐ d) Die Stückherstellkosten für Sorte Z betragen DM 5,–.
☐ e) Keine der vorstehenden Angaben ist richtig.

TEIL II: Aufgaben (60 Punkte)

Aufgabe 1 (18 Punkte)

Die primären Gemeinkosten einer Abrechnungsperiode verteilen sich folgendermaßen:

Stromkostenstelle (Hilfskostenstelle)	DM 3.000
Raumkostenstelle (Hilfskostenstelle)	DM 7.600
Teilefertigung (Fertigungshauptkostenstelle)	DM 21.000
Endmontage (Fertigungshauptkostenstelle)	DM 17.000
Primäre Gemeinkosten	DM 48.600

Zwischen den vier Kostenstellen bestehen folgende Leistungsbeziehungen:

	Strom-kostenstelle	Raum-kostenstelle	Teile-fertigung	End-montage
Stromverbrauch in kWh	–	2.000	10.000	8.000
Fläche in m²	40	–	80	200

a) Führen Sie die innerbetriebliche Leistungsverrechnung nach dem Stufenleiterverfahren durch! Begründen Sie ihre Wahl der Hilfskostenstelle, deren Leistungen als erste verrechnet werden!

b) Führen Sie die innerbetriebliche Leistungsverrechnung nach dem Gleichungsverfahren durch!

Aufgabe 2 (24 Punkte)

Nach Durchführung der innerbetrieblichen Leistungsverrechnung ergeben sich für die fünf Hauptkostenstellen eines Unternehmens folgende Gemeinkostensummen:

Materialkostenstelle	DM 2.470
Fertigungskostenstelle 1	DM 13.545
Fertigungskostenstelle 2	DM 8.385
Vertriebskostenstelle	DM 5.873
Verwaltungskostenstelle	DM 6.712
Primäre Gemeinkosten	DM 36.985

Es fielen Materialeinzelkosten in Höhe von DM 38.000 an. Die Fertigungslöhne in Höhe von insgesamt DM 21.500 lassen sich zu 35 % der Fertigungskostenstelle 1 und zu 65 % der Fertigungskostenstelle 2 zuordnen.

a) Ermitteln Sie die Gemeinkostenzuschlagssätze je Kostenstelle und kalkulieren Sie die Stückselbstkosten des Produktes „Alpha", auf das folgende Einzelkosten entfallen:

Materialeinzelkosten	DM 40,–
Fertigungslöhne in Fertigungskostenstelle 1	DM 8,–
Fertigungslöhne in Fertigungskostenstelle 2	DM 13,–

b) Berechnen Sie den Stückerfolg des Produktes „Alpha", das zu einem Bruttoabsatzpreis von DM 128,– abzüglich 5 % Rabatt verkauft wird!

c) Eine genaue Analyse der Fertigungskostenstelle 1 hat ergeben, daß 80 % der dort anfallenden Gemeinkosten maschinenabhängig sind. In der Fertigungskostenstelle 1 wurden 9.030 Maschinenminuten geleistet.
Errechnen Sie den Kostensatz pro Maschinenminute sowie den neuen Gemeinkostenzuschlagssatz und kalkulieren Sie die Herstellkosten des Produktes „Alpha", das 11 Maschinenminuten beansprucht noch einmal.

d) Laut Stückliste gehen in eine Einheit von Produkt „Alpha", von dem im vergangenen Monat 4.750 Stück hergestellt wurden, 10 ml Farbe ein. Als Planpreis sind DM 6,20 pro 100 ml angesetzt. Aus der Materialbuchhaltung geht hervor, daß im abgelaufenen Monat 49 l Farbe verbraucht wurden und daß dafür Materialkosten in Höhe von DM 3.136,– anfielen.
Führen Sie eine Abweichungsanalyse für die Materialkosten (Farbe!) durch!

Aufgabe 3 (12 Punkte)

In einem Einproduktunternehmen liegen folgende Daten über Erlöse und Kosten vor:

Bruttoabsatzpreis	DM 16,–	pro Stück
Durchschnittlicher Rabattsatz	5 %	vom Umsatz
Materialeinzelkosten	DM 3,80	pro Stück
Fertigungslöhne	DM 2,30	pro Stück
Sonstige variable Gemeinkosten	DM 3,10	pro Stück
Fixe Fertigungskosten	DM 39.000	pro Monat
Fixe Verwaltungs- und Vertriebskosten	DM 27.000	pro Monat

a) Berechnen Sie den Break-even Punkt und den Break-even Umsatz!
b) Welche Absatzmenge und welcher Umsatz müßte erreicht werden, damit ein monatliches Betriebsergebnis in Höhe von DM 12.000 erzielt wird?
c) Die Unternehmensleitung möchte den Absatz steigern, indem entweder eine 5prozentige Provision auf den Nettoumsatz an die Verkäufer gezahlt wird oder indem monatlich DM 15.000 mehr in Werbung und Verkaufsförderung investiert werden. Ermitteln Sie die Break-even Punkte für beide Alternativen!
d) Wo liegt der Indifferenzpunkt zwischen beiden Alternativen?
e) Welche Alternative führt oberhalb des Indifferenzpunktes zu einem höheren Betriebsergebnis?

Aufgabe 4 (6 Punkte)

Der Produktionsplanungsabteilung in einem Fertigungsunternehmen liegen folgende Daten vor:

	Produkt 1	Produkt 2	Produkt 3
Nachgefragte Menge	2.400 Stück	3.100 Stück	4.400 Stück
Stückdeckungsbeitrag	DM 14,95	DM 19,25	DM 17,85
Beanspruchte Maschinenminuten pro Stück	6,5	11,0	8,5

Die gesamte Maschinenkapazität beträgt 75.000 Maschinenminuten.
Welche Mengen sollte der Produktionsmanager von den jeweiligen Produkten fertigen lassen, um den höchstmöglichen Gesamtdeckungsbeitrag zu erzielen?

8 Musterlösungen zu den Übungsklausuren

Dieses Kapitel enthält die Musterlösungen zu den drei im siebten Kapitel gestellten Übungsklausuren. Die Musterlösungen dienen der Überprüfung der eigenen Ergebnisse und sollten daher auch erst im Anschluß an die Bearbeitung einer Klausur zu Rate gezogen werden. Anhand der Angaben über die pro Frage und Teilaufgabe erreichbaren Punkte läßt sich der eigene Wissensstand einschätzen. Bei weniger als 50 von insgesamt 100 in einer Klausur erreichbaren Punkten zeigen sich Unsicherheiten und Lücken. Auf solide theoretische Grundkenntnisse auf dem Gebiet der Kosten- und Erlösrechnung und auf die Beherrschung der gebräuchlichen Techniken und Verfahren deuten 80 und mehr erzielte Punkte pro Klausur hin.

8.1 Musterlösung zur 1. Übungsklausur

Antworten auf die Multiple-choice-Fragen (TEIL I)

Angegeben ist jeweils die richtige Lösung mit einer kurzen Begründung. Insgesamt sind im ersten Teil 40 Punkte erreichbar, je 3 Punkte für die richtige Beantwortung der Fragen 1 bis 10 und je 5 Punkte für die richtige Lösung zu den Aufgaben 11 und 12.

1b) In Zeiten kontinuierlich ansteigender Preise werden das Hifo- und Lifo-Verfahren dem Streben nach Substanzerhaltung am besten gerecht. Beim Hifo-Verfahren geht man davon aus, daß die Materialien mit dem höchsten Anschaffungswert zuerst verbraucht werden, während beim Lifo-Verfahren die zuletzt angeschafften Materialien zuerst verbraucht werden. In Zeiten kontinuierlich ansteigender Preise sind die Materialien mit den höchsten Anschaffungspreisen mit den zuletzt angeschafften Materialien identisch. Hifo- und Lifo-Verfahren führen somit zum gleichen Ergebnis.

2c) Versucht ein Unternehmer sich durch Überstunden an ein gestiegenes Auftragsvolumen anzupassen, so ist mit einem überproportionalen Anstieg der variablen Kosten zu rechnen, da sich die variablen Lohnkosten durch Überstundenzuschläge erhöhen.

3d) Räumlichen Gesichtspunkten kommt bei der Einteilung des Unternehmens in Kostenstellen eine untergeordnete Bedeutung zu. Hingegen zählen die anderen aufgeführten Kriterien zu den Grundsätzen der Kostenstellenbildung.

4a) Verpackungsentwurfkosten der eigenen Werbeabteilung sind sekundäre Kosten und gehen somit nicht in die Kostenartenrechnung ein.

5e) Es handelt sich bei keiner Angabe um eine Erlösposition in einem Produktionsbetrieb, da Einnahmen aus Wertpapierverkäufen zu den sachzielfremden, Körperschaftssteuerrückerstattungen zu den periodenfremden und Leistungen einer Versicherungsgesellschaft nach einem Wasserschaden, sowie Einnahmen aus dem Verkauf eines Anlagegegenstandes zu den außerordentlichen Erträgen zählen.

6c) Die Kostenrechnung liefert keine Informationen für die Bewertung von Pensionsrückstellungen. Für alle anderen genannten Entscheidungssituationen kann die Kosten- und Erlösrechnung relevante Daten bereitstellen.

7c) Wenn ein Unternehmen in einer Periode Lagerbestände an Fertigerzeugnissen abbaut, dann weist das Umsatzkostenverfahren auf Vollkostenbasis ein niedrigeres Betriebsergebnis aus als das Umsatzkostenverfahren auf Teilkostenbasis. Das Umsatzkostenverfahren auf Teilkostenbasis weist ein höheres Betriebsergebnis aus, da für die vom Lager verkauften Erzeugnisse nur die variablen Herstellkosten angesetzt werden. Dagegen zieht man beim Umsatzkostenverfahren auf Vollkostenbasis auch die fixen Anteile der Herstellkosten von den Umsatzerlösen ab.

8a) Die Durchführung von Zeit- und Betriebsvergleichen zählt nicht zu den Anforderungen an eine aussagefähige Kostenkontrolle, da die in vergangenen Abrechnungsperioden bzw. in vergleichbaren Betrieben angefallenen Kosten nicht unbedingt frei von Unwirtschaftlichkeiten sind und somit keinen geeigneten Vergleichsmaßstab darstellen. Es besteht die Gefahr, daß „Schlendrian mit Schlendrian" verglichen wird.

9d) Bei kalkulatorischen Abschreibungen auf den Fuhrpark handelt es sich um Anderskosten. Beratungskosten sind hingegen keine kalkulatorischen Kosten, beim kalkulatorischen Unternehmerlohn handelt es sich um Zusatzkosten und Darlehenstilgungen stellen keine Kosten dar.

10a) Unechte Gemeinkosten wie beispielsweise Hilfsstoffkosten sind stets variabel, da sie Einzelkostencharakter besitzen und nur aus Wirtschaftlichkeitsgründen wie Gemeinkosten behandelt werden.

11d) Ermittlung der engpaßbezogenen Deckungsbeiträge:

Produkt A: $\frac{DM\ 28,-}{25\,\%} = DM\ 112$ 2. Priorität

Produkt B: $\frac{DM\ 20,-}{20\,\%} = DM\ 100$ 3. Priorität

Produkt C: $\frac{DM\ 12,-}{10\,\%} = DM\ 120$ 1. Priorität

Produkt C hat den höchsten relativen Deckungsbeitrag und wird daher zuerst produziert.

Produkt C: $\underline{1.400\text{ Tonnen}} \cdot 10\% = 140$ t

Es verbleiben 500 t − 140 t = 360 t

Von Produkt A können demnach produziert werden:

Produkt A: $\dfrac{360\text{ t}}{25\%} = \underline{1.440\text{ Tonnen}}$

Es sollten 1.440 Tonnen von Produkt A und 1.400 Tonnen von Produkt C produziert werden.

12c) Bei Anschaffungskosten in Höhe von DM 200.000 und einer Nutzungsdauer von 5 Jahren berechnen sich die kalkulatorischen Abschreibungen für die ersten drei Jahre wie folgt:

Nutzungs-jahr	Preis-index	Wieder-beschaffungswert	kalkulatorische Abschreibungen	
			pro Jahr	kumuliert
1	100	200.000	40.000	40.000
2	105	210.000	42.000	82.000
3	115	230.000	46.000	128.000

Die kalkulatorische Abschreibung am Ende des dritten Jahres beträgt DM 128.000.

Lösungen zu den Aufgaben (TEIL II)

Im zweiten Teil sind insgesamt 60 Punkte erreichbar, 20 Punkte für die richtige Lösung zu Aufgabe 1, 25 für Aufgabe 2 und 15 für Aufgabe 3.

1a) **Ermittlung des Break-even Punktes und des Break-even Umsatzes (6 Punkte)**

Kapitalintensiver Prozeß

Break-even Punkt $= \dfrac{\text{DM } 2.940.000}{\text{DM } 30{,}- - \text{DM } 16{,}-} = \underline{210.000\text{ Produkteinheiten}}$

Break-even Umsatz $= 210.000 \cdot \text{DM } 30{,}- = \underline{\text{DM } 6.300.000}$

Arbeitsintensiver Prozeß

Break-even Punkt $= \dfrac{\text{DM } 2.320.000}{\text{DM } 30{,}- - \text{DM } 19{,}60} = \underline{223.077\text{ Produkteinheiten}}$

Break-even Umsatz $= 223.077 \cdot \text{DM } 30 = \underline{\text{DM } 6.692.310}$

1b) Berechnung der Absatzmenge, die zur Erreichung des geplanten Betriebsergebnis in Höhe von DM 364.000 erforderlich ist (4 Punkte)

Kapitalintensiver Prozeß

DM 364.000 = (DM 30,– – DM 16,–) · X – DM 2.940.000

$$X = \frac{DM\ 3.304.000}{DM\ 14,-} = \underline{236.000\ Produkteinheiten}$$

Arbeitsintensiver Prozeß

DM 364.000 = (DM 30,– – DM 16,60) · X – DM 2.320.000

$$X = \frac{DM\ 2.684.000}{DM\ 10,40} = \underline{258.077\ Produkteinheiten}$$

1c) Bestimmung des Indifferenzpunktes – der Absatzmenge, bei der beide Alternativen das gleiche Betriebsergebnis aufweisen (3 Punkte)

(DM 30,– – DM 16,–) · X – DM 2.940.000 = (DM 30,– – DM 19,60) · X – DM 2.320.000

DM 14 · X – DM 2.940.000 = DM 10,40 · X – DM 2.320.000

DM 3,60 · X = DM 620.000

Indifferenzpunkt = $\underline{172.222\ Produkteinheiten}$

1d) Ermittlung des Betriebsergebnisses für verschiedene Absatzmengen (4 Punkte)

Kapitalintensiver Prozeß

Absatzmenge 250.000:
Betriebsergebnis = (DM 30,– – DM 16,–) · 250.000 – DM 2.940.000
= $\underline{DM\ 560.000}$

Absatzmenge 350.000:
Betriebsergebnis = (DM 30,– – DM 16,–) · 350.000 – DM 2.940.000
= $\underline{DM\ 1.960.000}$

Arbeitsintensiver Prozeß

Absatzmenge 250.000:
Betriebsergebnis = (DM 30,– – DM 19,60) · 250.000 – DM 2.320.000
= $\underline{DM\ 280.000}$

Absatzmenge 350.000:
Betriebsergebnis = (DM 30,– – DM 19,60) · 350.000 – DM 2.320.000
= $\underline{DM\ 1.320.000}$

8.1 Musterlösung zur 1. Übungsklausur

1e) Berechnung des Betriebsergebnisses für den arbeitsintensiven Prozeß unter Berücksichtigung des Überstundenzuschlags (3 Punkte)

Betriebsergebnis = 200.000 · (DM 30,– – DM 19,60) + 50.000
· (DM 30,– – DM 20,60) – DM 2.320.000
= 200.000 · DM 10,40 – 50.000 · 9,40 – DM 2.320.000
= DM 2.080.000 + DM 470.000 – DM 2.320.000
= DM 230.000

Das Betriebsergebnis verringert sich um DM 50.000 von DM 280.000 auf DM 230.000.

2a) Durchführung der innerbetrieblichen Leistungsverrechnung nach dem Gleichungsverfahren (12 Punkte)

I = Gesamtkosten der Instandhaltungskostenstelle
G = Gesamtkosten der Kostenstelle „Grundstücke und Gebäude"

Gleichung 1:   I = DM 3.400 + 0,1 · G
Gleichung 2:   G = DM 5.200 + 0,2 · I
Einsetzen 2 in 1:   I = DM 3.400 + 0,1 · (DM 5.200 + 0,2 · I)
                      I = DM 3.400 + DM 520 + 0,02 · I
0,98 · I = DM 3.920
I = DM 4.000

Einsetzen in 2:   G = DM 5.200 + 0,2 · DM 4.000
                    G = DM 5.200 + DM 800
                    G = DM 6.000

	Instand-haltung	Grund-stücke/Gebäude	Material	Ferti-gung	Verwal-tung/Vertrieb	Summe
Primäre Gemeinkosten	3.400	5.200	3.700	17.100	7.600	37.000
Sekundäre Gemeinkosten: Instandhaltung Grundstücke/Gebäude	–4.000 600	800 –6.000	400 1.200	2.400 3.300	400 900	
Gesamte Gemeinkosten	0	0	5.300	22.800	8.900	37.000

2b) Ermittlung der Gemeinkostenzuschlagssätze für die drei Hauptkostenstellen (4 Punkte)

Materialgemeinkostenzuschlagssatz $= \dfrac{DM\ 5.300}{DM\ 42.400} = \underline{12,5\%}$

Fertigungsgemeinkosten-
zuschlagssatz $= \dfrac{DM\ 22.800}{DM\ 38.000} = \underline{60,0\ \%}$

Verwaltungs- und Vertriebs-
gemeinkostenzuschlagssatz $= \dfrac{DM\ 8.900}{DM\ 42.400 + DM\ 5.300 + DM\ 38.000 + DM\ 22.800}$

$= \dfrac{DM\ 8.900}{DM\ 108.500} = \underline{8,2\ \%}$

2c) **Kalkulation der Selbstkosten des Produktes A (2 Punkte)**

Materialeinzelkosten	DM 8,–
Materialgemeinkosten (12,5 %)	DM 1,–
Materialkosten	DM 9,–
Fertigungslöhne	DM 5,–
Fertigungsgemeinkosten (60 %)	DM 3,–
Fertigungskosten	DM 8,–
Herstellkosten	DM 17,–
Verwaltungs- und Vertriebskosten (8,2 %)	DM 1,39
Selbstkosten	DM 18,39

2d) **Ermittlung des Maschinenminutensatzes und des Restfertigungsgemeinkostenzuschlagssatzes (2 Punkte)**

Maschinenminutensatz $= \dfrac{\text{Maschinenabhängige Gemeinkosten}}{\text{geleistete Maschinenminuten}}$

$= \dfrac{DM\ 13.300}{9.500\ \text{Maschinenminuten}}$

$= \underline{DM\ 1,40\ \text{pro Maschinenminute}}$

Restfertigungsgemein-
kostenzuschlagssatz $= \dfrac{\text{Restfertigungsgemeinkosten}}{\text{Fertigungslöhne}}$

$= \dfrac{DM\ 22.800 - DM\ 13.300}{DM\ 38.000} = \dfrac{DM\ 9.500}{DM\ 38.000}$

$= \underline{25\ \%}$

Kalkulation der Fertigungskosten des Produktes A (2 Punkte)

Fertigungslöhne	DM 5,–
Maschinenabhängige Gemeinkosten	
(2 Maschinenminuten · DM 1,40 pro Maschinenminute)	DM 2,80
Restfertigungsgemeinkosten (DM 5,– · 25,0 %)	DM 1,25
Fertigungskosten	DM 9,05

3a) Ermittlung der Stückmaterialeinzelkosten für die drei Sorten mit Hilfe der Äquivalenzziffernkalkulation (5 Punkte)

$$\text{Stückmaterialeinzelkosten der Sorte i} = \frac{\text{gesamte Materialeinzelkosten} \cdot ä_i}{\text{Menge}_1 \cdot ä_1 + \text{Menge}_2 \cdot ä_2 + \ldots + \text{Menge}_n \cdot ä_n}$$

$$\text{Stückmaterialeinzelkosten der Sorte A} = \frac{DM\ 525.600 \cdot 1{,}2}{4.000 \cdot 1{,}2 + 10.000 \cdot 1{,}0 + 16.000 \cdot 0{,}9}$$

$$= \frac{DM\ 630.720}{29.200} = \underline{DM\ 21{,}60}$$

$$\text{Stückmaterialeinzelkosten der Sorte B} = \frac{DM\ 525.600}{4.000 \cdot 1{,}2 + 10.000 \cdot 1{,}0 + 16.000 \cdot 0{,}9}$$

$$= \frac{DM\ 525.600}{29.200} = \underline{DM\ 18{,}-}$$

$$\text{Stückmaterialeinzelkosten der Sorte C} = \frac{DM\ 525.600 \cdot 0{,}9}{4.000 \cdot 1{,}2 + 10.000 \cdot 1{,}0 + 16.000 \cdot 0{,}9}$$

$$= \frac{DM\ 473.040}{29.200} = \underline{DM\ 16{,}20}$$

3b) Betriebsergebnisrechnung nach dem Umsatzkostenverfahren auf Teilkostenbasis (10 Punkte)

	Sorte A	Sorte B	Sorte C	Summe
Nettoumsatzerlöse	248.000	510.000	720.000	1.478.000
Variable Kosten	216.000	450.000	648.000	1.314.000
Deckungsbeitrag	32.000	60.000	72.000	164.000
Ertragsstärke	12,9 %	11,8 %	10,0 %	11,1 %
Erfolgsbeitrag	19,5 %	36,6 %	43,9 %	
Fixe Kosten				120.000
Betriebsergebnis				44.000

8.2 Musterlösung zur 2. Übungsklausur

Antworten auf die Multiple-Choice-Fragen (TEIL I)

Angegeben ist jeweils die richtige Lösung mit einer kurzen Begründung. Insgesamt sind im ersten Teil 40 Punkte erreichbar, je 3 Punkte für die richtige Beantwortung der Fragen 1 bis 10 und je 5 Punkte für die richtige Lösung zu den Aufgaben 11 und 12.

1b) Kalkulatorische Abschreibungen sind keine Zusatzkosten; sie zählen zu den Anderskosten, da ihnen in der Finanzbuchhaltung Aufwendungen in anderer Höhe gegenüberstehen. Bei allen anderen Positionen handelt es sich um Zusatzkosten.

2d) Die Maschinenstundensatzkalkulation setzt eine Kostenstellenrechnung voraus. Ein Maschinenstundensatz wird ermittelt, indem man die Kosten der Kostenstelle zu den Leistungen der Kostenstelle ins Verhältnis setzt. Für die Durchführung der anderen aufgeführten Kalkulationsverfahren ist eine Kostenstellenrechnung nicht unbedingt erforderlich.

3a) Bei den Umsatzprovisionen handelt es sich um Vertriebskosten und nicht um Erlöse.

4d) Die Break-even Analyse unterstellt konstante Absatzpreise. Hingegen berücksichtigt sie nur einen Kosteneinflußfaktor und läßt sich in der Grundform nicht für Mehrproduktunternehmen durchführen. Weiterhin ermittelt die Break-even Analyse die kostendeckende und nicht die gewinnoptimale Absatzmenge.

5e) Der überproportionale Anstieg der variablen Kosten läßt sich durch keinen der genannten Gründe erklären. Bei den Kosten, die für die Einrichtung einer Produktionsplanungsabteilung sowie für die Durchführung einer zusätzlichen Werbekampagne anfallen, handelt es sich um fixe Kosten. Durch die Umstellung auf einen kapitalintensiven Fertigungsprozeß ändern sich sowohl die variablen als auch die fixen Kosten. Bei Unterauslastung der Kapazitäten liegt in der Regel ein unterproportionaler Kostenverlauf vor.

6c) Kalkulatorische Erlöse und Umsatzerlöse bilden zusammen die gesamten Erlöse. Die neutralen Erträge sind überhaupt nicht erlöswirksam. Den kalkulatorischen Erlösen stehen in der Finanzbuchführung keine Erträge in gleicher Höhe gegenüber und kalkulatorische Erlöse werden auch nicht zwingend in derselben Abrechnungsperiode einnahmewirksam. Bei Lagerbestandserhöhungen fallen die Abrechnungsperioden beispielsweise auseinander.

7c) Die Vollkostenrechnung kann zu Fehlentscheidungen führen, da fixe Gemeinkosten proportionalisiert werden. Beispielsweise ist ein Produkt, für das ein negatives Vollkostenergebnis ausgewiesen wird, nicht unbedingt aus dem Angebotsprogramm des Unternehmens zu eliminieren. Nur wenn das Produkt keinen Beitrag zur Deckung der fixen Kosten leistet, sollte es in Zukunft nicht mehr produziert werden. Die Ungenauigkeiten, die dadurch verursacht werden, daß die unechten Gemeinkosten den Kostenträgern nicht direkt zugerechnet werden, sind vergleichsweise gering. Die kalkulatorischen Kosten finden innerhalb der Vollkostenrechnung Berücksichtigung und die Unterteilung in Einzel- und Gemeinkosten stellt keine Fehlerquelle dar.

8d) Bei der Verwendung von minderwertigen Rohmaterialien treten in der Regel günstige Preisabweichungen und ungünstige Verbrauchsabweichungen auf. Auf die Beschäftigungssituation haben die minderwertigen Rohmaterialien in der Regel keine Auswirkung.

9a) Die kalkulatorischen Zinsen setzen sich in der Regel aus Anderskosten und aus Zusatzkosten zusammen. Dabei sind die Eigenkapitalzinsen als Zusatzkosten und die Fremdkapitalzinsen als Anderskosten aufzufassen.

10b) Die Äquivalenzziffernkalkulation kann Lagerbestandsveränderungen bei Fertigerzeugnissen berücksichtigen und läßt sich daher nicht nur in einstufigen Fertigungsprozessen einsetzen. Eine automatische Trennung in Einzel- und Gemeinkosten wird bei der Äquivalenzziffernkalkulation nicht vorgenommen und deshalb kann sie auch nicht als Variante der Zuschlagskalkulation angesehen werden.

11c) Bewertung des Materialverbrauchs unter Verwendung der LIFO-Methode:

900 kg · DM 7,– + 700 kg · DM 8,– + 1.000 kg · DM 5,– + 100 kg · DM 6,–
= <u>DM 17.500</u>

12b) Fremdbezugspreis: $P = DM\ 11{,}-$

Kosten der Eigenfertigung: $K_f = DM\ 2.480$

$K_v = DM\ 7{,}-$ pro Stück

Kosten des Fremdbezugs = Kosten der Eigenfertigung

$P \cdot X = K_f + K_v \cdot X$

$$X = \frac{K_f}{P - K_v} = \frac{DM\ 2.480}{DM\ 11{,}- - DM\ 7{,}-}$$

= <u>620 Stück</u>

Die Eigenfertigung lohnt sich, wenn monatlich mehr als 620 Fahrradlenker produziert werden.

Lösungen zu den Aufgaben (TEIL II)

Im zweiten Teil sind insgesamt 60 Punkte erreichbar, 20 Punkte für die richtige Lösung zu Aufgabe 1, 15 für Aufgabe 2 und 25 für Aufgabe 3.

1a) **Durchführung der innerbetrieblichen Leistungsverrechnung nach dem Stufenleiterverfahren (9 Punkte)**

	Reparatur u. Inst.	Grundstücke u. Gebäude	Energieerzeugung	Material	Fertigung	Verwaltung u. Vertrieb
Primäre Gemeinkosten	2.500	5.100	7.800	2.310	12.260	9.030
Sekundäre Gemeinkosten: Reparatur und Inst. Grundstücke u. Gebäude Energieerzeugung	– 2.500	500 – 5.600	200 560 – 8.560	250 840 856	1.500 3.080 6.848	50 1.120 856
Gesamte Gemeinkosten	0	0	0	4.256	23.688	11.056

1b) Ermittlung der Gemeinkostenzuschlagssätze für die drei Hauptkostenstellen (6 Punkte)

Materialgemeinkostenzuschlagssatz $= \dfrac{\text{DM } 4.256}{\text{DM } 32.000} = \underline{13,3\,\%}$

Fertigungsgemeinkostenzuschlagssatz $= \dfrac{\text{DM } 23.688}{\text{DM } 24.000} = \underline{98,7\,\%}$

Verwaltungs- und Vertriebsgemeinkostenzuschlagssatz $= \dfrac{\text{DM } 11.056}{\text{DM } 32.000 + \text{DM } 4.256 + \text{DM } 24.000 + \text{DM } 23.688}$

$= \dfrac{\text{DM } 11.056}{\text{DM } 83.944} = \underline{13,17\,\%}$

1c) Abweichungsanalyse für die Fertigungslöhne (5 Punkte)

Lohnsatzabweichung = Ist-Fertigungslöhne − Ist-Fertigungsstunden · Plan-Lohnsatz

$= \text{DM } 24.000 - 1.600 \text{ Fertigungsstunden}$
· DM 15,50 pro Stunde

$= \text{DM } 24.000 - \text{DM } 24.800$

$= \underline{- \text{DM } 800 \text{ (günstig)}}$

Verbrauchsabweichung = (Ist-Fertigungsstunden − Soll-Fertigungsstunden) · Plan-Lohnsatz

$= (1.600 \text{ Stunden} - 1.500 \text{ Stunden})$
· DM 15,50 pro Stunde

$= \underline{\text{DM } 1.550 \text{ (ungünstig)}}$

Gesamtabweichung = Lohnsatzabweichung + Verbrauchsabweichung
$= - \text{DM } 800 + \text{DM } 1.550$

$= \underline{\text{DM } 750 \text{ (ungünstig)}}$

2a) Ermittlung der Stückselbstkosten für Regalbretter mit Hilfe der mehrstufigen Divisionskalkulation ($7^1/_2$ Punkte)

Stückmaterialeinzelkosten $= \dfrac{\text{DM } 58.000}{25.000 \text{ Regalbretter}}$

$= \underline{2,32 \text{ pro Regalbrett}}$

Materialgemeinkostenzuschlagssatz $= \dfrac{\text{DM } 7.250}{\text{DM } 58.000} = \underline{12,5\,\%}$

Stückmaterialgemeinkosten $= \text{DM } 2,32 \cdot 12,5\,\%$
$= \underline{\text{DM } 0,29 \text{ pro Regalbrett}}$

Stückfertigungskosten der Stufe 1 (Zuschneiden) $= \dfrac{\text{DM } 24.000}{25.000 \text{ Regalbretter}}$

$= \underline{\text{DM } 0,96 \text{ pro Regalbrett}}$

Stückfertigungskosten der Stufe 2 (Schleifen) $= \dfrac{\text{DM } 32.400}{22.500 \text{ Regalbretter}}$
= DM 1,44 prc Regalbrett

Stückverwaltungs- und Stückvertriebskosten $= \dfrac{\text{DM } 41.800}{19.000 \text{ Regalbretter}}$
= DM 2,20 prc Regalbrett

Stückmaterialeinzelkosten	DM 2,32
Stückmaterialgemeinkosten (12,5 %)	DM 0,29
Stückmaterialkosten	DM 2,61
Stückfertigungskosten I (Zuschneiden)	DM 0,96
Stückfertigungskosten II (Schleifen)	DM 1,44
Stückfertigungskosten	DM 2,40
Stückherstellkosten	DM 5,01
Stückverwaltungs- und Stückvertriebskosten	DM 2,20
Selbstkosten	DM 7,21

2b) **Bewertung der Lagerbestandsveränderungen bei fertigen und unfertigen Erzeugnissen ($2^1/_2$ Punkte)**

Unfertige Erzeugnisse: 2.500 ungeschliffene Regalbretter · DM 3,57
= DM 8.925

Fertige Erzeugnisse : 3.500 fertige Regalbretter · DM 5,01
= DM 17.535

2c) **Berechnung der Selbstkosten eines Regalbrettes unter der Annahme, daß in der ersten und in der zweiten Fertigungsstufe 24.000 Regalbretter bearbeitet wurden (4 Punkte)**

Stückmaterialeinzelkosten : DM 2,32 pro Regalbrett
Stückmaterialgemeinkosten: DM 0,29 pro Regalbrett

Stückfertigungskosten der Stufe 1 (Zuschneiden) $= \dfrac{\text{DM } 24.000}{24.000 \text{ Regalbretter}}$
= DM 1,– pro Regalbrett

Stückfertigungskosten der Stufe 2 (Schleifen) $= \dfrac{\text{DM } 32.400}{24.000 \text{ Regalbretter}}$
= DM 1,35 pro Regalbrett

Stückverwaltungs- und Stückvertriebskosten $= \dfrac{\text{DM } 41.800}{20.500 \text{ Regalbretter}}$
= DM 2,04 pro Regalbrett

Stückmaterialeinzelkosten	DM 2,32
Stückmaterialgemeinkosten (12,5 %)	DM 0,29
Stückmaterialkosten	DM 2,61
Stückfertigungskosten I (Zuschneiden)	DM 1,–
Stückfertigungskosten II (Schleifen)	DM 1,35
Stückfertigungskosten	DM 2,35
Stückherstellkosten	DM 4,96
Stückverwaltungs- und Stückvertriebskosten	DM 2,04
Selbstkosten	DM 7,–

2d) Bewertung der Lagerbestandsveränderungen bei fertigen Erzeugnissen (1 Punkt)

3.500 fertige Regalbretter · DM 4,96 = <u>DM 17.360</u>

3a) Betriebsergebnisrechnung nach dem Umsatzkostenverfahren auf Vollkostenbasis (10 Punkte)

	Produkt X	Produkt Y	Produkt Z	Summe
Bruttoumsatzerlöse	120.000	152.000	105.000	377.000
Erlösschmälerungen	1.800	3.800	2.100	7.700
Nettoumsatzerlöse	118.200	148.200	102.900	369.300
Materialeinzelkosten	39.600	58.900	30.800	129.300
Fertigungslöhne	34.800	49.400	26.600	110.800
Fertigungsgemeinkosten	19.140	27.170	14.630	60.940
Andere Gemeinkosten	11.460	18.430	7.070	36.960
Betriebsergebnis	13.200	– 5.700	23.800	31.300
Stückergebnis	1,10	– 0,30	3,40	

8.2 Musterlösung zur 2. Übungsklausur

3b) Betriebsergebnisrechnung nach dem Umsatzkostenverfahren auf Teilkostenbasis (8 Punkte)

	Produkt X		Produkt Y		Produkt Z		Summe
	Periode	Stück	Periode	Stück	Periode	Stück	
Nettoumsatzerlöse	118.200	9,85	148.200	7,80	102.900	14,70	369.300
Materialeinzelkosten	39.600	3,30	58.900	3,10	30.800	4,40	129.300
Fertigungslöhne	34.800	2,90	49.400	2,60	26.600	3,80	110.800
Variable Gemeinkosten	18.600	1,55	17.100	0,90	23.800	3,40	59.500
Deckungsbeitrag	25.200	2,10	22.800	1,20	21.700	3,10	69.700
Fixe Gemeinkosten							38.400
Betriebsergebnis							31.300

3c) Bestimmung des optimalen Produktionsprogramms mit Hilfe der engpaßbezogenen Deckungsbeitragsrechnung (7 Punkte)

	Produkt X	Produkt Y	Produkt Z
Stück-Deckungsbeitrag	DM 5,20	DM 2,10	DM 7,70
Beanspruchte Maschinenminuten pro Stück	4,0 Min.	1,5 Min.	7,0 Min.
Deckungsbeitrag pro Maschinenminute	DM 1,30	DM 1,40	DM 1,10
Rang	II.	I.	III.

Gesamte Maschinenkapazität 80.000 Maschinenminuten
Produkt Y: 19.000 Stück · 1,5 Minuten
pro Stück = 28.500 Maschinenminuten

Restkapazität für Produkt X und Produkt Z 51.500 Maschinenminuten
Produkt X: 12.000 Stück · 4,0 Minuten
pro Stück = 48.000 Maschinenminuten

Restkapazität für Produkt Z 3.500 Maschinenminuten

Produkt Z: $\frac{3.500 \text{ Maschinenminuten}}{7,0 \text{ Minuten pro Stück}}$ = 500 Stück

	Produkt X	Produkt Y	Produkt Z	Summe
Stück-Deckungsbeitrag	DM 5,20	DM 2,10	DM 7,70	
Absatzmenge in Stück	12.000	19.000	500	
Deckungsbeitrag in DM	62.400	39.900	3.850	106.150

Um den höchstmöglichen Deckungsbeitrag von DM 106.150 zu erwirtschaften, sollten von Produkt Y 19.000 Stück, von Produkt X 12.000 Stück und von Produkt Z 500 Stück produziert und abgesetzt werden.

8.3 Musterlösung zur 3. Übungsklausur

Antworten auf die Multiple-Choice-Fragen (TEIL I)
Angegeben ist jeweils die richtige Lösung mit einer kurzen Begründung. Insgesamt sind im ersten Teil 40 Punkte erreichbar, je 3 Punkte für die richtige Beantwortung der Fragen 1 bis 10 und je 5 Punkte für die richtige Lösung zu den Aufgaben 11 und 12.

1c) Ein Unternehmen mit auftragsweiser Einzelfertigung sollte für die Kalkulation seiner Erzeugnisse die Bezugsgrößenkalkulation einsetzen. Die mehrstufige Divisionskalkulation setzt ein Einproduktunternehmen mit Massenfertigung voraus und die differenzierte Zuschlagskalkulation weist aufgrund der Mängel der Lohnzuschlagskalkulation Nachteile gegenüber der Bezugsgrößenkalkulation auf. Die kombinierte Äquivalenzziffernkalkulation eignet sich nur für Sortenfertigung.

2b) Akkordlöhne zählen zu den Einzelkosten und werden daher in der Regel den variablen Kosten zugerechnet, obwohl der Einzelkostencharakter von Fertigungslöhnen keineswegs unumstritten ist. Aufgrund der gesetzlichen Kündigungsfristen sind Lohnkosten kurzfristig nicht abbaubar. Die Abrechnung der Fertigungslöhne erfolgt in der Praxis meist über Kostenstellen.

3b) Kalkulatorische Abschreibungen sind Anderskosten und setzen sich aus variablen und fixen Kostenbestandteilen zusammen. Sie gehen nicht direkt in die Betriebsergebnisrechnung ein, da sie zum Teil variabel sind.

4d) Die Ermittlung der Materialmenge nach der Rückrechnungsmethode setzt voraus, daß Stücklisten bzw. Rezepturen vorliegen. Die Durchführung einer monatlichen Inventur ist Vorbedingung für die Inventurmethode und der Einsatz von Materialentnahmescheinen erfolgt bei der Fortschreibungsmethode.

5a) Opportunitätserlöse sind Kosten, die wegfallen, weil eine vergleichsweise ungünstige Alternative nicht realisiert wird. Wenn beispielsweise die betriebseigene Reparaturwerkstatt ein bestimmtes Werkzeug kostengünstiger herstellen kann als ein Lieferant, entstehen Opportunitätserlöse in Höhe der Differenz zwischen dem Fremdbezugspreis für das Werkzeug und den Stückkosten der Eigenfertigung. Diese Opportunitätserlöse sind bei der kosten- und erlösmäßigen Beurteilung der Reparaturwerkstatt zu berücksichtigen.

6e) Keine der aufgeführten Positionen geht in die Kostenartenrechnung des Monats Juli ein. Die Kosten des Kfz-Versicherungsbeitrags für das 2. Halbjahr 1991 betreffen nicht nur den Monat Juli und müssen deshalb zeitlich abgegrenzt werden. Ebenso gehen die Kosten der betrieblichen Reparaturwerkstatt nicht in die Kostenartenrechnung ein, da sie sekundäre Kosten darstellen. Nicht zu den Kosten zählt hingegen das allgemeine Unternehmerwagnis. Bei aus dem Verkauf von Anlagegegenständen resultierenden Buchverlusten handelt es sich ebenfalls nicht um Kosten, sondern um außerordentliche Aufwendungen.

7c) Der Erfolgsbeitrag eines Produktes gibt an, welchen Anteil am Gesamtdeckungsbeitrag das Produkt erwirtschaftet. Er errechnet sich als Quotient aus Produktdeckungsbeitrag und Gesamtdeckungsbeitrag. Die unter a) gegebene Definition gilt für den Deckungsbeitrag. Aussage d) definiert die Ertragsstärke. Ferner gibt der Erfolgsbeitrag eines Produktes keine Auskunft darüber, inwieweit das Produkt die vollen Selbstkosten deckt bzw. welchen Teil das Produkt zum Betriebsergebnis beiträgt.

8b) Die Betriebsergebnisrechnung nach dem Umsatzkostenverfahren auf Vollkostenbasis erlaubt eine differenzierte Erfolgsermittlung u. -beurteilung. Sie weist jedoch nicht die Bestandsveränderungen bei fertigen und unfertigen Erzeugnissen für jede Produktart aus. Ferner gibt das Verfahren keinerlei Aufschluß über die zu eliminierenden bzw. zu forcierenden Produkte, da eine Proportionalisierung der fixen Gemeinkosten stattfindet. Die Betriebsergebnisrechnung nach dem Umsatzkostenverfahren auf Vollkostenbasis kann nicht durch den Ausweis der Kennzahlen ‚Erfolgsbeitrag' und ‚Ertragsstärke' ergänzt werden, da sich die Kennzahlen auf die Deckungsbeiträge beziehen. Das Verfahren unterscheidet sich von der Betriebsergebnisrechnung nach dem Gesamtkostenverfahren insoweit, als beim Gesamtkostenverfahren die gesamten Kosten und nicht nur Kosten der abgesetzten Produkte berücksichtigt werden.

9c) Eine hinreichende Kalkulationsgenauigkeit setzt bestehende proportionale Beziehungen zwischen den Kosten und Leistungen in einer Kostenstelle voraus. Die unter Punkt a), b) und d) genannten Aspekte sind Voraussetzungen für die wirksame Kostenkontrolle.

10d) Darlehenstilgungen sind Auszahlungen und nicht Ausgaben, da der Abfluß liquider Mittel durch die Verringerung der Verbindlichkeiten kompensiert wird.

11c) Betriebsnotwendiges Anlagevermögen
Nicht abnutzbares Anlagevermögen 700.000
Abnutzbares Anlagevermögen

$\left(\text{zu halben Anschaffungskosten } \dfrac{1.200.000 + 60.000}{2}\right)$ 630.000

Betriebsnotwendiges Umlaufvermögen
  Durchschnittsbestand 400.000
  − Spekulative Wertpapiere − 30.000
                                370.000   370.000
Betriebsnotwendiges Vermögen 1.700.000
− Abzugskapital 200.000
Betriebsnotwendiges Kapital 1.500.000

Jährliche kalkulatorische Zinsen = $\dfrac{1.500.000 \cdot 10}{100}$ = DM 150.000

Monatliche kalkulatorische Zinsen = $\dfrac{\text{DM } 150.000}{12 \text{ Monate}}$ = __DM 12.500__

12a) Gesamte Herstellkosten: DM 200.000

Sorte	Gewicht	Menge
X	1.200 g	18.000
Y	1.560 g	12.000
Z	960 g	8.000

1. Ermittlung der Äquivalenzziffern:

Sorte X: $ä_1 = 1{,}0$

Sorte Y: $ä_2 = \dfrac{1.560 \text{ g}}{1.200 \text{ g}} = 1{,}3$

Sorte Z: $ä_3 = \dfrac{960 \text{ g}}{1.200 \text{ g}} = 0{,}8$

2. Ermittlung der Stückherstellkosten:

Sorte X: $\dfrac{\text{DM } 200.000 \cdot 1{,}0}{18.000 \cdot 1{,}0 + 12.000 \cdot 1{,}3 + 8.000 \cdot 0{,}8} = \dfrac{\text{DM } 200.000}{40.000} = \text{DM } 5{,}-$

Sorte Y: $\dfrac{\text{DM } 200.000 \cdot 1{,}3}{40.000} = \text{DM } 6{,}50$

Sorte Z: $\dfrac{\text{DM } 200.000 \cdot 0{,}8}{40.000} = \text{DM } 4{,}-$

Die gesamten Herstellkosten für Sorte Y betragen:
DM 6,50 pro Stück · 12.000 Stück = __DM 78.000__

8.3 *Musterlösung zur 3. Übungsklausur*   265

Lösungen zu den Aufgaben (TEIL II)

Im zweiten Teil sind insgesamt 60 Punkte erreichbar, 18 Punkte für die richtige Lösung zu Aufgabe 1, 24 für Aufgabe 2, 12 für Aufgabe 3 und 6 Punkte für Aufgabe 4.

1a) **Durchführung der innerbetrieblichen Leistungsverrechnung nach dem Stufenleiterverfahren (8 Punkte)**

Die Stromkostenstelle empfängt von der Raumkostenstelle Leistungen im Wert von:

$$\frac{DM\ 7.600}{320\ m^2} \cdot 40\ m^2 = \underline{DM\ 950}$$

Umgekehrt empfängt die Raumkostenstelle von der Stromkostenstelle Leistungen im Wert von:

$$\frac{DM\ 3.000}{20.000\ kWh} \cdot 2.000\ kWh = \underline{DM\ 300}$$

Da die Raumkostenstelle Leistungen im geringeren Wert erhält, werden die Kosten der Raumkostenstelle auch zuerst verrechnet.

	Raumkostenstelle	Stromkostenstelle	Teilefertigung	Endmontage	Summe
Primäre Gemeinkosten	7.600	3.000	21.000	17.000	48.600
Sekundäre Raumkosten $^1/_8 : ^1/_4 : ^5/_8$	–7.600	950	1.900	4.750	
Sekundäre Stromkosten $^5/_9 : ^4/_9$		–3.950	2.194	1.756	
Gesamte Gemeinkosten	0	0	25.094	23.506	48.600

1b) **Durchführung der innerbetrieblichen Leistungsverrechnung nach dem Gleichungsverfahren (10 Punkte)**

R = Gesamtkosten der Raumkostenstelle
S = Gesamtkosten der Stromkostenstelle

Gleichung 1: $R = DM\ 7.600 + ^1/_{10} \cdot S$
Gleichung 2: $S = DM\ 3.000 + ^1/_8 \cdot R$
Einsetzen 2 in 1: $R = DM\ 7.600 + ^1/_{10} \cdot (DM\ 3.000 + ^1/_8 \cdot R)$
         $R = DM\ 7.600 + DM\ 300 + ^1/_{80} \cdot R$
$^{79}/_{80} \cdot R = DM\ 7.900$
         $\underline{R = DM\ 8.000}$

Einsetzen in 2: S = DM 3.000 + 1/8 · DM 8.000
                 S = DM 3.000 + DM 1.000
                 S = DM 4.000

	Raum-kosten-stelle	Strom-kosten-stelle	Teile-ferti-gung	End-mon-tage	Summe
Primäre Gemeinkosten	7.600	3.000	21.000	17.000	48.600
Sekundäre Raumkosten $1/_8 : 1/_4 : 5/_8$	– 8.000	1.000	2.000	5.000	
Sekundäre Stromkosten $1/_{10} : 1/_2 : 2/_5$	400	– 4.000	2.000	1.600	
Gesamte Gemeinkosten	0	0	25.000	23.600	48.600

2a) **Ermittlung der Gemeinkostenzuschlagssätze für die Hauptkostenstellen (6 Punkte)**

Materialgemeinkosten-zuschlagssatz $= \dfrac{DM\ 2.470}{DM\ 38.000} = \underline{6,5\%}$

Fertigungslöhne 1 $= DM\ 21.500 \cdot 35,0\% = \underline{DM\ 7.525}$

Fertigungsgemein-kostenzuschlagssatz 1 $= \dfrac{DM\ 13.545}{DM\ 7.525} = \underline{180,0\%}$

Fertigungslöhne 2 $= DM\ 21.500 \cdot 65,0\% = \underline{DM\ 13.975}$

Fertigungsgemein-kostenzuschlagssatz 2 $= \dfrac{DM\ 8.385}{DM\ 13.975} = \underline{60,0\%}$

Herstellkosten $= DM\ 38.000 + DM\ 2.470 + DM\ 21.500 + DM\ 13.545 + DM\ 8.385 = \underline{DM\ 83.900}$

Verwaltungsgemein-kostenzuschlagssatz $= \dfrac{DM\ 6.712}{DM\ 83.900} = \underline{8,0\%}$

Vertriebsgemein-kostenzuschlagssatz $= \dfrac{DM\ 5.873}{DM\ 83.900} = \underline{7,0\%}$

Kalkulation der Stückselbstkosten des Produktes „Alpha" (6 Punkte)

Mateialeinzelkosten	DM 40,–
Materialgemeinkosten (6,5 %)	DM 2,60
Materialkosten	DM 42,60
Fertigungslöhne 1	DM 8,–
Fertigungsgemeinkosten 1 (180,0 %)	DM 14,40
Fertigungslöhne 2	DM 13,–
Fertigungsgemeinkosten 2 (60,0 %)	DM 7,80
Fertigungskosten	DM 43,20
Herstellkosten	DM 85,80
Verwaltungsgemeinkosten (8,0 %)	DM 6,86
Vertriebsgemeinkosten (7,0 %)	DM 6,01
Selbstkosten	DM 98,67

2b) **Berechnung des Stückerfolgs von Produkt „Alpha" (2 Punkte)**

Bruttoabsatzpreis	DM 128,–
– Rabatte (5 %)	DM 6,40
– Stückselbstkosten	DM 98,67
= Stückerfolg	DM 22,93

2c) **Ermittlung des Maschinenminutensatzes und des Restfertigungsgemeinkostenzuschlagssatzes für die Fertigungskostenstelle 1 (3 Punkte)**

$$\frac{\text{Maschinen-}}{\text{minutensatz}} = \frac{\text{Maschinenabhängige Gemeinkosten}}{\text{geleistete Maschinenminuten}}$$

$$= \frac{\text{DM } 13.545 \cdot 80{,}0\,\%}{9.030 \text{ Maschinenminuten}} = \frac{\text{DM } 10.836}{9.030 \text{ Maschinenminuten}}$$

$$= \underline{\text{DM } 1{,}20 \text{ pro Maschinenminute}}$$

$$\frac{\text{Restfertigungsgemein-}}{\text{kostenzuschlagssatz}} = \frac{\text{Restfertigungsgemeinkosten}}{\text{Fertigungslöhne}}$$

$$= \frac{\text{DM } 13.545 \cdot 20{,}0\,\%}{\text{DM } 7.525} = \frac{\text{DM } 2.709}{\text{DM } 7.525} = \underline{\underline{36\,\%}}$$

Kalkulation der Stückherstellkosten des Produktes „Alpha" (3 Punkte)

Materialeinzelkosten	DM 40,–
Materialgemeinkosten (DM 40,– · 6,5 %)	DM 2,60
Fertigungslöhne 1	DM 8,–
Maschinenabhängige Gemeinkosten (11 Maschinenminuten · DM 1,20 pro Maschinenminute)	DM 13,20
Restfertigungsgemeinkosten (DM 8,– · 36,0 %)	DM 2,88
Fertigungslöhne 2	DM 13,–
Fertigungsgemeinkosten 2 (DM 13,– · 60,0 %)	DM 7,80
Herstellkosten	DM 87,48

2d) **Abweichungsanalyse für die Materialeinzelkosten (Farbe) des Produktes „Alpha" (4 Punkte)**

Soll-Materialeinzelkosten = Plan-Einzelmaterialmenge · Ist-Produktionsmenge · Plan-Materialpreis
= 10 ml/Stück · 4.750 Stück · DM 62,–/l
= __DM 2.945__

Gesamtabweichung = Ist-Materialverbrauch · Ist-Materialpreis
– Soll-Materialeinzelkosten
= 49 l · DM 64,–/l – DM 2.945
= DM 3.136 – DM 2.945
= __DM 191 (ungünstig)__

Preisabweichung = Ist-Materialverbrauch · (Ist-Materialpreis
– Plan Materialpreis)
= 49 l · (DM 64,–/l – DM 62,–/l)
= DM 3.136 – DM 3.038
= __DM 98 (ungünstig)__

Verbrauchsabweichung = Ist-Materialverbrauch · Plan-Materialpreis
– Soll-Materialeinzelkosten
= 49 l · DM 62,–/l – DM 2.945
= __DM 93 (ungünstig)__

3a) **Ermittlung des Break-even Punktes und des Break-even Umsatzes (3 Punkte)**

$$\text{Break-even Punkt} = \frac{K_f}{P - K_v}$$

$$= \frac{DM\ 39.000 + DM\ 27.000}{DM\ 16,- \cdot 0,95 - DM\ 3,80 - DM\ 2,30 - DM\ 3,10}$$

$$= \frac{DM\ 66.000}{DM\ 15,20 - DM\ 9,20} = \underline{11.000\ \text{Produkteinheiten}}$$

Break-even Umsatz = 11.000 · DM 15,20 = __DM 167.200__

3b) Bestimmung der Absatzmenge und des Umsatzes, die zur Erreichung eines monatlichen Betriebsergebnisses in Höhe von DM 12.000 erforderlich sind (2 Punkte)

DM 12.000 = (DM 15,20 − DM 9,20) · X − DM 66.000

$$X = \frac{DM\ 78.000}{DM\ 6,-} = \underline{13.000\ Produkteinheiter}$$

Umsatz = 13.000 · DM 15,20 = $\underline{DM\ 197.600}$

3c) Berechnung des Break-even Punktes für beide Alternativen (3 Punkte)

Break-even Punkt bei Gewährung einer Provision auf den Nettoumsatz in Höhe von 5 %

$$\text{Break-even Punkt} = \frac{K_f}{P - K_v} = \frac{DM\ 66.000}{DM\ 15,20 - DM\ 15,20 \cdot 0,05 - DM\ 9,20}$$

$$= \frac{DM\ 66.000}{DM\ 15,20 - DM\ 9,96} = \frac{DM\ 66.000}{DM\ 5,24}$$

$$= \underline{12.595\ Produkteinheiten}$$

Break-even Punkt bei zusätzlichen Werbekosten in Höhe von DM 15.000 pro Monat

$$\text{Break-even Punkt} = \frac{K_f}{P - K_v} = \frac{DM\ 66.000 + DM\ 15.000}{DM\ 15.20 - DM\ 9,20} = \frac{DM\ 81.000}{DM\ 6,-}$$

$$= \underline{13.500\ Produkteinheiten}$$

3d) Bestimmung des Indifferenzpunktes − der Absatzmenge, bei der beide Alternativen das gleiche Betriebsergebnis aufweisen (2 Punkte)

DM 5,24 · X − DM 66.000 = DM 6,− · X − DM 81.000

0,76 · X = 15.000

Indifferenzpunkt = $\underline{19.737\ Produkteinheiten}$

3e) Ermittlung der Betriebsergebnisse für beide Alternativen bei einer Absatzmenge, die oberhalb des Indifferenzpunktes liegt, beispielsweise bei einer Absatzmenge von 20.000 Stück (2 Punkte)

Betriebsergebnis der Provisionsalternative

Betriebsergebnis = DM 5,24 · 20.000 − DM 66.000
= DM 104.800 − DM 66.000 = $\underline{DM\ 38.800}$

Betriebsergebnis der Werbekostenalternative

Betriebsergebnis = DM 6,− · 20.000 − DM 81.000
= DM 120.000 − DM 81.000 = $\underline{DM\ 39.000}$

Oberhalb des Break-even Punktes führt die Werbekostenalternative zu einem höheren Betriebsergebnis.

4) **Bestimmung des optimalen Produktionsprogramms mit Hilfe der engpaßbezogenen Deckungsbeitragsrechnung (6 Punkte)**

	Produkt 1	Produkt 2	Produkt 3
Stück-Deckungsbeitrag	DM 14,95	DM 19,25	DM 17,85
Beanspruchte Maschinenminuten pro Stück	6,5 Min.	11,0 Min.	8,5 Min.
Deckungsbeitrag pro Maschinenminute	DM 2,30	DM 1,75	DM 2,10
Rang	I.	III.	II.

Gesamte Maschinenkapazität　　　　　　75.000 Maschinenminuten
Produkt 1:　2.400 Stück · 6,5 Minuten
　　　　　　　　　　　pro Stück = 15.600 Maschinenminuten

Restkapazität für Produkt 2 und Produkt 3　59.400 Maschinenminuten
Produkt 3:　4.400 Stück · 8,5 Minuten
　　　　　　　　　　　pro Stück = 37.400 Maschinenminuten

Restkapazität für Produkt 2　　　　　　22.000 Maschinenminuten

Produkt 2: $\dfrac{22.000 \text{ Maschinenminuten}}{11,0 \text{ Minuten pro Stück}} = 2.000$ Stück

	Produkt 1	Produkt 2	Produkt 3	Summe
Stück-Deckungsbeitrag	DM 14,95	DM 19,25	DM 17,85	
Absatzmenge in Stück	2.400	2.000	4.400	
Deckungsbeitrag in DM	35.880	38.500	78.540	152.920

Um den höchstmöglichen Deckungsbeitrag von DM 152.920 zu erwirtschaften, sollten von Produkt 1 2.400 Stück, von Produkt 3 4.400 Stück und von Produkt 2 2.000 Stück produziert und abgesetzt werden.

Literaturverzeichnis

Adam, Dietrich (1970): Entscheidungsorientierte Kostenbewertung, Wiesbaden 1970
Agthe, Klaus (1959): Stufenweise Fixkostendeckung im System des Direct Costing, in: Zeitschrift für Betriebswirtschaft, 29.Jg. (1959), S. 404–418
Agthe, Klaus (1959): Zur stufenweisen Fixkostendeckung, in: Zeitschrift für Betriebswirtschaft, 29.Jg. (1959), S. 742–748
Anderson, Lane K. (1975): Expanded Breakeven Analysis for a Multi-Product Company, in: Management Accounting, 57.Jg. (1975), S. 30–32
Beste, Theodor (1962): Die Kurzfristige Erfolgsrechnung, 2. Aufl., Köln und Opladen 1962
Bromwich, Michael/Hopwood, Anthony G. (Hrsg., 1986): Research and Current Issues in Management Accounting, London 1986
Chmielewicz, Klaus (Hrsg., 1983): Entwicklungslinien der Kosten- und Erlösrechnung, Stuttgart 1983
Chmielewicz, Klaus (1974): Gewinnschwellenanalyse (Break-Even-Analyse), in: Wirtschaftswissenschaftliches Studium, 3.Jg. (1974) Nr.2, S. 49–54
Cooper, Robin/Kaplan, Robert S. (1988a): How Cost Accounting Distorts Product Costs, in: Management Accounting, (1988) April, S. 20–27
Cooper, Robin/Kaplan, Robert S. (1988b): Measure Costs Right: Make the Right Decisions, in: Harvard Business Review, 66.Jg. (1988) September/October, S. 96–103
Dean, Joel (1952): Methods and Potentialities of Break-Even Analysis, in: Solomons, D. (Hrsg.): Studies in Costing, London 1952, S. 195–229
Deyhle, Albrecht (1985): Kundenergebnisrechnung, in: controller magazin, (1985) Nr.4, S. 167–173
Dichtl, Erwin/Issing, Otmar (Hrsg., 1987): Vahlens Großes Wirtschaftslexikon, München 1987
Eisele, Wolfgang (1990): Techniken des betrieblichen Rechnungswesens, 4. Aufl., München 1990
Engelhardt, Werner Hans (1977): Erlösplanung und Erlöskontrolle als Instrument der Absatzpolitik, in: Zeitschrift für betriebswirtschaftliche Forschung, 29.Jg. (1977) Sonderheft 6, S. 10–26
Freidank, Carl-Christian (1991): Kostenrechnung, 3.Aufl., München, Wien 1991
Gabele, Eduard (1991a): Buchführung – Einführung in die manuelle und PC-gestützte Buchhaltung und Jahresabschlußerstellung, 3. Aufl., München, Wien 1991
Gabele, Eduard (1991b): Buchführung – Übungsaufgaben und Lösungen, München, Wien 1991
Gabele, Eduard (1987): Planung, in: Dichtl, E./Issing, O. (Hrsg.): Vahlens Großes Wirtschaftslexikon, München 1987, S. 328–329
Gabele, Eduard/Sahm, Bernhard/Fischer, Philip (1987): Betriebsergebnisplanung ERG-PLAN mit Lotus 1-2-3, Handbuch und Disketten, Landsberg am Lech 1987
Gutenberg, Erich (1983): Grundlagen der Betriebswirtschaftslehre, Bd.1: Die Produktion, 24.Aufl., Berlin, Heidelberg, New York 1983
Gutenberg, Erich (Hrsg., 1964): Die Wirtschaftswissenschaften, Wiesbaden 1964
Haberstock, Lothar (1987): Kostenrechnung I – Einführung, 8. Aufl., Hamburg 1987
Haberstock, Lothar (1986): Kostenrechnung II – (Grenz-) Plankostenrechnung, 7. Aufl., Hamburg 1986

Haberstock, Lothar (1982): Kosten- und Erfolgsrechnung, 3. Aufl., München 1982
Heinen, Edmund (1983): Betriebswirtschaftliche Kostenlehre, Kostentheorie und Kostenentscheidungen, 6. Aufl., Wiesbaden 1983
Henzel, Friedrich (1964): Die Kostenrechnung, 4. Aufl., Essen 1964
Horngren, Charles T./Foster, George (1987): Cost Accounting – A Managerial Emphasis, 6. Aufl., Englewood Cliffs 1987
Horngren, Charles T. (1986): Cost and management accounting: yesterday and today, in: Bromwich, M./Hopwood, A. G. (Hrsg.): Research and Current Issues in Management Accounting, London 1986
Horváth, Péter (1990): Controlling, 3. Aufl., München 1990
Horváth, Péter/Mayer, Reinhold (1989): Prozeßkostenrechnung – Der neue Weg zu mehr Kostentransparenz und wirkungsvolleren Unternehmensstrategien, in: Controlling, 1. Jg. (1989) Nr. 4, S. 214–219
Hummel, Siegfried (1981): Relevante Kosten, in: Kosiol, E./Chmielewicz, K./Schweitzer, M. (Hrsg.): Handwörterbuch des Rechnungswesens, 2. Aufl., Stuttgart 1981, Sp. 968–974
Hummel, Siegfried/Männel, Wolfgang (1986): Kostenrechnung, Bd. 1: Grundlagen, Aufbau und Anwendung, 4. Aufl., Wiesbaden 1986
Hummel, Siegfried/Männel, Wolfgang (1983): Kostenrechnung, Bd. 2: Moderne Verfahren und Systeme, 3. Aufl., Wiesbaden 1983
Jacob, Herbert (Hrsg., 1976): Schriften zur Unternehmensführung, Bd. 22: Neuere Entwicklungen in der Kostenrechnung (II), Wiesbaden 1976
Johnson, H. Thomas/Kaplan, Robert S.(1987): Relevance Lost – The Rise and Fall of Management Accounting, Boston 1987
Kilger, Wolfgang (1988): Flexible Plankostenrechnung und Deckungsbeitragsrechnung, 9. Aufl., Wiesbaden 1988
Kilger, Wolfgang (1987): Einführung in die Kostenrechnung, 3. Aufl., Wiesbaden 1987
Kilger, Wolfgang (1962): Kurzfristige Erfolgsrechnung, Wiesbaden 1962
Kloock, Josef/Sieben, Günter/Schildbach, Thomas (1987): Kosten- und Leistungsrechnung, 4. Aufl., Düsseldorf 1987
Koch, Helmut (1958): Zur Diskussion über den Kostenbegriff, in: Zeitschrift für handelswissenschaftliche Forschung, 10. Jg. (1958), S. 355–399
Kosiol, Erich (1975): Plankostenrechnung als Instrument moderner Unternehmensführung, 3. Aufl., Berlin 1975
Kosiol, Erich (1964): Kostenrechnung, in: Gutenberg, E. (Hrsg.): Die Wirtschaftswissenschaften, Wiesbaden 1964
Kosiol, Erich (1953): Kalkulatorische Buchhaltung (Betriebsbuchhaltung), 5. Aufl., Wiesbaden 1953
Kosiol, Erich/Chmielewicz, Klaus/Schweitzer, Marcell (Hrsg., 1981): Handwörterbuch des Rechnungswesens, 2. Aufl., Stuttgart 1981
Kropfberger, Dietrich (1983): Entscheidungsorientierte Kosten- und Erlösrechnung im Marketing, Band I, in: Kulhavy, E. (Hrsg.): Marketing-Studien, Studie 9, 2. Aufl., Linz 1983
Kulhavy, Ernst (Hrsg., 1983): Marketing-Studien, 2. Aufl., Linz 1983
Kyd, Charles W. (1985): Using the Power of Break-Even Analysis, in: Lotus, (1985) June, S. 29–38
Laßmann, Gert (1979): Erlösrechnung und Erlösanalyse bei Großserien- und Sortenfertigung – Teil A: Erlösdokumentation, in: Zeitschrift für betriebswirtschaftliche Forschung – Kontaktstudium, 31. Jg. (1979), S. 135–142
Lehmann, Frank-Oliver (1992): Zur Entwicklung eines koordinationsorientierten Controlling-Paradigmas, in: Zeitschrift für betriebswirtschaftliche Forschung, 44. Jg. (1992) Nr. 1, S. 45–61
Männel, Wolfgang (1990): Im Frühstadium die Kosten beeinflussen, in: Beschaffung aktuell, (1990) Nr. 5, S. 22–29

Männel, Wolfgang (1983a): Grundkonzeption einer entscheidungsorientierten Erlösrechnung, in: Kostenrechnungspraxis, (1983) Nr. 2, S. 55–70.
Männel, Wolfgang (1983b): Zur Gestaltung der Erlösrechnung, in: Chmielewicz, K. (Hrsg.): Entwicklungslinien der Kosten- und Erlösrechnung, Stuttgart 1983, S. 119–150
Männel, Wolfgang (1975a): Bemerkungen zu der Begriffsreihen „Auszahlungen, Ausgaben, Aufwendungen, Kosten" und „Einzahlungen, Einnahmen, Erträge, Leistungen", in: Kostenrechnungspraxis, (1975) Nr. 6, S. 215–221
Männel, Wolfgang (1975b): Erlösschmälerungen, Wiesbaden 1975
Marquardt, Klaus (1977): Die absatzwirtschaftliche Problematik der Erlösplanung und Erlöskontrolle im Tankstellengeschäft, in: Zeitschrift für betriebswirtschaftliche Forschung, 29. Jg. (1977) Sonderheft 6, S. 65–74
Mayer, Elmar (Hrsg., 1986): Controlling-Konzepte – Perspektiven für die 90er Jahre, Wiesbaden 1986
Medicke, Werner (1983): Grenzplankostenrechnung, in: Management-Enzyklopädie, 2. Aufl., Landsberg am Lech 1983, S. 375–397
Mellerowicz, Konrad (1977): Neuzeitliche Kalkulationsverfahren, 6. Aufl., Freiburg im Breisgau 1977
Menrad, Siegfried (1965): Der Kostenbegriff, Berlin 1965
Michel, Rolf/Torspecken, Hans-Dieter (1989): Grundlagen der Kostenrechnung, 3. Aufl., München, Wien 1989
Michel, Rolf/Torspecken, Hans-Dieter (1990): Neuere Formen der Kostenrechnung, 3. Aufl., München, Wien 1986
Müller, Heinrich (1988): Hauptprobleme bei der Einführung der Grenzplankostenrechnung, in: Seicht, G. (Hrsg.): Jahrbuch für Controlling und Rechnungswesen '88, Wien 1988, S. 37–74
Perridon, Louis/Steiner, Manfred (1988): Finanzwirtschaft der Unternehmen, 5. Aufl., München 1988
Plaut, Hans Georg (1989): Essentials eines modernen innerbetrieblichen Rechnungswesens, in: controller magazin, (1989) Nr. 5, S. 233–240
Plaut, Hans Georg (1987): Die Entwicklung der flexiblen Plankostenrechnung zu einem Instrument der Unternehmensführung, in: Zeitschrift für Betriebswirtschaft, 57. Jg. (1987), S. 355–367
Plaut, Hans Georg (1984): Grenzplankosten- und Deckungsbeitragsrechnung als modernes Kostenrechnungssystem, in: Kostenrechnungspraxis (1984), S. 20–26 und S. 67–72
Plaut, Hans Georg (1976): Entwicklungsformen der Plankostenrechnung – Vom Standard-Cost Accounting zur Grenzplankostenrechnung, in: Jacob, H. (Hrsg.): Schriften zur Unternehmensführung, Bd. 22: Neuere Entwicklungen in der Kostenrechnung (II), Wiesbaden 1976, S. 5–24
Plaut, Hans Georg (1953): Die Grenz-Plankostenrechnung, in Zeitschrift für Betriebswirtschaft, 23. Jg. (1953), S. 347–363 und S. 402–413.
Plaut, Hans Georg/Müller, Heinrich/Medicke, Werner (1973): Grenzplankostenrechnung und Datenverarbeitung, 3. Aufl., München 1973
Reichmann, Thomas (1989): Logistik-Controlling, in: Controlling, (1989) Nr. 1, S. 18–25
Riebel, Paul (1990): Einzelkosten- und Deckungsbeitragsrechnung, 6. Aufl., Wiesbaden 1990
Rummel, Kurt (1967): Einheitliche Kostenrechnung, 3. Aufl., Düsseldorf 1967
Scherrer, Gerhard (1991): Kostenrechnung, 2. Aufl., Stuttgart 1991
Schmalenbach, Eugen (1963): Kostenrechnung und Preispolitik, 8. Aufl., Köln-Opladen 1963
Schröder, Ernst F. (1986): Operatives Controlling, in: Mayer, E. (Hrsg.): Controlling-Konzepte – Perspektiven für die 90er Jahre, Wiesbaden 1986

Schweitzer, Marcell/Küpper, Hans-Ulrich (1986): Kostenrechnung, 4. Auflage, Landsberg am Lech 1986

Schweitzer, Marcell/Troßmann, Ernst (1986): Break-even-Analysen – Grundmodell, Varianten, Erweiterungen, Stuttgart 1986

Seicht, Gerhard (Hrsg., 1988): Jahrbuch für Controlling und Rechnungswesen '88, Wien 1988

Seicht, Gerhard (1963): Die stufenweise Grenzkostenrechnung – Ein Beitrag zur Weiterentwicklung der Grenzplankostenrechnung, in: Zeitschrift für Betriebswirtschaft, 33. Jg. (1963), S. 693–709

Solomons, David (Hrsg., 1952): Studies in Costing, London 1952

Thaler, Georg/Eging, Wolfgang (1979): Kostenplanung nach dem Gesamt- und/oder Umsatzkostenverfahren, in: Zeitschrift für betriebswirtschaftliche Forschung – Kontaktstudium, 31. Jg. (1979) Nr. 5, S. 165–171

Tucker, Spencer A. (1966): Break-even Analyse – Die praktische Methode der Gewinnplanung, übersetzt und bearbeitet von A. Deyhle, München 1966

Vormbaum, Herbert (1977): Kalkulationsarten und Kalkulationsverfahren, 4. Aufl., Stuttgart 1977

Vormbaum, Herbert/Rautenberg, Hans Günter (1985): Kostenrechnung III für Studium und Praxis – Plankostenrechnung, Baden Baden, Bad Homburg vor der Höhe 1985

Wahle, Otto (1989): Kostenrechnung II für Studium und Praxis, Ist- und Normalkostenrechnung, 3. Aufl., Baden Baden, Bad Homburg vor der Höhe 1989

Weber, Helmut Kurt (1988): Betriebswirtschaftliches Rechnungswesen, Bd. 1: Bilanz und Erfolgsrechnung, 3. Aufl., München 1988

Weber, Helmut Kurt (1991): Betriebswirtschaftliches Rechnungswesen, Bd. 2: Kosten- und Leistungsrechnung, 3. Aufl., München 1991

Weber, Jürgen (1991): Einführung in das Controlling, 3. Aufl., Stuttgart 1991

Weber, Jürgen (1990): Einführung in das Rechnungswesen: Kostenrechnung, Stuttgart 1990

Weber, Jürgen (1987): Logistikkostenrechnung, Berlin u.a. 1987

Wille, Friedrich (1959): Direktkostenrechnung mit stufenweiser Fixkostendeckung? Eine kritische Stellungnahme, in: Zeitschrift für Betriebswirtschaft, 29. Jg. (1959), S. 737–741

Witt, Frank-Jürgen (1991): Deckungsbeitragsmanagement, München 1991

Sachverzeichnis

Absatzmenge 42ff., 59, 198ff., 202ff., 208ff., 216, 225f., 233f., 237, 240, 247, 252, 256, 262, 269f.
Absatzpreis, Absatzpreisfindung 153f., 216f.
Absatzverbundenheit 36
Abschreibungen
 außerplanmäßige 26, 90
 bilanzielle 28, 90, 155
 kalkulatorische 62, 64, 89ff., 155, 232, 236, 242, 250, 255, 262
 lineare 91
 planmäßige 28
Abschreibungsursachen 89f.
Abzugskapital 87, 264
Äquivalenzziffer 169ff., 120ff.,188ff., 264
Äquivalenzziffernkalkulation 161, 169ff. 238, 255, 257
 einfache 170ff.
 kombinierte 173f., 262
 mehrstufige 172, 174
Akkordlöhne 81f., 242, 262
Aktivierte Eigenleistungen (siehe Bewertung der selbsterstellten Anlagegegenstände)
Anbauverfahren 110f., 137
Anderserlöse 31f.
Anderskosten 26ff., 62, 155, 231, 237, 250, 255
Anlagegegenstand 89ff.
Anlagenbuchhaltung 62
Anlagevermögen 85ff.
Anlagewagnis 90, 92f.
Anschaffungskosten, Anschaffungswertwert 71ff.
Artikelergebnisrechnung (siehe Umsatzkostenverfahren)
Aufwendungen 22ff., 25ff.
 außerordentliche 26f., 263
 neutrale 26f.
 periodenfremde 27
 sachzielfremde 27
Ausgaben 22ff., 244, 263
 erfolgsneutrale 24f.
 erfolgswirksame 24f.

Ausgliederungskostenstelle 106
Auszahlungen 21, 23ff., 244, 263

Basiserlös 200
Bereichsfixkosten 221
Bereichskostenstelle 98, 104
Beschäftigung 37
Beschäftigungsabweichung 133, 148, 246
Betriebsabrechnungsbogen 101ff.
Betriebsergebnis 6, 22f., 43ff., 52, 193, 196ff., 203ff., 203f., 212ff., 217ff., 222f., 225ff., 231ff., 243, 247, 250, 269
Betriebsergebnisrechnung 43ff., 58f., 152, 206ff., 219, 223ff., 231ff., 241ff.,252ff., 26C, 262f.
 Ziele und Aufgaben der 193ff.
 Verfahren der 195ff.
Betriebsstatistik 3
Betriebsstoffe 67
Bewertung 15ff., 20f
 der Erstellung von Gütern und Dienstleistungen 20f.
 der Lagerbestände an fertigen und unfertigen Erzeugnissen 154f., 168, 190f., 208
 der selbsterstellten Anlagegegenstände 154f.
 des Verbrauchs von Gütern und Dienstleistungen 15ff.
Bezugsgröße 37, 97, 119, 130, 185f.
Bezugsgrößenkalkulation 162, 185f., 242, 262
Blockverfahren (siehe Anbauverfahren)
Boni 201
Break-even Analyse 42, 256
 Durchführung der 43ff.
 (die Betriebsergebnisrechnung) ergänzende 210ff.
 Modellannahmen der 45ff.
Break-even Punkt 43ff., 52ff., 147, 210ff., 233, 247, 251f.,268f.
Break-even Umsatz 44, 52ff., 210ff., 233, 247, 251f., 268f.
Bruttoabsatzpreis 202f., 240, 247
Brutto(stück)erlös 164, 200f.

Sachverzeichnis

Brutto(umsatz)erlös 164, 203 f., 209, 221, 260,

Controlling 7 ff.
Aufgaben des 7 ff.
Begriff des 10 f.

DBU-Koeffizient (siehe Ertragsstärke)
Deckungsabsatzmenge 210
Deckungsbeitrag 205 f., 208 ff., 216 ff., 232, 241, 251, 261, 270
engpaßbezogener 217 f. 224, 250, 261, 270
Deckungsbeitragsrechnung 205 ff., 209, 216 f., 227, 261, 270
einstufige 206 ff., 219
mehrstufige 206, 219 ff.
Direct Costing (siehe einstufige Deckungsbeitragsrechnung)
Divisionskalkulation 161, 162 ff.
einstufige 163
mehrstufige 166
zweistufige 164
Durchschnittspreise
permanente 75 f.
periodische 74 f.
Durchschnittswertverzinsung 86 f., 244 f.

Eigenfertigung 152, 238, 257
Eigenkapitalzinsen, kalkulatorische 28 f.
Einnahmen 22 f., 29 f.
erfolgsneutrale 29 f.
erfolgswirksame 29 f.
Einnahmeüberschuß 23
Einproduktunternehmen 46, 163, 165, 197, 262
Einzahlungen 21, 23, 29
Einzelbewertung 72
Einzelerlöse 35 f.
Einzelfertigung 162
Einzelkosten 33 ff., 58 f., 64, 95, 207
Endkostenstelle 99
Engpaß 216 ff., 220, 225
Entscheidungsunterstützung 6 f.
Erfolgsanalyse 193 ff., 197, 209, 211, 222 f.
Erfolgsbeitrag 210, 227, 235, 243, 255, 263
Erfolgsermittlung und -beurteilung 6, 197, 208, 243, 263
Erfolgsrechnung, kurzfristige 193
Erlösartenrechnung 199
Erlöse 18, 21 ff., 31 ff., 35 ff., 42, 199, 230, 237, 250, 256

Erfassung und Verrechnung der 200 ff.
fixe 42
proportionale 42
variable 42
Erlösbegriff 13, 18 ff., 23
pagatorischer 19 ff.
wertmäßiger 19 ff.
Erlöseinflußfaktoren 36 f.
Erlöskontrolle 4 f.
Erlöskurve 46
Erlösplanung 4 f.
Erlösrechnung 58 f., 198 ff., 207
Erlösschmälerungen 200, 203, 209
Erlösstellenrechnung 199
Erlösträger 199
Erlösträgerrechnung 199
Erlöszuschläge 200
Erträge 22 f., 30 f.
außerordentliche 31 f., 250
neutrale 30 ff., 256
periodenfremde 31 f., 250
sachzielfremde 31 f., 250
Ertragsstärke 209 ff., 227, 235, 255, 263

Fertigungsgemeinkosten 122, 150 f.
Fertigungsgemeinkostenzuschlagssatz 121 f., 140, 143, 254, 258, 266
Fertigungshauptkostenstelle 99 f., 121 ff., 130 ff.
Fertigungshilfskostenstelle 99 f.
Fertigungskosten 124 f., 150 f., 190 f., 233, 254
Fertigungslöhne 34, 58, 64 f., 80 f., 150 f.
Fifo-Verfahren 73, 76 f.
Finanzbuchhaltung 1 f., 61 f.
Finanzwesen 7 ff.
Finanzwirtschaft 7 ff.
Fixkostendegression 40 f.
Fortschreibungsmethode 69 ff., 262
Fremdbezug 152, 154, 257

Gebrauchsverschleiß 89
Gehälter 80, 83
Gemeinerlöse 35
Gemeinkosten 58 f., 64 f., 95 f.
echte 35, 39
fixe 204, 206 f., 237, 256, 263
maschinenabhängige 183
maschinenunabhängige 183 f.,
primäre 102 ff., 110 ff.
sekundäre 102 ff., 108, 110 ff., 116 f.
unechte 35, 39, 67, 232, 250, 256
variable 206 f., 232, 250
Gemeinkostenlöhne 80 f.

Sachverzeichnis

Gemeinkostenmaterial 67
Gemeinkostenzuschlagssatz 120 ff.,
 151 f., 175, 180
 Berechnung der 126 f., 137 ff., 234,
 240, 246, 253 f., 258, 266
Gemeinschaftskontenrahmen der Industrie 64 f.
Gesamtabweichung 128, 250, 258, 268
Gesamtdeckungsbeitrag 209 f., 217 ff.,
 220, 228, 241, 247, 262, 270
Gesamterlös 196, 240, 260 f.
Gesamtkosten 196, 204
Gesamtkostenverfahren 195, 263
Gewinn- und Verlustrechnung 193 f.
Gleichungsverfahren 114 ff., 139 f., 234,
 245, 253, 265
Grunderlöse 31
Grundkosten 26

Hauptkostenstelle 99 f., 102 f., 106 f.,
 108 ff., 116 ff.
Herstellkosten 124 ff., 143, 150 ff., 155 ff.,
 160, 165, 178 ff., 187 f., 191, 208, 234,
 245 f., 254, 264, 266 ff.
Herstellungskosten 155
Hifo-Verfahren 77 f., 230, 249
Hilfskostenstelle 99 f., 102 f., 106 ff.
Hilfsstoffe 67
hip roof chart 214

Industriekontenrahmen 64
Innerbetriebliche Leistungen (siehe Leistungen, innerbetriebliche)
Innerbetriebliche Leistungsverrechnung
 (siehe Leistungsverrechnung, innerbetriebliche)
Inventurmethode 68 f. 262
Isterlösrechnung 56 f.
Istkosten 56 f., 130
Istkostenrechnung 56 f.
Iterationsverfahren 117 ff., 140 f.

Jahresüberschuß, -fehlbetrag 22 f.

Kalkulation 56 f., 97 f., 149 ff., 235, 242,
 254, 262 f.
 Grundschema der 150
 Kalkulation von Kuppelprodukten
 161 f., 186 ff.
 Kalkulationsarten 156 ff.
 Kalkulationssätze 58 f., 95 f., 97, 103,
 144, 151, 206 f.
 Ermittlung der 119 ff.
 Kalkulationsunterlagen 4, 152

Kalkulationsverfahren 160 ff., 234 f., 242,
 255, 262
Kalkulatorische Abschreibungen 62, 64,
 89 ff., 155, 232 f., 236, 242, 250, 255,
 262
Kalkulatorische Eigenmieten 93 f.
Kalkulatorische Erlöse 31 f., 237, 256
Kalkulatorische Kosten 26 ff., 58, 62, 64,
 85 ff., 155, 250
Kalkulatorische Rechnung 22
Kalkulatorische Wagnisse 92 f.
 Kalkulatorisches Beständewagnis
 92 f.
 Kalkulatorische Einzelwagnisse 92 f.
 Kalkulatorisches Entwicklungswagnis
 92 f.
 Kalkulatorisches Forderungswagnis
 92 f.
 Kalkulatorisches Gewährleistungswagnis 92 f.
Kalkulatorische Zinsen 28 f., 85 ff., 155,
 236 f., 244, 257, 264
Kalkulatorischer Unternehmerlohn 93 f.,
 155, 250
Kapazität 40, 47, 217 f., 224 ff.
Kapital, betriebsnotwendiges 85 ff., 264
Kennzahlen 209 f., 263
Kosten 14, 21 ff., 26 ff., 33 ff., 36 ff.
 absolut fixe 36 f.
 aufwandsgleiche 26 f., 58, 61 f., 64 f.
 degressive 38 f.
 fixe 37, 40 ff., 204 f., 208 f., 211 ff.,
 219 ff., 226 ff., 247, 256, 262 f.
 intervallfixe, sprungfixe 40 f.
 liquiditätswirksame 64
 liquiditätsunwirksame 64
 primäre 63
 progressive 39
 proportionale 37 f.
 regressive 39
 relevante 6
 sekundäre 63, 99, 103, 111, 114 f., 250,
 263
 variable 37 ff., 42 ff., 204, 206, 208 f.,
 211 f., 214, 221 f., 230, 237, 242, 249,
 256, 262
Kostenart 63 ff., 101, 107
Kostenartengliederung 64 ff.
Kostenartengruppen 65
Kostenartenplan 64 ff.
Kostenartenrechnung 58, 61 f., 95 f., 103,
 207, 230, 243, 250, 263
 Ziele und Aufgaben der 61 ff.
Kostenauflösung 131

Sachverzeichnis

Kostenbegriff 14 ff.
- pagatorischer 14 ff.
- wertmäßiger 14 ff., 28
Kosteneinflußfaktoren 36 f.
Kostenerfassung 66
Kostenkontrolle 4 f., 56 f., 59, 95 f., 97 f., 103 f., 126 f., 231, 250, 263
Betriebsvergleich 104, 231, 250
Soll-Ist-Vergleich 103 f., 127, 132 ff.
Zeitvergleich 103 f., 231, 250
Kostenkurve 47 f.
Kostenplanung 4 f., 130 f.
analytische 57
Kostenstelle 96 ff., 242, 262
Kostenstelleneinteilung 97 ff., 130, 230, 248
Kostenstellenleiter 97 f.
Kostenstellenplan 97
Kostenstellenrechnung 58 f., 61, 63 f., 95, 101, 207, 236, 256
Ziele und Aufgaben der 95 f.
Kostenträger 59, 149, 200
Kostenträgerrechnung 58 f., 61, 63 f., 95, 103, 149, 207
Ziele und Aufgaben der 150 ff.
Kostenträgerstückrechnung 96, 149 ff., 193 ff., 202
Kostenträgerzeitrechnung 149, 193
Kostentragfähigkeitsprinzip 186
Kosten- und Erlöskategorien 33
Kosten- und Erlösrechnung 235, 255
Aufbau der 58 ff.
Ziele und Aufgaben der 3 ff., 11, 22
Organisatorische Verankerung der 7 ff.
Terminologie der 13 ff.
Stellung der 1 ff.
Systeme der 56 ff.
Kuppelfertigung, Kuppelproduktion 161 f.
Kuppelproduktionsprozeß 186 f.
Kurzfristige Erfolgsrechnung (siehe Betriebsergebnisrechnung)

Lagerbestandsveränderungen 124 ff., 195 f., 208, 231, 240, 250, 259, 263
Leistungen, innerbetriebliche 18 f., 63, 149
Kategorien der 106 ff.
Leistungsaustausch 110, 112 ff., 117
Leistungsbegriff 18 f.
Leistungsverrechnung, innerbetriebliche 97 ff., 105 ff.
- Durchführung der 108 ff.
Lifo-Verfahren 73 ff., 229, 238, 250, 257

Liquidität 21, 23 f.
Liquiditätsrechnung 21
Lohn- und Gehaltsbuchhaltung 61
Lohnsatzabweichung 132 f., 148, 258
Lohnzulage 82
Lohnzuschlagskalkulation 151, 262
Kritik der 122 f.
kumulative (siehe summarisch elektive Zuschlagskalkulation)
LSP 3, 153

Maschinenstundensatz 123, 147, 183 f., 235, 246, 256, 267
Maschinenstundensatzkalkulation 123, 161 f., 183 ff., 235, 236, 256
Massenfertigung 161, 262
Materialbuchhaltung 61 f., 67
Materialeinzelkosten 33, 58, 64, 67, 127 ff., 150 f., 190
Materialentnahmeschein 69, 262
Materialgemeinkosten 120 f., 150 f.
Materialgemeinkostenzuschlagssatz 120 f., 143, 240, 253, 258, 266
Materialkosten 67, 124 f., 150 f.
Materialkostenstelle 99 f., 120
Materialverbrauch
Bewertung des 71 ff.
Erfassung des 68 ff., 262
Mehrarbeitszeitzuschlag 82
Mehrproduktunternehmen 169, 210, 256
Mengenkomponente
der Erlöse 19 ff., 210
der Kosten 14 ff.

Nebenkostenstelle 99
Netto(stück)erlös 200 ff., 203 f., 209
Netto(umsatz)erlös 58 f., 208 ff., 221
Nachkalkulation 156 ff.
Normalkosten 57
Normalkostenrechnung 57
Nutzungsdauer
technische 90
wirtschaftliche 91

Opportunitätserlöse 20 f., 243, 262
Opportunitätskosten 16 ff., 28, 85, 94
Optimistischer Pfad 215

Personalkosten 79 f.
Personalnebenkosten 83 f., 155, 164
Pessimistischer Pfad 215 f.
Planbezugsgröße 131 ff.
Planerlösrechnung 57 f.
Plankalkulation 156 ff.

Sachverzeichnis

Plankalkulationssatz 159
Plankosten 57, 131 f.
Plankostenrechnung 56 f.
  flexible 130
Planpreis 131
Planungsrechnung 3, 195
Planungsunterstützung 42
Potentialgüter 14
Prämienlöhne 81 f.
Preisabweichung 128 f., 133, 237, 240, 258, 268
Preiskomponente 200
Preisobergrenze 4, 152
Preispolitik 152
Preisuntergrenze 4, 152
Produktfixkosten 220
Produktgruppenfixkosten 220 ff.
Produktionsprogrammplanung, optimale 217, 227, 261, 270
Prognosekosten 57
Prognosekostenrechnung 57

Rabatte 201
Rechnungswesen
  externes 1 ff.
  internes 1 ff.
Repetiergüter 14
Restfertigungsgemeinkostenzuschlagssatz 123, 147, 184, 254, 267
Restwertrechnung 186 ff.
Restwertverzinsung 86
Retrograde Methode (siehe Rückrechnungsmethode)
Rückrechnungsmethode 69, 262

Sachzielbezogenheit 14 ff., 19 ff.
Sammelbewertung 72
Selbstkosten 59, 150 ff., 157 f., 197 f., 202 ff., 206, 235, 250, 254, 259 f., 267
  variable 206 ff.
Serienfertigung 161 f.
Sicherheitskoeffizient 211
Skonti 201
Skontraktionsmethode (siehe Fortschreibungsmethode)
Soll-Ist-Vergleich 104, 127, 132 ff.
Sollkosten 132 ff., 148
Sondereinzelkosten
  der Fertigung 34 f., 64 f., 151, 155, 160
  des Vertriebs 35, 64 f., 152, 155, 160
Sortenfertigung 161, 169, 262
Sortimentsgestaltung 205, 214
Sortimentszusammensetzung 210 f., 215

Sozialkosten
  freiwillige 83 f.
  gesetzliche 83
Stückdeckungsbeitrag 209, 217 ff., 224, 227 f., 247, 261, 270
Stückergebnis, Stückerfolg 164, 203, 241, 245, 260, 267
Stückerlös 198, 203
Stückkosten 168, 203, 260
Stückeinzelkosten 179
Stückfertigungskosten 169, 185, 190 f., 258 ff.
Stückherstellkosten 158, 168, 190 f., 259 f., 264
Stückmaterialeinzelkosten 167, 176, 190, 233, 255, 258 ff.
Stückmaterialkosten 167, 169, 260
Stückselbstkosten 158, 163 ff., 169 ff., 179, 181, 198, 202 ff., 258, 267
Stückselbstkosten, variable 206, 208 f.
Stufenleiterverfahren 112 ff., 137 ff., 142 f., 239, 245, 257, 265
Substanzerhaltung 75, 77 f., 90, 92, 230, 249

Teilkostenrechnung 57, 202, 205 ff.

Umlaufvermögen 85, 87 f.
Umsatzerlöse 31, 195 ff., 200
Umsatzkostenverfahren 195 ff., 202, 206, 208, 225 ff., 231, 235, 241, 243, 250, 255, 260 f., 263
Unternehmensfixkosten 220 ff.
Unternehmerwagnis, allgemeines 92

Verbrauchsabweichung 128 ff., 132 ff., 148, 237, 258, 263
Verbrauchsfolgeverfahren 73, 76, 78
Verrechnung innerbetrieblicher Leistungen (siehe Leistungsverrechnung, innerbetriebliche)
Verrechnungspreise 152
  feste 79
Verteilungsrechnung 188
Verteilungsschlüssel 105, 107 f.
Vertriebsgemeinkosten 124 ff., 150, 152, 178 f., 181 f., 254, 259 f., 267
Vertriebsgemeinkostenzuschlagssatz 125 f., 140, 144, 147, 254, 258, 266
Vertriebsstelle 99 f., 125
Verwaltungsgemeinkosten 124, 126, 150, 152, 178 f., 181 f., 254, 259 f., 267
Verwaltungsgemeinkostenzuschlagssatz 126, 140, 144, 147, 254, 258, 266

Verwaltungskostenstelle 99f., 125
Vollkostenrechnung 57, 202, 204f., 209, 219. 237, 241, 256
Vorgabekosten 57
Vorgaberechnung 57
Vorkalkulation 156f.
Vorkostenstelle 99
Vorschaurechnung 57

Wertkomponente (siehe Bewertung)
Wiederbeschaffungswert 78f., 90ff.
Wiedereinsatzleistungen 18
Wirtschaftlichkeitskontrolle (siehe Kostenkontrolle)

Zeitlöhne 34, 81ff.
Zeitverschleiß 89
Zugangsmethode 68
Zusatzerlös 31ff.
Zusatzkosten 26ff., 62, 85f., 93f., 155, 237, 250, 255
Zusatzlöhne 34, 82
Zuschlagsbasis 175ff., 180
Zuschlagskalkulation 162, 174ff.
   differenzierende 180, 182, 185
   summarische 175, 177
   summarisch-elektive 177, 179f.
Zweckaufwendungen 26, 61, 155
Zweckerträge 30f.

Die Klassiker-Reihe:

Vahlens Handbücher der Wirtschafts- und Sozialwissenschaften

Blohm/Lüder, Investition
Schwachstellen im Investitionsbereich des Industriebetriebes und Wege zu ihrer Beseitigung.
Von Prof. Dr.-Ing. *Hans Blohm* und Prof. Dr. *Klaus Lüder,* 7., überarbeitete und erweiterte Auflage. 1991. XI, 356 Seiten 8°. Gebunden DM 48,- ISBN 3-8006-1539-8

Horváth, Controlling
Von Prof. Dr. *Péter Horváth.* 4., überarbeitete Auflage. 1992. XIII, 848 Seiten 8°. Gebunden DM 120,- ISBN 3-8006-1580-0

Kroeber-Riel, Konsumentenverhalten
Von Prof. Dr. *Werner Kroeber-Riel.* 4., verbesserte und erneuerte Auflage. 1990. XIV, 782 Seiten 8°. Gebunden DM 84,- ISBN 3-8006-1408-1

Müller-Merbach, Operations Research
Methoden und Modelle der Optimalplanung.
Von Prof. Dr. *Heiner Müller-Merbach.* 3., durchgesehene Auflage. 1973. XX, 565 Seiten 8°. Flexibel gebunden DM 49,50 ISBN 3-8006-0388-8

Rose, Theorie der Außenwirtschaft
Von Prof. Dr. *Klaus Rose.* 10., überarbeitete Auflage. 1989. XVI, 518 Seiten 8°. Gebunden DM 65,- ISBN 3-8006-1399-9

Staehle, Management
Eine verhaltenswissenschaftliche Perspektive.
Von Prof. Dr. *Wolfgang Staehle.* 6., überarbeitete Auflage. 1991. XVI, 985 Seiten 8°. Gebunden DM 88,- ISBN 3-8006-1583-5

Wöhe, Einführung in die Allgemeine Betriebswirtschaftslehre
Von Prof. Dr. Dr. h. c. mult. *Günter Wöhe.* 17., überarbeitete und erweiterte Auflage. 1990. XXXIII, 1375 Seiten 8°. Gebunden DM 54,- ISBN 3-8006-1472-3

Woll, Allgemeine Volkswirtschaftslehre
Von Prof. Dr. *Artur Woll.* 10., überarbeitete und ergänzte Auflage. 1990. XV, 650 Seiten 8°. Gebunden DM 48,- ISBN 3-8006-1475-8

Zimmermann/Henke, Finanzwissenschaft
Eine Einführung in die Lehre von der öffentlichen Finanzwirtschaft.
Von Prof. Dr. *Horst Zimmermann* und Prof. Dr. *Klaus-Dirk Henke.* 6., überarbeitete Auflage. 1990. XXIV, 450 Seiten 8°. Gebunden DM 56,- ISBN 3-8006-1491-X

Verlag Vahlen München